# CHEMINER ENSEMBLE DANS LA RÉALITÉ COMPLEXE

*La recherche-action intégrale et systémique*

© L'Harmattan, 2010
5-7, rue de l'Ecole-Polytechnique, 75005 Paris

http://www.librairieharmattan.com
diffusion.harmattan@wanadoo.fr
harmattan1@wanadoo.fr

ISBN : 978-2-296-11235-3
EAN : 9782296112353

André MORIN

# Cheminer ensemble dans la réalité complexe

## La recherche-action intégrale et systémique

Collection
*Recherche-action en pratiques sociales*

Éditions L'Harmattan
5-7, rue de l'École-Polytechnique 75005 PARIS
FRANCE

## Recherche-action en pratiques sociales

*Collection dirigée par Philippe MISSOTTE et Pierre-Marie MESNIER*

## Ouvrages déjà parus

● Pierre-Marie MESNIER, Philippe MISSOTTE, *La recherche-action, une autre manière de chercher, se former, transformer*, 2004.

● Bernadette AUMONT, Pierre-Marie MESNIER, *L'acte d'apprendre*, 2005.

● Éliane CHRISTEN-GUEISSAZ, Geneviève CORAJOUD, Michel FONTAINE, Jean-Bernard RACINE, *Recherche-action, processus d'apprentissage et d'innovation sociale*, 2006.

● Christian HERMELIN, *L'acora (atelier coopératif de recherche-action), construction collective de savoirs d'acteurs en société,* 2009.

# Remerciements

*C'est grâce à un travail d'équipe, en l'occurrence le Groupe d'études sur les systèmes ouverts en éducation, que j'ai pu enrichir mes connaissances sur la recherche-action intégrale et systémique. Que tous ceux qui y ont contribué sachent que je leur suis reconnaissant. J'ai signalé dans cette rédaction le travail de recherche de plusieurs personnes qui m'ont permis d'acquérir des assises pour établir une démarche que je crois sérieuse de recherche-action intégrale, ouverte aux contextes et aux environnements qui touchent l'objet d'une problématique. Puis-je en nommer quelques-uns, quelques-unes, disparus ou vivants, sans offusquer personne. Je pense à Barbier, Desroche, Dubost, Dugal, Fotinas, Freire, Henri, Humbert, Landry, Le Moigne, Pineau, Séguier, Shelton, Smith, Thiollent, Vautour, sans compter les nombreux étudiants et étudiantes qui m'ont toujours encouragé. Depuis 1987, Pierrette Cardinal a participé comme étudiante à la session de recherche-action à Brasilia et devint en 1992 assistante de mon premier cours sur ce sujet donné à l'Université de Montréal. Elle fut par la suite responsable de monter le dossier de recherche sur l'approche et la modélisation systémique, ce qui a permis d'ajouter la dimension systémique à la recherche-action intégrale et de la vivre à sept reprises. Je dois à cette dernière une reconnaissance bien particulière pour son souci de perfection dans son intervention et la correction du présent ouvrage que je lui dédicace.*

# Collection
# « Recherche-action en pratiques sociales »

Dirigée par Pierre-Marie MESNIER et Philippe MISSOTTE

Cette collection se propose de faire connaître des travaux issus de recherches-actions. Les unes sont produites dans un dispositif de formation par la recherche, créé dès 1958 par Henri Desroche à l'École des hautes études ; il associe depuis vingt ans Collèges coopératifs et Universités (Diplôme des hautes études en pratiques sociales) ; d'autres sont issues de nouvelles formes d'intervention : ateliers coopératifs de recherche-action visant le développement social, formations à l'accompagnement collectif ou individuel de projets ; d'autres enfin s'élaborent à partir d'expériences de terrain et/ou de travaux universitaires.

Revendiquer aujourd'hui l'actualité de la recherche-action relève du paradoxe. D'un côté, notamment dans le champ de la formation, elle est marquée par des courants qui remontent aux années soixante et ont donné lieu à bon nombre de publications jusque dans les années quatre-vingt. De l'autre, on constate actuellement un retour de publications et, dans de nombreux secteurs — entreprise, travail social, formation, politique de la ville, actions de développement au Nord comme au Sud —, des formes de parcours apparentées à la recherche-action, qui apparaissent d'ailleurs souvent sous un autre nom : formation-action, recherche-formation, formation-développement, diagnostic partagé, auto-évaluation, praxéologie… D'où l'importance, au travers des formes que prend aujourd'hui la recherche-action, de promouvoir, y compris à contre-courant, ses valeurs fondatrices.

La recherche-action porte en elle une vision de l'homme et de la société. Elle permet la production et l'appropriation par les acteurs de savoirs reliés à leurs pratiques, ce que la recherche classique ne sait pas faire. Derrière la recherche-action se profile un réajustement du savoir et du pouvoir au profit des praticiens. Elle leur permet aussi de donner une visibilité plus construite à leurs pratiques. Elle transforme le sujet en acteur. Elle est transformation du social.

# Sommaire

**Avant-propos** .................................................................................................. 11
*Avoir ou être* ................................................................................................... 11
*Oui et non* ....................................................................................................... 13

**Introduction** .................................................................................................. 15

***Chapitre Premier***
**La recherche-action et l'approche systémique**
**Une recension d'écrits scientifiques** ............................................................ 19
*La grille de lecture* ......................................................................................... 19
*La banque de données et la recension* ........................................................ 20
*1.1 - La dichotomie qualitatif-quantitatif* ................................................... 21
*1.2 - Applications dans des disciplines diversifiées* .................................. 23
    1.2.1 - En sciences de l'éducation ........................................................... 23
    1.2.2 - En sciences sociales et dans les domaines connexes ................ 31
    1.2.3 - En sciences de la santé ................................................................. 38
    1.2.4 - En sciences de la gestion ............................................................. 48
    1.2.5 - Une synthèse des applications et des hypothèses exploratoires ....... 56
*1.3 - La recherche communautaire, l'interdisciplinarité,*
*la systémique et la recherche-action* ............................................................ 62
    1.3.1 - L'implication communautaire et la recherche interdisciplinaire ...... 62
    1.3.2 - La modélisation systémique et la recherche-action participative ..... 68
    1.3.3 - La recherche-action et la systémique ......................................... 72
*1.4 - Conclusion générale sur les apports de la recension des écrits* ...... 74

***Chapitre II***
**Les principes opérationnels intégrateurs**
**de la recherche-action intégrale et systémique (RAIS)** ............................. 77
*Introduction* .................................................................................................... 77
*2.1 - Les principes opérationnels intégrateurs* .......................................... 80
    2.1.1 - De la finalité de changement réfléchi ......................................... 82
        1er principe : le changement ............................................................ 82
    2.1.2 - Du déroulement de la démarche d'action et de réflexion ....... 88
        2e principe : la modélisation ............................................................ 88
        3e principe : l'action .......................................................................... 99
        4e principe : le discours .................................................................... 108

2.1.3 - De la participation et de la négociation des acteurs/auteurs dans un projet .................................................................. 119
    5e principe : la participation ................................................... 119
    6e principe : le contrat .............................................................. 129
*2.2 - Conclusion et récapitulation* .................................................. 135
*Les six principes et les concepts-clefs* .......................................... 136

**Chapitre III**
**La mise en opération de la recherche-action intégrale et systémique** ......................................................................... 141
*Le modèle opérationnel proposé* .................................................. 145
*Les modules et le déroulement de la RAIS* ................................... 147
*Un pré-module : Atelier préliminaire menant à un vocabulaire commun* ... 149
*Les modules* ................................................................................. 151
  1er module :
  La formulation des composantes théorico-pratiques en fonction des valeurs des acteurs ............................................................ 151
  2e module :
  La modélisation des composantes d'une théorie pratique ou la construction du modèle ontologique ............................. 156
  3e module :
  La modélisation systémique opérationnelle ou fonctionnelle d'un cas de figure ............................................................................ 162
  4e module :
  L'application du modèle systémique fonctionnel de la RAIS ... 170
*Conclusion sur la formation : une autre démarche ou une autre voie* ........ 175

**Chapitre IV**
**La méthodologie, les outils et la collecte des données** ............... 177
*4.1 - Comment situer la RAIS dans le débat du « qualitatif » versus le « quantitatif » ?* ................................................................ 178
  4.1.1 - La RAIS et le quantitatif ................................................ 179
  4.1.2 - La RAIS et le qualitatif .................................................. 183
*4.2 - Une démarche méthodologique pour la recherche-action intégrale et systémique (RAIS)* ..................................................... 187
  4.2.1 - Bien comprendre la finalité de changement visée par le projet ... 188
  4.2.2 - Saisir clairement les besoins principaux de la problématique ... 190
  4.2.3 - Construire un plan de recherche dynamique et approprié ... 192
  4.2.4 - Se donner un langage commun ................................... 196

*Sommaire*

    4.2.5 - Conclure une entente ou un contrat ouvert ........................ 197
    4.2.6 - Préciser les rôles des participants et les tâches ................... 198
    4.2.7 - Déterminer la durée totale du projet
    en fonction des grandes étapes.................................................... 199
*4.3 - Les différents outils de collecte d'informations* ............................ 202
    4.3.1 - Les qualités et les rôles du chercheur/praticien
    ou de l'auteur/acteur ..................................................................... 202
    4.3.2 - Les outils de collecte des données ................................... 204
*4.4 - En guise de conclusion* ............................................................... 214

**Chapitre V**
**Le traitement et l'analyse des données en recherche-action
intégrale et systémique** ...................................................................... 217
*5.1 - Une recension de littérature intégrée* ........................................... 218
*5.2 - Le traitement et l'analyse des données en RAIS* ........................... 220
    5.2.1 - La phase des observations opérationnelles ....................... 221
    5.2.2 - La phase de classification .................................................. 227
    5.2.3 - La phase des conclusions ................................................. 234
*5.3 - La littérature portant sur la codification et l'analyse des données* ... 238
    5.3.1 - La catégorisation et la codification ..................................... 241
    5.3.2 - Et que dire de la systémique dans l'analyse des données ! ... 243
*5.4 - Une métamodélisation des modèles ontologiques
et l'utilisation d'un logiciel* .................................................................. 245
*5.5 - L'étude de cas, les sciences cliniques et la RAIS* ......................... 248
*Conclusion* ........................................................................................ 251

**Les prémices d'une conclusion** ....................................................... 253
*Des préambules sur un savoir pour continuer le dialogue* ................... 254

**Annexe 1**
**Le cas de Cécile - Une école multi-ethnique** .................................... 259

**Postface**
**Henri Desroche et la construction du concept de recherche-action** ...... 263

**Références bibliographiques** ........................................................... 273
**Index des auteurs cités** ................................................................... 299

**Table des matières** ......................................................................... 305
*Liste des figures et du tableau* ........................................................... 312

# Avant-propos

## *Avoir ou être*

Appelé, il y a maintenant plus de trente ans, à examiner et évaluer l'apport pédagogique d'un système ouvert en éducation, je me suis mis à la recherche de la méthodologie la plus rigoureuse possible pour réaliser cette tâche. Cette étude m'a conduit à préciser un concept de recherche-action en cinq dimensions émergeant d'études de terrains de recherche participative. Quelques années plus tard, j'ai écrit un manuel de recherche-action intégrale en plaçant la participation à toutes les étapes du processus d'investigation. La complexité toujours grandissante des terrains en éducation et en travail social m'a ensuite conduit à ouvrir cette approche en harmonisant la recherche-action à la systémique. Par la suite, ayant coordonné la publication d'un numéro de *Questions Vives*, une revue française en sciences de l'éducation, j'ai dû réviser ma compréhension de ces deux approches. J'ai notamment examiné le concept de savoir en fonction de la science et de l'action, avant la publication au Brésil la même année, d'un manuel sur la recherche-action intégrale et systémique. Invité récemment à présenter une nouvelle édition de ce manuel de 2004, j'ai décidé de revisiter la littérature, surtout anglo-saxonne parce que plus accessible, afin de voir s'il y avait lieu d'actualiser les concepts de la recherche-action intégrale et systémique (RAIS). Cette recension couvre une partie des travaux réalisés en Europe, en Amérique du Nord, en Inde et dans certains pays d'Amérique latine et d'Afrique, travaux que j'ai dès lors intégrés aux recherches antérieures québécoises et françaises.

Ce faisant, j'ai cependant reçu un choc lorsque j'ai mis la main sur deux articles, l'un portant sur l'orientation fondamentale de la recherche-action (Carr, 2006) et l'autre sur la systémique (Bawden et al., 2007) : ces deux textes semblaient me mener à tout repenser en fonction d'une « **non-méthodologie** ». Que dit Carr ? Il démontre que le concept de recherche-action né au XX$^e$ siècle émane de la tradition prémoderniste de la philosophie pratique. En s'appuyant sur Gadamer (1981), Carr affirme que si l'on accepte l'idée d'une conception méthodologique en recherche-action, on présente une signification plutôt erronée de l'idée de la pratique. Il propose en conséquence une vision « non-méthodologique » de la recherche-action dont la tâche principale serait de promouvoir une prise de conscience personnelle, essentielle dans le développement d'une pratique. La recherche-action, née aux États-Unis avec Kurt Lewin, relèverait selon lui d'une méthodologie positiviste qui la définit comme un processus itératif de correction constante d'hypothèses confrontées aux résultats d'actions effectuées. Carr recommande de considérer une autre tradition, cette fois d'origine britannique, qui rejette le positivisme comme méthodologie et propose plutôt des approches qualitatives et interprétatives, d'ailleurs de plus en plus utilisées dans les sciences sociales et les études de cas. Ainsi la recherche-action devrait se centrer sur le praticien comme chercheur ou sur l'acteur qui réfléchit. Les recherches d'Elliott (1988) avec Alderman dès 1975 ne visaient en définitive que la vérification du bien-fondé de pratiques éducatives engagées, lesquelles seraient par la suite devenues l'objet de la recherche-action en éducation. Si la recherche-action a évolué en passant du chercheur externe au chercheur engagé, pourquoi, se demande Carr, doit-elle se confiner à la méthodologie pour se définir ? L'auteur préconise une autre voie pour la concevoir, soit celle d'une philosophie pratique ou de la pratique. La méthodologie devient ainsi secondaire et devrait en découler.

D'autre part, que disent Bawden et ses collègues sur l'approche système ? Avec du vent dans les voiles, Bawden (2007) expose la théorie élaborée par un Institut de développement systémique (*Systemic Development Institute*) né en 1997 en Australie à l'Université de Western Sydney, Hawksbury. Cette théorie, développée à compter de 1973, reflète partiellement l'approche de Checkland sur les systèmes souples de pensée et de pratique, conception qui présente un ensemble rigoureux de la pratique pédagogique visant une praxis systémique. La théorie de Bawden s'inscrit dans un paradigme holistique du développement systémique (p. 130). Il parle d'un *holon* en développement qui unit différents systèmes d'organisation, souples, durs ou critiques, à des processus d'investigation pour se finaliser dans l'évolution de l'apprentissage épistémique du chercheur. L'Institut est un lieu de recherche-action d'une unité de développement de ladite université. Les systèmes d'apprentissage doivent évidemment aider à résoudre les problèmes en agriculture et à favoriser le développement rural, ce qui ne se ferait pas sans qu'un changement de la pensée ne s'accomplisse chez les acteurs. L'action ou la pratique ne sont pas tellement explicitées bien qu'on les retrouve dans le *persistent experiential challenge*. Bawden pense que si on développe une intelligence des systèmes d'apprentissage, la pratique alors bien comprise surgit presque infailliblement. Pour lui, la pédagogie universitaire est centrale et le système où elle s'exerce doit être flexible. Comme les structures de l'université ne lui apparaissent pas suffisamment souples, il a créé un Institut indépendant pour promouvoir des actions dans cette vision systémique.

L'article de Carr sur la philosophie, la méthodologie et la recherche-action m'a en quelque sorte profondément questionné ; celui de Bawden, plus incarné, également. Je me suis demandé s'il valait la peine de réviser le texte de 2004, plutôt méthodologique, qui traitait de recherche-action et de systémique. Allais-je abandonner toute méthodologie ? Allais-je revenir à Aristote et resituer la recherche-action dans une conception aristotélicienne ? Allais-je oublier les lucides réflexions sur l'action de Blondel qui s'appuie sur les découvertes des sciences positives pour les dépasser et montrer leurs limites ? D'autre part, les préoccupations de chercheurs/praticiens interrogeant le caractère scientifique de l'approche de recherche-action intégrale et systémique ne me commandaient-elles pas de reprendre ce débat pour ceux qui cherchent à bon droit une reconnaissance institutionnelle ? C'est d'ailleurs une question soulevée lors d'un séminaire en Amazonie brésilienne et c'est ce qui m'a amené à enclencher le débat sur le caractère scientifique de mes démarches antérieures (Morin et al., 2007). Maintenant, suis-je vraiment dans une impasse ?

## *Oui et non*

Oui, c'est une impasse si on veut à tout prix ne pas faire entrer nos expériences dans un moule méthodologique qui fait peur et qui risque de leur enlever la spontanéité et la richesse qui en découlent. Oui, c'est une impasse si on veut nécessairement comprendre le terme de science selon le sens prémoderniste du mot « praxis » chez Aristote. Oui, c'est une impasse si on est capable de prouver que toute méthodologie est inutile et ne vient que contrecarrer l'expérience de vie et d'action. Oui, c'est une impasse s'il n'est pas nécessaire de se pencher théoriquement sur ce qui touche aux manières de faire (ou méthodes) et en montrer le bien-fondé, la pertinence et les cheminements possibles. Et si la recherche-action n'était que philosophie, ne faudrait-il pas alors se taire et laisser aux philosophes moralistes la tâche d'aider ceux qui bataillent dans la pratique pour des changements en vue d'un monde meilleur et qui veulent délibérer, réfléchir et juger des actions entreprises ou à entreprendre. Alors ma tâche consisterait à ne rien écrire si ce n'est un plaidoyer pour une « non-méthodologie ».

Non, ce n'est pas une impasse si la « non-méthodologie » est surtout un fondement et ne se suffit pas, ne se veut pas totale, absolue et si une méthodologie éclairée peut encore aider quelques praticiens et praticiennes à sortir des difficultés inhérentes à la promotion d'actions de changement, souvent en raison de problèmes de communication dans la saisie d'une problématique complexe de la réalité. Non, ce n'est pas une impasse si les techniques, même les plus simples, se révèlent des manifestations d'une pratique pertinente à la problématique et si elles peuvent aider les chercheurs à mieux observer, analyser, tirer profit de leurs expériences de terrain. C'est alors qu'une méthodologie ancrée dans une philosophie pré ou postmoderniste, ou contemporaine, peut favoriser non seulement la réflexion, mais aussi un savoir tiré d'une recherche-action intégrale, participative, voire systémique, ouverte à tout autre méthodologie favorisant un changement désiré par un groupe. Que l'on place la recherche-action ou la systémique à l'époque du pré ou du post postmodernisme, il y aura toujours quelqu'un pour proposer une « techné » qui puisse aider un groupe de chercheurs ou de praticiens à s'adapter à des tâches nouvelles, des actions destinées à un changement. Aujourd'hui, on ne peut vivre dans une tour d'ivoire, rébarbatifs aux technologies qui nous entourent et nous apportent de nouvelles règles de communication, ne serait-ce que par Internet. Reconnaître le concept de science moderne avec ses méthodes rigoureuses peut même nous inciter à introduire un concept élargi de la science dans une période postmoderniste. On donnerait ainsi deux connotations au terme de science qui serait coiffé d'un chapeau plus large, celui du savoir. Blondel serait en quelque sorte toujours d'actualité parce que philosophe, il redonnerait confiance à l'intelligence créative de l'être humain capable de concevoir des projets de recherche autant pour les sciences positives que pour les sciences humaines et sociales. Ce sont en somme autant de raisons de perfectionner nos méthodologies en les fondant sur la pensée philosophique, voire humaine.

En réfléchissant sur le bien-fondé d'un chapitre méthodologique déjà publié (Morin et al., 2007, pp. 57-75), je me suis demandé si ce contenu n'était pas dans l'esprit d'une non-méthodologie, étant donné que j'accepte le dialogue des paradigmes et la complémentarité des approches à cause justement de la complexité du réel. Est-ce que je ne rejoindrais pas ainsi la philosophie pratique de Carr sans aller jusqu'à vouloir bannir toute méthodologie ? Pour moi, une « non-méthodologie » est plutôt une attitude d'ouverture à toute approche visant des processus de résolution de problèmes d'action. Par contre, une « non-méthodologie » pure, sans référence au mode d'action, est sûrement une thèse intéressante qui donne de l'importance à l'essentiel, aux principes directeurs d'une pratique, mais elle demeure insuffisante parce qu'elle relègue l'action concrète à la passivité, voire à l'inaction. Je pense comme Blondel que l'action est prioritaire et je refuse cette affirmation d'Habermas (1987) qui laisse entendre qu'il faut arrêter l'action pour réfléchir. Je suis plus près de Schön (1983) qui met l'emphase sur le praticien qui réfléchit dans l'action.

# Introduction

Forreman-Peck et Murray (2008) résument fort bien les tendances de la recherche-action et d'une politique stratégique en éducation en les présentant sous quatre axes. Le premier axe est celui de l'enseignant qui cherche à innover dans sa propre discipline en créant un modèle d'enseignement qui incite, stimule et passionne ses élèves. Par la suite, il peut décrire son expérience et la transmettre à ses collègues par narration ou autrement. Il s'agit d'une réflexion sur une expérience qui n'est pas généralisable facilement, mais qui peut encourager d'autres collègues, s'ils veulent bien se l'approprier et l'adapter, à perfectionner leur pratique. Si ce processus se nomme recherche-action, ce n'est probablement qu'au sens large d'une action qui a sûrement requis réflexion et vérification. Il convient cependant d'analyser la démarche et de voir si la participation de la population à laquelle elle s'adressait a été totale ou partielle. Comme enseignant, j'ai souvent fait des innovations. Toutefois je ne pensais pas qu'alors je pratiquais une recherche-action ; je croyais plutôt qu'il s'agissait d'une pédagogie active, pensée, conçue, planifiée et appliquée systématiquement dans une classe bien qu'aient été acceptées les suggestions et que le changement ait été évalué, surtout lors de la révision ou de la correction des travaux des élèves.

Le second axe repose sur les travaux de Stenhouse (1975) qui incitent l'enseignant à devenir un chercheur *(teacher as a researcher)*. Ce courant est surtout formalisé par des expériences de l'équipe de John Elliott de l'Université d'East Anglia (Morin, 1986). Il est redevable d'une collaboration entre les enseignants du secondaire et des professeurs de cette université pour évaluer un programme innovateur d'enseignement des sciences. Au départ, on discute et l'on s'entend sur un vocabulaire commun, et une méthode pédagogique plus ouverte afin de les appliquer dans un réseau d'écoles secondaires. On emploie des outils ethnographiques, dont l'observation participante, pour regarder le processus. Pour Forreman-Peck et Murray, cette approche s'inspire d'une philosophie pratique. L'analyse se fait ordinairement par triangulation des données et une politique de changement est instaurée pour résoudre des difficultés pédagogiques.

Un troisième axe apparaît dans les écrits de Carr et Kemmis (1986) qui proposent une théorie critique sociale essentielle selon eux à la recherche-action. On parle dans certains articles de *critical action research*. Les tenants de cette position rejettent l'épistémologie positiviste destinée aux généralisations, selon eux trop technocratique, alors que la « recherche-action critique » doit mener à une connaissance émancipatoire qui permet de découvrir les fausses croyances sur la pratique. Cette vision repose en bonne partie sur la pensée d'Habermas et elle est interprétative ; on cherche à saisir le sens et la signification des actions qui animent les acteurs. Lorsque nous, du GÉSOÉ[1], avons défini la recherche-action intégrale, nous connaissions peu les ouvrages de Carr et Kemmis. Nous nous sommes surtout appuyés sur les écrits de Paulo Freire, notamment *La pédagogie des opprimés* (1977), et sur son discours de conscientisation et d'engagement éducatif et social. La globalité et l'intégralité nous sont venues par la suite de René Barbier (1977), d'Henri Desroche (1982) et de Jean Dubost (1983) et nous sommes parvenus aux concepts-clefs de la recherche-action intégrale (Morin, 1986, 1992). Cela nous a stimulés à nous engager dans une action de transformation si nous voulions un changement qui perdure.

Enfin, nous avons exploré la systémique avec Pierrette Cardinal (Cardinal et Morin, 1993, 1994 et 2004). Nous avons rejoint le quatrième axe de Forreman-Peck et Murray en intégrant l'engagement, l'expérience, la technologie et la globalité pour mieux répondre à la complexité du réel. En raison de notre formation en technologie éducative, la systémique, assez linéaire à ce moment-là, nous préoccupait déjà au GÉSOÉ, car nous voulions la concilier avec la recherche-action. Les recherches effectuées par la suite nous ont permis d'élargir la recherche-action intégrale en y joignant une dimension systémique moins linéaire que celle de la systématisation. Depuis les quinze dernières années, la systémique a sa place dans la formation des chercheurs aux méthodologies de recherche. Elle comprend explicitement une dimension de modélisation par des acteurs qui deviennent auteurs de leur recherche et de changement dans un cheminement plus critique, plus lucide et plus créatif de transformation de la réalité sociale qui les entoure. Notre définition de la recherche-action intégrale et systémique (RAIS) découle ainsi de nos recherches en éducation formelle, non formelle et populaire, de l'étude des systèmes ouverts en éducation et de la direction de thèses doctorales utilisant des méthodologies de recherche-action ou de systémique. La RAIS se veut transformatrice des acteurs qui deviennent auteurs de changement dans une réalité complexe.

La RAIS demeure pour nous un excellent véhicule d'incitation à la participation à tous les niveaux d'explication, d'application et d'implication,

---

1 - Le GÉSOÉ est le Groupe d'études sur les systèmes ouverts en éducation fondé par Constantin Fotinas et André Morin en 1975 en sciences de l'éducation à l'Université de Montréal.

*Introduction*

ce qui n'est pas toujours évident avec la PAR *(participative action research)*. Or, il appert dans notre recension des écrits récents que la recherche-action participative ou la PAR est la plus employée dans le monde anglo-saxon et en Amérique du Sud et du Nord. C'est ce que nous verrons dans les pages qui suivent.

Dans le **chapitre premier,** on recense les écrits scientifiques des dernières années et on souligne l'ampleur de l'utilisation des études de cas ou des analyses théoriques qui concernent directement ou indirectement la recherche-action ou l'approche et la modélisation systémiques. Les résultats couvrent quatre grands secteurs disciplinaires : l'éducation, la santé, les sciences sociales et la gestion. Si les écrits des psychologues communautaires ou psychosociologues n'apparaissent pas dans un premier temps, leurs études touchent les thèmes de la troisième partie de ce chapitre : la communauté, l'interdisciplinarité, la recherche-action et l'approche systémique ; ce sont surtout ces professionnels qui abordent directement les principes de base autant de la recherche-action participative, voire intégrale, que de la systémique, préoccupations principales de cet ouvrage, et qui confirment de façon importante les principes opérationnels du chapitre II.

Le **chapitre II** porte sur les principes rapprochant la recherche-action intégrale et l'approche systémique de modélisation. Chaque principe cherche à relier les deux méthodes dans ce qu'elles ont de spécifique et se traduit dans la démarche complète de recherche-action intégrale et systémique à la fois pratique et théorique. Si la finalité de changement prend la première place, elle est immédiatement suivie par le processus appelé modélisation qui intègre l'action et le discours. Les deux autres principes portant sur la collaboration forment l'essentiel d'une recherche-action intégrale. La collaboration doit se manifester dans l'implication, l'explication et l'application à tous les niveaux qui exigent participation ou entente dans un contrat ouvert en vue de réaliser une recherche.

Le **chapitre III** est une suite logique de mise en opération des principes opérationnels. Différents canevas sont suggérés pour la formation de chercheurs, étudiants, professionnels ou praticiens qui envisagent de parfaire leur expérience en s'engageant dans une recherche commune avec des collègues du même lieu ou de différents endroits, de disciplines semblables ou diverses. Si le chapitre suggère un cas de figure en éducation, il peut aussi s'adapter à toute autre problématique décidée par un groupe. La problématique de chaque participant est andragogiquement prise en compte dans le développement d'un projet de recherche-action intégrale et systémique, voire de méthodes mixtes d'un praticien chercheur.

Le **chapitre IV** traite directement la méthodologie. On revient d'abord sur les grands paradigmes de recherche quantitative et qualitative afin de situer la RAIS par rapport à la complémentarité de ces deux visions. Ensuite, on explique une méthodologie destinée au projet de RAIS ; c'est en quelque sorte un long corrolaire du chapitre II reprenant en somme le vécu du chapitre III. Les sept étapes ne sont pas définitives quant au nombre ou à l'ordre. Ce chapitre met de plus un point important en évidence, celui de l'acteur/auteur de recherche comme instrument vivant sur lequel repose la collecte des observations et des réflexions qu'il aura consignées dans des outils tels le journal de bord ou le procès-verbal des réunions. À l'occasion d'un travail d'équipe, on pourrait adopter et adapter des techniques d'écriture collective, la discussion du focus-groupe, l'interview ou l'échange en-ligne sur Internet.

Le **chapitre V** aborde un domaine difficile et souvent contesté, celui de l'analyse des données de la recherche qualitative et des problèmes inhérents à l'interprétation et à l'émergence des conclusions ou leçons destinées à enrichir le savoir pratique. On verra l'importance d'une recension de littérature intégrée à la problématique. On résumera une étude faite sur des recherches-actions concluant à trois phases d'analyse des observations opérationnelles codifiées, classifiées par la suite, afin de parvenir à des conclusions. On se rappellera dans l'analyse que, pour interpréter la réalité, l'on dépend des intelligences humaines. Puis, après une courte recension de littérature sur la codification et l'analyse des données, on démontre les possibilités d'une métamodélisation des modèles ontologiques afin d'illustrer, grâce à un outil informatique, les principales caractéristiques qui ressortent de huit modèles construits par huit équipes. Le chapitre se termine en signalant l'importance des études de cas et des sciences cliniques en RAIS.

Enfin dans **des prémices à une conclusion**, sont émises quelques réflexions sur la nature du savoir.

*Chapitre I*

# La recherche-action et l'approche systémique
# Une recension d'écrits scientifiques

L'exploration du monde des applications pratiques de la recherche-action ou de la systémique n'est pas toujours aussi éloquente qu'on l'aurait voulu, mais les résultats demeurent convaincants. Non seulement permettent-ils de nuancer les énoncés, mais ils ouvrent également la voie à de multiples applications et à l'élargissement des théories.

Ce premier chapitre porte sur la littérature récente concernant la recherche-action intégrale ainsi que l'approche et la modélisation systémiques. Ces écrits furent consultés afin d'harmoniser, d'enrichir les dimensions (l'être) de la recherche-action intégrale et systémique (RAIS) et leur mise en opération (l'avoir). Conscient du danger de ramener les lectures aux seules catégories, on a essayé de lire les articles avec ouverture d'esprit afin d'éclairer les dimensions, de les améliorer, voire de les modifier ou de les compléter. Ci-après la grille de lecture expose ces points de vue.

## *La grille de lecture*

Cinq dimensions[2] (Morin, 1986) caractérisent la recherche-action intégrale ; elles forment les paramètres de notre grille de lecture ; elles se retrouvent dans cette définition opérationnelle :

---

2 - Dans Morin A. (1986, pp. 168-170), *La recherche-action en éducation : de la pratique à la théorie*, cinq terrains : l'Opération humanisation, le CIF (centre d'intervention et de formation), le PRIM (projet de recherche et d'intervention à la maison), le projet EPEL (éducation permanente à l'élémentaire) et le FTP *(Ford Teaching Project)* ont donné lieu à des séminaires qui, ajoutés à un Colloque sur l'éducation populaire, inspiré par P. Freire, ont permis au GÉSOÉ de parvenir à cette grille de recherche-action.

*La recherche-action intégrale vise un changement par la transformation réciproque de l'action et du discours, c'est-à-dire d'une action individuelle à une pratique collective efficace et incitatrice, et d'un discours spontané à un dialogue éclairé, voire engagé. Elle exige qu'il y ait un contrat ouvert, formel (plutôt non structuré) impliquant une participation coopérative pouvant aller jusqu'à la cogestion.*

Cette définition est née de réflexions critiques sur des études de terrains ; ses dimensions sont dynamiques et en interrelation les unes avec les autres ; la participation est essentielle, le changement en est la finalité et se fait grâce au dialogue dans un discours découlant d'actions ou d'interventions continuellement révisées. Le contrat ou une entente est un engagement responsable qui devient une condition nécessaire.

Par ailleurs la modélisation systémique s'inspire des travaux de J. de Rosnay (1975) et de ceux de J.-L. Le Moigne (1984, 1990) ainsi que des recherches de P. Cardinal et A. Morin (1993, 1994). L'*approche système* permet l'étude des problèmes dans leur totalité, leur complexité et leur propre dynamisme. Elle se fonde sur une axiomatique conjonctive ou sur des évidences de liens, ce qui permet d'éviter le réductionnisme ; elle se base sur la théorie du système ouvert (Von Bertalanffy, 1973) et fait de l'objet de recherche un projet dans un environnement actif. La pensée systémique, selon Le Moigne (1984, p. 18) relie les préceptes de téléologie, de pertinence, de globalisme et d'agrégativité donnant ainsi à la recherche un cadre conceptuel nouveau.

*La modélisation systémique est cette action intentionnelle destinée à rendre plus intelligible un objet ou un phénomène complexe en le construisant par composition de concepts, de réseaux et de modèles de manière à alimenter le raisonnement de l'acteur qui projette une intervention délibérée au sein de cet objet ou phénomène.*

## *La banque de données et la recension*

La recension a mené à réviser les publications des sept dernières années, mais on a surtout retenu les plus récentes, soit de la fin de 2006 jusqu'à récemment. Cette revue de la littérature scientifique s'appuie par ailleurs sur quelques autres textes d'années passées qui apportent un surplus d'éclairage.

Pour effectuer cette lecture, on a dans un premier temps fourni à la banque informatique et au protocole de recherche OVID les descripteurs suivants : la recherche qualitative, la recherche-action, la recherche participative, le système ouvert, l'approche système, le modèle et la méthode d'enseignement, l'analyse qualitative et les données informatisées, les arts, les humanités et les sciences sociales et behaviorales. Les sommaires ont été livrés surtout en anglais[3].

Dans ce chapitre, on rapporte les recherches jugées les plus pertinentes relativement aux méthodologies employées dans les études interdisciplinaires, la recherche systémique et la recherche-action dans le monde anglo-saxon surtout. Ces méthodologies deviennent en quelque sorte un coffre d'outils à l'usage de chercheurs compétents et ouverts qui veulent éclairer ou résoudre un problème et qui sont soucieux d'amélioration, de changement, voire d'innovation.

Dans un **premier temps,** seront faites quelques brèves considérations sur les approches qualitative et quantitative. En **second**, seront exposées des applications émanant de diverses disciplines dont les sciences de l'éducation, les sciences sociales et connexes, les sciences de la santé et les sciences de la gestion ; elles permettent grâce à une analyse comparative de dégager quatre hypothèses exploratoires : la multidisciplinarité, le changement, la participation et la compréhension. Dans un **troisième temps,** seront considérées la recherche communautaire, l'interdisciplinarité, la systémique et la recherche-action particulièrement mises en avant par des psychologues ou d'autres praticiens communautaires. Il importe de se rappeler que les domaines retenus ne sont pas étanches, ils se recoupent souvent et touchent plus d'une discipline.

## *1.1 - La dichotomie qualitatif-quantitatif*

Pour la plupart des chercheurs des différentes disciplines citées, comme d'ailleurs pour nous en RAIS, la dichotomie « qualitatif-quantitatif » venant de paradigmes opposés est plutôt dépassée. On recherche la complémentarité de méthodes diversifiées sans trop se soucier du paradigme sous-jacent. Par exemple, la pratique communautaire suscite l'étude de cas complexes qui nécessite, pour ce faire, une combinaison d'expériences, de théories, d'expertises et de méthodes, et certains calculs statistiques

---

3 - Une limite est imposée par la bibliothèque qui fournit chaque semaine entre 15 à 20 recensions. Cependant, récemment, la limite a été haussée, parfois on envoie jusqu'à 45 sommaires. En général la langue est l'anglais, bien que j'acceptais le français, l'espagnol et le portugais. Même si les domaines de la santé et des sciences administratives ne sont pas mentionnés, depuis plusieurs années les sommaires les couvrent également grâce aux descripteurs méthodologiques généraux. J'ai retenu en général la moitié des articles au premier abord et j'ai éliminé par la suite ceux qui n'apportaient rien de nouveau à notre démarche sur la RAIS.

pour entreprendre ou justifier la recherche. Annels (2006) en fait la démonstration quand il combine des théories et des méthodologies telles la théorie ancrée ou *grounded theory* et l'herméneutique phénoménologique. Plus difficile à réaliser mais efficace est cette approche de développement mise au point par Clemensen et al. (2007) du Danemark, lesquels ont conçu un *design*[4] participatif qui permet de combiner la technologie et l'expertise multidisciplinaire de praticiens et d'experts pour enrichir les services de santé offerts dans le cas du diabète ulcéreux ; cette expérience est devenue un modèle de travail coopératif malgré les approches différentes des spécialistes impliqués. Enfin, un dernier exemple est particulièrement révélateur. Dawson et al. (2006, p. 232), confrontés à la dichotomie « qualitatif-quantitatif », proposent un plan en trois étapes : une première dichotomique, une seconde d'intégration partielle et enfin une dernière d'intégration hiérarchique. Cette approche stimulante encourage des unions paradigmatiques en les rendant opérationnelles, ce que proposait déjà Guba en 1990 en parlant du dialogue des paradigmes. Le terme « hiérarchique » de Dawson est cependant difficile à accepter dans ces associations de méthodes qui devraient être commandées seulement par l'objet de recherche ou la problématique des chercheurs.

Pour le moment, rappelons que le quantitatif serait le bienvenu s'il pouvait nous permettre d'évaluer les bienfaits d'une recherche qualitative, qu'elle soit de recherche-action intégrale ou de modélisation systémique. On sait que, pour l'instant, l'apport de la recherche qualitative concerne davantage le processus que les résultats, car on n'a pas encore réussi à évaluer quantitativement les actions systémiques de changement, mais il y a des efforts en ce sens comme le montre l'étude suivante. En effet, Durlak et al. (2007) notent que 64 % de 526 études portant sur une promotion de compétence universelle ont essayé de réaliser des changements tant micro que méso systémiques impliquant écoles, familles ou organisations communautaires pour encourager le développement chez les enfants et les adolescents. Seulement 24 % de ces recherches rapportent des données quantitatives. Or les auteurs soutiennent que dans les études qui contiennent les informations nécessaires, on peut produire des moyennes statistiquement significatives de changements, de modérées à grandes.

---

4 - **Design** - M. de Villers, dans le *Multidictionnaire de langue française*, Montréal : Québec Amérique, 4e édition 2003, p. 452, note que ce terme n'a pas d'équivalent en français et signifie comme nom invariable : « Conception d'un objet qui allie l'esthétique aux critères utilitaires ».
En technologie éducative, en Amérique du Nord, le *design* est souvent (ou a été) le résultat d'une pensée systématique entre l'analyse des besoins et l'évaluation. Dans la conception de la RAIS, le *design* est plus global puisque la recherche-action a pour caractéristique d'évaluer constamment en fonction des besoins.

Dans une société friande de résultats tangibles, cet apport statistique est sûrement à développer pour encourager la durabilité de tels programmes. Voilà un complément d'évaluation sommative que l'approche méthodologique quantitative peut fournir à celle dite qualitative. Constatant le grand nombre de recherches participatives, surtout en santé, Cargo et Mercer (2008) pensent aussi qu'il serait temps, dans la prochaine décennie, d'évaluer l'efficacité des recherches participatives en fonction de résultats, dans ce domaine en particulier.

## *1. 2 - Applications dans des disciplines diversifiées*

Les sciences de l'éducation, les sciences sociales y compris la recherche de développement en agriculture, les sciences de la santé, notamment le *nursing*, et les sciences de la gestion sont l'objet de la grande majorité des articles recensés qui théorisent ou appliquent soit la recherche-action, soit la systémique ou l'intégration des deux approches. On tentera de souligner les particularités qui rendent chacune de ces approches adaptées aux besoins contemporains tout en portant à l'occasion un jugement évaluatif sur l'étude par rapport à la recherche-action intégrale, à la systémique ou à d'autres approches méthodologiques.

### *1.2.1 - En sciences de l'éducation*

Dans les sciences de l'éducation, les auteurs d'articles de recherche scientifique rapportent l'intégration de méthodes de recherche-action participative en enseignement et apprentissage, dans la formation des maîtres, des infirmières et dans d'autres disciplines, provoquant parfois un changement dans le système d'enseignement. On note aussi l'utilisation de l'informatique afin de favoriser une plus grande participation de l'apprenant ou une collaboration dans l'acte d'apprentissage. La recherche-action, grâce à sa philosophie de collaboration participative, voire démocratique, inspire particulièrement plusieurs modèles concrets d'ateliers d'enseignement et d'apprentissage.

### L'intégration d'innovations pédagogiques

De façon générale, l'intégration d'innovations pédagogiques vise l'amélioration de la pratique. Ainsi, une étude de Capobianco (2007) au Massachusetts (USA) met l'accent sur l'intégration de la recherche narrative à la recherche collaborative dans l'élaboration d'un modèle d'enseignement des sciences. Trois femmes entreprennent une conversation critique d'enquête et de réflexion sur la science et son enseignement avec un groupe de onze enseignants (huit femmes et trois hommes) cherchant à mettre en valeur une pédagogie féministe et à favoriser des stratégies d'enseignement dynamique à l'intention des étudiantes. Chacune des trois enseignantes rapporte des actions transformatrices liées à ses valeurs et à sa personnalité. C'est un exemple inspiré à la fois des théories de l'enseignant comme chercheur et de la théorie critique en sciences sociales.

Elias et Margolis (2007) innovent quant à eux en mettant en avant la collaboration entre les pairs dans l'intention de transformer des écoles afin de les adapter aux besoins de l'ensemble des enfants. Ils montrent comment une recherche-action collaboratrice favorise l'entraide lors de consultations entre les membres d'une profession. L'article est un hommage à un collègue décédé, Joseph L. Zins (1996), qui avait lui-même coordonné plusieurs études sur le sujet de la collaboration entre consultants. Autre exemple de collaboration avec les pairs est celui de Mathews (2008) qui, dans un effort de redonner la liberté d'expression aux adolescents, crée un cours sur l'art photographique en s'inspirant d'une dialectique entre le libre arbitre (Sartre), autant dans l'engagement que dans le projet, et l'autonomie personnelle ainsi que la rencontre (Foucault) de l'individu avec les structures du pouvoir et de la connaissance. C'est l'expression d'une recherche-action dans un syllabus qui ajoute des perspectives contemporaines (Bragg) et le pragmatisme (Dewey). Grâce à un partenariat avec un artiste, les ateliers maximisent la liberté d'expression des jeunes artistes en photographie ; leurs commentaires montrent comment ils parviennent à composer avec les préjugés et à exprimer librement leur autonomie et leur pensée critique dans leur art. De son côté, Horn (2008) rapporte comment le département des arts *(Trinity Catholic School)*, en partenariat avec des artistes en résidence, présente dans des installations ouvertes au public de tout âge un projet *ethos* qui explore les problèmes contemporains dans un processus créatif propre à dégager les liens entre l'art et la science. Il s'agit d'une expression libre qui dépasse les critères qui briment potentiellement l'expression artistique. La collaboration est à l'honneur dans ce projet, mais surtout la vision systémique de la production, le tout dépassant la somme des parties et laissant voir les associations obligeant le visiteur à trouver dans l'art et la science de nouvelles significations. La tradition des artistes en résidence établit, selon l'auteur, une culture de production et de pensée. Ce projet a l'esprit de la recherche-action, même si l'auteur ne mentionne pas de méthode particulière. Il s'associe à une vision systémique globale de l'art en donnant à chaque article exposé une place sans hiérarchie dans l'ensemble des présentations.

La recherche-action est également novatrice lorsqu'elle permet l'évaluation orale de l'enseignement de l'anglais, langue seconde. Appuyée par quinze années d'expérience, Singh (2008) affirme que c'est en vertu de la nature interactive des appréciations entre les étudiants et leurs enseignants que ces derniers découvrent de nouvelles façons d'améliorer leur pratique et deviennent ainsi des praticiens/chercheurs sur leur propre terrain. Padilla et al. (2008) rapportent que Whitehead et McNiff (2006) proclament dans leur livre sur la « recherche-action comme théorie vivante » qu'il est temps que les praticiens éducateurs soient, grâce à la recherche-action, reconnus comme théoriciens pour le plus grand bien de la profession.

## La formation des maîtres grâce à la recherche-action

Le Grec Magos (2007) relate la contribution de la recherche-action à la formation des enseignants dans un contexte interculturel. Sur un canevas général de recherche expérimentale comprenant deux groupes contrôles, une équipe de trois enseignants, conseillés par le chercheur facilitateur, vit une recherche-action avec des élèves de différentes communautés. Les trois personnes impliquées en recherche-action deviennent des *enseignants/chercheurs* alors que leurs élèves sont des *apprenants/chercheurs*. Tous travaillent en étroite collaboration profitant des apports culturels de chacun et améliorent leur rendement alors que dans les deux groupes contrôles, on attribue les insuccès scolaires à l'identité ethnique et culturelle des élèves. La recherche-action conduit à des changements d'attitudes et, selon l'auteur, à un développement du sens critique de tous les participants. Dans la même veine, McIntyre (2006) de l'*Hellenic College* cite un projet qui réunit des étudiants universitaires en formation des maîtres et des élèves d'une école d'un centre ville *(Inner City)* du Connecticut (États-Unis) en vue de réaliser des activités écologiques dans un milieu à majorité de couleur et de niveau socio-économique faible. Cette recherche-action mérite une attention particulière parce qu'elle donne lieu à des changements d'attitudes sociales marquants autant pour les élèves du deuxième cycle du primaire que chez les étudiants universitaires, voire même chez les représentants des communautés de la ville, grâce à une action et une réflexion constantes. L'action vécue éveille ainsi la réflexion critique et un changement dans la personne et dans son désir d'action. C'est également grâce aux spirales réflexives de la recherche-action que deux formateurs, un psychologue et seize enseignants en formation essaient de « co-construire » un modèle d'éducation à la dramaturgie. Les auteurs, Howard-Jones et al (2008), concluent que ces ateliers collaboratifs de co-construction permettent de corriger la mauvaise compréhension de concepts liés au processus cognitif.

## La formation pratique dans d'autres disciplines

Dans un programme traditionnel de *nursing*, Blum (2009) introduit une recherche-action participative pour développer en partenariat un modèle d'éducation à la pratique guidée par des précepteurs. Les infirmières en exercice qui jouent à juste titre ce rôle, conseillées par le personnel de la faculté des sciences infirmières, participent au processus de développement et d'implantation de cette pratique guidée. Malheureusement, l'article ne définit pas l'apport des étudiants bien qu'on puisse le supposer en raison de la relation étroite entre étudiants et précepteurs. Toujours dans le domaine de la formation, mais cette fois des pharmaciens, l'étude des Danois Sørensen et Haugbølle (2008) du Danemark se présente comme un projet de recherche-action coopérative de trois années regroupant des chercheurs universitaires, des pharmaciens (hôpital et communauté) et les étudiants en internat pour développer des *services cognitifs (Cognitive Pharmaceutical Services)* dans les pharmacies. Pour les auteurs, la recherche-action a l'avantage de réunir ceux qui vivent les problèmes avec ceux qui cherchent à les résoudre au moyen d'une approche scientifique. La complexité contextuelle oblige ces derniers à considérer les facteurs organisationnels, dans une optique systémique, et à prendre en compte les relations entre les différentes personnes impliquées. Bien que les étapes, le diagnostic, l'action, la décision et l'évaluation, soient déterminées de façon linéaire, le projet est systémique lorsque l'on regarde les relations entre les divers intervenants, et participatif étant donné le rôle de premier plan de leur réflexion critique.

Dans un autre domaine, celui de la formation en entreprise, Munro (2008) constate, à partir d'une recherche-action longitudinale de dix ans qu'il nomme étude de cas, que la petite entreprise est un environnement authentique, pertinent à l'apprentissage et au développement d'un *entrepreneurship* intégral. En plus de les mettre en situation de pratique, le milieu de travail oblige les étudiants à échanger entre eux, avec le personnel de l'entreprise et la communauté. Cette méthode de formation apparaît bien en accord avec la participation et la coopération recherchées en recherche-action. Cependant la participation n'est pas intégrale ; elle est imposée par les concepteurs dans un système d'apprentissage pratique pensé pour eux et fidèle à une théorie *(Kolb's learning cycle)*. Les étudiants ne semblent pas consultés. On pourrait considérer cette recherche-action comme étant centrée sur le processus, sans remise en question pour le moment, peut-être en raison de son succès au niveau scolaire.

Enfin, dans le domaine de la recherche universitaire, Kinzie et al. (2007, p. 469) reconnaissent le riche apport de la diversité méthodologique. Ils soulignent cependant que peu de renseignements sont disponibles quant à la dynamique des équipes de recherche, souvent formées de chercheurs de différentes institutions appartenant à différentes disciplines. Ils ont alors entrepris une longue étude qui leur a permis d'identifier les points de tension souvent liés aux choix méthodologiques et à la diffusion des résultats. Ils pensent ainsi pouvoir aider d'autres chercheurs à discuter des efforts à fournir et des décisions à prendre, et ainsi à éviter les écueils qui compromettraient leur recherche.

## La recherche-action et l'informatique pour l'apprentissage et la recherche

L'informatique liée à l'animation pédagogique d'ateliers ne favoriserait-elle pas ce qui est essentiel en recherche-action : la participation ? Des ateliers d'initiation aux technologies de l'information, et plus spécifiquement au réseau Internet sont offerts dans 1 137 écoles primaires du Portugal rejoignant ainsi 1 700 enseignants et 13 000 élèves pourtant peu préparés (Reis et al., 2008). C'est l'histoire de la théorie passant à la pratique et d'une pédagogie inspirée par la participation de tous, y compris la population locale. Certains classifieraient l'expérience dans le deuxième axe d'une pratique technologique bien qu'elle comporte une théorie pédagogique très humaine de participation et de critique de son action.

Rohleder et al. (2008), rapportent quant à eux une expérience réalisée auprès d'étudiants en travail social et en psychologie de deux universités d'Afrique du Sud. Dans un cours en ligne incluant des rencontres face à face, ils travaillent sur les concepts d'identité et de communauté en s'inspirant de la recherche-action participative (PAR). Les promoteurs pensent que ce cours prépare les étudiants aux défis d'une société complexe et différente. La démarche laisse en effet beaucoup de place à la réflexion critique. Leurs collègues Nel et Wilkinson d'une autre université d'Afrique du Sud (2006) racontent quant à eux la longue histoire du développement d'un cours combinant aussi le face à face et la technologie en ligne pour former des étudiants, héritiers d'un passé ségrégationniste, vivant en milieu multiculturel. Le cours porte plus précisément sur la technologie de l'information et le développement d'une page Web. Les auteurs présentent surtout la dernière phase d'analyse de l'expérience de trois ans en s'inspirant du processus de *design* de Zeber-Skerrit (2002). Le projet, qui au départ est une investigation action plus systématique, devient au fil des ans une recherche-action comprenant de multiples cycles de révision qui incorporent la collaboration des étudiants dans de multiples évaluations anthropopédagogiques. On est en présence d'une analyse exhaustive qui pourrait guider plus d'un professeur/chercheur désireux d'appliquer la recherche et l'action dans un enseignement, particulièrement en technologie.

Nous avons eu l'occasion de faire une expérience similaire dans le passé (Ambassa Mve et Morin, 1996). On pourrait aussi rapprocher de l'étude de Nel et Wilkinson celle de Swinglehurst et al. (2008) qui porte sur une recherche-action faite par des pairs qui évaluent les pratiques d'enseignement en ligne.

Les études précédentes laissent entendre que la recherche-action peut être une méthode fort intéressante pour faire avancer l'apprentissage par les médias. Cochrane (2007) nous en fournit un autre exemple. Il utilise la recherche-action comme méthode interactive d'apprentissage multimédia avec plusieurs groupes d'utilisateurs, autant dans le *design* que l'évaluation de quatre supports à l'apprentissage *(Learning Objects)* ; dans cette expérience réalisée avec Quick Time, la recherche-action devient une méthode favorisant la participation et donnant des résultats tangibles applicables en Nouvelle-Zélande et éventuellement à travers le monde. C'est un exemple de recherche-action pédagogique réussie dont on doit malheureusement déplorer le manque d'humanisme. On peut avoir une nette préférence pour l'expérience de Savin-Bawden et Wimpenny (2007) qui montrent aussi la possibilité d'utiliser la recherche-action participative sur le Web *(PAR on-line)*. Ces auteurs s'inspirent de la méthodologie mise en avant par des chercheurs reconnus tels Lewin, Carr-Kemmis ou Reason. Ils soulignent l'intérêt d'utiliser la PAR et ils citent le cas de femmes géographes ayant remplacé un questionnaire ouvert par une investigation axée sur le dialogue grâce aux technologies de l'information.

C'est encore grâce aux technologies de l'information qu'est développée l'utilisation d'un journal électronique dans un programme de formation de mentors (ou tuteurs) pour étudiants en difficulté en sciences de la santé et des arts. Dans ce programme du service académique étudiant offert à l'Université d'Ottawa, le journal électronique prend une telle importance qu'il devient le lieu, selon Terrion et Philion (2008) de la réflexion sur l'action et du dialogue permettant le transfert de connaissances et l'entraînement au rôle de mentor. Il ne s'agit pas d'une recherche-action en tant que telle, mais on en retrouve l'esprit dans la participation à l'apprentissage, même si la réflexion subséquente des chercheurs ne porte que sur l'aspect opérationnel souvent oublié en littérature. Le lecteur reste peut-être sur son appétit quant à des exemples de réflexion critique relativement aux difficultés rencontrées par l'étudiant.

## Le changement dans le système par la recherche-action et la systémique

On aura remarqué que la participation est au cœur des études précédentes. Néanmoins, en éducation, la systémique de changement n'apparaît pas toujours. Ce n'est cependant pas le cas avec les articles de

Suarez-Balcazar et al. (2006 et 2007). L'équipe est fondée sur un partenariat interdisciplinaire. Elle comprend des membres de quatre institutions académiques, trois organisations communautaires et huit disciplines et s'est donné pour mission de lutter contre l'obésité auprès des enfants et des jeunes dans les écoles d'un quartier de Chicago. Cette recherche systémique et d'action s'appuie sur un modèle social écologique et la méthodologie des systèmes souples. Pour influencer le système et parvenir au changement, il faut la participation de tous à tous les niveaux. Une autre recherche systémique, celle de Vera et son équipe (2007) avec la collaboration d'une école publique latino-américaine, fait état d'un changement qui s'appuie sur la participation des intéressés à presque tous les paliers. La finalité est d'encourager le succès académique et le développement positif des adolescents. La rationalité de la démarche et les interventions avec et pour les jeunes ainsi qu'avec les parents et les enseignants concourent au processus de solution des problèmes culturels.

Enfin, Xu (2009) fait part d'une étude chinoise consacrée au programme de « développement de curriculum fondé sur l'école » issu de la nouvelle réforme curriculaire de 1999. À la suite du succès mitigé d'une approche hiérarchique visant à imposer un nouveau curriculum, un projet de recherche-action naît entre l'Université et plusieurs écoles dans un district de Bejing. S'appuyant sur un questionnaire appelé SWOT, S (strengths), W (weaknesses), O (opportunities), T (threats) c'est-à-dire forces, faiblesses, occasions pertinentes et menaces, les animateurs centrent leurs interventions sur l'éducateur et sa pratique. L'enseignant vit son rapport avec le contexte scolaire, sa relation avec les élèves, avec l'école y compris avec le curriculum ; il applique un discours réflexif sur l'action et une réflexion sur « la réflexion sur l'action ». À tous les niveaux, l'application du curriculum se transforme grâce au regard critique sur les activités scolaires internes ou externes qui deviennent mieux préparées. La contribution des apprenants va jusqu'à conduire à la correction ou même à la réécriture de certains manuels scolaires. Toujours en Chine, Bai (2009) retient trois domaines de recherche-action en éducation en nous prévenant qu'il est très difficile de classifier ces recherches selon les tendances car on manque d'informations relativement au processus et à la définition des concepts. La plupart dérivent de la réforme de cursus comme celui de Xu, lié à la réforme de l'éducation de base pour une société en mutation. Bai affirme que des 812 articles, seulement 6,12 % des recherches recensées méritent le nom de recherche-action. Il retient trois tendances ou courants (qu'il appelle « cas ») dont le premier est l'expérimentation éducative de Qingpu que peut illustrer l'étude de la réforme de l'enseignement des mathématiques. On introduit dans la recherche-action dite trop floue un mécanisme de découverte scientifique expérimentale (hypothèse et évaluation) qu'on nomme *screening experience* permettant la généralisation des résultats et la réflexion rationnelle. Le second courant (cas) est celui de la recherche-action coopérative *(VGER ou Volunteers'Group of Educational Research)* comprenant une faculté universitaire et les enseignants. Elle se fonde sur l'école, la réflexion et la coopération et place les enseignants comme principaux chercheurs acceptant de plein gré la modernité, impliquant autant un changement de leur enseignement que celui de leurs attitudes personnelles. La recherche-action, plus libre, sans financement, permet d'ajuster continuellement le *design* aux besoins locaux et comprend la réflexion critique ; les universitaires sont des apprenants qui explorent la réalité scolaire. Le cas de Xu cité plus haut nous semble appartenir à cette catégorie. La troisième tendance ou courant (cas) est la nouvelle éducation de base et ne se définit pas comme une recherche-action ; au contraire, elle s'y oppose et soutient le besoin d'une théorie dès le départ de toute action. Il faut inventer des concepts systémiques et des écoles nouvelles qui, disent les tenants, naîtront de critiques réflexives répandues dans la société humaine en mutation ; et c'est ainsi qu'émergeront de nouveaux prototypes d'écoles. Grosso modo c'est une pratique fondée sur la recherche théorique en fonction de l'innovation au-delà de l'expérience personnelle qui aboutira à un changement créatif des pratiques d'enseignement. Ce mode de recherche est multidimensionnel et vise à rejoindre l'attitude et l'intention qui inspireront la pratique globale. Est-ce une utopie ? On peut se le demander. De ces trois tendances ou courants, c'est la recherche-action coopérative qui a les qualités de la recherche-action intégrale tandis que les deux autres prennent une position critique par rapport à cette dernière. Si la vision systémique de l'éducation de base pouvait se joindre *explicitement* à la recherche-action éducationnelle coopérative, on aurait là un exemple, croyons-nous, de ce que nous appelons la recherche-action intégrale et systémique.

**En somme**, quelle place ont aujourd'hui la recherche-action et la systémique en éducation ? On sait que les enseignants réfléchissent depuis toujours sur leur mode de transmission des connaissances et nous ajoutons qu'ils pratiquent une évaluation quotidienne de leur performance grâce au comportement des jeunes en classe ou aux résultats des appréciations ou évaluations formatives fréquentes. Ils sont d'ailleurs souvent les premiers à suggérer des méthodes actives. La tendance du praticien ou professionnel à devenir chercheur, amorcée par des pionniers comme Stenhouse (1975), a stimulé la ferveur de bien des éducateurs qui remettent maintenant en question leur pratique, non plus en regard du seul transfert de connaissances, mais plutôt du développement intégral de l'apprenant. Cette dimension de réflexion critique sur la pratique, propre à la recherche-action, est largement répandue. La recherche-action a donc sa place dans l'ère moderne comme elle l'avait pour Kurt Lewin qui y joignait déjà la systémique quand pendant la Seconde Guerre mondiale, il faisait participer la population à l'effort commun dans l'esprit de la théorie du champ caractérisée par l'idée de totalité et avec une approche constructive et dynamique (Lemay, 1997, pp. 51-58). Cette dimension de globalité appliquée à l'apprentissage rend encore plus critique la réflexion tout comme le suggérait Freire dans la *Pédagogie des opprimés* ou Habermas (1987) dans la *Théorie de l'agir communicationnel*. En somme, l'ouverture enrichit le *projet* éducatif pour lui donner ses lettres de créance. Cependant, il faudra attendre l'influence des psychosociologues ou des psychologues communautaires pour joindre la recherche-action à la systémique.

## *1.2.2 - En sciences sociales et dans les domaines connexes*

Les sciences sociales éclairent le système dans lequel on vit ; elles se basent sur différentes théories dont le capitalisme, le communisme, le fonctionnalisme, l'heuristique et la théorie critique sans compter l'essentialisme et d'autres théories qui cherchent à découvrir la place de la liberté humaine dans la vie en société et la participation des humains au mieux-être collectif. La recension ne couvre pas tous ces aspects, mais les recherches retenues apportent des éclairages sur le système, le partenariat dans les alliances de connaissances, le développement endogène et l'ouverture à l'interculturel.

### Le système générateur de changement et le cadre de référence

Ventura, Cavalcanti et Freitas de Paula (2006) du Brésil définissent les concepts de la systémique en présentant l'Union européenne comme une image du pluralisme dans un système international. S'appuyant sur une théorie proche de celle du système général et une vision holistique, ils exposent des concepts variés, complexes et dynamiques, d'entrée *(input)* et de sortie *(output)*, d'environnement, de motivation et de processus. L'énumération de ces concepts laisse voir la complexité du système politique. Cependant, on aimerait avoir une explication plus élaborée de la mise en opération de ce système et en particulier de la dynamique du processus. Cette aventure européenne apparaît ici trop statique pour un système qu'on sait parfois fortement contesté. L'étude plus substantielle de Djelic et Quack (2007) comble en partie cette soif d'explications grâce au sentier dépendant *(path dependency)* économico-culturel et à la création de sentiers nouveaux *(path generation)* dans les systèmes ouverts. Elle éclaire le cheminement d'une société qui doit dépasser la route linéaire et choisir des voies engendrant plus que des transformations graduelles de manière à ce que les organisations soient aptes à s'ouvrir aux multiniveaux de niches institutionnelles et non-institutionnelles. Les auteurs illustrent les empêchements au changement et à la transformation rapide au moyen de deux histoires de cas, celle des entreprises de production et celle du système bancaire où les transformations, lentes au départ, croissent à petits pas. Après la Deuxième Guerre mondiale, les Américains, refusant les cartels nationaux, rencontrent de grandes difficultés en cherchant à établir une économie ouverte en Allemagne. Cependant, avec l'avènement et la croissance du commerce entre les nations européennes, la co-évolution se produit beaucoup plus rapidement, car le marché européen, qui possède les caractéristiques d'un système ouvert, suscite des interactions entre les sentiers nationaux allemands plus conservateurs et des sentiers plus innovateurs, créateurs et générateurs de changements.

Toujours dans l'optique de l'explication du changement, Gregory (2008) fait l'hypothèse que le réductionnisme serait la source de l'inefficacité du développement stratégique en éducation supérieure. Elle invite les lecteurs à considérer chacune des méthodologies systémiques stratégiques en fonction de leur finalité. Par exemple, le SSM *(soft systems methodology)* répondrait par accommodation à des problèmes confus ; le SASV *(strategic assumption surfacing viewpoints)* articulerait des points de vue divergents pour parvenir à une synthèse. Au-delà d'une méthodologie stratégique viable, le VSM *(viable systems methodology)*, il faudrait envisager une CST ou une théorie critique systémique *(critical systems theory)* qui permettrait aux chercheurs de s'éveiller à la créativité émancipatrice tout en étant conscients des valeurs fondamentales en jeu. L'utilisation complémentaire de diverses méthodologies systémiques serait, selon l'auteur, rendue nécessaire par la complexité des problèmes. On rejoint ce faisant la tendance contemporaine d'utiliser plusieurs méthodes à la fois comme, par exemple, le quantitatif et le qualitatif, la narration et l'ethnographie ou la recherche-action participative et la systémique. Est-ce à dire qu'il faudrait aussi penser à plusieurs langages pour recueillir les données propres à la recherche ? Larsen et al. (2007) affirment plutôt le contraire puisqu'ils suggèrent le UML *(unified modelling language)* comme technique de modélisation capable d'apporter une information adéquate. Ces experts en développement qui ont appliqué une approche sociotechnique disent : 1 - que les définitions de « succès » diffèrent selon les unités d'analyse (développeurs, organisation, projet) ; 2 - qu'un grand nombre de variables identifiées ont un impact sur le succès du projet ; 3 - qu'un nombre important de variables existent dans les relations complexes (non linéaires) ; 4 - que la majorité des personnes interrogées font un lien entre l'utilisation du langage UML et le succès du projet. Reste à savoir si un langage unifié protègerait la conjonction des composantes. N'y aurait-il pas danger de retomber dans une approche « linéaire » implicite qui deviendrait difficile à concilier avec la complexité à moins d'utiliser l'UML avec ouverture aux autres langages ? N'y aurait-il pas encore ici un besoin de complémentarité ? Une réflexion des experts s'impose là-dessus ; elle pourrait être suggérée aux chercheurs utilisant la systémique.

Plus concrètement, la systémique stimule le changement, devenant ainsi un cadre de référence. Par exemple, un groupe de jeunes vivent un programme de recherche-action participative à Jackson Heights dans le Queens (New York). À partir de traits culturels dynamiques, issus de l'immigration et du processus de croissance vers l'âge adulte impliquant négligence et exclusion, apparaît une nouvelle configuration. Driskell et al. (2008) font voir comment l'espace, *la place* et la citoyenneté deviennent tissés de façon originale et complexe pour ces jeunes qui, grâce à leur travail et à leurs actions, démontrent que *la place* continue d'être importante pour eux et peut même devenir le lieu (locus) d'une citoyenneté qui s'épanouit. Tseng et Seidman (2007) élaborent, quant à eux, un cadre systémique pour comprendre les environnements sociaux des jeunes en se concentrant sur trois cibles : les processus sociaux, les ressources, et les résultats des *settings* ou environnements. Ils notent que les enfants dans une école organisent souvent leurs apprentissages en fonction de valeurs nationales ou culturelles plus larges. Avec d'autres exemples, Hingley-Jones et Mandin (2007) soutiennent que la systémique devient un cadre de référence pour mieux saisir les relations dans le champ du travail social. D'autre part, Coleman et al. (2007, p. 1454) soulignent l'importance de l'approche système en fonction de l'escalade et de la non résolution des conflits. Enfin, Hopkins et Pain (2007) démontrent les avantages de la pensée relationnelle dans des études sur les géographies de l'âge ; ils proposent de s'inspirer des concepts « d'intergénérationalité », « d'intersectionalité » durant tout le cours de la vie et non seulement chez les enfants et les vieillards. Le dialogue émanant de perspectives théoriques différentes favorise la créativité, affirment-ils.

Kelly (2007) commente plusieurs articles portant sur le concept de système et de changement systémique ; ces articles ont été publiés récemment dans la revue des psychologues communautaires. Un écrit, entre autres, est fort éclairant quant à l'ampleur d'une systémique appliquée ;

il s'agit d'une intervention réalisée chez les policiers de Jackson, Michigan, aux États-Unis, qui a entraîné une transformation culturelle importante dans une organisation traditionnellement conservatrice et rébarbative au changement.

## La recherche-action comme cadre de référence théorique et pratique

Balcazar et al. (2009) font part d'une recherche-action participative réalisée avec des immigrants colombiens à Chicago et avec l'aide du Consulat de Colombie. Sous le titre de CRM (évaluation des besoins en santé et services sociaux), un questionnaire portant sur les préoccupations *(concerns)* et les forces vives *(strengths)* des immigrants est construit de manière à établir un pourcentage d'importance et de satisfaction pour différents services. Cette enquête, plutôt systématique, fournit des résultats statistiques fort bien présentés. Comme la recherche s'adresse à une large population, il est sans doute difficile de ne pas adopter une méthodologie traditionnelle et de se limiter à des participations représentatives pour la mise en marche de l'enquête. Cette recherche ne devient participative que dans la phase de discussions *(focus groups)* ; bien qu'elle soit définie comme une recherche-action, elle ne l'est pas vraiment dans l'ensemble de la démarche d'élaboration des cinq dimensions du questionnaire. Toutefois, les résultats en sont probants ; ils ont permis à des volontaires de produire deux guides, un sur les soins de santé et l'autre sur les services sociaux dans l'État de l'Illinois, textes qui ont été distribués largement dans la communauté. La recherche de Portillo (2008) se range plus facilement dans la grande famille de la recherche-action participative. Ce chercheur l'utilise comme un instrument de réflexion et d'action pour comprendre le problème de la réhabilitation sociale en neurologie et parvenir à un changement dans la pratique. Son projet de trente mois lié autant à la santé qu'au travail social rassemble trente-sept infirmières et deux groupes, un de vingt-deux personnes et l'autre de dix-huit ainsi que leurs parents. Une triangulation de méthodes permet de parvenir en *nursing* à une théorie sur l'amélioration de la pratique dans le processus de changement ainsi qu'à des réflexions sur l'intégration des connaissances et des soins en réhabilitation sociale. Il s'agit d'un projet cyclique de recherche-action qui tient compte pertinemment de l'impact des soins au niveau social.

Une des dimensions de la recherche-action est plus particulièrement scrutée par Christiansen (2008). En effet, ce chercheur examine le discours dans un module de recherche-action réalisée pour la formation des maîtres dans l'enseignement des mathématiques au Natal et se questionne sur les messages sous-jacents qui pourraient laisser apparaître des distorsions idéologiques. Son analyse révèle que les étudiants ont sans doute fait quelques pas vers une pensée émancipatoire, mais en même temps que leurs efforts ont contribué à renforcer les relations de pouvoir. J-A. Lévesque avait d'ailleurs montré précédemment, dans une thèse et un article (1999, 2004), que dans le cadre de la recherche-action, le discours alimentait une prise de conscience continue dans le temps qui pouvait en partie aider de futurs travailleurs sociaux à accroître leur réflexion critique.

Une autre des dimensions de la recherche-action, l'action, est étudiée par Turina (2007) qui affirme qu'en soi l'action est neutre ou séculière, mais qu'elle peut être influencée par une doctrine, ou encore par les valeurs des intervenants, ce qui pourrait la rendre alors militante. Ainsi en serait-il, par exemple, des valeurs religieuses qui guideraient l'implication dans un combat. Il n'en demeure pas moins qu'au plan opérationnel, la pertinence culturelle et la compétence sont centrales du début à la fin d'un projet. C'est ce qu'ont constaté Reese et Vera (2007) dans l'élaboration de trois programmes de services préventifs destinés à des communautés ethniques, de religion et de niveau économique différents.

## Les alliances de connaissances liées à la culture et la participation coopérative

Dans l'examen de systèmes d'informations géographiques, Puri (2007) analyse la connaissance à travers la diversité des savoirs de communautés qui contestent les décisions officielles. Il insiste sur le défi que représente l'intégration du savoir indigène parce qu'il exige la participation des gens pour en venir à des *alliances de connaissances*. Cependant, lorsque ces alliances de connaissances se réalisent, le consensus devient possible. Ainsi en est-il du développement de terres agricoles en milieu défavorisé en Inde tel que rapporté par Puri. On peut considérer l'étude de King et al. (2007) comme complémentaire de la précédente. En effet, les auteurs soutiennent qu'en Afrique du Sud, des peuples d'héritages *(backgrounds)* culturels différents ont tendance à partager leur savoir à moins qu'il ne leur soit utile dans des jeux de pouvoir en raison de troubles politiques. Par ailleurs, la nécessité de partenariat avec les groupes locaux est bien illustrée dans une recherche-action participative décrite par Arnold et Fernandez-Gimenez (2007) qui rappellent l'échec historique des interventions gouvernementales auprès de groupes indigènes en Arizona alors que les règles sociales autochtones ont été outrepassées et que la collaboration locale n'a pas été demandée ou obtenue. En se basant sur le précepte de la recherche-action participative qui exige le partage du pouvoir entre chercheurs et communautés, les auteurs établissent un partenariat avec les groupes locaux de Tohono O'odham pour développer, implanter et évaluer avec succès un curriculum sur l'écologie et l'administration du territoire ; ils répondent de cette façon aux besoins et aux approches des organisations tribales. Déjà en 1994, selon Jiggins et Roling, deux universités, Guelf (Canada) et Western (Sydney, Australie), avaient développé dans le cadre d'une pensée systémique un processus de recherche-action participative favorisant l'acquisition de compétences en vue d'une meilleure collaboration dans le développement rural. Bien que cette démarche soit à l'inverse de la nôtre en RAIS puisque nous, du GÉSOÉ, sommes partis de la recherche-action pour parvenir à la systémique, elle en retient les principaux aspects. Toujours dans le domaine des alliances de connaissances, Fraenkel (2006) expose un programme de développement familial à New York. Dès le début du projet, il en présente les dix étapes destinées aux familles avec lesquelles il établit un partenariat professionnel. Toute famille nécessitant un soutien est perçue en tant qu'experte de sa propre situation de vie et apte à trouver les moyens de s'en accommoder, de la maîtriser et de faire appel à la résilience. Le programme développé avec la famille doit être enraciné et élaboré en collaboration avec les intervenants permettant ainsi la production d'un nouveau savoir.

## Un concept évolutif du développement participatif

Dans le cadre d'une recherche-action européenne impliquant quatre régions (l'Irlande du Nord, le grand Dublin, la Wallonie en Belgique et la Champagne-Ardenne en France), Murray et al. (2009) décrivent un projet de planification du peuplement rural en Irlande du Nord dans un contexte de tensions entre les intervenants gouvernementaux responsables du plan technique et les citoyens prêts à défendre une planification stratégique territoriale qui tienne compte des défis économiques, sociaux, culturels et environnementaux dans un cadre cohérent. Il s'agit d'un processus collectif et participatif qui, par réflexion, se rapproche d'une intégration. Faire le pont entre une approche du haut vers le bas et du bas vers le haut suppose des balises que l'article dégage et qui pourraient s'appliquer à d'autres projets similaires. Dans des réflexions critiques sur la pauvreté et le développement, Cliche (2003) conclut qu'il faut *« concevoir le développement dans une perspective historique qui rende compte de la genèse des situations observées »* et *« enlever la connotation interventionniste du concept de développement et insister plutôt sur les souverainetés, le contrôle culturel et la prise de décisions à la base »* (pp. 256-257). M. Majale (2008) le démontre d'ailleurs à l'aide d'études de cas au Kenya où il appert que l'on peut créer des emplois dans la planification urbaine et la restauration des quartiers pauvres à la condition toutefois d'obtenir la participation tant au niveau national, municipal, que dans les milieux urbains défavorisés. La recherche-action intégrale respecte ces exigences, car elle nécessite une participation à toutes les étapes d'un projet y compris celui du développement.

Dans la même veine, une recherche-action participative, fondée sur la théorie critique et les enseignements indigènes, explore les besoins en santé des autochtones de la *Wikmikong Unceded Indian Reserve* en Ontario, Canada. Jacklin et Knoshameg (2008) rappellent les huit points dont on doit tenir compte dans ce projet de développement afin qu'il devienne significatif, c'est-à-dire approprié culturellement et communautairement. Ce sont le partenariat, la responsabilisation, le contrôle par la communauté, le profit mutuel, la globalité, l'action, la communication et le respect. Une étude ne va pas sans l'autre, car, comme on le constate, celle de développement sur les besoins en santé dépend d'une approche sociale à l'écoute des cultures.

German et Stroud (2007) d'Ouganda proposent un cadre de référence quant aux différentes approches de développement. Elles distinguent : 1 - l'action participative d'apprentissage basée sur l'échange non formel d'expériences de chacune des traditions qui donne aux acteurs le pouvoir de changement ; 2 - la recherche-action qui permet de mieux comprendre le changement social et son processus ; en combinant 1 et 2, on obtient la recherche-action participative ; 3 - la recherche empirique, de contrôle scientifique, enracinée dans la tradition positiviste. Les chercheurs défendent la complémentarité des trois approches et les illustrent grâce à trois cas : a) l'administration du partage des eaux sur les hauts plateaux d'Afrique ; b) la décentralisation du service d'agriculture en Ouganda et c) la réforme institutionnelle de la recherche sur l'agriculture en Afrique de l'Est. Dans la mosaïque des qualités d'un développement participatif réussi, Mayo et al. (2009) soulignent dans leur titre symbolique, *La danse de recherche*, l'osmose essentielle entre universitaires et groupes communautaires indigènes d'Yarrabah (Australie). Grâce à une investigation qualitative sur les expériences coopératives, ils signalent que la confiance mutuelle, la réflexivité et la responsabilisation sont les principales caractéristiques d'une bonne participation ; elles soutiennent les actions et les réflexions tout au long du parcours.

**En conclusion**, disons que l'intérêt de cette recension des écrits dans le domaine des sciences sociales a été la recherche d'une théorie qui éclaire la pratique ou d'une pratique qui inspire la théorie. Ainsi des études de cas ont émergé des dimensions nouvelles ou des principes et des leçons de pratique. Par exemple, avec les concepts de sentier dépendant et de sentier générateur, on a compris que des forces extérieures viennent parfois ouvrir des portes vers le changement plus vite que toutes les influences endogènes progressistes qui demeurent marquées par des valeurs traditionnelles, d'où l'intérêt d'une approche systémique qui prend en compte les forces à tous les niveaux. Un modèle de recherche-action systémique dans un corps policier illustre bien cette conjugaison des forces utilisées pour produire un changement en fonction des besoins d'une communauté. La recherche-action participative de son côté se veut également un cadre de référence comme on le constate dans les études recensées. Dans presque tous les cas, l'accent est cependant mis sur la participation autour de laquelle s'articulent tous les projets et à laquelle est subordonnée l'action. Le concept de développement associé à une politique de croissance endogène est prometteur dans la mesure où on ne rejette pas les ressources extérieures nécessaires pour le susciter, le promouvoir et le rendre opérationnel. Dans ce sens, les alliances de connaissances apparaissent répondre à ce besoin de joindre l'endogène et l'exogène au service du changement concerté et réfléchi caractéristique de la recherche-action intégrale de Desroche (1982). La recherche-action, orientée historiquement et culturellement vers l'action, conserve sa dimension de réflexion critique. On peut aussi parler de réflexion dans l'action du praticien ou du professionnel qui réfléchit. C'est en substance ce qui découle de la recension des écrits.

## *1.2.3 - En sciences de la santé*

La quantité d'articles scientifiques dans le domaine des sciences de la santé est impressionnante. La plupart des écrits abordent principalement la prévention de maladies infectieuses et l'organisation de soins essentiels de santé primaire. La complexité des démarches de prévention ouvre la porte à la participation de tous les intéressés grâce à une recherche-action réalisée dans une perspective systémique. Les résultats forment de plus en plus un corpus de connaissances dont les leçons de pratique peuvent inspirer d'autres praticiens aux prises avec des problématiques complexes, notamment en santé communautaire.

### L'éducation à la prévention des maladies

Grâce à une recherche-action participative réalisée en Amazonie brésilienne pour évaluer des programmes de promotion en santé, recherche difficile en raison d'un contexte frontalier imprédictible et tourmenté, Laperrière (2007) fait ressortir les défis du *nursing* en zone conflictuelle et explore les concepts de production de savoir des praticiens, production selon elle redevable de liens étroits entre le protocole de recherche et l'intervention professionnelle. Les infirmières, intervenantes et actrices dans les organismes sociaux, occupent une position-clef qui leur permet de saisir les enjeux politiques et culturels du programme de prévention des maladies transmises sexuellement tel le SIDA.

Différent et semblable sous certains aspects est ce que Campbell et al. (2007) proposent comme conception d'un environnement social favorisant *(enabling)* la santé et encourageant des stratégies pour créer des contextes sociaux de gestion du problème de VIH en Afrique du Sud. Les activités essentielles et préliminaires au projet (formation de travailleurs en santé, partenariat, ralliement des jeunes) naissent des six stratégies suivantes : 1 - Partager la connaissance et développer le sens critique. 2 - Créer des espaces sociaux pour le dialogue et la pensée critique. 3 - Promouvoir un sens communautaire de responsabilité par rapport au problème et encourager à passer à l'action. 4 - S'appuyer sur les forces et les ressources du milieu. 5 - Mobiliser les réseaux existants tant formels qu'informels. 6 - Construire des partenariats avec les communautés et les pouvoirs extérieurs, les agences locales, nationales et internationales. Le succès de ces activités dépend grandement des efforts fournis par les intervenants qui vivent dans une société conservatrice qui ne détient aucun contrôle sur les processus extérieurs. Le protocole de recherche est rigoureux et systématique ; il est classique et est réalisé dans un temps record avec des méthodes actives et participatives menant à des partenariats. C'est une forme d'action recherche sur un terrain, non planifiée toutefois par les acteurs. C'est cependant un procédé qui semble bien adapté à la mission des chercheurs et qui aurait eu tous les ingrédients d'une recherche axée davantage sur la participation si le projet avait duré plus longtemps. Une autre étude, celle de Fongkaew et al. (2007), axée sur la prévention du SIDA, réunit des jeunes adolescents thaïlandais de dix écoles dans un partenariat avec des adultes grâce à une recherche-action participative et contribue à créer une atmosphère de confiance et de respect des différents rôles. Dans le même esprit, la recherche-action participative de Mallick (2007) est à signaler puisqu'elle est aussi axée sur une communication efficace entre des parents et des jeunes non connus de ces derniers, en vue de leur éducation face à la drogue.

Toujours dans le monde de la prévention des maladies, la recherche de l'équipe de Haalboom (2006), qui a uni les chercheurs, les praticiens et les communautés de six provinces canadiennes est à signaler. Elle porte sur la promotion de la santé du cœur. Dans une autre étude destinée cette fois à recueillir des informations sur la prévention contre les effets nocifs du plomb dans une communauté du centre ouest américain, Rajaram

(2007) explique que les trois fonctions de l'université, le service, l'éducation et la recherche, se réalisent fort bien dans une recherche fondée sur l'action. Enfin, dans le domaine de la prévention des accidents de travail, Guzman et al. (2008) prétendent que la convergence de la théorie des systèmes, du transfert de connaissances et de la recherche-action permet une action coordonnée des praticiens de la santé et des nombreuses autres parties prenantes *(stakeholders)*. Tous ces intervenants profitent de connaissances mises à jour afin de diminuer les blessures et les invalidités. Il s'agit d'un cadre théoriquement branché de systémique et de recherche-action.

## Une pratique collaborative dans une perspective systémique

Dans un article de Hills et al. (2007) sont décrits les défis d'une implantation de la pratique multidisciplinaire (MDP) dans une communauté au Canada. Les auteurs traitent de la réorientation des services de santé et de la création d'un modèle (PHC) de services coordonnés et intégrés destinés aux soins primaires ou préventifs. Ce projet de recherche-action participative communautaire (CPBAR) s'adresse à 11 000 résidents et à des petites entreprises dans une ville de 300 000 habitants. Le CPBAR se présente comme une recherche-action systématique visant un changement sociétal dans la conception des soins de santé. Cependant, les membres de la communauté et les professionnels de la santé ont pris en main la recherche et fait une évaluation itérative critique, en utilisant la méthode de l'incident critique et la *méthodologie freirienne*, ce qui les a amenés à découvrir les obstacles à l'implantation d'une pratique collaboratrice. Le CPBAR affiche une méthodologie dynamique, proactive en soins de santé et s'appuie sur une pratique multidisciplinaire plus difficile à réaliser que ne le laissent croire les louanges reçues sur cette initiative.

Toujours dans l'optique de la prévention, l'approche systémique de développement d'interventions en santé pour les 0-3 ans élaborée par Guralnick (2005) et rapportée par J.K. Squires (2007) tient compte du besoin d'une coordination systémique compréhensive pour les enfants et les « trottinants » *(todlers)* et leurs familles. L'intégration et la coordination doivent se faire à tous les niveaux et inclure la participation de tous dans des environnements communautaires. Toutes les parties du modèle systémique de développement sont intégrées et coordonnées à tous les niveaux ; il y a évaluation et feedback dans les interrelations de toutes les composantes. Cette approche a été utilisée non seulement aux États-Unis, mais aussi en Europe, en Australie, au Canada, et dans les pays en développement. Il s'agit d'un appel général à l'approche systémique exigeant la participation de tous les acteurs. Le même besoin d'une perspective systémique globale se fait sentir selon Phillips et al. (2008) dans l'importance qu'on doit accorder aux politiques de soins et de recherche sur la douleur au Royaume-Uni. La distance entre des niveaux élevés de ressources et les soins dispensés à des personnes dont la qualité de vie est diminuée par la souffrance laisse apparaître la nécessité d'une gestion globale du problème de manière à en contrer les effets nocifs sur la société.

Aux États-Unis, N.J. Chrisman (2007) prétend que le changement systémique en santé produit des compétences multiculturelles et organisationnelles, à la fois dans les hôpitaux, la communauté et les programmes universitaires chez les infirmières ; tous les autres partenaires en sont indirectement touchés. Le changement systémique s'appuie sur les principes de la finalité coordonnée à l'action, de la pertinence de la pratique liée à l'environnement et sur des techniques et des compétences semblables ainsi que sur des partenariats plus larges, notamment communautaires. Dans le même sens, Granerud et Severinsson (2007) montrent que la connaissance du réseau social et l'intégration influencent la compréhension des professionnels de la santé mentale dans leur pratique. La recherche-action aurait le pouvoir de faciliter les changements dans ce domaine grâce à son approche coopérative.

Brooker et Woolley (2007) présentent une esquisse d'un modèle fondé sur l'activité de soutien aux personnes souffrant de démence. Il est intéressant de voir comment ce groupe a modélisé et utilisé une recherche-action dite « intégrale » dans une de ses démarches avec le groupe d'experts, les praticiens et les chercheurs dans quatre sites différents au Royaume-Uni. L'originalité de cette recherche se situe en partie dans le rôle symbolique de **serrurier** inventé par le groupe pour combler ses besoins. Cette tâche est confiée à un membre senior du personnel qui doit s'assurer que les résidents et les praticiens atteignent le maximum de leur potentiel. Il est possible d'y voir, à notre opinion, une forme de recherche-action intégrale et de modélisation systémique.

Des études précédentes, peut-on conclure qu'on se préoccupe de systémique en sciences de la santé ? J. Sheffield (2008) soulève ce point dans son étude sur la gestion informatisée du savoir et de la santé. Certes, de nombreuses perspectives systémiques existent et les concepts parvenant de systèmes multiples sont intégrés. L'auteur relève d'ailleurs trois perspectives systémiques : l'apprentissage personnel (création de connaissances), les communautés de pratique (la normalisation de connaissances) et l'exercice des expertises techniques et technologiques (application de connaissances). Il note que le savoir en santé stimule le développement systémique et il l'illustre par un cas d'intervention systémique en écologie.

## La prise en charge des soins par les patients et leurs familles

Self et al. (2008) décrivent la participation à tous les niveaux du personnel d'une clinique spécialisée en santé mentale dans leur étude des pratiques courantes et l'évaluation de la satisfaction des besoins des patients. Grâce au processus itératif de la recherche-action, le groupe de recherche parvient à un consensus sur un vocabulaire commun, ce qui lui permet d'établir des critères d'évaluation des besoins, des interventions et des activités correspondantes. Il arrive ainsi à développer un outil d'aide à la décision clinique *(CDST ou Clinical Decision Support Tool)* décrit en détail dans un système d'information. De leur côté, dans une recherche-action en partenariat destinée à promouvoir l'autonomie *(Centers for Independent Living)* des individus ayant des problèmes de santé mentale, Mirza et al. (2008) notent l'importance de la communication, du dialogue et de la relation d'aide pour ces personnes. Toujours en rapport avec le soutien offert en santé mentale, McEvoy et Barnes (2007) du Royaume-Uni, travaillant avec des adultes souffrant de dépression chronique, proposent un modèle qui fait place à des services préventifs en lien avec la communauté environnante ainsi qu'au travail d'équipe dans le respect des besoins complexes. Les patients jouent un rôle actif dans l'amélioration de leur état. Il s'agit d'un processus interactif dans lequel le patient devient un acteur. Pour être réalisable, ce modèle exige une grande confiance des uns envers les autres. Les soins en santé mentale sont exigeants, Chien et al. (2006) le reconnaissent ; il n'en devient que plus intéressant de constater les bienfaits d'un programme mis en avant par un groupe d'aide aux familles chargées de soins en schizophrénie.

Afin de développer et d'évaluer un modèle exemplaire d'amélioration ou de changement dans les soins infirmiers destinés aux personnes âgées, Glasson et al. (2008) d'Australie valorisent la démarche et l'utilisation de la recherche-action participative (PAR). Ce processus collectif et personnel d'investigation réflexive permet aux infirmières de devenir des chercheurs critiques dans l'application de changements de pratique et dans leur évaluation qu'elles effectuent de concert avec les patients et le personnel médical directement impliqué. L'équipe propose un modèle où chaque étape de la recherche est expliquée, mettant en évidence les boucles de rétroaction et le plan de mise en marche de soins intensifs *(acute)*. Le chercheur principal et une équipe de trois infirmières forment le groupe de référence et agissent comme source d'information, d'expérience et de facilitation. De leur point de vue, la recherche-action participative convient à des environnements cliniques variés et ne nécessite pas de changements administratifs. Deux autres articles, le premier portant sur la réhabilitation sociale en neurologie et l'amélioration de la pratique en soins de santé (Portillo, 2008) et le second sur un modèle d'éducation destiné à une pratique guidée et conseillée par des accompagnateurs en *nursing* (Blum, 2009), rapportent des expériences similaires à celle de Glasson.

Une autre initiative signale l'importance de la prise en charge des soins par les patients, laquelle entraîne nécessairement une modification de la pratique en *nursing*. Robinson et al. (2008) montrent comment on a encouragé les infirmières communautaires de quatre régions de Tasmanie (Australie) à s'initier aux techniques de motivation dans le but de promouvoir la prise en charge par les patients des soins qu'ils doivent se donner en fonction de leur maladie chronique d'obstruction pulmonaire. Dans un *design* inspiré de la recherche-action participative, comprenant des discussions entre elles et des tutrices expérimentées, les infirmières parviennent, après une année d'intervention, à surmonter les défis de la transformation de leur pratique et à permettre aux patients de devenir des acteurs responsables de leur bien-être. Cette philosophie de responsabilisation s'étend aux patients soucieux de leur insertion sociale. Milner et Kelly (2009) rapportent les résultats d'une recherche narrative participative réalisée en Nouvelle-Zélande par un groupe de vingt-huit personnes souffrant de différentes incapacités et deux autres groupes dont des chercheurs et des responsables de cinq centres régionaux préoccupés par l'intégration sociale et la participation communautaire. Cinq caractéristiques d'un lieu (place ou locus) favorisant le sentiment d'appartenance et la participation communautaire émergent d'une analyse serrée faite par les chercheurs. Ce sont la détermination personnelle, l'identité sociale, la possibilité de réciprocité ou de contribution valable, des attentes de participation et l'assurance ou la confiance en soi. On pourrait, mutatis mutandis, supposer que les mêmes qualités humaines et sociales soient des prérequis de la participation des gens en général que les initiateurs d'une recherche-action devraient sérieusement considérer.

## Les qualités requises en soins de santé et le travail en équipe

L'étude des Américains Hupcey et Miller (2006) démontre que la confiance dans les soins des professionnels diffère de la confiance interpersonnelle bien que la confiance dans la compétence soit intimement liée aux qualités interpersonnelles du praticien prodiguant les soins. La perte de confiance est par ailleurs reliée aux problèmes de compétence. Si le patient perd confiance, il est très difficile au professionnel de reconstruire la relation. Il faudrait peut-être pour voir plus clair approfondir les concepts de la relation thérapeutique comme s'efforcent de le faire Trop et al. (1999) en regardant la personne comme un système dynamique vivant qui agit et réagit au contexte dans lequel elle vit. Examiner les structures de la subjectivité est une approche trop réifiante et assez contradictoire si on pense que les invariants d'une personne ou d'un patient vont changer lorsqu'il en prend conscience. L'équipe de Trop préfèrerait qu'on ait une approche qui considère les *patterns* expérientiels perçus et les états d'attractions d'où émergeraient de nouvelles activités expérientielles, créatrices de solutions lors de la relation du thérapeute avec le patient, du moins en psychanalyse. Voilà une façon vivante de voir la créativité liée au système dynamique de l'être humain dans un contexte permettant l'éclosion de comportements nouveaux individuels ou sociaux.

Light et Tse (2007) de la Nouvelle-Zélande rendent compte des qualités requises du travailleur en santé mentale dans une recherche qualitative (trois groupes « *focus* », deux communautés) réalisée avec des ergothérapeutes, des travailleurs sociaux, des psychologues cliniques, des infirmières en psychiatrie et un psychothérapeute. On y conclut que le praticien en santé doit être un avocat et un facilitateur, il doit savoir écouter plus que commenter et doit favoriser des relations de collaboration entre les travailleurs en santé mentale, les usagers du service, les familles et les communautés. Les qualités requises sont l'ouverture, l'expression d'espoir et l'écoute centrée sur la personne. Pour mieux comprendre la participation, Catrine et al. (2008) pensent qu'il faut considérer aussi la non-participation, étant donné les désaccords sur les interactions dans les soins de santé et la classification de la recherche. Un concept commun est nécessaire. Une enquête réalisée auprès de personnes ayant été malades récemment laisse percevoir que la non participation dépend en grande partie du manque d'informations, d'une non reconnaissance et d'une écoute incorrecte des besoins manifestés et que les soins doivent être centrés sur la personne et non sur l'organisation.

Quant au travail en équipe, suite à une recherche-action participative dans un milieu de travail en oncologie, le Canadien Sale (2006) remarque que : 1 - la présence des gestionnaires aux réunions est inadéquate bien que leur rôle soit important ; 2 - la composition d'un comité est complexe et dépasse la pure représentation ; 3 - une recherche participative sans action est inacceptable et 4 - la pleine participation dans toutes les phases du projet est difficile à atteindre.

Au-delà des praticiens, la communauté locale a aussi un rôle à jouer dans les soins de santé. Grâce à un test évaluatif qualitatif de la compétence des communautés d'Afrique (SATCOM), Bhanjee et al. (2008) ont découvert par observation participante qu'une communauté du Zimbabwe s'est améliorée de 2004 à 2007 au plan de sa responsabilité dans le dépistage du SIDA et la reconnaissance des personnes affectées, et dans l'amélioration de son régime de vie.

## Le développement d'un corpus de connaissances pour consultation

Braa et al. (2007) de Norvège, en se référant à la science de la complexité pour le développement approprié, intégré et allégé d'un système d'information sur la santé, suggèrent de considérer les informations semblables pour susciter des solutions innovatrices dans les soins du VIH/SIDA tout en adoptant des standards flexibles qui s'appliqueraient aux pays en développement. Les informations parviendraient de la base sans toutefois écarter les prises de conscience à d'autres niveaux de consultation et d'apprentissage. Oberman et al. (2008) vont plus loin et pensent que les pays développés doivent apprendre des pays en émergence comme les Philippines. À la suite d'une recherche-action de trois ans, trois facteurs de progrès ressortent : 1 - un effort local dans la découverte de solutions ; 2 - l'utilisation d'une technologie appropriée ou disponible dans le milieu et 3 - un travail créatif, dans un espace *(margin)* de liberté afin de trouver des solutions pratiques tout en respectant les finalités éthiques. Oberman rejoint ici Schumacher (1978) qui mettait en avant, dans son volume *Small is beautiful*, des mesures semblables que nous pourrions adopter tout en demeurant ouvert aux avancées technologiques.

Toutes les expériences peuvent être enrichissantes. Pour preuve celle venant de l'hémisphère sud en Australie d'Ottmann et al. (2009) qui évalue les impacts d'une recherche-action participative de trois ans utilisée pour développer un modèle de services destinés aux personnes à capacité réduite ou handicapées. Cinq leçons (p. 42) en sont tirées : 1 - une participation efficace n'est pas acquise, elle exige une aide substantielle ; 2 - il faut éviter d'abandonner partiellement le processus de négociation dans l'euphorie d'une fin de projet ; 3 - il est nécessaire d'avoir une stratégie de remplacement pour la continuité du projet et le maintien de la participation ; 4 - les participants devraient bénéficier d'une formation à la prise de décision éclairée ; et 5 - il y aurait lieu de prévoir le risque de défection des usagers et des préposés car la participation n'engendre pas nécessairement la créativité.

Dans la veine du développement d'un corpus de connaissances, deux articles de la *Caledonian University* de Glascow, Écosse, U.K., l'un de Tolson et al. (2006) et l'autre de Booth et al. (2007), traitent de l'élaboration d'un guide de soins infirmiers fondé sur l'expérience et destiné aux personnes âgées ou en gérontologie. L'*evidence-based nursing* est un énoncé de la meilleure pratique possible observée *(Best Practice Statement ou BPS)* qui permet de développer un modèle opérationnel. On parle ici d'une longue recherche-action participative réalisée avec trois groupes d'infirmières (deux de trente personnes et un de quinze) et vingt-et-un membres d'une communauté. L'article de Tolson traite de l'ensemble du projet et le second, de Booth, décrit l'essence de la pratique et de l'expérience ; il s'arrête apparemment au deuxième cycle de cette longue recherche-action. De notre point de vue, cette recherche de développement utilisant la recherche-action s'appuie sur une modélisation systémique bien qu'on n'utilise à peu près pas ces derniers termes. La tâche est complexe ; il est éminemment difficile de produire des énoncés clairs ; il y a plein d'interactions entre les groupes de discussions, un aller-retour vers la pratique, et des groupes qui s'ajoutent pour évaluer, voire valider les premières conclusions afin de trouver l'équilibre entre une approche trop émancipée de la recherche ou trop technique dans sa réalisation. Lewis et Wilson (2008) ont reproché à Booth une généralisation des BPS, disant que cela donne à la recherche qualitative une « plus value » non méritée et que le processus de la recherche-action n'est pas suffisamment expliqué. En réponse à ces remarques, un court commentaire de J. Booth (2008) rappelle que la méthodologie employée est participative, impliquée voire engagée et que l'étude a été corroborée afin d'en assurer la viabilité avant de la soumettre à une autre épreuve plus métrique. Si on élargissait le débat, on pourrait se demander avec McDuffie & Scruggs (2008) en éducation spécialisée s'il est légitime qu'on parvienne à une pratique fondée sur l'évidence statistique en recherche qualitative puisque cette dernière ne cherche pas à démontrer la causalité. Ce serait aux enseignants et aux parents d'enfants avec handicaps de s'approprier ou non une pratique dite évidente. N'y a-t-il pas là en sous-entendu le vieux débat des paradigmes qui ne sera résolu que lorsque les deux positions deviendront complémentaires et s'enrichiront l'une l'autre grâce à un dialogue constructif qui éclairera les limites de chacune des méthodes de recherche.

Enfin, une équipe considérable du Royaume-Uni a reconnu le besoin d'utiliser la recherche-action dans l'investigation et la diffusion des innovations dans les soins de santé, projet qu'on a nommé «PRIDE» (Waterman et al., 2007). Après avoir analysé les forces et les limites d'une « approche systémique globale » qui combine recherche, développement et diffusion, les auteurs admettent que la recherche-action est la meilleure façon de diffuser une innovation si un niveau élevé d'adaptation à un nouvel environnement est requis.

En guise de transition, avant de résumer les avancées en soins de santé, il apparaît important de souligner la recherche américaine de Downey et al. (2009) portant sur le dialogue et la délibération afin de raffiner le modèle éducatif de responsabilisation *(EEM, Empowerment Education Model)* qui constitue le cadre théorique de la recherche en santé publique. C'est un modèle inspiré de Freire dont le concept-clef est de remettre aux communautés la prise en charge de leur destinée, d'en faire des auteurs de changement grâce à l'écoute dialogique, à une prise de conscience critique et au contrôle de leurs ressources. Pour Downey et al., il y aurait avantage à séparer dialogue et délibération, car la délibération implique la prise de décision d'actions en vue de changements ou d'améliorations de la santé dans la communauté. Pour mieux illustrer la démarche appliquée, ils présentent le cas d'un comté du Kentucky. La démarche est systématique et chaque partie s'imbrique dans la précédente. Après la présentation d'un diaporama fait par des jeunes, il y a l'*écoute* quantitative (l'état des besoins) et qualitative (la recherche des significations et des causes) qui se prolonge dans le *dialogue* (dans des groupes « *focus* ») ; ensuite vient la *délibération*, qui se veut rationnelle, afin de prendre les décisions appropriées. Puis on passe aux forums communautaires pour déterminer l'*action* précise et en définir les étapes afin de parvenir aux solutions. La démarche apparaît plutôt cartésienne ; on oublie que la complexité commande des objets relationnels, conjonctifs si on accepte le mot. Le risque en est de perdre de vue ou d'oublier, quand on passe aux résultats, les significations dégagées du dialogue. De plus, séparer dialogue, délibération et action, n'est-ce pas oublier que les participants sont des personnes actives et prendre le risque de perdre leur enthousiasme à s'impliquer et à s'engager.

**En bref**, il n'est pas étonnant que les études retenues en sciences de la santé portent beaucoup sur la prévention des maladies et des accidents. La recherche-action axée sur la participation de tous les acteurs n'est-elle pas un outil adéquat de sensibilisation aux comportements responsables autant dans le domaine des maladies transmissibles sexuellement que de la consommation de drogues. Cela vaut également pour les maladies chroniques et les problèmes de santé mentale. Dans tous les cas, une perspective systémique augmente les chances de réussite des programmes parce qu'elle amène tous les acteurs à travailler ensemble, qu'ils soient concernés de près ou de loin par le problème, tout en laissant la préséance aux patients qui deviennent les agents principaux de leur propre guérison. Bien sûr, cela suppose une grande confiance des uns envers les autres, mais cette confiance se développe au fil des boucles réflexives de la recherche-action en cours. Un système de transmission de connaissances acquises grâce aux expériences encouragerait sans doute les acteurs/chercheurs à entreprendre des projets de collaboration en recherche-action en s'ouvrant systémiquement aux environnements concernés.

## *1.2.4 - En sciences de la gestion*

Dans le domaine des sciences de la gestion, la recherche-action est largement utilisée en gestion de fonds, dans la volonté des clients de trouver satisfaction, dans l'adaptation et le changement d'un service afin de le rendre communautaire pour répondre aux besoins des clients dans une entreprise, et enfin dans l'analyse de la dynamique des réseaux d'affaires. La recherche organisationnelle ouverte à la recherche-action pourrait ainsi présenter un profil multiparadigmatique et inventif.

## Une recherche-action dans l'élaboration d'un modèle de gestion

En regard de l'allocation des ressources destinées à aider les enfants en difficulté ainsi que leurs familles, les Australiens Murchland et Wake-Dyster (2006) utilisent la recherche-action pour élaborer un modèle de distribution de fonds pour la physiothérapie, la psychologie et la pathologie du langage dans les services de pédiatrie. Il s'agit cependant plus d'un cadre de recherche-action avec un processus structuré qui favorise le dialogue pendant les dix-huit mois que dure la construction d'une grille systématique à partir de données statistiques intéressant ces professionnels ; ce n'est pas une recherche-action participative du début à la fin. Il est vrai qu'on peut penser la recherche-action comme une étape d'un processus de gestion comme le suggèrent Mischen et Sinclair (2009) dans leur politique de « recherche-action d'implantation » des découvertes. En respectant le consentement des clientèles, la recherche-action stimule la croissance de valeurs démocratiques dans l'application d'innovations.

Un bel exemple d'un réseau administratif d'échanges de matériaux d'enseignement et d'outils d'apprentissage est celui de la *Terradata University Network* (TUN) rapporté par Winters et al. (2008). C'est une plateforme d'échanges *(e-learning)* sur Internet dont peuvent bénéficier les enseignants qui utilisent les documents disponibles pour construire leurs propres cours. Ce réseau a pour but : d'être une source de références sur le stockage de données ; de former une communauté internationale pour partager les idées, les expériences et les ressources ; et de servir de lien entre le monde académique et le monde de la pratique. Les auteurs qualifient le processus de recherche-action sans trop s'expliquer ; peut-être nomment-ils ainsi le feedback ou l'évaluation des étudiants et des enseignants, ou encore la collaboration des utilisateurs, des universitaires et des responsables d'entreprises. Ce modèle d'échanges grâce au Web pourrait inspirer un groupe de recherche-action qui voudrait se doter d'une banque de données de personnes-ressources, voire de cas éclairant les acteurs relativement aux théories ou leçons de pratique. L'article des auteurs est plus qu'un manifeste publicitaire, il décrit bien comment a été utilisé le réseau à l'Université de St-Gallen en Suisse et fournit le feedback plutôt louangeur des étudiants de trois cours créés en réseau et en face à face.

Pesamaa et Hair (2007) examinent à fond deux réseaux touristiques à succès parmi quinze autres et, à partir du modèle théorique construit, ils dégagent les valeurs humaines sous-jacentes aux six variables influençant les relations coopératives et le développement stratégique. Les auteurs découvrent que l'amitié qui croît est reliée à la loyauté et à l'engagement et que la loyauté est en relation avec la confiance. Ils concluent que la confiance et l'engagement conduisent à une coopération réussie. Ce sont des valeurs à prendre en compte au prochain chapitre lorsque l'on traite de la participation coopérative.

De son côté, Smith (2009) part de l'hypothèse que si les institutions sont stables et bien gouvernées, les gestionnaires publics ayant des comportements et des compétences pertinentes faciliteront la collaboration des citoyens. Sa recherche est intéressante, quoique empirique et quantitative, mais peu éclairante sur la manière de stimuler la collaboration et d'en comprendre la signification. Toutefois, la stabilité d'une institution pourrait être une variable ou un atout dans le développement des coopérations. On sait en effet comment il est difficile de faire du développement dans des contextes de difficultés politiques ou de guerre. Taveira (2008), quant à lui, se situant non pas au niveau des gouvernements mais du travail d'équipe, reconnaît également que le soutien des gestionnaires *(management support)* est nécessaire au succès de la collaboration dans une équipe dont les membres doivent être compétents ou formés de manière à pouvoir s'engager et négocier dans les limites de la mission à accomplir. Il ajoute en se référant à la littérature qu'il faut en plus un animateur qui a suffisamment de *leadership* pour motiver les participants. C'est dire qu'on ne s'improvise pas chercheur en recherche-action mais qu'on peut le devenir par la pratique et un bon *coaching*.

Pour mieux comprendre la dynamique de la gestion, nous ferons maintenant appel à la systémique et à ses interfaces, à ses alliances et à ses réseaux.

## La systémique pour comprendre la dynamique des réseaux

Les Brésiliens Ghisi et Martinelli (2006) ont écrit un article très documenté sur l'analyse des réseaux d'affaires et des relations interorganisationnelles à la lumière d'une approche systémique considérée comme un mécanisme pour la compréhension de la dynamique de ces réseaux, leur interface et leur caractère compétitif. La systémique permet de saisir plus profondément le rôle des acteurs impliqués ainsi que l'impact du partenariat. Selon les auteurs, les actions à moyen et long termes sont davantage susceptibles de produire des résultats que celles à court terme ; la fonction des acteurs et leurs actions comme individus sont centrales par rapport aux réseaux comme entités. Ces derniers engendrent de la compétition entre les organisations si on considère le transfert de valeurs entre les entreprises et l'importance pour chaque entreprise du succès de son partenaire. En raison du rôle important de l'acteur, la synchronisation des tâches dans ce cas est essentielle. Le succès du réseau envisagé comme un tout dépend de la combinaison des expériences de chacun des participants. Dans la même veine, Standing et al. (2008) proposent un cadre de référence systémique pour gérer la grandeur et l'asymétrie des entreprises en biotechnologie afin de parvenir à des alliances d'expertise et d'échange de connaissances dans le contexte australien. Les auteurs suggèrent une approche systémique critique émanant d'une vision « holonique » *(holism)* créatrice.

Dans le monde de l'organisation du travail, Kira et Van Eijnatten (2008) suggèrent une approche système « chaordique » de pensée (ChST) afin de faire face à la complexité du réel. Tout comme Bawden et al. (2007), les auteurs s'inspirent d'une conception de *l'holon* voulant que toute partie ne se conçoive sans référence au tout et vice versa. Non seulement la complexité se retrouve dans la réalité, mais les parties prenantes *(stakeholders)* d'un groupe de travail collectif forment également un ensemble complexe. Afin de cheminer dans la complexité des relations de travail, on propose une formation sur place ; on parviendrait ainsi à gérer les compétences, à soutenir et à intégrer les ressources nécessaires à l'organisation du travail. Les auteurs considèrent qu'un système ouvert de pensée est trop centré sur l'équilibre homéostatique ; on devrait selon eux se concentrer sur l'équilibre multiple pour éviter le chaos. On passe d'une conception globale ou holistique à celle dite « holonique » en insistant sur les interactions entre la partie et le tout plus qu'entre les parties, sur l'émergence plus que sur l'intégration, sur la transformation plus que sur le rationalisme, sur l'ensemble plus que sur l'organisation et ainsi de suite (p. 746). On a ici une théorie qui explicite un peu plus la systémique telle que prônée dans la recherche-action intégrale et systémique puisqu'on s'éloigne du linéaire. Toutefois l'équilibre homéostatique conserve son importance dans les relations humaines, à tout le moins entre les acteurs d'une même équipe.

Clegg et Shaw (2008) proposent aussi un processus orienté « holoniquement » afin d'améliorer notre compréhension de l'information systémique. Partant du fait que les méthodologies destinées à comprendre les processus de commerce sont soit trop hiérarchiques, soit trop « mécanistiques » *(hard data)*, les auteurs suggèrent de combiner des aspects plus souples à des aspects rigides afin d'aider à la modélisation des systèmes d'information. Il s'agit d'un construit nommé encore ici *holon* dans l'intention de produire des modèles appartenant à une « holarchie ». Une organisation manufacturière illustre la pensée dans ce cas de recherche-action réussie qui se veut une contribution méthodologique à l'analyse du processus des affaires dans des environnements de haute complexité ayant un volume d'effets variés relativement peu élevé et visant un minimum de répétitions. Aguilera et al. (2008) rejoignent les auteurs précédents avec la loi souple et la loi dure. Ils proposent une approche organisationnelle qui tienne compte de l'efficacité d'une gestion corporative et ses implications dans la direction et la conduite. Selon eux, les organisations corporatives se concentrent sur le lien entre les pratiques (conseil d'administration, *stakeholders activism*) et les résultats. Sont négligées les interdépendances des organisations et des environnements menant à des variations dans les effets finaux. Les auteurs proposent plutôt un système ouvert dans lequel sont tenus en compte les interdépendances, les contingences et les complémentarités des pratiques de gestion. Dans l'analyse des résultats, il est utile de considérer les facteurs interactifs. Les auteurs en font une exploration en utilisant des cas de figure et discutent des implications d'approches de direction en utilisant une loi souple et une loi dure. C'est pour conserver le côté humain des organisations qu'on propose des approches mixtes qui donnent plus de liberté et suscitent plus de créativité et plus de coopération.

## Un système ouvert, apprenant et coopératif grâce aux acteurs des réseaux

Ford (2007) nous parle d'un changement profond dans une agence de police qui devient une organisation apprenante afin de répondre aux attentes de la communauté. C'est une recherche systémique structurée mais ouverte à un changement idéologique chez les membres du corps policier. Elle leur permet de s'impliquer à tous les niveaux en décentralisant l'autorité et le contrôle et en plaçant l'engagement au cœur du processus. Se développent alors des attitudes d'apprentissage en vue de l'amélioration du système ; beaucoup de patience est requise de la part des organisateurs qui, en tant que facilitateurs, laissent croître cette capacité au changement chez les acteurs. Il semble que le groupe a réalisé d'une part comment chaque partie se perçoit dans le tout et d'autre part comment chaque composante du service est interconnectée. En somme, on ne parle pas de recherche-action explicitement mais, sans une participation des acteurs, on ne voit pas comment ce nouveau système aurait pu s'implanter. À ce dernier projet, on pourrait joindre l'expérience de Wood et al (2008) du *Nexus Policing Project* (Victoria, Australie) qui se fonde sur un partenariat police et université afin de trouver de nouvelles façons de percevoir et d'agir dans le champ d'action des policiers. Grâce à une recherche-action participative, ces derniers, peu importe leur rang, montrent leurs aptitudes à questionner leurs croyances et la signification de leur pratique quotidienne afin d'adopter des pratiques innovatrices et de résoudre de nouveaux dilemmes dans la société qui les entoure.

Dans une entreprise d'ingénierie, Yang (2007) développe un cadre de travail pour une approche système dans un service destiné à assurer la satisfaction des clients. La première étape de planification porte sur l'élaboration d'une stratégie de décision, une recherche de marché, une analyse d'affaires et la création du concept de service fonctionnant en interaction avec tous les autres. La deuxième étape de conception du système, de sa qualité, des coûts et du « marketing » est entièrement réalisée en relation avec le concept de service dans toutes les cellules, celle du processus, celle de la qualité, celle de la gestion pour ne nommer que quelques-unes des douze mentionnées dans la figure 1 de l'article. Le lecteur constate que la systémique renouvelle le *design* classique de la systématisation en ingénierie en le complexifiant et que l'humain est présent dans toutes les variables mises en relation dans le service à la clientèle.

De son côté, Ozanne (2008) présente la recherche-action participative comme une méthode apte à subtilement ou dramatiquement ébranler le paradigme du processus de recherche et les théories déjà connues et développées. Dans son cas, la PAR *(Participative Action Research)* aide les chercheurs à utiliser des méthodes non traditionnelles pour transformer la recherche sur la consommation. Les obstacles et les avantages en sont examinés. Dans la même veine, Ataov (2008) part d'un projet turc de réponse aux besoins des gens à Kocaeli pour présenter la PAR comme une construction de processus co-génératifs qui respectent une philosophie démocratique dans des décisions urbaines *(city-wide)*. Pour lui, la recherche-action intègre recherche, théorie et action ; elle permet une gestion du changement dans le processus de participation tout en promouvant le dialogue démocratique durant une transformation de structure. Conscient du manque d'information adéquate dans les procédures descriptives et les moyens méthodologiques opérationnels, Ataov entreprend le développement d'un modèle en cinq étapes : 1 - le contexte ; 2 - la stratégie de recherche ; 3 - les principes ; 4 - les résultats et 5 - les leçons apprises.

Que ce soit la systémique ou la recherche-action, les écrits nous permettent de penser que les deux approches sont ouvertes au réel et fonctionnent bien en s'imbriquant dans un projet. Au-delà de tout, elles garantissent les libertés humaines.

## Un système ouvert, garant de l'expression des valeurs de liberté et de créativité

Ainsi en va-t-il de l'élection par les enseignants, les élèves, les parents et le personnel d'un directeur (principal) dans trois écoles secondaires à Porto Alegre au Brésil (Myers, 2008). Cette procédure électorale permet de reconfigurer les relations d'autorité dans l'école qui projette dès lors l'image d'une institution démocratique dans laquelle les enseignants sont vus comme des citoyens à part entière. Ils y gagnent plus de liberté pour introduire des pédagogies plus démocratiques. Les résultats de cette étude réalisée au moyen d'interviews en profondeur de sept enseignants montrent que ceux qui ont participé à la démocratisation de l'institution étaient animés de valeurs d'autonomie, de respect et de liberté. Des variables seraient bien sûr à ajouter si on développait sur une certaine période de temps un projet systémique évaluatif de recherche-action intégrale avec toutes les parties en cause. Il s'enrichirait encore plus si l'on pouvait y inclure d'autres écoles qui n'ont pas choisi ce mode électoral pour le changement de direction de leur école.

La liberté est également une valeur prônée par Sen tel que discuté par le Portugais Nuno Martins (2006) lorsqu'il parle de l'approche des « capacités » ou aptitudes ou possibilités ; il soutient que Sen élabore des catégories philosophiques bien différentes de l'approche du bien-être et de la pratique en économie. Les pouvoirs de décision soutenus par Sen présupposent une conception d'un système ouvert non binaire et de variables ontologiques difficilement prédictibles quant à l'action. Il prône la liberté, vécue non pas comme une absence de contraintes, mais plutôt comme une multitude de possibilités de décisions. Il s'agit de notre point de vue d'une conception métaphysique ou ontologique non fondée sur l'éthique, mais qui ne la refuse pas ; elle libère des pures émotions ou des subjectivités qui empêchent la liberté de s'exercer.

Ajoutons que lorsque l'on modélise en systémique, les acteurs sont libres de construire le modèle de leur choix ; ils sont constructivistes, mais grâce au dialogue, ils confrontent leurs points de vue. Devant des prémisses souvent peu réfléchies et des décisions sur le changement prises sur la base d'une compréhension partielle, Skordoulis et Dawson (2007) du Royaume-Uni suggèrent le dialogue socratique pour une plus grande réflexion critique, particulièrement dans les processus complexes ; ils en font un instrument pratique de facilitation à la participation dont le cœur, dans un cercle concentrique, est le changement réflexif (pp. 991 et 1001).

En portant maintenant le regard sur la créativité dans *l'entrepreneurship*, Collins, Smith et Hannon (2007) du Royaume-Uni montrent comment des commerçants peuvent utiliser en entreprise une approche d'apprentissage en synergie et des méthodes participatives de manière à ce que tous les acteurs soient co-apprentis dans un environnement collaborateur d'enseignement par les pairs. C'est une approche de recherche-action en andragogie dans laquelle on propose un profil de chercheur/acteur à tous les participants, déconstruisant en quelque sorte le statut de chacun des trente-trois participants, qu'ils soient débutants (16), entrepreneurs professionnels (6) ou facilitateurs (praticiens) (11). La recherche-action sert moins à solutionner un problème qu'à découvrir de nouvelles voies, ce qui se fait grâce à une aventure créatrice liée au profil personnel, à l'expérience de vie et de pratique. C'est dans un même élan de créativité que des organisations planifient le changement en utilisant les paradoxes qui, selon Luscher, Lewis et Ingram (2006, p. 491), sont communs dans la complexité organisationnelle et dans l'ambiguïté accentuées par le changement. Les auteurs développent un cadre de référence de paradoxes apparaissant fréquemment dans l'enjeu de la communication. Le tout est illustré par une recherche-action réalisée à la compagnie Lego. L'exploration du paradoxe crée souvent des cycles de réflexion qui, sans résoudre les problèmes, ouvrent à des possibilités nouvelles, surtout si les cycles sont allongés pour mieux pénétrer la complexité.

La complexité ne cesse d'ailleurs de grandir dans nos sociétés modernes. On le voit notamment quand surgissent des épidémies, des catastrophes naturelles ou des crises économiques qu'on n'a pu prévoir ; il y a là tout un défi à relever. Duit et Galaz (2008) touchent à cette question lorsqu'ils traitent de la gérance dans des situations problématiques émergentes mettant à l'épreuve les habiletés de gestion à tous les niveaux de gouvernance. Les auteurs cherchent tout d'abord à découvrir les facultés d'adaptation d'un système complexe (CAS) devant affronter une dynamique non linéaire, des effets de leviers, des cascades et une capacité de prédiction limitée. Dans une deuxième partie, ils regardent comment différentes combinaisons de systèmes gouvernementaux stimulent ou affaiblissent l'habileté à bénéficier de l'adaptation d'un système complexe. Les expériences modernes de pandémie ou de cataclysmes naturels nous font voir la pertinence d'organismes internationaux aptes à gérer spontanément ces événements ou du moins à se préparer à le faire dans la mesure du possible.

Comme on l'a vu dans les lignes précédentes, la complexité appelle la complexité et devient le lieu de multiples méthodes d'intervention qui doivent être appropriées aux besoins des gens et des lieux. La recherche organisationnelle ne fait pas exception. Elle tend également à s'ouvrir à un profil multiparadigmatique qui laisse place à la créativité méthodologique.

## Pour une recherche organisationnelle multiparadigmatique et inventive

Buchanan et Bryman (2007, p. 483) montrent la nécessité de l'ouverture de la recherche organisationnelle dans un article qui porte sur les facteurs formant un système d'influences inévitables et contextuelles. D'abord, l'éclectisme méthodologique ne dépend pas exclusivement des objectifs de la recherche puisque d'autres considérations entrent en jeu, la complexité et l'interdépendance par exemple. Ensuite, la méthode n'est pas seulement une technique qui vise à saisir la réalité parce qu'une méthode « choisie » *encadre* les données observées, ce qui restreint en partie la vision et peut influencer l'interprétation et le développement de la théorie. Enfin, la compétence en recherche suppose la cohérence des facteurs organisationnels, historiques, politiques, éthiques, évidents et personnels, pertinents à l'investigation. Cet article, fort intéressant, pourrait s'avérer un complément au chapitre méthodologique de cet ouvrage et renforcer l'importance d'utiliser plusieurs approches méthodologiques.

Bien que les travaux des chercheurs en gestion ouvrent la voie à la recherche multiparadigmatique, il y a toujours place pour davantage d'études sur la systémique si on en juge par les travaux d'Aguinis et al. (2009) qui analysent les *designs* de recherche utilisés dans 193 articles publiés dans le périodique *Organisational Research Methods* entre 1998 et 2007. De ces 193 recherches, 30 sont dites qualitatives, 16 interprétatives, 10 se préoccupent des politiques et 8 se nomment recherche-action. Cette classification mériterait toutefois une clarification au niveau des catégories qui se recoupent parfois : par exemple, la recherche-action peut souvent être qualifiée d'étude de cas et être interprétative dans son analyse. Cette remarque mise à part, on note l'importance grandissante de l'approche qualitative en recherche organisationnelle. De plus, il est fort intéressant de noter que des chercheurs utilisant des méthodes quantitatives voudraient valider leurs résultats au moyen d'une approche qualitative ; ils reconnaissent cependant leur manque de préparation dans cette voie. En somme, il faudrait mieux expliquer la finalité du quantitatif et du qualitatif, lesquels sont chapeautés par des paradigmes différents. Il faudrait également montrer les voies méthodologiques spécifiques à chacun, que ce soit par exemple pour le qualitatif, l'ethnographie, la narration ou la recherche-action qui peuvent être utilisées dans une même recherche. Enfin, on ne sait rien sur la systémique, la grande absente dans ce travail considérable d'Aguinis. On espère que la recherche-action commande un jour l'emploi de la systémique rendant ainsi mieux compte des interactions et de la finalité de l'ensemble des recherches en sciences de la gestion.

**En conclusion,** sauf les quelques exceptions mentionnées ci-dessus, les auteurs en sciences de la gestion et de l'organisation s'intéressent aujourd'hui à la systémique. Ils reconnaissent de plus l'apport de plusieurs méthodes de recherche. Ils sont confrontés à des gestionnaires qui ont à cœur la participation et voient l'organisation comme un système ouvert en constante relation avec son environnement. Plusieurs de ces derniers soulignent d'ailleurs le besoin de collaborations externes afin de stimuler la créativité face à la complexité du monde du travail. Enfin, certains ne sont pas guidés seulement par l'utilitarisme ; ils savent qu'en tant qu'êtres humains responsables, ils peuvent faire des choix plus humains, plus démocratiques tout en respectant leurs engagements envers les actionnaires. En général, même si les études laissent place à la créativité, à l'invention, il faut se rappeler que les organisations commerciales ont des objectifs déterminés à atteindre et que la recherche-action critique prônée par Kemmis et Carr (1986) en éducation devra toujours être nuancée, encadrée ou contrôlée dans des entreprises à but lucratif, les remises en question étant difficiles. Malgré cela, la recherche-action intégrale et systémique demeure une approche valable dans la recherche organisationnelle sachant que des limites quant à l'explication s'imposent et sont souvent commandées par le milieu économique qui devient une frontière à franchir. Incluant la participation à tous les niveaux, la RAIS se veut une méthodologie de recherche capable de produire un changement dans une organisation évoluant dans un environnement toujours plus complexe et respectant les libertés et les individualités.

## 1.2.5 - Une synthèse des applications et des hypothèses exploratoires

La recherche qualitative enrichit le savoir, non par la généralisation des résultats, mais par la construction des composantes qui nuancent et éclairent la complexité de la réalité. Ce premier rapport sur les recherches en systémique et en recherche-action, regroupées sous les catégories de sciences éducatives, sociales, médicales et administratives, nous conduit maintenant à une comparaison thématique des écrits. Ce sera une mosaïque descriptive à revoir et à approfondir ; elle indique des pistes d'exploration et des leçons de vie que l'on peut s'approprier et adapter à nos propres cheminements théoriques et pratiques.

Quatre pistes thématiques sont retenues : *la multidisciplinarité, le changement, la participation et la compréhension* ; elles ne sont ni étanches ni dichotomiques, elles appellent le paradigme de l'intelligence de la complexité (Le Moigne, 2007) pour tracer quelques hypothèses de cheminement pour le professionnel/chercheur, acteur/auteur en éducation, en santé, en sociologie (travail social) ou en gestion ; elles enrichissent la compréhension de la recherche-action intégrale et systémique.

## La multidisciplinarité

La recension des écrits conduit à voir la **multidisciplinarité** en éducation dans l'utilisation de différentes méthodes, que ce soit la narration ou la recherche-action, ou encore la consultation de différentes disciplines, ce qui signifie une investigation multiforme dans de multiples institutions impliquant la collaboration à tous les niveaux de l'environnement. Elle va même jusqu'à unir arts et sciences dans la création artistique. En sociologie, la systémique du travail présuppose l'apport de diverses disciplines, comme par exemple la réorganisation de services afin de créer des environnements sociaux pour des jeunes immigrés et faciliter leur processus de croissance vers la citoyenneté. Du travail social ou communautaire ressort l'union de la systémique et de la recherche-action dans des projets de développement nécessitant des alliances de connaissances culturelles pour un changement durable. Si on utilise une approche systémique, on recommande l'utilisation de méthodes variées. En santé, on met en valeur le centre multidisciplinaire d'interventions multiniveaux ainsi que les compétences organisationnelles pluriculturelles. On réunit, dans un environnement où les techniques se ressemblent, des professionnels de nombreuses disciplines qui ont une finalité commune engendrant ainsi une action concertée et pertinente. L'union de la systémique et de la recherche-action sert souvent de cadre intégrateur en sciences de la santé. En gestion, la recherche organisationnelle commande un profil multiparadigmatique qui permet de gérer les coordonnées d'une situation complexe et l'interdépendance de ses composantes. On perçoit l'organisation comme un système ouvert (*holonique* peut-être) pouvant être étudié à l'aide de combinaisons de méthodes ayant à la fois des aspects souples et durs. La méthode est primordiale car elle encadre et influence le développement de la théorie. À partir de ces réflexions, nous pouvons formuler une définition opérationnelle méthodologique de la multidisciplinarité :

*La multidisciplinarité est une approche faisant référence à l'utilisation de différentes méthodes dans l'intention avouée de relever les défis liés au changement grâce à une investigation multiforme et à des interventions multiniveaux dans l'étude d'un cas complexe.*

En somme, dans les domaines observés, l'utilisation de méthodologies variées apparaît nécessaire pour effectuer une action de changement. Il est toutefois difficile de proposer une définition conceptuelle de la multidisciplinarité qui rejoindrait la théorie de l'interdisciplinarité étudiée dans la partie suivante de ce chapitre.

## Le changement

Le *changement* systémique peut être provoqué par une innovation pédagogique. Plusieurs exemples ont été donnés dans notre recension des écrits. Citons le stage comme un lieu d'exploration, de découvertes ou de leçons pratiques ; une recherche-action axée vers la formation des maîtres à l'interculturel ; le dialogue de classes sociales engagées dans un projet commun ; la formation donnée à une clientèle en pharmacie ou la responsabilisation du patient face à ses soins ; et le changement dans la transmission des connaissances stimulée par l'informatique. Une intervention efficace permet à des personnes (professionnels et population) à tous les échelons d'une communauté de participer à la transformation systémique de services tels ceux d'un corps policier. En sociologie, des chercheurs affirment que la société doit sortir de la route linéaire pour découvrir des sentiers générateurs, multiniveaux, et reconnaître que la complexité du système peut devenir génératrice de changement. Une philosophie du développement est de plus en plus conçue et élaborée grâce au dialogue et aux décisions prises à la base. En santé, la coordination systémique aide à la construction de contextes sociaux et devrait impliquer toutes les personnes responsables de la prévention, du développement et de la transformation des soins. Pour qu'un changement soit profond en gestion, on rappelle qu'une organisation doit devenir apprenante, se présenter comme une entité systémique structurée, ouverte au changement idéologique, et susceptible de susciter la participation. Cette perspective rejoint celle du mouvement des psychologues communautaires qui encouragent le changement systémique lié à la collaboration de tous.

Comme pour la multidisciplinarité, on pourrait tenter de définir opérationnellement le changement de la façon suivante :

> *Le changement est une transformation durable de la pratique, issue de la réflexion et de l'application de connaissances et inspirée par une philosophie de responsabilisation et de participation de tous les intéressés.*

La recherche-action alliée à une conception systémique des différentes problématiques reliées au mieux-être d'une personne ou d'une communauté lui sert souvent de cadre.

## La participation

En éducation, la ***participation*** est un thème fréquent. L'action stimule la participation dans le service, l'enseignement et la recherche. On en parle largement dans la formation des enseignants en sciences appliquées, dans les réformes de cursus, dans le regroupement de partenaires et même dans les méthodes pédagogiques de projets dits *on-line* par exemple dans la formation au tutorat. La participation en travail social se concrétise dans le partage des savoirs entre les différents peuples, dans le respect de leur culture, dans les alliances de connaissances pour un développement endogène et dans l'administration de terres en partenariat. En soins de santé, on participe à la prévention des maladies infectieuses ou cardiaques, au développement d'un corpus de connaissances et à l'énoncé des meilleures pratiques possibles, et à la création d'un environnement de santé. Le praticien en santé est peint comme un facilitateur qui sait écouter et qui collabore avec les travailleurs, les usagers, la famille, la communauté. La participation se révèle importante dans les comités multidisciplinaires, mais elle est souvent difficile à réaliser. En gestion, la participation est requise pour centrer les activités de production sur le service à la clientèle ; elle est utile pour construire une grille équitable pour tous dans la distribution de fonds ; la participation « synergistique » favorise la créativité. Les valeurs humaines sous-jacentes à une participation cohérente s'articulent autour de l'amitié, la loyauté, la confiance, l'engagement et la coopération. Comme on le constate, la collaboration, la participation et la coopération sont prisées dans les quatre domaines étudiés.

Définir la participation serait simple s'il ne s'agissait que du concept sans référence à la recherche-action. Or, dans le contexte de ce livre, la participation est directement associée à la RAIS. D'ailleurs, très peu d'auteurs parlent de recherche-action ou de systémique sans les relier au concept de participation. Une définition opérationnelle pourrait s'exprimer ainsi :

> *La participation, au-delà de toutes les contingences, se traduit obligatoirement dans une action et s'incarne dans les différentes étapes de réalisation d'un projet, la planification, les processus d'interventions et les discussions itératives et évaluatives. Elle fait du chercheur un acteur impliqué dans un discours dialogique, critique et réflexif, respectueux dans le partage des connaissances et dans le développement endogène d'une communauté. Elle stimule et conduit à un engagement, voire à une coopération confiante et loyale.*

## La compréhension et l'exploration

La ***compréhension*** et l'***exploration*** se caractérisent dans la reformulation des rapports entre la théorie et la pratique. On perçoit mieux les liens entre théorie et pratique dans les stages de formation des maîtres et des autres professions, dans l'étude de méthodes adaptées aux nouvelles technologies. La recherche-action s'y intègre comme une approche interactive apportant des résultats exportables. On pense collaboration *online* dans des projets de recherche-action pour les peuples éloignés les uns des autres. On explore des projets de recherche-action unis à d'autres approches, des questionnaires ouverts grâce au réseau Internet, la liberté dans l'art ou des modèles d'enseignements issus de la science, ou encore un développement de cursus amélioré. La sociologie permet de comprendre la sécularisation de l'action et d'identifier les groupes militants ou trop dogmatiques. L'approche systémique aide à saisir les relations de travail, à résoudre des conflits, à appréhender le relationnel des âges, la croissance et l'apprentissage des jeunes, immigrés ou non, et ainsi de suite.

La recherche-action est utilisée pour solidifier la réhabilitation sociale. On comprend mieux les acteurs endogènes lorsque l'on tente d'intégrer leur savoir dans des projets de collaboration. En santé, on développe des banques de données des meilleurs cas et méthodes afin de trouver des solutions innovatrices par exemple contre le SIDA. Dans la même veine, on essaie de consigner dans un guide ce que l'on comprend des soins infirmiers fondés sur l'expérience en vue de parvenir à des énoncés de la meilleure pratique. On reconnaît que l'expérience du milieu favorise la pratique médicale et que la recherche-action a le pouvoir de faciliter les changements et d'en tirer des leçons. On invente le rôle de « serrurier » dans l'intention d'obtenir le maximum d'efficacité chez les résidents et praticiens dans cinq sites ayant une unité de recherche-action intégrale composée d'experts, de praticiens et de chercheurs. On explore de nouvelles voies : soutien aux familles chargées d'aider des schizophrènes, éducation face à la drogue par les parents avec des jeunes non connus de ces derniers. Une recherche-action participative permet d'élaborer un modèle de changement dans les soins infirmiers pour les personnes âgées. Les théories de Freire sont citées à quelques reprises comme cadre de compréhension d'une action communautaire en santé. En sciences de la gestion, les chercheurs complètent et expliquent la dynamique des réseaux d'affaires et des relations interorganisationnelles ; et ils soutiennent que dans l'approche systémique l'action des acteurs est centrale. Aussi suggèrent-ils d'adopter une approche globale voire « chaordique », voulant que toute partie ne se conçoive pas sans référence au tout afin de faire face à la complexité du réel. On suggère d'intégrer des aspects souples et des aspects rigides en modélisation, ou la loi simple et la loi dure. Le système se traduit en une organisation dite apprenante comme peut l'être un service communautaire. La recherche-action ne sert pas seulement à solutionner un problème, mais aussi à découvrir les élans de créativité en explorant la force du paradoxe. On rappelle que la méthode encadre les idées. Une communauté internationale de partage en ligne des idées, des expériences et des ressources se forme entre le monde académique et le monde de la pratique.

Alors, peut-on définir la compréhension et l'exploration ? Il est évident que toute recherche vise l'intelligence du réel pour confirmer des lois, en laisser émerger afin de parvenir à une explication des forces qui régissent notre monde. En recherche-action participative, le praticien/chercheur explore le réel afin de mieux comprendre une problématique et chercher des solutions en évaluant leur efficacité grâce à un processus itératif de révision. De là, le chercheur/praticien peut tirer des leçons de vie pour l'amélioration d'une pratique à court et, possiblement, à long terme des situations d'interventions. La systémique qui vise la compréhension d'un phénomène est aussi un cadre apte à relier les mille et un facteurs interactifs d'une réalité. Si elle est jointe à la recherche-action intégrale, c'est-à-dire participative à tous les niveaux de l'explication, de l'application et de l'implication, on peut parvenir à des savoirs pratiques et théoriques (leçons ou autres) et mieux comprendre le monde de l'action. Que sera alors notre définition opérationnelle de la compréhension liée à l'exploration, dégagée des écrits consultés et résumés ci-dessus ?

> *La compréhension en recherche-action intégrale et systémique n'est pas une vision théorique pure ; elle est nécessairement liée à la pratique et se concrétise par l'exploration de nouvelles voies ou stratégies destinées à une intelligence d'une problématique complexe qu'elle déchiffre grâce au dialogue avec les acteurs/auteurs de la recherche afin de concevoir des modes de transformation inventifs, créateurs et réfléchis et parvenir éventuellement à un savoir pratique ou à des leçons de vie.*

**En somme,** on peut affirmer que les études rapportées sous les quatre thématiques de multidisciplinarité, de changement, de participation et de compréhension exploratoire démontrent l'humanisme de la démarche globale participative. Le respect des valeurs de liberté et d'épanouissement permet d'humaniser une problématique et de la résoudre de manière satisfaisante. Le savoir pratique enrichissant la théorie est redevable d'une vision systémique et de la conjonction ou de l'alliance des connaissances des acteurs/auteurs ou chercheurs. La participation devient l'idéal à atteindre pour toucher toutes les personnes concernées en éducation, en santé, en travail communautaire et en gestion. Le savoir expérientiel (Gadoua, 2007) est mis à l'avant-garde, que ce soit celui des praticiens ou celui de peuples qui veulent collaborer en enrichissant une démarche de leurs connaissances endogènes. On peut affirmer que le savoir issu d'une recherche participative est de plus en plus répandu. Intéressantes sont les quatorze études de cas *« connectant le peuple, la participation et la place »* comme le dit le titre du livre de Kindon et al. (directeurs, 2007) qui couvrent l'Afrique, les Amériques, l'Europe et l'Océanie. Les auteurs abordent les méthodologies inspirées de la recherche-action participative dans une multitude de domaines, que ce soit celui des communautés de pêcheurs, des communautés vivantes ou fondées sur les Églises, ou d'autres groupes plus traditionnels difficiles à rejoindre comme les peuples migratoires, les personnes handicapées ou enfin à un autre niveau, ils traitent de la gestion des ressources des forêts tropicales. Ce livre selon J. Forrester (2008) se termine par des essais sur l'analyse des données en recherche qualitative et à cette seule fin mérite une attention particulière. Il rejoint le souci de parvenir à des leçons de pratique, voire à des principes opérationnels pour une action de changement significatif dans la résolution d'une problématique.

## 1.3 - La recherche communautaire, l'interdisciplinarité, la systémique et la recherche-action

Les considérations suivantes s'appuient aussi sur des écrits, mais cherchent à s'approcher de principes plus généraux en rapport avec la vie communautaire, les collaborations disciplinaires, la modélisation systémique et la recherche-action intégrale. Ces réflexions nous conduiront au chapitre II qui présente les six principes de la recherche-action intégrale et systémique.

### 1.3.1 - L'implication communautaire et la recherche interdisciplinaire

### Une participation à tous les niveaux

La collaboration communautaire en santé préventive nécessite tout d'abord, selon Bond et Carmola Hauf (2007), une implication des bailleurs de fonds, mais doit s'étendre au partenariat de toute la communauté.

Puisque peu de modèles existent, les auteurs s'efforcent de découvrir *comment* une collaboration enracinée dans une communauté est essentielle à la prévention en matière de santé. Ils la voient comme une structure organisationnelle en rapport avec les groupes locaux, nationaux, voire internationaux. Ils incluent toutes les ressources de la communauté. Les auteurs identifient six thèmes de collaboration communautaire destinée à une prévention efficace en santé, soit une théorie et une recherche sérieuse, *interdisciplinaire* et nécessitant la collaboration des chercheurs et des professionnels, une vision globale (multi) systémique et multiniveau, une attention aux facteurs de prévention, des initiatives sensibles aux besoins d'une population et à son contexte, aux groupes et à leur participation, une évaluation continue de la qualité et enfin des efforts d'aide et de soutien permanents. Ainsi, l'action de participation devient systémique, ouverte à la globalité et aux interactions entre les personnes et les organisations. L'expérience danoise de Clemensen et al. (2007) repose elle aussi sur la combinaison d'une vision interdisciplinaire et de la participation à tous les niveaux ; on y retrouve la plupart des thèmes liés à l'implication communautaire dans la littérature. Ces deux groupes respectent, à notre avis, les principes de la recherche-action intégrale et systémique sans toutefois la nommer ainsi.

## Un tournant chez les professionnels du communautaire

Plus près de nous, en Amérique du Nord (Canada et États-Unis), les psychologues sociaux ou communautaires sont préoccupés selon Maton et al. (2006) par le travail interdisciplinaire depuis 1965. Ce n'est cependant que lorsqu'ils se sont séparés de l'APA *(American Psychological Association)* pour créer la SCRA *(Society for Community Research and Action)* en 1989 que les choses ont progressé, bien que lentement, pour arriver à une discussion ouverte en 2003 à l'occasion de la mise sur pied d'un programme interdisciplinaire à la *Vanderbilt University*. En 2004, la réponse à un appel d'articles scientifiques lancé par la SCRA permet de consacrer à l'interdisciplinarité deux numéros du volume 38 (2006) de l'*American Journal of Community Psychology*. Plusieurs articles montrent les avantages, mais aussi certaines difficultés de la collaboration interdisciplinaire orientée vers l'action. En 2008, Kelly et Chang insistent cette fois auprès des historiens de la psychologie communautaire afin qu'ils adoptent une approche pluraliste dans leurs enquêtes historiques en employant les méthodes des autres disciplines, tels les courants de l'histoire des sociétés, les analyses et les narrations, y compris les mouvements culturels, afin d'éclairer les problématiques de la collaboration pluridisciplinaire *(cross disciplinary)*. C'est en somme l'histoire du comportement vu dans une perspective de forces sociales rapprochées et plus larges, une perspective dirons-nous environnementale, ou selon une approche systémique sans la nommer.

Cette fois c'est l'autre revue, le *Journal of Community Psychology*, numéro 36, qui consacre huit articles à l'histoire de la psychologie communautaire et insiste sur l'importance d'une approche pluraliste ou plurielle pour comprendre le domaine (Fowler et Toro, 2008). On voit ici un autre plaidoyer en faveur des liens du savoir dans une communauté pour agir dans son environnement immédiat, son pays et le monde. Cette perspective appartient explicitement selon nous à la systémique. Pour revenir en 2006, Stokols, écologiste social, suggérait une nouvelle conception de la transdisciplinarité. Pour lui, la recherche-action collaboratrice serait multiniveau. Au premier niveau, la collaboration s'établirait entre les scientifiques, les *scholars* des différentes disciplines ; au second, entre les chercheurs de domaines différents et les praticiens de profession communautaire dans une perspective laïque ; et au troisième, entre les organisations étatiques locales, nationales et internationales. Les études porteraient alors sur les processus, les contextes et les résultats de chaque type de recherche-action transdisciplinaire.

## La théorie critique et le réalisme de l'implication dans l'action

D'un intérêt indéniable pour l'implication sociale sont les travaux réalisés par Davidson et al. (2006) relativement à l'étude systématique de la *théorie critique* en rapport avec le pouvoir et l'action dans sa contribution à l'action communautaire. Des dix années d'analyse de publications de sept revues consacrées à la pensée critique, il ressort un curieux paradoxe. La théorie critique contestataire ne pose que peu d'actions concrètes pour un changement du statu quo social tandis que la psychologie communautaire, tout en étant davantage orientée vers l'action, ne conteste que peu les structures institutionnelles. Cette remarque confirmerait ce que Paulo Freire écrivait quand il notait que la transformation est *« un projet collectif en ce sens qu'il prend place parmi d'autres hommes, des hommes unis par leur action et leur réflexion sur cette action et sur le monde »* et que la praxis est *« une réflexion et action des hommes sur le monde pour le transformer »* (1977, pp. 28-29).

Par ailleurs, Kemmis (2006) prétend que la recherche-action, bien qu'elle soit répandue notamment en éducation, ne manifeste pas, depuis la publication de son œuvre avec Carr en 1986, un esprit critique suffisamment aiguisé pour discuter des transformations nécessaires en éducation et dans le système scolaire ; il prétend que la recherche-action sert d'outil de domestication des étudiants et enseignants à conserver des modèles conventionnels. Cette remarque ne démontre-t-elle pas que le discours dialogique est trop séparé de la pratique ? À notre avis, une démarche d'action délibérée qui change la façon de considérer sa pratique n'indique pas nécessairement sans doute un changement critique en soi, mais il est difficile de voir pourquoi une telle action ne mènerait pas à des réflexions critiques plus formelles. L'esprit humain fonctionne souvent de façon réflexive à partir d'actions posées comme le prétend Schön à propos du « praticien qui réfléchit dans l'action ». On peut penser action-réflexion-action comme on peut penser réflexion-action. Le chemin critique se trace alors en marchant comme l'écrivait le poète espagnol Antonio Machado. Les démarches peuvent naître de la déduction ou de l'induction par rapport à une théorie critique sociale comme on le constate dans l'étude de Fisher et al. (2008) qui signalent que les psychologues communautaires de deux pays différents sont inspirés par un même souci de justice sociale ; ils ont tous deux à cœur la défense des peuples indigènes même si leurs approches s'enracinent dans deux courants différents de pensée. L'une des recherches, celle de Nouvelle Zélande, est initiée par des chercheurs et des enseignants qui veulent s'adapter aux besoins des communautés alors que l'autre, d'Australie, provient de deux sources, l'une est académique et l'autre provient de praticiens, et les deux ont en vue de créer une discipline éducative.

Shinn (2006), dans son plaidoyer pour le réalisme de l'implication dans l'exercice de l'interdisciplinarité, montre clairement que le travail avec des spécialistes de différentes disciplines dans le règlement d'un cas ne pose pas plus d'obstacles à l'action qu'une théorie trop centrée sur une discipline formelle. Elle note les bienfaits d'une enquête qu'elle a effectuée dans les départements de santé des États-Unis et qui lui a permis de constater les avantages d'analyses multiples et d'observations sur les personnes et les communautés ; elle a découvert des stratégies d'un plus haut niveau, ce qui serait une théorie pratique en quelque sorte. L'obstacle majeur viendrait, dit-elle, de ce que certains organismes subventionnaires ne parviennent pas à classer les recherches de chercheurs de la trempe des psychologues communautaires.

## Vers la transdisciplinarité, le pluridisciplinaire et le regard culturel

Une étude récente de Barros et Nunes (2009) porte sur la sociologie, la médecine et la construction d'une sociologie de la santé. À partir de données secondaires et d'une immersion au Brésil et au Royaume-Uni, les auteurs pensent que l'interface entre sociologie et médecine progresse malgré des difficultés traditionnelles par rapport à la structure, au système de soins, au pouvoir de l'école médicale et à la culture de l'étudiant en médecine. Les chercheurs en médecine, en raison probablement d'une conception « scientifique » plus positiviste, semblent avoir du mal à accepter les études faites à partir d'un paradigme plus interprétatif. Une étude canadienne de scientifiques biomédicaux (Albert et al., 2008) portant sur la place des sciences sociales en recherche sur la santé laissait d'ailleurs voir des appréhensions quant au rapport entre sociologie et santé en constatant que le dialogue est difficile entre les protagonistes des deux domaines. Shinn (2006), fort réaliste, conseille le travail sur un cas. N'est-ce pas pour le moment une des façons de sortir de l'impasse à la condition toutefois que s'établisse un respect mutuel ?

Smith (2006), spécialiste en études urbaines, propose aux chercheurs de passer de l'interdisciplinarité à la transdisciplinarité afin de profiter de la collaboration et du partage d'un cadre conceptuel pluridisciplinaire. Toutefois, Reich et Reich (2006) prétendent que l'absence d'entente sur un concept opérationnel de l'interdisciplinarité limite la profondeur du dialogue en rapport avec les pratiques qui encouragent la collaboration et le support de chercheurs de domaines différents. Elles proposent d'employer un modèle de compétence culturelle et de jeter un regard sur les disciplines en tant que modèles de cultures différentes en se fondant sur le concept de paradigme de Kuhn (1970). On affronte ainsi, disent-elles, le même défi que celui que l'on rencontre avec des personnes de différentes cultures. Il s'agit pour les chercheurs de valoriser la diversité disciplinaire, y compris la leur, et d'être sensibles à la dynamique des contacts avec ces diverses cultures (disciplinaires) en évitant les luttes de pouvoir tout en précisant à l'occasion la signification du vocabulaire afin de bien se comprendre (p. 52). Une mise en opération et le travail en commun favorisent l'ouverture aux points de vue des autres. Les méthodes d'études de diverses cultures disciplinaires permettent de mieux comprendre la complexité d'un cas. Peut-être est-ce une perspective qui peut faire le trait d'union entre la théorie et la pratique sans pour autant éliminer définitivement le concept unificateur plus théorique d'interdisciplinarité. Finalement, de notre point de vue, c'est le cas complexe qui commande une attitude d'ouverture ; le concept de culture peut conduire à la rencontre des visions des autres chercheurs ou praticiens dans l'action dialogique ainsi que dans l'intervention.

## L'importance des études de cas et les leçons de pratique

L'importance des études de cas en recherche-action interdisciplinaire est illustrée dans quatre articles de la deuxième partie du volume 38 de l'AJCP.

Le premier cas est celui de J. Schensul (2006), une anthropologue médicale, et de ses collègues qui développent dans un Institut indépendant de recherche un partenariat de recherche-action interdisciplinaire et intersectoriel afin de mieux comprendre la dépression chez des adultes pauvres vivant dans des logements privés ou publics. Ils tirent comme leçons qu'un travail interdisciplinaire est possible si l'on s'entend conceptuellement sur l'objet de la recherche, si l'on partage les mêmes valeurs, si l'on a travaillé ensemble antérieurement et si l'on sait négocier et prendre des décisions avec tous les membres de l'équipe.

De son côté, dans un deuxième cas, S.L. Schensul (2006), anthropologue dans une école de médecine, et ses collaborateurs décrivent la nature de la relation collaboratrice entre interlocuteurs américains et indiens, anthropologues, psychologues, démographes, épidémiologistes, médecins et représentants d'autres domaines et secteurs qui développent un projet pour la prévention du SIDA chez les hommes des milieux pauvres de Bombay. De ce grand projet découlent des leçons applicables à d'autres partenariats destinés à la conceptualisation et à la mise en place de l'action communautaire. Les facteurs inhibitifs et facilitateurs du processus de collaboration sont également soulignés pour mieux faire comprendre la participation.

Le troisième projet de recherche-action communautaire interdisciplinaire est celui de Suarez-Balcazar (2006), (mentionné plus haut mais peu expliqué), psychologue sociale, et de ses collègues de quatre institutions et de trois organisations communautaires qui collaborent afin de régler le problème d'une nourriture saine dans une école fréquentée par les enfants d'une population ouvrière noire à Chicago. Les théories du développement communautaire et de l'évaluation participative de dix disciplines guident le travail de promotion d'une saine alimentation et cette action mène jusqu'à l'évaluation du marché local. Trois principes se dégagent de cette recherche-action multidisciplinaire : acquérir des aptitudes, faciliter des politiques et encourager des pratiques innovatrices. La collaboration exige un engagement à toute épreuve des membres et un échange continu de méthodes et de ressources, un travail en partenariat ainsi que le partage du pouvoir et des compétences culturelles.

Dans la quatrième étude de cas, Sutton et Kemp (2006) explorent trois expériences d'ateliers participatifs intensifs destinés à l'intégration d'un *design* interdisciplinaire impliquant une investigation en sciences sociales nourrie par la connaissance du milieu communautaire. Cette expérience de collaboration d'étudiants avec les membres d'une communauté a permis d'observer les modes variés de l'instrumentation en recherche, particulièrement les outils de visualisation qui aident les gens à comprendre leurs problèmes et à concevoir des solutions nouvelles. En sont ressorties les difficultés pour les sociologues de s'imposer, de s'engager et d'évaluer certains conflits interpersonnels nés du grand nombre de participants d'origines différentes. La méthodologie de la « charrette »[5] pour un *design* interdisciplinaire est une technique originale qui pourrait être utilisée en RAIS pour mettre en place les échanges afin de découvrir des solutions éclairées pour les appliquer sur un terrain.

**En résumé et en conclusion,** on peut dire que l'implication communautaire commande une recherche interdisciplinaire dans le sens d'une transdisciplinarité qui suppose la pluridisciplinarité et la multidimensionnalité. On constate que le travail en commun nécessite une certaine dose de réalisme dans l'action pour parvenir à des changements dans le système. La théorie critique, bien qu'inspiratrice et éclairante, ne mène pas obligatoirement à l'action au sens de Freire, c'est-à-dire à la responsabilité de chaque personne de transformer le monde. L'interdisciplinarité ne relève pas pour le moment d'un formalisme conceptuel, mais doit s'ouvrir à la pluridisciplinarité, voire à la transdisciplinarité. Elle continue cependant à enrichir le savoir puisque les études de cas interdisciplinaires nous fournissent des leçons de pratique, autant pour bien comprendre la problématique que pour acquérir des aptitudes de partenariat multidisciplinaire ou transdisciplinaire de recherche-action et faciliter les pratiques innovatrices.

## 1.3.2 - *La modélisation systémique et la recherche-action participative*

C'est dans les problématiques des organisations ou des communautés qu'on rencontre le plus l'interdisciplinarité au sens de multidisciplinarité pour ne pas dire de transdisciplinarité. Il y a cette nécessité d'une acceptation plurielle et d'un apport de méthodes provenant de disciplines différentes afin de régler des cas complexes. Le besoin théorique d'intégrer des méthodes n'est cependant pas évident ; l'action prime et c'est le cas complexe lui-même qui en profite. Il ne semble pas y avoir de théorie sur le sujet si ce n'est un éclectisme pragmatique ou une transdisciplinarité qui

---

5 - La méthodologie de « en-charrette » est un rituel particulier du XVIIIe siècle propre aux disciplines du *design* quand les étudiants parisiens de la première école d'architecture se dépêchaient de livrer leurs projets dans une charrette tirée par des chevaux pour les présenter aux évaluateurs (p. 130 dans Sutton, 2006).

a fait ses preuves. Le malaise et le besoin d'une vision globale perdurent. Il n'y a qu'un pas à franchir. De notre point de vue, la systémique est une approche structurante qui peut aider à faire ce pas relevant d'une entente paradigmatique nouvelle entre les auteurs et acteurs de formations disciplinaires différentes. Par la modélisation, l'intégration de certaines approches méthodologiques pourrait parvenir à favoriser la compréhension de la complexité afin de tracer un sentier ou une route dont la fin est un changement.

## À quoi bon la systémique ?

En octobre 2006, Herrscher intitule un article, *À quoi bon la recherche systémique ?* Il reprend en termes simples les concepts classiques et leurs failles pour présenter la visée pratique de la systémique. C'est la définition connue (Le Moigne, 1984)[6] de la partie et du tout qui doit s'exprimer dans une modélisation permettant de tracer un chemin dans une réalité complexe. Pour cet auteur, les pensées newtonienne et cartésienne ne sont pas suffisantes pour expliquer les activités humaines dans des contextes complexes. Puis, dix mois plus tard et après des articles sur l'interdisciplinarité, deux autres numéros spéciaux de l'*American Journal of Community Psychology* (n[os] 39, 3 et 4, pp. 191-419), cherchent à faire renaître la systémique chez les psychologues communautaires ; ils les encouragent à reformuler leurs théories et leurs méthodes et à rediriger leurs efforts dans la perspective d'un changement systémique et non plus d'une pure compréhension du contexte. Les auteurs veulent stimuler une action qui ait du poids dans une communauté. Apparemment, le changement systémique n'avait pas encore rejoint les lecteurs praticiens d'après les dires de Behrens et Foster-Fishman (dir. 2007) qui dégagent des principes opérationnels des nombreux articles sur le sujet. Il s'agit : 1 - de clarifier le but visé ; 2 - d'identifier le système comme existant ou non ; 3 - de conceptualiser les interventions systémiques ; 4 - d'utiliser une approche éclectique pertinente au changement ; et 5 - d'avoir des agents de changement ouverts aux facteurs favorables de soutien tout en entreprenant un processus analytique formel apte à maximiser le pouvoir de points d'ancrage émergents. Le système souple proposé est en bonne partie celui de Checkland (1981) qui tient compte des visions multiples de la réalité ; il se rapproche de la possibilité d'intégrer la recherche-action.

---

6 - Dans son livre *La théorie du système général. Théorie de la modélisation*, J.-L. Le Moigne aux chapitres I et II explique ces concepts et la différence entre la conception moderne cartésienne de la science et le concept plus global de l'approche systémique qui unifie.

## Les structures profondes et apparentes du système

Foster-Fishman, Nowell et Yang (2007) attirent l'attention des lecteurs autant sur les structures profondes et apparentes dans un système que sur les interactions et interdépendances des parties et du tout. On découvre dans cet article des définitions, des propriétés, un modèle d'intervention, des types de changement et leur signification. Par la suite, nous est proposé un cadre destiné à la transformation systémique fournissant un mode opérationnel étoffé et documenté pour établir les frontières, définir la situation problématique et le système, les normes (attitudes, valeurs et croyances), reconnaître de manière critique les parties et les interdépendances, les ressources, les règles et les opérations de pouvoir et de décision. Les auteurs reconnaissent la nature subjective de la conceptualisation et considèrent un dialogue constant comme nécessaire au processus de modélisation. Ils accordent une attention particulière aux caractéristiques normatives, opérationnelles, aux différences et similarités des niveaux systémiques et aux acteurs en nous rappelant que tout doit déboucher dans l'interaction des parties aptes à finalement résoudre le problème ciblé. Plusieurs autres articles laissent voir l'importance de la participation en recherche-action dans une modélisation systémique.

## L'équilibre du système et le changement

Une théorie importante de la systémique qu'avait popularisée Joël de Rosnay (1975) et qu'on oublie parfois de mettre en exergue est celle de l'équilibre du système. Parsons (2007, pp. 406-407) reprend en partie cette théorie déjà citée *(complex adaptive system*, CAS, Stacey, 1996). Il s'agit du système complexe qui s'adapte et acquiert un équilibre grâce au degré d'entente entre les acteurs. Si l'entente et la certitude s'avèrent élevées, le système est stable et si elles sont faibles, le système est instable et tout peut survenir. Il y a entre ces deux états systémiques une dynamique qui permet aux acteurs de s'adapter pour favoriser le changement. Si des changements intentionnels sont réalisés dans des sphères relativement stables du système, une organisation change à condition d'accepter qu'une zone d'activité turbulente s'installe dans une de ses parties en équilibre instable. Ce sous-système s'organisera lui-même de manière créative, davantage par ses propres forces que par un changement planifié. On rejoint à cet égard Edgar Morin qui parle du paradigme auto éco-organisation (1980, pp. 66-69). Il est important de savoir que ceux qui organisent leur changement reconnaissent que quelque chose de neuf se réalise et qu'il vaut la peine de le stabiliser et de l'incorporer dans le système (Duit et Galaz, 2008). On a montré en Allemagne que le système des banques et celui des entreprises, traditionnellement regroupés en cartels, ont nécessité un sentier générateur extérieur, l'Union économique européenne, pour établir des alliances économiques que les Américains avaient été incapables de susciter malgré les avantages offerts (Djelic et Quack, 2007). Le sentier dépendant intérieur possédait implicitement une ouverture extérieure non évidente qui s'est manifestée ultérieurement. On retrouve la même dynamique dans ce que décrivent Adjei-Nsiah et al. (2008). Les auteurs rapportent que dans un effort pour parvenir à une répartition des terres entre propriétaires et cultivateurs migrateurs au Ghana, le processus de recherche-action s'est amorcé avec deux périodes d'échanges avant de parvenir dans une troisième période à une entente que les acteurs locaux ont eux-mêmes établie en instaurant des réformes institutionnelles aptes à réduire les incertitudes. Les auteurs montrent qu'une recherche-action interdisciplinaire peut comporter des périodes d'erreurs inhérentes à une problématique sociale complexe. Mais surtout, c'est un exemple des forces vives des classes sociales, propriétaires et migrateurs.

Si on voit des contradictions entre les théories émises plus haut sur le changement et l'équilibre, c'est qu'il importe de pousser plus à fond la réflexion théorique là-dessus. Swanson (2008) pense que le processus structurel de la théorie du système vivant *(living systems theory)* dépasse de beaucoup celui du behaviorisme *(stimulus-réponse)* parce qu'il permet d'entrer à l'intérieur des systèmes pour voir les processus en fonction. Pour le faire, il souligne qu'il faut penser à l'approche de l'entité systémique *(entity systems approach)* afin de consolider la réflexion sur des sous-systèmes dont les aspects apparaissent moins solides, théoriquement parlant. Ce sont entre autres : 1 - le concept de la dispersion des sous-systèmes ; 2 - les processus d'émergence des sous-systèmes sociaux de l'individu et 3 - l'influence du système conceptuel sur le sous-système d'information d'organismes vivants. L'auteur explique (en 1) que la théorie du système vivant possède plusieurs composantes internes ainsi que des sous-systèmes. Certains de ces derniers sont plus apparents comme celui qui est relié au concept de frontières. D'autres seraient mieux définis *attracteurs* liés non seulement au tout mais à d'autres entités et deviendraient des touts tissés ou entrelacés. Ainsi, il y aurait les entités biologiques et les entités sociales dont chacune aurait son sous-système critique. L'émergence (en 2) du système social (qui nous intéresse davantage dans cet ouvrage) survient quand il s'empare du sous-système critique et développe son autorégulation et son unité mais il est dépendant et influencé par les processus et les structures de l'information. C'est ainsi que les groupes sont stimulés dans leur réflexion critique. Enfin il faudrait moins négliger l'importance du système conceptuel (en 3) car il est une entité d'énergie structurelle et processuelle propre à l'organisme vivant même si cela mène à une prolifération d'entités. C'est le système conceptuel qui influence la nature de l'information retenue ; la connexion entre les deux démontre que l'un est plus abstrait que l'autre et que le second est plus interactif. En conclusion, nous pensons que les multiples dimensions d'une interface « concept-information » mentionnée par Swanson éclaire en quelque sorte le lien entre le système ontologique, génétique et fonctionnel que nous avons adopté de Le Moigne (1984) comme structure opérationnelle pour mettre en marche une modélisation d'une recherche-action intégrale et systémique comme nous le verrons au chapitre III.

**En résumé**, on retient de ces recherches sur la systémique les principes jadis élaborés par des auteurs comme Von Bertalanffy, Le Moigne, de Rosnay, Morin et autres. Cependant, l'insistance est moins sur la compréhension que sur le changement systémique, finalité de la recherche-action intégrale et systémique (Morin, 2004, pp. 55-88). La nouveauté nous apparaît la primauté accordée à l'équilibre du système et le rappel que le principal changement prend naissance dans une zone de turbulence et qu'il naîtra des acteurs présents dans la structure. Kira & Van Eijnatten (2008) insistent sur les équilibres multiples et l'émergence créatrice face aux complexités, ce qui en explique un peu mieux les difficultés. L'importance de la participation responsable, propre à la recherche-action, est également relevée. On voit déjà poindre des boucles étranges, comme dirait Avenier (1992), entre la systémique et la recherche-action. En nous arrêtant plus longuement dans les paragraphes qui viennent à la recherche-action, on soulignera la prédominance de cette approche dans la poursuite d'un changement systémique.

## *1.3.3 - La recherche-action et la systémique*

Dans les pages qui suivent, on présentera des recherches axées vers le changement qui ont adopté la recherche-action comme moteur de leur démarche de modélisation systémique ou de recherche évaluative. Les deux approches ont pour finalité le changement intégré, ou la transformation.

### Le rôle de la recherche-action en systémique

La recherche-action permet de relier recherche déductive et recherche inductive comme l'affirment Kopainsky et Luna-Reyes (2008) lorsqu'ils proposent d'allier les processus d'autres sciences sociales comme la théorie enracinée *(grounded)* et l'étude de cas. Janzen et al. (2007) le confirment d'ailleurs en précisant le rôle de la recherche-action dans l'évaluation de quatre organisations ontariennes, vouées à la santé mentale, administrées par les consommateurs. Ils allient approche système et activités de recherche-action à toutes les étapes, que ce soit celle de la planification communautaire, des politiques à proposer ou de l'éducation publique, tout en déployant une méthode d'évaluation des activités de changement systémique et de leurs impacts. Les auteurs portent de plus un jugement critique sur leur analyse quantitative et qualitative. Hirsch et al. (2007, p. 240) vont encore plus loin en définissant la modélisation *comme une approche de recherche-action* propre à étudier les systèmes complexes et les conséquences du changement systémique. De plus, ils proposent un ensemble de boucles illustrant les différentes interactions des acteurs. De son côté, O'Connor (2007) note que les changements se produisent particulièrement dans deux systèmes dit mineurs qui sont ceux des participants ou des acteurs : il insiste sur la relation étroite que doit avoir l'agent de changement avec les systèmes engagés.

Ponte et Rönnerman (2009) expliquent la recherche-action en fonction de la pédagogie et de la *bildung* en Suède et dans les Pays-Bas. Pour elles, la recherche-action est le résultat du jeu combiné des circonstances et des traditions locales de recherche, enracinées dans des traditions philosophico-intellectuelles autant nationales qu'internationales. Elles doutent qu'on puisse chercher des formes trop particulières de recherche-action, car elle doit refléter le milieu concret avide de changement. En fonction de son ouverture au monde, disent-elles, la recherche-action change continuellement, mais elle doit conserver sa mission de discours critique lié à l'action et à la recherche. C'est, affirment-elles, ce que soutiennent Someth et Zeithmer (2009) parlant d'une pédagogie humaine dans la tradition européenne. Cet article révèle comment la recherche-action est implicitement redevable des environnements qui l'ouvrent au monde ; elle est implicitement systémique.

**En résumé,** on peut conclure de ces textes que la modélisation systémique et la recherche-action ont pour finalité le changement. C'est un point qu'elles ont en commun. La compréhension propre à la recherche systémique est quant à elle dépendante d'un dialogue constructif. La participation est l'arbre de couche essentiel ; les acteurs détiennent la responsabilité de réaliser les changements nécessaires à leur bien-être et à un nouvel équilibre du système. Si la recherche systémique prend du relief chez les psychologues communautaires ou psychosociologues, la recherche-action y est encore bien présente, une année après la publication des articles sur l'interdisciplinarité.

## 1.4 - Conclusion générale sur les apports de la recension des écrits

La recension des articles scientifiques sur la recherche-action et la systémique confirme explicitement l'importance de considérer et d'unir recherche-action participative et systémique. Un de ses plus grands apports vient des psychologues communautaires qui ont reconnu récemment l'importance de l'approche systémique pour un changement. Ils étaient déjà des adeptes de la recherche-action à tendance participative et ils voient en la systémique un instrument de changement comme l'est la recherche-action. L'approche système leur permet de prendre en compte les différents niveaux et secteurs ainsi que les interrelations entre les environnements. La compréhension explique la portée des interventions ; elle est liée à l'action. L'action, en *nursing* par exemple, doit se construire en fonction d'expériences qui ont fait leur preuve dans la pratique.

Le phénomène de la complexité dans une réalité qui exige un changement a amené les psychologues à élaborer sur l'interdisciplinarité sans toutefois vraiment réussir à dégager une théorie intégrative satisfaisante. Certains suggèrent la transdisciplinarité sans toutefois se rallier à un savoir formel commun. C'est l'action, ou le cas, qui suscite le plus facilement des approches disciplinaires diverses afin de rendre la collaboration plus efficace à condition que se réalisent le dialogue et le partage des points de vue, si différents soient-ils. Une théorie intéressante propose de considérer les disciplines comme des cultures et de les approcher de la même façon qu'on approche des peuples de cultures différentes, c'est-à-dire avec un esprit ouvert aux richesses de chacun dans l'exploration ou la solution d'un cas. Le dialogue freirien et la réflexion critique apparaissent importants pour le changement dans certains articles, mais la réflexion critique, surtout la théorie critique (Kemmis, 2006) ne semble pas l'emporter chez les acteurs/praticiens ou professionnels surtout si elle ne mène pas à l'action.

Si c'est le cas qui oblige, on comprend que les chercheurs en santé préventive soient fervents d'approches systémiques et de participation à tous les niveaux. Les cas américains, canadiens, brésiliens, indiens, anglais, scandinaves et autres sont là pour le démontrer, particulièrement en médecine préventive telle la lutte contre le SIDA. La participation nationale, voire internationale, est enrichissante mais difficile à obtenir ; plusieurs articles revoient les avantages et les déboires de cette participation, tirant ainsi des leçons pour la pratique.

Il fut impossible dans la recension des écrits de suivre systématiquement la grille opérationnelle telle que proposée, avec toutes ses dimensions qu'on explicitera dans le chapitre suivant, car il aurait été ardu et artificiel d'essayer d'entrer toutes les données dans chacune des catégories. Maintenir en filigrane les catégories a cependant permis d'enrichir certaines dimensions et certains principes, soit en les expliquant davantage, soit en leur donnant des assises plus solides. L'intégration de nouvelles données sera signalée au fur et à mesure de l'élaboration des chapitres suivants.

*Chapitre II*

# Les principes opérationnels intégrateurs de la recherche-action intégrale et systémique (RAIS)

## *Introduction*

La recension d'articles scientifiques sur l'approche systémique et la recherche-action conduit à proposer un modèle comme une alternative interdisciplinaire, participative, intégrale et systémique de recherche-action. Des perspectives spécifiques, qu'elles viennent de la pratique ou de la théorie, seront signalées au fil des explications sur les principes opérationnels de la RAIS, par exemple l'action par rapport à la théorie critique, la participation au cœur des projets en santé, l'importance de la pratique dans la profession en *nursing*, l'équilibre du système dans les interventions de changement ou encore le rôle primordial des acteurs dans tout projet systémique ou de recherche-action.

La théorie relativement aux principes de la recherche-action intégrale et systémique (RAIS) a été élaborée au cours de trente années d'études et de réflexions sur le sujet. C'est à la suite d'expériences antérieures de participation dans des groupes populaires, d'ateliers dans un milieu américain noir, d'une enquête socio-économique pour la réalisation d'un film sur la fermeture d'une ville minière fantôme dans le nord-ouest du Québec que je me suis joint au GÉSOÉ (Groupe de recherche sur les systèmes ouverts en éducation) qui s'intéressait à une éducation autosocioformatrice et participative fondée sur un système ouvert inspiré de Von Bertalanffy (1968) et proposée par Fotinas (1976). Une recherche évaluative qualitative de cette expérience nous a conduits à préciser une méthodologie participative de recherche-action à partir d'une approche anthropopédagogique (Morin, 1992, vol.1, pp. 55-62 et 98-107 ; 2004, pp. 35-54).

Le GÉSOÉ, animé du désir de faire des étudiants des chercheurs, s'est donné pour tâche de définir le concept de la recherche-action plutôt imprécis chez nous. Inspirés au départ par l'anthropologie de terrain, voire la *grounded theory* (Glaser et Strauss, 1967) et l'observation participante utilisées dans notre étude évaluative sur les systèmes ouverts en éducation, nous avons opté pour un concept de recherche-action exigeant idéalement la plus grande des participations.

Nos rencontres avec des chercheurs tels P. Freire, C. Humbert, R. Barbier, M. Séguier et le groupe de l'INODEP de Paris, et J. Dubost nous ont amenés enfin à retenir la recherche-action intégrale (RAI) proposée par Henri Desroche (1982 ; 2006) et à expliciter ses dimensions grâce à cinq études de terrains (Morin, 1986 ; 2004). Nos conclusions ont inspiré plusieurs recherches doctorales (Morin, 2006) et ont mené plus tard à un élargissement de notre définition et à son harmonisation avec la systémique pour la nommer cette fois **RAIS** ou recherche-action intégrale et systémique. Il importe d'approfondir l'harmonie et le mariage des deux approches, la recherche-action intégrale et la systémique et d'en constater le potentiel pour répondre à une problématique complexe d'un terrain propre aux acteurs (professionnels, praticiens) devenus auteurs (chercheurs). D'autres méthodologies, tel le récit de vie professionnelle, peuvent servir à la modélisation systémique de la recherche-action intégrale comme il sera démontré au chapitre suivant.

Pour éviter des renvois, rappelons au lecteur notre définition de la recherche-action intégrale **(RAI)**, celle de la modélisation systémique **(MS)** ainsi que celle de la recherche-action intégrale et systémique **(RAIS)**.

**La recherche-action intégrale (RAI)** se définit comme « *celle qui vise un changement par la transformation réciproque de l'action et du discours, c'est-à-dire d'une action individuelle en une pratique collective efficace et incitatrice et d'un discours spontané en un dialogue éclairé, voire engagé. Elle exige qu'il y ait un contrat ouvert, formel (plutôt non structuré), impliquant une participation coopérative pouvant mener jusqu'à la cogestion* » (Morin, 1986, p. 331 ; 2004a, pp. 19-20). La recherche-action intégrale est participative et implique les acteurs dans une entente en vue d'un changement profond autant dans la réflexion que dans l'action. On la nomme à dessein *intégrale* (Desroche, 1982, p. 51 ; 2006, p. 48) parce que la participation des acteurs, en tant qu'auteurs de recherche et d'action, se retrouve tant dans l'explication, l'application que l'implication. C'est dans ce sens que nous voulons comprendre ceux qui la nomment recherche-action participative au Canada anglais et en Amérique latine, et notamment O. Fals-Borda (1991). D'autres (Thiollent, 1986, pp. 14-15 ; 1987, pp. 82-103) disent que toute recherche-action est participative mais que toute participation n'est pas une recherche-action.

**La modélisation systémique (MS)** est « *une action intentionnelle destinée à rendre plus intelligible un objet ou un phénomène complexe en le construisant par composition de concepts, de réseaux et de modèles de manière à alimenter le raisonnement de l'acteur qui projette une intervention délibérée au sein de cet objet ou phénomène* » (Le Moigne, 1990). Elle est complémentaire à l'analyse systématique des systèmes.

**La recherche-action intégrale et systémique (RAIS)** est conséquemment *une méthodologie de recherche qui utilise non seulement les principes de la recherche-action intégrale mais aussi ceux de la pensée systémique pour modéliser un phénomène complexe actif dans un environnement également en évolution dans le temps afin de permettre à un acteur collectif d'intervenir de manière à y induire un changement*. La RAIS met en rapport les acteurs, professionnels, praticiens ou chercheurs et instaure un va-et-vient entre la réflexion et l'action dans la modélisation et la recherche de stratégies propres à solutionner les problèmes ou à les redéfinir. Décrite plusieurs fois[7], la RAIS, née du mariage de la recherche-action intégrale et de la modélisation systémique, se réclame entre autres d'un paradigme socioconstructiviste (Avenier, 1992).

En somme, la **RAIS** est essentiellement démocratique et sa finalité est à la fois la compréhension du changement stratégique et une réalisation modélisatrice, planifiée en spirales successives. Elle est avant tout une démarche de compréhension et d'explication de la praxis, pour des acteurs qui ont l'intention avouée d'améliorer ou transformer leur pratique en donnant la priorité au changement systémique comme finalité, rejoignant ainsi la finalité de la recherche-action intégrale. À visée émancipatrice et transformatrice du discours, des conduites et des rapports sociaux, la recherche-action intégrale et systémique exige des chercheurs et des professionnels qu'ils s'impliquent comme acteurs et auteurs dans un projet commun. Elle est souvent liée à une action qui la précède ou qui l'englobe et s'enracine dans une histoire ou un contexte.

Les concepts qui la sous-tendent se traduisent en principes opérationnels, souples et ouverts, fortement liés à des expériences empiriques et à des épistémologies intéressées aux liens entre la pratique et la théorie.

---

7 - Voir Cardinal P. et Morin A., 1993, 1994 et 2004a et Morin A., 2004.

Les formuler permet de souligner la force d'intégration qui lie la pratique et la théorie, et les leçons de vie qui par la suite enrichissent le savoir pratique que tout auteur/acteur peut s'approprier.

## 2.1 - Les principes opérationnels intégrateurs

La **RAIS** se préoccupe davantage de problèmes de la réalité **complexe**. Un problème simple n'exigera pas une approche aussi exigeante ; cependant pour résoudre un problème simple, on rencontrera parfois une intrigante complexité non prévue au départ. La plupart des problèmes éducatifs, sociaux, politiques, économiques ou de gestion sont complexes parce qu'ils sont confrontés à un ensemble de variables humaines en interaction. La réalité exige souvent la mise en marche de solutions et de changements dépendant d'environnements difficiles à influencer. La RAIS se présente comme une méthode d'action collective qui permet de parvenir à un cheminement, à des pistes de compréhension ou à des solutions de changement, grâce aux actions et aux réflexions d'un groupe d'acteurs et à leurs stratégies d'intervention créatrice. Il est raisonnable de croire que plus il y a de participation dans un projet, plus le changement a de chances d'être réalisé et de devenir durable même si le temps pour atteindre le but se prolonge.

Plus spécifiquement dans le cas de la RAIS, on rencontre des articles qui suggèrent implicitement, voire recommandent explicitement, l'utilisation de la recherche-action comme moyen de réaliser un changement systémique ; Hirsch et al. (2007) ou Janzen et al. (2007) le font en alliant approche système et activités de recherche-action d'un projet communautaire en santé. Par ailleurs, les psychologues communautaires Foster-Fishman et al. (2007) proposent de remettre le système dans le changement systémique. Or, le changement est la finalité de la recherche-action intégrale. En effet, parmi les recherches déjà citées, mentionnons l'une d'elles qui emploie contre l'obésité chez les jeunes un modèle social et la méthodologie des systèmes souples (Suarez-Balcazar et al., 2007) ; une autre équipe se veut multisystémique et s'appuie sur la collaboration d'une école et de tous les groupes intéressés pour encourager le succès scolaire (Vera et al., 2007). Se démarquent également des chercheurs qui utilisent et la recherche-action participative et un curriculum fondé sur un système souple dans le développement rural (Jiggins et Roling, 2007). Enfin, une recherche-action participative, d'une durée de sept années, accomplit un changement systémique à tous les niveaux en rendant communautaire un

*Les principes opérationnels intégrateurs de la recherche-action intégrale et systémique*

service de police (Ford, 2007). Autant de projets réalisés grâce à une recherche-action et à une modélisation systémique même si ces recherches ne sont pas toujours libellées sous l'étiquette d'une RAIS ou des deux approches ; elles exigent selon nous une vision systémique et une participation de tous les intéressés.

D'autres études sont nettement multiparadigmatiques et s'ouvrent à la complexité ; on voit le système d'influences contextuelles, l'interdépendance de tous les facteurs organisationnels, historiques et politiques pour ne nommer que ceux-là (Buchanan et Bryman, 2007). On voit également s'implanter une pratique multidisciplinaire et une recherche-action systématique mais ouverte à la discussion freirienne dans des services de santé pour une communauté (Hills et al., 2007). On a aussi rencontré une recherche-action dite intégrale, réalisée dans quatre sites différents, vouée à l'élaboration d'un modèle de soutien en santé mentale (Brooker et Woolley, 2007). On peut donc conclure que plusieurs combinaisons sont possibles et qu'elles dépendent de la problématique des acteurs/auteurs ou professionnels/praticiens/chercheurs. Comme le signalent Kira et Van Eijnatten (2008), il faut reconnaître les équilibres multiples et laisser place à l'émergence créatrice devant les complexités. Pour Ponte et Rönnerman (2009), la recherche-action n'est jamais totalement localisée ; elle dépend de traditions philosophico intellectuelles autant nationales qu'internationales, surtout si on veut qu'elle conserve son sens critique.

Pour mieux saisir la nature de la RAIS, nous expliquerons dans les pages suivantes les **principes intégrateurs** sous trois axes :

1 - de la finalité de changement réfléchi (principe 1) ;

2 - du déroulement de la démarche d'action et de réflexion (principes 2, 3, et 4) ;

3 - et de la participation et de la négociation des acteurs et auteurs dans un projet (principes 5 et 6).

## 2.1.1 - De la finalité de changement réfléchi

> **1ᴱᴿ PRINCIPE : LE CHANGEMENT**
> La finalité de la RAIS est le changement envisagé de façon élaborée, anticipée et réfléchie dans un projet en constante évolution autant dans le processus que dans le produit.

Le changement comme finalité en recherche-action intégrale donne à l'action la coloration d'une transformation intelligente d'un projet commun d'acteurs praticiens ou professionnels qui doit émerger à la suite d'une réflexion commune afin de coordonner les actions destinées à mieux éclairer ou résoudre une problématique.

### Le changement comme finalité de la systémique

Avec la systémique, la compréhension devient explicite, globale et conjonctive alors qu'elle peut demeurer plus implicite, davantage centrée sur le problème dans les paramètres des dialogues et du discours de la recherche-action qui toutefois rejette le sectarisme ou le dogmatisme et encourage les acteurs à se prémunir contre un militantisme aveugle. En alliant la finalité de la compréhension propre à l'approche systémique à celle de la recherche-action intégrale, les participants sont contraints à rechercher une explication plus grande et à considérer les variables ou composantes de l'environnement ; les acteurs devenus auteurs ou chercheurs de leur projet de recherche élargissent explicitement les horizons de leur problématique. Le changement prend une signification plus globale reliant les interactions des composantes au tout, ce dernier incluant minimalement les environnements immédiats. Il faut bien comprendre que la réalisation du changement ne se concrétise cependant que dans la modélisation du projet de recherche-action de l'équipe afin de donner une portée systémique au changement. C'est pourquoi, il faut rediriger les efforts dans le sens du *changement systémique*, écrivent Behrens et Foster-Fishman (2007) lorsqu'ils préconisent de dépasser la pure compréhension de contexte en encourageant les psychologues communautaires ou psychosociologues à reformuler leurs théories et leurs méthodes en ce sens. Joindre la recherche-action participative à une vision contextuelle propre à l'approche systémique répond fort bien au lien entre l'inductif et le déductif orienté vers une finalité de changement comme on l'a expliqué au point 1.3.3 du chapitre premier.

Ainsi la finalité de changement de la recherche-action intégrale acquiert une dimension globale, une direction qui permet de dégager la pertinence des composantes et de leurs interactions avec le tout qui importent davantage que les interactions entre les parties. On dit d'ailleurs que le tout est plus grand que la somme des parties. Certains chercheurs (Kira et Van Eijnatten, 2008) vont jusqu'à considérer le tout comme un *holon* relevant d'une pensée systémique « chaordique » (ou CHST) quand les membres grandissent intérieurement et extérieurement dans leurs complexités. Clegg et Shaw (2008) parlent alors d'une « holarchie », notamment en gestion. En somme *l'holon* est la vision de ce qu'on envisage pour mieux comprendre le changement global.

À partir des premières leçons des écrits du chapitre premier (1.2.5, p. 56) on peut dire que le changement se veut :

> *« une transformation durable de la pratique, issue de la réflexion et de l'application de connaissances et inspirée par une philosophie de responsabilisation et de participation de tous les intéressés. »*

Ce n'est pas la route linéaire souvent dichotomique, « soit l'un, soit l'autre », mais le rapprochement, « les deux... et », la « reliance » qui prend de l'importance (Herrscher, 2006, p. 411). Parfois, un groupe se doit d'inviter des experts à venir expliquer des interactions de composantes, par exemple les « relations internationales » (Ghisi et Martinelli, 2006), les milieux ou « environnements sociaux des jeunes » (Tseng et Seidman, 2007), ou encore l'importance de situer systémiquement « l'intraitable et l'escalade des conflits » (Coleman et al., 2007). Ce sont autant de composantes reliées à la finalité que les acteurs/auteurs risquent d'oublier dans le feu de l'action, que ce soit dans une discipline ou une pratique multidisciplinaire (Hills et al., 2007), transculturelle (Chrisman, 2007), en santé communautaire ou encore pour enrichir toute connaissance essentielle à une meilleure compréhension d'une problématique complexe.

## La finalité du changement en RAIS se définit comme une action délibérée

Quelle est la nature du changement envisagé ? Le changement acquiert une signification qui varie selon les contextes. Certains y donnent le sens biologique de croissance. D'autres reconnaissent le progrès technologique valorisé dans l'institution ou dans d'autres sphères de la société. Quelques autres qualifient simplement le phénomène d'adaptation humaine et sociale aux diverses inventions techniques ; enfin, plusieurs ne parleront de changement que s'il s'adresse à la personne ou à un groupe, par exemple les éducateurs en pédagogie ouverte, Horn (2008) et Mathews (2008), laissent la liberté d'expression aux jeunes artistes. Le changement consiste dans le passage d'un état à un autre. Il peut être épisodique ou continu, congénital ou radical (Foster-Fishman et al., 2007, pp. 200-201). La finalité de changement dépasse le bien-être et l'utilitaire et s'exprime dans un système ouvert non binaire respectant la liberté d'agir (Martins, 2006). Le changement est donc synonyme de mutation, de transformation. Il s'inscrit dans un processus de modification des pratiques, des procédures et des relations en vue de les enrichir sans toutefois produire un résultat spécifique désiré (O'Connor, 2007, p. 402), car il dépend de la liberté des gens et des influences du milieu. Ainsi le changement apparaît significatif dans deux recherches-actions en formation des maîtres : dans l'expérience de Magos (2007) en Grèce, les enseignants s'ouvrent aux réalités environnantes, dans ce cas une culture ethnique différente ; dans l'expérience des étudiants universitaires au Connecticut, ils découvrent un milieu social économiquement pauvre (McIntyre, 2006). Le terme « changement » apparaît vraisemblablement préférable à amélioration, car il implique la possibilité d'une transformation plus profonde. Il en est ainsi dans les services de santé quand on désigne la personne comme première responsable de ses soins en santé mentale au Royaume-Uni (McEvoy et Barnes, 2007) ou de l'aggravation de sa maladie chronique en Australie (Robinson et al., 2008). Le changement proposé est temporel et s'inscrit dans une dynamique de transformation de la pensée en référence à des actions, en fonction d'une vision interactive plus globale, plus ouverte pour cheminer dans la réalité complexe.

Le changement véritable exige une plus grande observation, une plus grande attention du milieu dans lequel baigne le projet ; on doit démontrer la pertinence des actions en relation avec la compréhension qu'apporte l'approche systémique qui se concrétise dans un processus de modélisation. Une réflexion sur l'action accomplie ou à entreprendre, enrichie d'une vision systémique, rend judicieuse la stratégie de recherche-action retenue et décidée par tous. Non seulement la perception de l'action est transformée chez les acteurs, mais leur discours devient plus nuancé, plus raffiné. Cette préoccupation de réflexion sur une action tangible de changement apporte à la modélisation systémique la concrétude de la réalité alors qu'elle aurait pu se cantonner dans ses conceptions théoriques car *« trop d'abstraction générale détache du concret et n'arrive pas à former un modèle »* (E. Morin, 1990a, p. 34).

D'aucuns se demandent si le changement peut s'inscrire comme finalité dans une recherche qui doit d'abord viser l'enrichissement du savoir ou du discours. À cette question, il faut répondre que le changement se fait non seulement dans l'action mais aussi dans la pensée ; c'est une action réfléchie, délibérée, un changement intérieur partagé normalement par l'ensemble du groupe ou encore un dialogue socratique pour une plus grande réflexion critique selon Skordoulis et Dawson (2007). Afin de rendre plus productif le savoir pratique, le *design* du projet de modélisation systémique requiert un déroulement évaluatif en spirales comportant des moments de révision de l'action et de la pensée dans la transformation ou la résolution d'un cas. Il convient de signaler l'importance de ce processus (ou « processeurs humains ») destiné à favoriser des transformations au plan de l'explication, de l'application et de l'implication, ce qui permet de distinguer la recherche-action intégrale des autres types de recherche sur l'action (Desroche, 2006, p. 48). Si l'on joint la systémique du discours à l'action de la recherche-action intégrale, on lui donne des dimensions obligées de pertinence, de globalité, d'agrégativité qui caractérisent la finalité (téléologie) de changement (Le Moigne, 1984, p. 43). Opérationnellement, on pourrait désigner comme centrales la compétence et la pertinence culturelle d'après Reese et Vera (2007). On pourrait penser que la systémique renforce le déterminisme de la théorie critique parce que les phénomènes sociaux sont examinés entre les parties et le tout, mais on oublie que la théorie critique n'appartient à aucune discipline et est présente partout ; c'est l'engagement à l'épistémologie, à la transformation critique qui doit être présent (Davidson, 2006, p. 36). Quand on joint à la systémique la recherche-action qui vise un changement, on intervient dans le système et ce sont les acteurs surtout qui deviennent les sources du changement ; ils se responsabilisent comme auteurs de leur histoire selon l'expression de Freire (1977). La compréhension que l'on donne avec raison comme finalité à l'approche systémique se transforme en une intelligence de *changement systémique* qui se traduit dans la RAIS par un projet de modélisation, doit-on le répéter. Ces dernières réflexions rejoignent la définition opérationnelle de la compréhension donnée au chapitre premier en 1.2.5 :

> *La compréhension en recherche-action intégrale et systémique n'est pas une vision théorique pure ; elle est nécessairement liée à la pratique et se concrétise par l'exploration de nouvelles voies ou stratégies destinées à une intelligence d'une problématique complexe qu'elle déchiffre grâce au dialogue avec les acteurs/auteurs de la recherche afin de concevoir des modes de transformation inventifs, créateurs et réfléchis et parvenir éventuellement à un savoir pratique ou à des leçons de vie.*

## La finalité du développement à caractère endogène

On objectera que ce n'est pas seulement la recherche-action qui produit un changement. Bien des recherches appliquées le font aussi, mais la grille proposée dans ce texte indique que le changement dépasse **une**

**pure application d'une théorie scientifique.** La recherche expérimentale par exemple produit des effets en raison de ses variables indépendantes. Il s'agit d'une relation de cause à effet ; sa finalité est surtout, par exemple en éducation, la vérification d'hypothèses issues de la théorie. Il n'y a pas une influence mutuelle constante ou un retour de l'effet sur la cause. Le changement se situe différemment dans la recherche de **développement systématique** qui dépend davantage de la conception d'une stratégie préalable sans exiger la participation des utilisateurs dans toutes les phases de la recherche. La transformation de la pensée des utilisateurs est en quelque sorte programmée par des agents. Elle dépend de la réalisation d'une idée, que ce soit celle de l'ingénieur d'autrefois ou celle d'un créateur. Elle suppose normalement une évaluation formative en cours de route, mais sans interrogation explicite à chaque étape de la démarche par les utilisateurs.

La systémique en raison de la complexité organisationnelle et de l'ambiguïté suggère un cadre de référence utilisant de fréquents paradoxes en faisant participer les gens (Freire, 1977). Sans doute certains agents de développement plus poussés par la recherche-action essaient de répondre à la complexité du réel en prévoyant des cheminements interactifs, des retours, des réajustements qui s'apparentent à de la recherche-action ; leur formation systématique rend toutefois difficile la participation d'un groupe à toutes les étapes de la démarche de production ou de développement comme par exemple à la compagnie Lego (Luscher, 2006). On voit cependant poindre aujourd'hui une recherche de développement qui utilise une dynamique de recherche-action dans sa démarche, notamment dans le développement social ou économique de communautés défavorisées (Dionne, 1998, 2007). Des exemples de ces démarches ont été signalés au chapitre premier, notamment en sciences sociales sur le concept évolutif de développement pour la planification rurale dans quatre régions en Europe (Murray, 2009), dans un développement urbain grâce à des processus co-génératifs en accord avec les principes d'une démocratie dans une société urbaine en Turquie (Ataov, 2008), ou encore, dans un développement endogène et participatif qui se caractérise par une osmose dans la recherche entre universitaires et groupes communautaires indigènes en Australie (Mayo et al, 2008). En somme on obtient des finalités beaucoup plus respectueuses de la complexité sociale d'une problématique.

**En résumé,** la RAIS transforme la compréhension propre à l'approche systémique pour faire du changement la finalité de la modélisation systémique. Le changement devient une composante qui élargit les horizons de solutions qu'aurait proposées la recherche-action intégrale. Cette finalité

*Les principes opérationnels intégrateurs de la recherche-action intégrale et systémique*

de changement se traduit dans des actions délibérées qui respecteront les caractéristiques du développement endogène respectueux des cultures et des décisions des gens.

En RAIS, la relation qui unit l'action et la réflexion est multidimensionnelle, de l'action à la réflexion, de la réflexion à l'action, d'une action réfléchie à une action encore plus raffinée, et ainsi de suite. Le système ouvert préconisé dans notre modélisation ne permet pas de prévoir les réactions des participants parce que les valeurs des acteurs sont sans cesse interpellées ; le *design* de la RAIS oblige à un moment et à un lieu de révision constante car le changement est perpétuellement présent, le plus souvent inachevé et souvent exploratoire ; il suppose que l'on soit à l'affût de nouvelles voies pour une amélioration de la qualité des interventions des acteurs. Il est inscrit au cœur du processus comme on le constatera dans le deuxième principe portant sur le déroulement de la démarche de modélisation.

## 2.1.2 - Du déroulement de la démarche d'action et de réflexion

> **2ᴱ PRINCIPE : LA MODÉLISATION**
>
> *La RAIS se modélise dans un processus créatif de révision d'action et de réflexion afin d'assurer l'induction des phénomènes interactifs liés à la finalité de changement et définis par les préceptes de pertinence, de globalisme et d'agrégation.*

Quand on modélise en recherche-action intégrale et systémique, il faut à la fois penser au processus de révision d'action et de réflexion des interventions qui assure l'induction des phénomènes du terrain, et aux préceptes propres à la systémique qui sont gages d'une pensée déductive assurant aux stratégies un regard global et cohérent. Le processus (ou le processeur) de révision intégré dans le *design* méthodologique répond au besoin constant d'évaluation et d'ajustement exigé normalement par le concept de recherche-action. La systémique qui utilise le terme de « processeur » n'est pas une mécanique rigide puisque ce sont les acteurs qui participent comme « processeurs » afin de modifier au besoin, grâce à leurs réflexions critiques et à leurs actions, la trajectoire de leur projet. C'est à cette fin que nous avons conçu un prototype de modélisation de la RAIS (voir figure 1, page suivante).

Il faut comprendre que les concepts de la modélisation analytique sont remplacés ici par ceux de la modélisation systémique. Au lieu d'un objet d'étude, en modélisation systémique c'est l'objet/projet ou simplement le projet qui prédomine. L'élément devient une unité active ou une composante, la disjonction est remplacée par la conjonction, l'analyse par la conception, l'évidence par la pertinence et l'explication causale par la compréhension téléologique (Le Moigne, 1990, p. 9). On voit ainsi émerger une méthodologie différente, constructiviste, destinée à développer des solutions pour des problèmes complexes.

### Le modèle

La RAIS se déploie dans une méthodologie de recherche utilisant la pensée systémique pour comprendre un phénomène complexe actif dans un environnement également en évolution ; le modèle permet à un acteur collectif d'intervenir de manière à induire un changement (téléologie). La dynamique du prototype de modélisation systémique est issue de l'approche

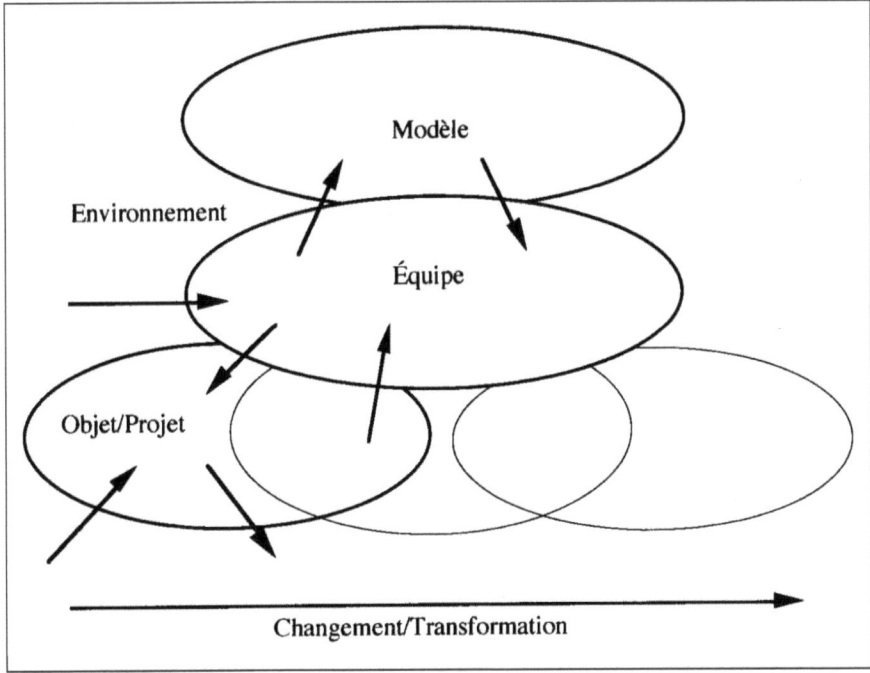

Fig. 1 - Prototype de la recherche-action intégrale et systémique.

de recherche-action intégrale qui introduit des boucles d'actions réflexions (Hirsch et al., 2007 ; Janzen et al., 2007) afin d'étudier les stratégies d'intervention et les conséquences du changement. La RAIS s'inspire à la fois des exigences de la participation essentielle à la recherche-action et des préceptes de la systémique. La finalité de compréhension de la systémique rejoint la finalité de transformation, de changement, de la recherche-action intégrale comme il est expliqué au principe 1.

Plus explicitement, l'équipe planifie des temps de dialogue, de réflexion critique sur des stratégies ou des tactiques et crée ou invente un modèle dynamique ; il s'agit d'une construction de la connaissance fondée sur l'action dont la finalité est le changement. La réalité, parce qu'elle est appréhendée dans sa globalité, n'est pas dépouillée de sa complexité ; le modèle laisse plutôt émerger les enchevêtrements des interventions sociales et leurs interrelations avec les environnements retenus comme frontières. Les quatre préceptes, bien expliqués par Le Moigne (1984, p. 43) sont toujours présents comme composantes déductives : la pertinence, le globalisme, la téléologie et l'agrégativité ; ils sont d'excellents guides pour que l'équipe accomplisse sa tâche. Par ailleurs la négociation, la participation, la volonté de changement du discours et de l'action propres à la recherche-action intégrale enrichissent la modélisation d'un terrain grâce aux réflexions tirées des interventions des acteurs et à leur créativité. On pourrait se référer à Glasson et al. (2008) en santé qui expliquent ces temps forts de recherche-action participative dans leur projet pour aider les infirmières à devenir chercheures.

## L'équipe

L'équipe est au cœur de la démarche interactive entre le phénomène modélisé et le modèle abstrait. Les acteurs forment l'équipe ; la systémique nomme les acteurs de façon un peu chosifiée « processeurs », mais heureusement la recherche-action retient les termes d'acteurs et d'auteurs (Desroche, 2006, pp. 33-68). Grâce à ces praticiens, à ces acteurs, l'objet de recherche se transforme en un projet d'équipe et les acteurs deviennent des auteurs de décisions prises ensemble démocratiquement. L'implication des acteurs dans l'action ne fait pas de doute puisqu'ils y sont de plain-pied. L'agent de changement souvent à l'origine d'un projet est un facilitateur ouvert aux interventions des praticiens ou acteurs. Dans un processus continu d'action et de réflexion, les acteurs (auteurs) collectent diverses informations sur le terrain à la suite de leurs actions, les rapportent et les traitent en équipe comme auteurs (acteurs). Les auteurs/acteurs forment dans leurs échanges un groupe qui a la responsabilité d'appliquer, d'ajuster ou de modifier la mise en opération du modèle si cela s'avère nécessaire. C'est à juste titre que O'Connor (2007) suggère l'utilisation des marqueurs systémiques de son modèle d'intervention *(Systems Guides Intervention Model)* lorsque des problèmes surgissent, notamment quand il y a désaccord entre deux systèmes d'acteurs participants. En l'occurrence, il s'agit d'intervenants sociaux et de responsables du placement d'enfants dans des foyers d'accueil. Il est alors important de dévoiler les mésententes et les lieux où elles se produisent de sorte que des changements puissent, à la suite d'échanges, être décidés ; souvent cela se fait dans des parties mineures du système, mais fort importantes pour arriver à une solution plus efficace. L'émergence du système social, comme le démontre Swanson (2008), survient quand il s'empare du sous-système critique et développe son autorégulation et son unité, mais il est dépendant et influencé par les processus et les structures de l'information. Ainsi on peut trouver utile d'utiliser un modèle d'intervention comme celui d'O'Connor mentionné ci-dessus. Pour conserver l'équilibre du système, il faut selon Baily (2008) que le maintien de la frontière dans un système vivant respecte la théorie de l'entropie sociale telle l'entrée et la sortie d'informations. Comme le décrit si bien l'article sur l'équilibre du système cité au chapitre précédent (Parsons, 2007, pp. 406-407), il importe de voir si la structure organisationnelle ouvre la porte à la créativité en acceptant de nouveaux rééquilibrages, ce que Parsons appelle le système d'adaptation complexe (CAS) qui amène les acteurs à s'entendre et à considérer leurs actions avec une certaine prédiction. Le conservatisme trop fort d'une entente et d'une certitude de ce que l'on fait ne favorise pas le changement de même que son opposé, une grande mésentente peut engendrer une incertitude élevée. Entre ces deux pôles doit exister une dynamique qui permette la créativité dans les dialogues et les décisions pour mener à un équilibre des parties. Joël de Rosnay (1975, pp. 29-31) traite de ce phénomène de la régulation et du maintien des équilibres dans le fonctionnement de l'écosystème.

En modélisant, la RAIS conserve sa finalité (ou téléologie) de changement innovateur et transformateur qui se déploie et imprègne une spirale d'actions stratégiques et réflexives. Dans une approche inductive, les acteurs appréhendent le réel en respectant sa complexité sous ses multiples formes ; le dialogue des auteurs/acteurs les fait accéder à une compréhension mutuelle de la réalité du terrain de manière à la décrire fidèlement et à concevoir un ou plusieurs mini modèles téléologiques. De cette manière, le processus vécu de modélisation fait ainsi appel à leur imagination créatrice. La réflexion critique au centre du dialogue est récursive, autoproductrice, conduisant à de nouveaux concepts mentaux et à des images créatives d'une action planifiée en vue de développer des stratégies de changement et des tactiques adaptées à la réalité du terrain. La pensée émergeante des débats constitue la trame d'un questionnement innovateur, un processus non linéaire mais en spirale qui est à la fois inductif et déductif, réflexif et fonctionnel, exploratoire et créateur. Cette spirale n'exclut pas un savoir pratique fondé sur l'expérience ; elle l'encourage même si elle ne le proclame pas toujours explicitement comme l'ont fait les infirmières du Royaume-Uni (Tolson et al., 2006 ; Booth et al., 2007) avec les énoncés sur la meilleure pratique. Il ne faut pas trop espérer que les énoncés puissent se généraliser au même titre que dans une recherche quantitative, car en recherche qualitative, on se situe dans le monde de la signification. C'est du moins l'opinion de McDuffie et Scruggs (2008) à propos de l'éducation spécialisée pour les enfants handicapés. En somme, c'est lorsque les parents et les enseignants s'approprient les énoncés que l'on en perçoit l'utilité et en quelque sorte la validation. Ce savoir théorico-pratique répond à une double exigence d'étude d'un problème d'action et de production de leçons de vie et de pratique. Le travail de l'équipe dialoguant pour produire des énoncés de pratique est schématisé dans la figure 2 page suivante.

*La recherche-action intégrale et systémique*

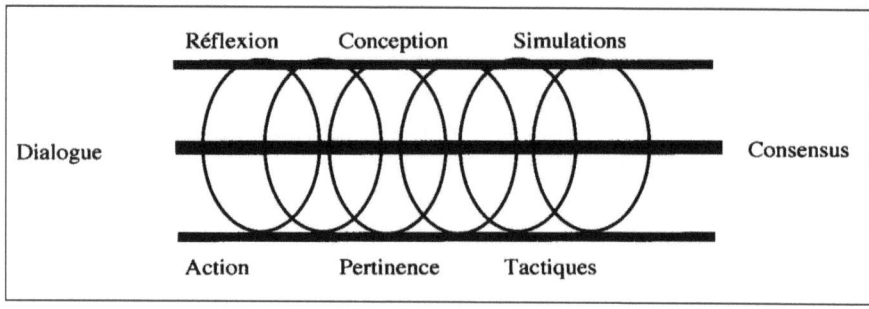

Fig. 2 - L'équipe de la RAIS.

Pour garder contact avec la réalité touchée par la recherche-action, l'équipe des acteurs/auteurs de la RAIS est placée au centre de cette figure. Les réunions d'échanges et de discussions établissent des ponts entre le concret et l'abstrait, le réel et la simulation, la stratégie inventée et l'intervention. Les ellipses suggèrent différentes étapes d'une recherche-action systémique sur un terrain. Celles de la figure 2 sont identiques puisqu'on ne peut les tracer correctement à l'avance ; dans la réalité, elles varient et deviennent soit plus courtes, soit plus longues suivant la durée des interventions et des rencontres. Les ellipses peuvent être dessinées par la suite inégalement selon les expériences et les débats des acteurs/auteurs. Elles correspondront ainsi à la complexité du cas.

Le concept de pertinence plutôt abstrait du modèle systémique éclaire la réalité du terrain. Les premières actions entraînent une réflexion sur leur pertinence ; le phénomène à modéliser est conçu dans son projet, repensé et validé par de nouvelles actions, des stratégies sont élaborées et simulées, et des tactiques adoptées ; elles sont revues et corrigées après de nouveaux processus d'actions-réflexions. Comme l'écrit E. Morin (1990a, p. 106), ici « *la stratégie ne désigne pas un programme prédéterminé [...]* » elle « *permet d'envisager un certain nombre de scénarios pour l'action* » et elle « *profite du hasard* » pour changer de tactiques par la suite. C'est la démarche classique de l'action-réflexion-action propre aux acteurs praticiens devenus auteurs de leurs décisions.

## Le terrain objet-projet indissociable de son environnement

Le phénomène indécomposable de la réalité apparaît indissociable de son environnement et irréductible à une seule composante ; il se situe au cœur d'une structure existant dans une histoire et il possède une fonction. Il est un terrain objet-projet. Bien que l'on puisse identifier les trois pôles de tout projet, l'*ontologique* (être), le *génétique* (devenir) et le *fonctionnel*

## Les principes opérationnels intégrateurs de la recherche-action intégrale et systémique

(faire), ce dernier, le faire, demeure la dimension primordiale de la recherche-action systémique modélisée grâce à une vie qui se prolonge, se reprend et recommence dans un devenir en changement. Les deux premiers, l'être et le devenir, sont en amont et ils imprègnent le faire. Toute recherche doit savoir établir des frontières et celles de l'opérationnel deviennent une frontière sans nier les deux autres laissant la porte ouverte à d'autres approches méthodologiques quand on peut se les permettre. Par exemple, dans notre modèle opérationnel de formation du chapitre III, nous faisons appel à la recherche narrative au début du module 1. Dans ce cas, le pôle du devenir des acteurs pourra enrichir la nature d'un projet et s'exprimer dans son pôle ontologique exigé au module 2 grâce à la réflexion historique. Puis le modèle ontologique inspirera à son tour la modélisation fonctionnelle ou opérationnelle au module 3.

Le terrain devenu *projet* grâce aux auteurs/acteurs est toujours considéré comme un complexe d'actions irréversibles, récursives et téléologiques en interaction avec un environnement lui-même actif alors que le modèle est isomorphe, c'est-à-dire qu'il possède les caractéristiques du système général et homomorphe ou semblable à l'objet devenu projet.

C'est surtout durant les rencontres que l'équipe effectue la modélisation qui permet aux acteurs d'exprimer des idées créatrices engendrées assez souvent par leurs interventions, à la suite d'échanges ou au cours d'une discussion avec les autres auteurs/acteurs. Pour modéliser en RAIS, l'auteur/acteur, en l'occurrence l'équipe, doit s'assurer d'abord que les préceptes de la systémique soient respectés. Une certaine formation est nécessaire pour passer d'une conception cartésienne à un discours nouveau en modélisation systémique. Les professionnels/praticiens (acteurs) devenus chercheurs (auteurs) reconnaissent que c'est l'équipe qui est le modélisateur collectif et que l'objet devient un projet qui englobe les valeurs communes aux membres de l'équipe. Comme auteur/acteur, l'équipe se doit d'être lucide sur l'implication des motivations dans son intervention sur le terrain. Chaque acteur sur le terrain représente en quelque sorte l'équipe, ce qui peut inspirer son action en la rendant ouverte et créative. L'empreinte de l'équipe enrichit la personnalité de l'acteur qui poursuit dans son action cette quête d'innovations créatives pour mieux comprendre les problèmes et les solutionner avec l'apport démocratique de l'équipe. Ainsi le projet devient pertinent et peut être modifié pendant les boucles de révision des actions ; il peut s'ajuster aux circonstances lors de l'application des actions sur le terrain. Le rapport de l'intervention d'un acteur à l'équipe profitera ainsi à chaque membre grâce aux dialogues et délibérations. C'est un apprentissage collaboratif qui pourrait probablement être facilité par Internet selon Nel et Wilkinson (2006, pp. 22-23). German et

Stroud (2007, pp. 793-794) distinguent cependant l'action participative d'apprentissage de l'échange non formel d'expériences, donnant le pouvoir de changement à la recherche-action. C'est en combinant les deux actions, participative et de recherche-action, qu'on obtiendrait la recherche-action participative, ce que nieraient sans doute certains auteurs. Ajoutons qu'un projet perçu comme simple au début se complexifie parfois au fur et à mesure des interventions sur le terrain et des discussions d'équipe alors qu'un projet trop complexe trouve une voie d'intervention, un chemin grâce à l'action et au débat sur les stratégies découvertes en groupe et appliquées par les acteurs sur le terrain.

## Le processus en RAIS garant des préceptes de pertinence, de globalisme, de téléologie et d'agrégativité

Si le processus permet une révision créative d'action et de réflexion pour une induction des phénomènes interactifs destinés au changement, il se fait aussi garant des préceptes de pertinence, de globalisme, de téléologie et d'agrégativité. L'application se fait selon l'essentiel de la pensée de Le Moigne (1984, p. 43). Le précept de **pertinence** apparaît quand l'équipe discute du projet, à savoir s'il correspond à ses intentions, et qu'elle le modifie si nécessaire. Le deuxième précepte, le **globalisme**, oblige l'équipe à percevoir le projet individuel et collectif dans un rapport opérationnel avec l'environnement. C'est au modélisateur, c'est-à-dire à l'équipe, qu'il appartient de voir le projet comme une composante active immergée dans un grand tout. La loi de l'équilibre et du déséquilibre joue alors ; il importe de reconnaître les niches de créativité permettant le changement. En dépend l'application du troisième précepte, la **téléologie** ou finalité de changement que les acteurs/auteurs observent dans le comportement des composantes de leur projet, non pas dans une explication structurelle mais dans les ressources qui se mobilisent en acceptant librement le changement. Il s'agit d'un acte rationnel et intelligent de compréhension du changement plus que de démonstration. La démonstration est surtout propre à la pensée cartésienne et pourrait être complémentaire dans le cas de la RAIS. Enfin le précepte de l'**agrégativité**, c'est-à-dire la formation d'agrégats, est davantage le reflet des choix délibérés des modélisateurs ou des auteurs/acteurs qui font appel à la pertinence par rapport au changement désiré pour retenir des composantes ou variables qu'on peut modifier. C'est ainsi que le groupe établit les frontières réalistes et réalisables de son projet. Si on ne mentionne pas l'exhaustivité, c'est qu'elle est nécessaire à la généralisation ou propre à des considérations plus quantitatives ou statistiques ; les résultats de ces dernières stimulent parfois la recherche qualitative en quête de significations.

*Les principes opérationnels intégrateurs de la recherche-action intégrale et systémique*

Pour mieux opérationnaliser le processus, les psychologues communautaires (Guralnick, 2005) dégagent les principes (déjà cités au chapitre premier) destinés à rendre opérationnels les préceptes du paragraphe précédent : - Clarifier le but du changement systémique. - Identifier si l'effort vise un changement existant dans un système bien défini ou un effort pour créer un nouveau système à partir de parties désorganisées. - Conceptualiser les interventions comme changement systémique dès le début. - Utiliser une approche éclectique mais intégrée pour travailler au changement du système. - Avoir des agents ouverts aux événements, pertinents, présents, afin de maximiser les points de leviers émergents.

Foster-Fishman et al. (2007) après des éclaircissements sur la systémique et le changement proposent un cadre de travail de changement ou de transformation systémique en quatre étapes :

### 1re étape : *Délimiter les frontières du système*

Il s'agit de la vision du problème et de solutions possibles dans un contexte donné. C'est une tâche difficile de questionner la nature d'un problème complexe afin de découvrir ce que contient le système par rapport au problème. Plusieurs techniques d'animation peuvent être employées, par exemple des discussions de groupe *(focus groups)* où sont représentés, si possible, différents niveaux d'expertise.

Une fois le problème énoncé, il importe de définir et d'établir les frontières. La tâche est encore plus difficile car il s'agit en partie d'un processus de décisions arbitraires, mais négociées par les partenaires ou les auteurs/acteurs. On respecte cependant la réalité puisqu'il s'agit de ce qui peut être compris, compte tenu des valeurs, des interventions possibles, et du changement réalisable. On identifie les niveaux systémiques *pertinents* interconnectés des parties et les acteurs concernés par le problème en question ; c'est la considération *globale* ou « *hologrammatique* ». On ajoute ou on retranche des niveaux, c'est l'agrégativité retenue en fonction de la finalité de changement désiré et des possibilités d'agir en se décidant sur les frontières retenues.

### 2e étape : *Identifier les parties fondamentales du système aptes au changement*

On découvre quelles parties peuvent être affectées par le changement dans le système considéré comme un tout. Il y a la **structure profonde** qui comprend un aspect normatif ; ce sont entre autres les attitudes, les valeurs, les croyances, les attentes et les postulats tacites qui agissent sur le comportement. Cette structure profonde établit le statu quo et fournit des explications du fonctionnement du système. Il y a aussi le **niveau apparent** comprenant les normes, les ressources, les règlements, les politiques, les procédures et les activités ou opérations du système. On questionne chaque composante sur sa caractéristique, semblable ou différente des autres sous-systèmes.

### 3ᵉ étape : Estimer ou évaluer les interactions dans le système

Il importe maintenant de faire une intégration des composantes *dans une figure graphique* (le langage de la systémique) pour illustrer les interactions afin de constater les changements systémiques possibles. Toute composante est directement ou indirectement connectée à une autre de sorte que les résultats sont le produit des interactions. En d'autres termes, aucune composante ne permet une compréhension si on la sépare de ses interactions avec les autres composantes du système. Il convient de rappeler que tout système a deux types d'interactions : les boucles qui *équilibrent* et celles qui *renforcent* le feedback. *Si l'interaction est renforcée*, les composantes interagissent l'une avec l'autre de sorte que survient une escalade ou un plus grand effet de changement. Il y a toutefois des délais dans l'interaction, le système donne alors l'apparence d'un échec, ou en est un.

### 4ᵉ étape : Encourager le changement systémique

Une fois que l'on a compris qu'il y a des composantes profondes et d'autres plus apparentes, on peut élaborer des stratégies d'interventions pour faciliter le changement systémique. Les auteurs proposent des questions pour identifier les leviers et effectuer un changement dans les composantes en observant celles qui sont non pertinentes à la finalité et celles qui la favorisent. Il faut alors voir si l'effort déployé agit sur les autres composantes ou sur les interactions observées dans la situation problématique. Enfin, il convient d'observer les différences des points de levier, les *patterns* ou configurations qui empêchent le changement ou l'atteinte du but fixé et se demander quels liens peuvent être créés entre les composantes pour que le fonctionnement soit en rapport avec la finalité de changement.

Ces auteurs proposent des questions-guides pour chaque étape. On pourrait sans doute les consulter avec profit, surtout celles de la deuxième étape, mais il nous semble que les acteurs/auteurs d'une modélisation systémique peuvent eux-mêmes composer leurs questions-guides en suivant les principes et les étapes discutées ci-dessus.

## Le déroulement de la démarche dialogique, récursif et hologrammatique

La démarche de modélisation systémique doit respecter aussi les trois caractéristiques essentielles à toute véritable pensée systémique soit le dialogue, la récursivité et l'hologramme (Morin E., 1990, pp. 51 et 169).

Si le dialogue consiste à associer deux éléments complémentaires en une seule visée tout en les sachant concurrents et antagonistes, on peut affirmer que la RAIS est dialogique. En recherche-action, on considère l'ensemble des opinions et leur complémentarité à travers le dialogue ; ce dernier laisse aussi émerger des antagonismes, surtout au moment de la recherche des stratégies mais encore là les projets individuels peuvent s'harmoniser à l'ensemble. On se référera avec profit aux réflexions, devenues classiques, difficilement contestables de Paulo Freire sur le dialogue afin d'en concevoir toute la richesse (Freire, 1970, 1975 ; Groupes d'éducation populaire en collaboration avec André Morin, 1984 ; Morin, 1986, 1992, 2004).

La récursivité se définit comme une organisation d'éléments ou de composantes selon un processus d'autoproduction ou plus simplement suivant une causalité circulaire en synchronie ; on reconnaîtra qu'en recherche-action, le processus d'actions et de réflexions séparées, entrecroisées, « générantes » et générées répond adéquatement au dynamisme de la systémique. Ainsi la discussion ne craint pas le désordre, l'éclatement, sachant qu'un nouvel ordre en jaillira et que les énoncés ordonnés engendrent à leur tour des composantes créatrices. « *L'action*, ajoute E. Morin (1990b, p. 108), *est le royaume concret et parfois vital de la complexité [...]. Il lui serait utile de bénéficier d'une pensée de la complexité* ». Un article de Espinosa et Harnden (2007) permet d'enrichir les propos sur le consensus s'inspirant de l'approche de Stafford Beer sur la « syntégrité » ou le *team syntegrity*. Cette théorie incarnée dans un modèle s'efforce de concilier les interactions sociales non hiérarchiques en facilitant un dialogue participatif et équitable dans un groupe qui a des intérêts et des points de vue diversifiés afin de parvenir à des décisions démocratiques. On sous-entend qu'une organisation sociale a comme caractéristique de laisser émerger des points de vue différents et des attentes qui accompagnent un ensemble récurrent d'interactions humaines. Lors d'un colloque sur l'éducation populaire, le GÉSOÉ avait développé des techniques semblables pour permettre l'écoulement d'un flot d'idées nouvelles, entre autres celle très interactive de la cyclo-écriture (Morin, 2004, pp. 149-154) décrite au chapitre IV.

Une vision globale ou « hologrammatique » de la réalité est un atout essentiel en recherche systémique. Ici « la partie est dans le tout, mais le tout est aussi dans la partie ». La RAIS a intérêt à conserver cette vision globale dans sa démarche en considérant les opinions individuelles dans l'ensemble du projet d'équipe. L'animateur dont le rôle est utile voire essentiel en recherche-action devrait être capable de synthèse et de vision large resituant les interventions dans l'ensemble de la démarche du projet en n'excluant personne. Plusieurs techniques peuvent être d'un apport précieux pour les acteurs dans la mesure où elles permettent au groupe d'agir comme un acteur collectif. Vespieren, soulignant les conditions nécessaires à l'agir de l'acteur collectif, écrit qu'il faut « *que la clarification des enjeux des partenaires soit faite ; que chacun apporte sa pierre à l'édifice ; que tous partagent les mêmes risques, c'est-à-dire que les chercheurs soient impliqués dans l'action et que les acteurs soient impliqués dans la recherche* » (Vespieren, 1992, p. 356). Minary (2000, p. 83) soutient pour sa part que l'idée du système autorise à mettre en attente des composantes même essentielles « *sans pour autant ni les oublier, ni les délaisser* ».

Il est impossible de définir de manière exhaustive les caractéristiques des outils de la RAIS et surtout d'énumérer ceux qui sont essentiellement participatifs et systémiques. Chaque modélisateur collectif se doit de les inventer, de les créer. Comme le dit E. Morin (1990, p. 310) : « *la méthode, pour être mieux mise en œuvre, nécessite stratégie, initiative, invention, art* ». On a vu au chapitre premier, dans les sciences de la santé, la proposition de recommandations du *design* participatif (Clemensen et al., 2007, p. 129). C'est une approche de développement qui prend ses racines en recherche-action en cherchant des solutions technologiques touchant les vrais problèmes du monde. On recommande d'établir une équipe multidisciplinaire de chercheurs avec compétences cliniques et techniques, d'avoir aussi un groupe de participants concernés par le domaine. On souligne qu'il ne faut pas anticiper le résultat final du processus mais savoir se placer en disposition de créativité, de jeu de rôle dans un environnement physique relaxe et calme afin de donner une chance aux participants d'explorer le futur potentiel en essayant ou créant des prototypes. C'est pourquoi la définition exploratoire du chapitre I (1.2.5, p. 56) sur la multidisciplinarité conserve son actualité d'autant qu'elle se fonde sur des études de cas et des réflexions de psychosociologues impliqués :

> *La multidisciplinarité est une approche faisant référence à l'utilisation de différentes méthodes dans l'intention avouée de relever les défis liés au changement grâce à une investigation multiforme et à des interventions multiniveaux dans l'étude d'un cas complexe.*

En guise de transition au principe 3, répétons que le changement compris et mieux expliqué est la finalité de la RAIS qui vise la transformation de l'action et du discours en engageant les valeurs des participants. Le processus opérationnel ou le modèle n'est pas l'application pure et simple d'une théorie, ni une recherche systématique de développement, mais une démarche de transformation grâce à l'équipe qui vit une spirale de révision formelle et non formelle de pensée et d'action et se réalise dans

*Les principes opérationnels intégrateurs de la recherche-action intégrale et systémique*

une modélisation systémique indissociable de son environnement et des préceptes de pertinence, de globalisme, d'agrégativité et de changement téléologique. Le déroulement de la démarche est dialogique, récursif et « hologrammatique ».

L'étude du changement sous-tend une approche clinique apte à aplanir les difficultés d'un cas problématique. Les auteurs/acteurs doivent composer avec chaque cas, éviter le réductionnisme grâce aux préceptes systémiques. On évitera de construire un modèle trop linéaire déterminé à l'avance, par exemple un cheminement tiré d'une théorie de l'organisation fonctionnaliste qui oublierait de fournir des stratégies ouvertes pour capter les changements susceptibles de naître dans des groupes en raison de la complexité des libertés individuelles. Si nous devons quelque chose aux auteurs du changement volontaire ou planifié, c'est d'introduire une orientation clinique (Dubost, 1983, p. 77) qui apparaît essentielle dans la démarche complexe de la RAIS qui se veut participative, facilitant l'élucidation des effets significatifs, voire symboliques, des actions.

### 3ᴇ PRINCIPE : L'ACTION

*L'action en RAIS est conçue comme conduite globale exigeant réflexion, questionnant le faire de façon heuristique et systémique, conduisant à une intervention coopérative, voire communautaire.*

La recherche-action intégrale et systémique (RAIS) se définit autant par l'action, le faire, que par le processus actif de réflexion du discours qui précède, accompagne ou suit l'intervention. Les deux concepts, action et réflexion, sont complémentaires. *« L'action,* écrit R. Delorme, *est au cœur de la systémique »* car ajoute-t-il *« la modélisation des systèmes complexes s'adresse principalement aux processus de décision et d'action stratégique tant au plan individuel qu'au plan de l'entreprise ou de l'organisation »* (1999, p. 25). Si on les distingue, c'est pour mieux les unir dans la démarche de modélisation systémique. La confusion pourrait venir quand on regarde le discours en tant qu'action en traitant les réflexions comme des objets d'observation scientifique ; il importe alors de préciser ce qu'on entend par action.

## L'action en RAIS est une conduite globale

On peut dire qu'elle est une façon de faire, d'agir avec une vision globale et il serait préférable de la considérer comme séculière (Turina, 2007) sans pour autant être aveugle lorsque les valeurs d'un groupe le conduisent à envisager une action religieuse, militante ou autres. La neutralité doit se comprendre dans le sens d'une action respectueuse de la liberté de choix quant aux interventions qu'on veut entreprendre stratégiquement pour parvenir à un changement systémique. Un exemple nous en est donné par Adjei-Nsiah et son groupe (2008) qui font état de deux périodes d'échanges suivies d'une troisième plus démocratique entre propriétaires et cultivateurs migrateurs qui établissent eux-mêmes des réformes institutionnelles aptes à rééquilibrer le partage des terres au Ghana.

L'action en recherche-action peut être considérée comme une conduite globale ; elle ne se pense pas uniquement dans des rapports de moyens à fins. Dubost montre qu'il y a des logiques d'actions qui vont de sans action à sans recherche. Entre les deux, il y a toute une gamme de recherches-actions qui touchent les expériences de vie, les expériences sociales, les interventions plus militantes, ou sociopédagogiques, les *organization developments*, les études actions, les interventions psycho-sociologiques, décisionnelles, analytiques ou démonstratives ainsi que les actions sur le terrain (Dubost, 1983, p. 493). L'action au sens de processus psychique sans référence concrète extérieure, donc suspendue, n'est pas retenue dans notre définition. Cette action est trop abstraite et risque facilement d'évacuer ce qui fait l'essence même de la recherche-action, cette nécessité de s'exercer sur un terrain tout en incluant la pensée réflexive. Les actions qui se qualifient de recherche doivent laisser place au processus de conscientisation, de réflexion, d'analyse, de correction, de vérification et de croissance de la connaissance. Toute recherche-action qui se caractérise par une relation entre la théorie et la pratique n'est cependant pas nécessairement intégrale ni systémique ; par exemple une intervention militante ou activiste pourrait évacuer la réflexion critique en étant trop autoritaire ; une telle activité ne se qualifierait pas de recherche-action intégrale même si elle était systémique. Par ailleurs la plupart des tentatives de formation de stagiaires rapportées au chapitre premier seraient des actions posées en vue de permettre cette relation vivante entre pratique et théorie. Ainsi en serait-il des expériences en éducation (Magos, 2007 ; McIntyre, 2006), en santé (Blum, 2009) ou en pharmacie (Sørensen et Haugbølle, 2008) ; ce sont des recherches-actions parce que l'action participative est acceptée de toutes les personnes concernées. Par contre, l'expérience de Munro (2008) sur le stage en gestion dans la petite entreprise est participative, mais la théorie n'est jamais remise en question ;

elle pourrait être systémique, mais n'est pas intégrale. Les rapports entre l'action et la réflexion en recherche-action intégrale et systémique sont interactifs parce qu'est respectée la participation autant dans l'explication que dans l'application alors que chaque acteur doit se positionner dans le processus de décision de la finalité de changement.

## L'action inclut nécessairement le « faire »

L'action dans la RAIS est orientée vers la transformation de personnes autonomes. Elle peut autant précéder, accompagner que suivre la réflexion. Si on s'arrête seulement à la cause qui produit des résultats, on ne voit pas tellement comment la recherche-action est différente des autres recherches ; par exemple, elle produit des énoncés, elle organise et critique de nouvelles informations, elle exclut même un certain nombre de composantes pour progresser jusqu'à la solution de problèmes, elle évalue les effets et dégage de nouveaux enseignements. Jusque-là toute recherche fait sensiblement la même chose. Mais la RAIS explore davantage, fonctionne souvent à tâtons, un peu à la manière de bricoleurs ingénieux, ou par créativité ; elle est plutôt un processus qui ressemble étrangement à celui des tenants d'une pédagogie ouverte. Son système est ouvert (Von Bertalanffy, 1973), semblable à celui d'un être vivant. Il n'est cependant pas toujours facile de distinguer entre une pédagogie ouverte, une coopérative d'apprentissage et la recherche-action. Ce qui nous intéresse bien sûr, c'est l'accompagnement ou la simultanéité de l'action et de la réflexion. Ne serait-ce pas dans ce sens que Schön (1983) parle du praticien qui réfléchit ou de la réflexion dans l'action, en somme une réflexion critique sur l'action ? Déjà Blondel en 1893, dans sa célèbre thèse doctorale sur l'*Action* parle d'une science action tout aussi valable que la science positive. Pour lui, la prise de conscience de la subjectivité ou la reconnaissance de la pensée qui produit le *design* en sciences positives peut s'observer et être considérée comme un discours scientifique (Morin et al., 2007, p. 30). Pour Blondel (1950, p. 23), la science action observe ce qui dépasse les sciences positives, quantitatives ou expérimentales en se fondant sur une prémisse philosophique. Il écrit : « *Si je ne suis pas ce que je veux être, ce que je veux, non des lèvres, non en désir ou en projet, mais de tout mon cœur, par toutes mes forces, dans mes actes, je ne suis pas* ».

L'action préconisée en recherche-action intégrale et systémique est différente de l'action dans la vie quotidienne. Elle est l'acte d'une intention implicite ou explicite qui implique une pensée qui s'exprime, se précise dans un discours à la suite de dialogues. Elle fait partie du discours d'un groupe qui organise une modélisation pour entrer en interaction positive créant un déséquilibre au système qui s'acclimate à une nouvelle réalité, le nourrissant et le stabilisant pour le revigorer. Il y a une dynamique entre l'action et le discours que l'on sépare pour mieux les connaître et ensuite les réunir afin de parvenir à des interventions interactives efficientes.

## L'action est un engagement

Les chercheurs s'investissent dans l'action ; ils engagent leurs valeurs comme un acteur collectif qui projette une action coopérative réfléchie au sein d'un phénomène récursif, identifié et finalisé se déployant en un hologramme dans un environnement tapissé de projets. Pour Turina (2007), la sécularisation est une propriété de l'action qui ne doit pas être considérée comme un long processus historique. Le concept d'action devrait être envisagé de façon plus opérationnelle et se référer à toute conduite *observable* d'un individu ou d'un groupe. Plus que les grandes théories, l'action est une clef pour comprendre le changement social à différents niveaux et elle répond fort bien à une vision systémique attentive aux interactions et aux différences tant à un niveau micro que macro. Pour Sale (2006), une recherche participative sans action est inacceptable. Davidson et al. (2006) vont plus loin ; ils soutiennent que les théoriciens de la théorie critique sont plus enclins à isoler théorie et pratique qu'à agir en tant qu'acteurs sur les structures du système. Leur longue recherche confirme ce que les praticiens reprochent à ceux qui s'isolent et que Paulo Freire (1977) démontre, la nécessité d'unir action et réflexion dans une praxis de changement.

## L'action questionne le discours de façon heuristique dans un système concret

Il est important de tenir compte de la dynamique du groupe pour reconnaître et intégrer l'action, car les intervenants sont des acteurs concrets, des praticiens engagés dans des actions réelles. Pour le chercheur qui se fait praticien ou acteur, il ne s'agit pas d'intégrer l'acteur dans son laboratoire, mais de l'aider à modéliser systémiquement ses actions pour qu'il parvienne comme auteur/chercheur à dégager ses propres théories. L'approche clinique préconisée, c'est celle qui permet de laisser émerger certaines généralisations définies comme « principes pratiques ou leçons de vie ». Ce mode de production de la connaissance devrait pouvoir s'appliquer par exemple dans le monde de l'éducation même s'il perd son label de scientificité selon la conception traditionnelle des sciences expérimentales. Dubost propose pour la sociologie un élargissement du concept de science : « *Pour nous*, écrit-il, *en choisissant de s'engager dans une démarche clinique, la sociologie doit se reconnaître marquée du sceau de l'implication, accepter un nouveau mode de relation à l'acteur, lui reconnaître*

*Les principes opérationnels intégrateurs de la recherche-action intégrale et systémique*

*un autre statut dans le travail de production de la connaissance, assumer une identité non positiviste, renoncer à un certain label de scientificité, à une certaine idéologie de la science »* (Dubost, 1983, p. 337). Le système d'action concret chez Crozier et Friedberg (1977), susceptible d'inclure l'ensemble des jeux plus ou moins intégrés qui peuvent se repérer dans une situation et qui supposent une régulation d'ensemble, voire systémique, peut nous éclairer à condition d'éviter de centrer le tout sur la connaissance de l'organisation et d'oublier de théoriser sur le processus (Dubost, 1983, p. 472 ; pp. 480-481). On rejoint ici la pensée de la plupart des chercheurs en recherche-action participative d'Amérique latine proclamant l'action et la connaissance pour un dialogue avec les chercheurs postmodernistes (Fals-Borda et Rahman, 1991). C'est aussi l'objet de notre chapitre sur le savoir, la science et l'action (Morin et al., 2007, pp. 13-33).

Dans le chapitre premier, on a signalé trois études de cas qui ont su dépasser la discipline formelle et situer leur action avec un regard transdisciplinaire ou pluridisciplinaire. D'abord J. Schensul et al. (2006) développent un partenariat interdisciplinaire et intersectoriel pour mieux comprendre la dépression chez des adultes de milieux pauvres et défavorisés. Ils nous indiquent les conditions pour ce faire : une entente sur l'objet de recherche, des valeurs communes, un travail antérieur commun et enfin une aptitude à négocier et prendre des décisions en équipe. Dans la prévention du SIDA, on se rappelle les travaux, cités au chapitre premier, de Laperrière (2007) au Brésil et de S.L. Schensul (2006) en Inde. Dans la lutte contre l'obésité et la promotion d'une nourriture saine, Y. Suarez-Balcazar (2006) montre comment les théories du développement communautaire et l'évaluation participative de dix disciplines guident le travail et l'action pour une saine alimentation chez les jeunes. On reconnaît qu'il faut un engagement à toute épreuve, un échange continu de méthodes et de ressources, un partenariat et le partage du pouvoir, sans oublier les compétences culturelles. Voilà quelques exemples qui montrent que la multi ou transdisciplinarité est essentielle à une action plus efficiente dans un système complexe. Pour reprendre Shinn (2006), c'est le cas qui rassemble les compétences sur les actions à entreprendre.

## Le processus situe l'action dans un rapport avec le système

La théorie du processus s'intéresse à ce qui se passe dans le rapport entre l'intervention et le système. Il apparaît important de rechercher les origines des difficultés de cette relation lorsqu'il y a un problème à résoudre. L'action tentera d'aller vers un engagement dans un travail aboutissant à *« moins d'énoncés explicatifs qu'une expérience dont les effets modifieront certaines propriétés de la situation...* » (Dubost, 1983, p. 526). En systémique, la compréhension de la finalité de changement prime sur l'explication causale, propre à la recherche expérimentale ou de laboratoire. L'analyse d'une situation et de ses facteurs contextuels est complexe (Bataille, 1983)[8]. L'efficacité de l'action, et particulièrement d'une action de formation, dépend, autant dans l'aventure psychosociologique que dans l'éducation au changement, des attitudes ainsi que de la configuration du système. Si ces deux facteurs sont combinés, *« les résultats sont spectaculaires »* (Dubost, 1983, p. 178). Cette perspective d'efficacité nous rappelle que l'action doit être envisagée globalement autant dans ses relations immédiates que lointaines.

## C'est pourquoi l'action n'est pas totalement planifiée et prédéterminée

Que recouvre alors le mot « action » ? Voilà une question de taille. Pour Dubost (1983, p. 369) : *« l'action recouvre un degré d'anticipation : des actions entièrement planifiées, ou élaborées dans les grandes lignes, définies, ou incitatrices, qui poussent à produire d'autres actions novatrices »*. D'un point de vue complémentaire, l'action entièrement planifiée, très systématique (problème, causes, hypothèses, expérimentation, évaluation), telle celle de certains agents de développement de curriculum, est présente surtout à la phase de vérification tandis que dans la RAIS, la remise en question est au cœur de la démarche des acteurs/auteurs.

L'action en recherche-action intégrale et systémique, exige participation du début à la fin du processus. La recherche, dépendant d'une agence, d'un chercheur extérieur au groupe, ne peut être qualifiée de RAIS bien qu'elle pourrait être une excellente recherche appliquée, c'est-à-dire qu'elle permettrait la vérification d'hypothèses dans des cas concrets. Une telle approche risque en plus d'être hiérarchique en spécifiant l'implication et les rôles des acteurs à certaines étapes de la recherche. Si l'action est définie dans ses grandes lignes par les acteurs du groupe, elle peut toutefois devenir incitatrice et laisser place à la responsabilité des acteurs qui éventuellement pourraient changer son cours en augmentant leur engagement sur un continuum de peu à davantage de participation.

Ces différences de participation caractérisent la RAIS dans son processus. Il s'agit des actes de l'intervention, autant ceux de l'organisation que ceux de la conduite ou de la réalisation de l'action. Cette théorie du

---

8 - Le lecteur pourra consulter ce site Web sur la complexité pour comprendre son actualité : http://www.mcxapc.org/

processus englobe « *la méthode, les procédures retenues* » et « *celui qui les met en place* ». Elle s'occupe des « *représentations* » et des « *hypothèses relatives à son efficacité — comment expliquer les faits espérés et observés de la relation de collaboration* » (Dubost, 1983, p. 568). Rappelons que l'explication n'est pas celle de la vérification expérimentale. Il s'agit d'une compréhension intelligente et rationnelle nécessitant l'acte de réflexion.

## L'action privilégie une coopération plus collective qu'individuelle

L'action est plus collective qu'individuelle parce que l'échange dans le discours, dans le dialogue est une de ses caractéristiques ; elle appelle une participation qui exige un minimum de collaborateurs ou acteurs. De collective, elle pourrait devenir communautaire en raison de la communication d'expériences qui incite d'autres groupes à formuler des projets pouvant se multiplier dans d'autres institutions ou communautés.

Au-delà de l'interdisciplinarité théorique, c'est l'action concrète exigée par un cas, par exemple en santé communautaire, qui rend la tâche de coopération possible entre praticiens de différentes disciplines. Ainsi Shinn (2006) ne voit pas naître de conflits entre les différents praticiens à la recherche de solution aux problèmes dans les milieux de vie, mais plutôt une ouverture à des perspectives empiriques, méthodologiques, théoriques et pratiques qui permet des stratégies d'un niveau plus élevé. On rencontre peut-être des difficultés, mais aussi des bénéfices dans un groupe d'aide ou de support à des malades schizophrènes (Chien et al., 2006 ; Kinzie et al. 2007). C'est par ailleurs l'action qui unifie les fonctions de l'université, le service, la pédagogie et la recherche, pour recueillir de l'information dans la prévention contre les effets nocifs du plomb dans une communauté du centre ouest américain (Rajaram, 2007).

Il est difficile de voir la RAIS comme une recherche-action individuelle puisque la participation est exigée dès le départ et que l'auteur/acteur implique les personnes avec qui il travaille stimulant ainsi les interactions systémiques. Les caractéristiques de collégialité et de communauté ainsi que l'efficacité d'une ou de plusieurs actions apparaissent importantes. La dimension d'incitation s'appelle « *transférabilité* » pour certains (Gauthier et Baribeau, 1984, p. 306). On peut préférer à bon droit le mot « incitation » puisqu'il fait davantage appel à la relativité des résultats et à l'idée de leçons de vie ou de pratique. Si cette incitation porte à multiplier des actions de même genre, elle s'appuie alors sur les forces autonomes des groupes pour les réaliser. L'idéal, c'est que cette action se traduise dans un partage dit communautaire. C'est cet aspect qui est envisagé d'une façon implicite lorsqu'on mentionne des valeurs partagées. L'enquête de F. Gauthier et de C. Baribeau démontre clairement que la notion de « valeur » est partie prenante parmi les critères retenus. En somme, c'est une des exigences du contrat. L'aspect « partage » ne nécessitera pas toujours *« une adhésion totale aux valeurs privilégiées par l'ensemble du groupe de recherche, mais il apparaît nécessaire que l'ensemble du processus soit reconnu comme pertinent et valable »*.

## Vers une évaluation de l'action toujours de plus en plus complexe

Peut-on évaluer les résultats de l'action en RAIS ? Les résultats des actions pourraient même être évalués quantitativement, ce qui compléterait le cycle et encouragerait les efforts des acteurs communautaires. Durlak et al. (2007) ouvrent la voie en ce sens dans l'évaluation de programmes destinés à promouvoir les compétences sociales et émotionnelles des jeunes pour une amélioration de leurs études, une recherche qui implique les écoles, les familles et les organisations communautaires à la poursuite de changements sociaux. On se rappellera qu'au chapitre premier, il a été mentionné que 24 % des 524 études répertoriées montrent des données quantitatives sur les changements dans les systèmes visés. C'est sans doute une tâche considérable qui mérite attention si une équipe envisage une continuité et un soutien accru des populations de même que des agences de financement publiques ou privées. L'exemple de Bell (2008) au Royaume-Uni qui s'efforce d'analyser les résultats d'un programme de recherche-action systémique dans la formation de gestionnaires dans le secteur public est fort révélateur. Une évaluation qualitative et une autre partiellement quantitative lui permettent d'affirmer qu'il est possible de réaliser une recherche-action systémique en vue d'apprendre à mieux gérer la complexité. En voulant étendre cette expérience de formation ou la généraliser, Bell reconnaît qu'il doit développer d'autres outils d'analyse. Pour le moment, on pense que la recherche qualitative doit continuer ses efforts d'appréciation des résultats, mais que sa préoccupation première demeure la signification de chaque étape d'un processus et des échanges entre les personnes concernées. Sur ce point, certaines méthodes d'évaluation anthropopédagogiques ou d'autres stratégies telles celles employées par la *Open University* (2000) dans sa formation à la systémique et à la réflexion critique sur la pratique se sont montrées efficaces.

Les vérifications apparaissent plus importantes, voire nécessaires, dans les grands projets cités par Kreger et al. (2007) qui analysent les points de repère (assises ou *benchmarks*) et les indicateurs de succès ou de défaillances dans les changements systémiques obtenus en Californie par des organisations dans le domaine de la santé. Ils en tirent les leçons suivantes : 1 - Faire le *design* de stratégies appropriées et des indicateurs dans le contexte de la communauté concernée ; 2 - Sélectionner, ressourcer et soutenir les partenaires qui collaborent ; 3 - S'engager à une évaluation du portfolio de l'organisation ; 4 - Investir dans les ressources de planification ; 5 - S'adresser aux multiples secteurs et à leurs activités ; 6 - Incorporer dans le *design* les activités des environnements et des influences fondamentales. Sans doute ces leçons ne concernent pas directement les projets de recherche-action intégrale à dimension plus restreinte et plus circonscrite. Si on les signale, c'est pour mettre le principe de l'action en perspective avec les collaborations nécessaires qui engagent les citoyens dans des initiatives d'actions systémiques qui réussissent. Toutefois, la plupart du temps, on envisage l'évaluation qualitative des changements en fonction des questionnements et des solutions apportées aux différents problèmes. On peut observer et discuter particulièrement des changements de comportement dans le discours et l'action des personnes et des groupes pendant et à la fin d'un projet au moyen d'analyses répondant aux critères spécifiques du type de recherche choisi. À titre d'exemple, on peut chercher à voir ce que les acteurs/praticiens ou professionnels ont acquis comme compétences et leur niveau d'empathie avec les communautés. On sait, grâce à une recherche qualitative, que la confiance dans la compétence dépend des qualités interpersonnelles du praticien et que la perte de confiance est liée aux problèmes de compétence dans les soins dispensés par des professionnels (Hupcey et Miller, 2006). On se rappellera qu'en recherche qualitative, l'évaluation est formative et continue et qu'il ne faut pas négliger les leçons de pratique qui en découlent parce qu'elles peuvent servir à d'autres projets de changement comme points de réflexion ou de référence lors d'échanges et de dialogues.

En résumé, l'action en recherche-action intégrale et systémique n'est pas une action quotidienne, ponctuelle et banale. Elle est une conduite globale, un engagement au faire. Elle questionne le discours de façon heuristique dans son rapport avec un système concret. Elle n'est pas alors totalement planifiée et prédéterminée car elle privilégie une coopération plus collective qu'individuelle. Évaluer l'action devient de plus en plus complexe ; l'action devrait passer d'une action *individuelle* à une action *collective* voire *communautaire* (Morin, 1992, vol. II, p. 31).

Puisque l'action est dépendante de la réflexion exprimée dans un discours ouvert au dialogue, aux points de vue des autres, elle exige la participation des acteurs avec leurs valeurs, leurs modes de pensée et leur volonté d'agir, d'intervenir et de passer d'un geste individuel à un faire collectif qui laisse place à une réflexion critique. Elle engendre ou incite au changement dans l'évolution d'une problématique. Il y a lieu de considérer les interventions dans un système d'interactions réelles. L'action devient ainsi incitatrice et amène à long terme d'autres groupes à considérer les leçons de pratiques qui en découlent dans des projets tant éducatifs que sociaux, de gestion ou de santé.

> ### 4ᴱ PRINCIPE : LE DISCOURS
> *Le discours en RAIS exige une réflexion éclairée, inscrite dans une problématique d'action, ouverte à l'intégration des disciplines et favorisant l'engagement des acteurs comme auteurs d'une histoire qui transforme le monde.*

Toute recherche implique un savoir théorique ou pratique. S'il est pratique, il peut se déployer en lois ou régularités comme le prétend Bastide (1971, p. 194) pour l'anthropologie appliquée. Dans l'optique d'une RAIS qui fait des acteurs ou professionnels des auteurs ou chercheurs, certains parlent davantage d'une pédagogie que d'une science (Ardoino, 1980). Peut-on dire que la RAIS est une science ? Une science action ? Goyette et Lessard-Hébert (1985, pp. 75-79) expliquent comment la science action se situe dans la théorie du changement en étant semblable à la recherche traditionnelle de la constellation perceptuelle du behaviorisme. Il faudrait peut-être revenir à Aristote pour clarifier et définir le concept de science. Blondel (1950) dans sa thèse doctorale de 1893 écrit *« à l'origine des procédés scientifiques, il faut qu'un artifice masque le passage inexpliqué de l'ordre de la qualité à l'ordre de la mesure »*. Loin donc *« de réduire ou de supprimer l'élément subjectif, elles* (les sciences positives) *s'y subordonnent et y sont suspendues »* (pp. 51-52). L'auteur suggère un concept élargi de science, les sciences positives prenant toute la place. Puis il ajoute qu'observer ce qui se passe dans la subjectivité des consciences ou analyser un problème en cherchant des moyens pour y remédier sont des actions dignes d'une science action rigoureuse, quoique différente sans doute des sciences positives qui à elles seules *« ne se suffisent pas »*.

## Le discours en RAIS fait de l'homme et de la femme des auteurs d'une histoire propre à transformer le monde

Le discours est philosophiquement l'entendement par opposition à l'intuition. Il procède par le raisonnement ou repose sur lui ; il y a une gradation dans l'enrichissement du discours. D'un entendement plus intuitif ou **spontané**, il devient de plus en plus **éclairé**, conscientisé et **engagé**. Le projet éducatif révolutionnaire proposé par Freire (1977) s'inscrit en réaction à une éducation bancaire* qui ne considère pas suffisamment le rôle participatif de l'homme ou de la femme dans la construction du monde. L'homme sujet de son histoire, en dialoguant avec ses partenaires humains, est capable d'atteindre un niveau de conscience critique qui lui permette de transformer la société environnante. Les opprimés ne sont pas uniquement ceux qui physiquement sont en esclavage ; ceux qui détiennent le pouvoir sont aussi astreints par un lot de servitudes ou de cupidités, ou encore par les peurs qui les rongent (Freire, 1977 ; Soler, 1980).

Selon Freire (1977), il y a dans le processus de conscientisation non seulement une compréhension, mais complémentairement la nécessité d'envisager la transformation de la réalité. Il est aussi un *« projet collectif en ce sens qu'il prend place parmi d'autres hommes, des hommes unis par leur action et leur réflexion sur cette action et sur le monde »*. L'homme et la femme prennent conscience à la fois de la réalité socioculturelle qui influence leur vie et de leurs capacités à changer la réalité environnante. La praxis est une *« réflexion et action des hommes sur le monde pour le transformer »* (pp. 28-29). Les trois termes *« spontané, éclairé et engagé »* caractérisent le changement dans le discours. Des modèles de conscientisation permettent de constater jusqu'où l'on peut aller dans les actions éducatives, sociales ou culturelles (Humbert, 1982)[9]. Au Canada, un groupe communautaire de recherche-action participative en santé communautaire adopte une méthodologie freirienne pour un dialogue critique (Hills et al., 2007, pp. 129-130). Il conviendrait de retenir leurs remarques sur la valeur que les personnes accordent à l'équipe *multidisciplinaire* ainsi qu'à la

---

* Note de l'éditeur – Paolo Freire désigne par « éducation bancaire » une organisation scolaire, contrainte par l'absence de crédits (notamment en Afrique, Asie, Amérique latine), à réunir des classes très nombreuses (cent élèves). Les maîtres peu et mal formés tentent de maîtriser la situation en calmant les élèves, en leur faisant apprendre par cœur et répéter au lieu de les amener à ouvrir leur esprit. Il oppose ainsi une éducation libératrice à une « éducation bancaire ». Archer David, « Éducation et éducation bancaire », in Éducation des adultes et développement, DVD International n° 69 « pour le 10e anniversaire de la mort de Paulo Freire », 2007, Institut für Internationale Zusammenarbeit des Deutschen Volkshochschul-Verbandes.

9 - On peut se référer à des textes produits par deux ateliers qui portaient sur « les pratiques québécoises de conscientisation et de militantisme » dans Groupes d'éducation populaire et A. Morin (1984), pp. 317-326 et pp. 373-386. L'ouvrage de C. Humbert (1982) apporte une partie de la trajectoire de P. Freire intitulée, *L'expérience de Paulo Freire*, pp. 11-24. Aux pages 131-135, il y a aussi un schéma de repérage des niveaux de conscience des groupes ou peuples opprimés qui sont : conscience soumise, conscience pré-critique, conscience critique intégratrice et conscience critique libératrice.

*santé* qui doit aller au-delà des soins médicaux. Toujours dans le but de conscientiser leurs partenaires, Savin-Bawden et Wimpenny (2007) suggèrent une investigation dialogique à la place d'un questionnaire ouvert pour une enquête en géographie. Par ailleurs, Downey et al. (2009), en voulant responsabiliser les communautés *(empowerment)* en matière de santé publique, s'entendent sur une démarche dite freirienne, mais on peut la considérer trop systématique car on sépare le dialogue et la délibération ; le processus devient alors linéaire et il en résulte que les actions entreprises, du moins dans l'exemple fourni, perdent la signification que les échanges leur avaient donnée, les rendant ainsi moins vivantes et motivantes.

## Un discours entre dans la dynamique d'un système vivant et ouvert

Si le discours est fondamentalement inductif en recherche-action, c'est-à-dire qu'il émerge du terrain où s'effectueront les interventions de changement, il importe de le considérer en RAIS avec les yeux d'une approche systémique. En effet, la modélisation exige une vision hologrammatique ; les énoncés ou les faits rapportés sont discutés en fonction du tout, de l'ensemble, de manière à éclairer le processus d'intervention. On juge de leur pertinence, on en retient certains et l'on enjoint les plus aptes à répondre aux besoins de changement. Téléologie, pertinence, globalité et agrégation se concrétisent en fonction de balises pour mener à une réflexion critique essentielle non seulement à la modélisation mais surtout à l'action sur le terrain. L'approche systémique s'inspire du fonctionnement des organismes vivants qui peuvent s'autoréaliser grâce à leur personnalité active. L'être vivant est autonome et créateur de son environnement. C'est en somme la théorie générale des systèmes ouverts de Von Bertalanffy (1973). Aux préceptes cités plus haut, il importe d'ajouter ce qui caractérise également l'être vivant intelligent, le fait qu'il soit un être de dialogue, capable de discourir à la manière freirienne. De plus l'homme et la femme sont dotés de qualités que Le Moigne (1984, p. 267) appelle le **re**, *« la boucle, celui de la récursion, restauration, rénovation à la fois ; puisque nous pouvons l'exprimer et le réfléchir dans nos pratiques modélisatrices... »*. On constatera dans les quelques exemples qui suivent que la recherche-action participative adopte généralement, sans toutefois toujours le dire, une démarche systémique ouverte à l'environnement, récursive et modélisatrice, respectant les préceptes mentionnés ci-dessus.

Pour qu'un système vivant se restaure, il faut le nourrir ; il en va ainsi d'un système de centres de loisirs qu'il faut nourrir de données, non seulement sur les résultats de l'action, mais aussi sur les processus qui les produisent. C'est ce que Liu (2009) nous dit, ajoutant que les changements doivent toujours être communiqués dans le cadre d'une recherche-action. Après avoir réalisé dans un contexte tourmenté en Amazonie une recherche-action participative sur l'évaluation de programmes de santé destinés à la prévention des maladies sexuellement transmises et du SIDA, Laperrière (2007) constate que l'apprentissage expérientiel convient aux praticiens quant à l'acquisition de savoir. Elle souligne les liens étroits qui unissent l'action professionnelle de *nursing* et le protocole de recherche qui tient compte de l'environnement propre au contexte frontalier brésilien. La recherche-action ouvre donc la porte à l'exploration dans une aventure créatrice et récursive. L'exemple nous en est également donné par des commerçants en entreprise qui, en fonction de leur profil personnel d'expérience de vie et de pratique, explorent leur environnement. Enfin, dans une recherche au Royaume-Uni, Collins et al. (2007) utilisent une approche « synergistique » et des méthodes participatives pour faire de tous les acteurs des co-apprentis dans un environnement collaboratif d'enseignement par les pairs. C'est l'andragogie soutenue par la recherche-action dans le but de développer un profil d'auteur/chercheur et d'acteur/professionnel/praticien. C'est aussi un nouveau programme de *design*, de développement et d'évaluation ouvert et créatif.

## Le discours devient une conversation réflexive, critique et enrichissante

Dans une expérience d'entraide entre enseignants dans un cours de deuxième cycle universitaire, Jewett et Goldstein (2008) utilisent la conversation pour permettre aux étudiants de raconter leur récit de pratique en s'inspirant et en incorporant les expériences des autres. Ainsi le discours de chacun s'approfondit ; le groupe de discussion devient un système d'activités et de collaboration grâce au dialogue qui agit comme un miroir dans lequel chaque praticien se voit, repense et réinterprète son récit de pratique. C'est en quelque sorte une co-construction qui progresse, car du petit groupe, le discours passe ensuite à un groupe plus important, la classe. On découvre la pertinence de l'écoute et les inconvénients causés par les interruptions, par exemple lorsque l'on raccourcit l'écoute d'une conversation en faisant trop vite une suggestion.

Parmi d'autres qualités du dialogue ou de la conversation réflexive, Binding et Tapp (2008) font ressortir l'authenticité, la sincérité *(genuine)* en s'inspirant de l'œuvre majeure de Gadamer (1989). Comprendre humainement s'acquiert avec les autres ; c'est en rapport avec un objet que le phénomène se produit. Ce processus n'est pas lié à une compréhension subjective unique et personnelle. Disciple de Heidegger, Gadamer s'en distingue toutefois en insistant sur la dialectique de la question et de la réponse et sur l'exploration du va-et-vient du dialogue et de la conversation ouverte. La transformation se fait en fonction non seulement de l'objet, mais aussi des êtres qui y participent.

Quelques auteurs suggèrent d'utiliser certaines techniques dans la discussion pour trouver de nouvelles significations. C'est le cas de Landau et Drori (2008) qui demandent à leurs étudiants de se voir comme membres d'une organisation proposant une vision différente du monde, des normes et des valeurs. On parvient ainsi à des récits diversifiés montrant différentes manières d'utiliser les ressources culturelles, par exemple un engagement idéologique émotionnel à la science pure ou un opportunisme dans le travail scientifique lorsque des participants voient leur survie et celle de l'organisation menacées. On peut aussi voir poindre des luttes de pouvoir. Kristiansson (2008), de son côté, parle de conversation réflexive stratégique afin de permettre aux bibliothécaires de mieux comprendre des projets de développement. Enfin, des techniques d'apprentissage coopératif suscitent des conversations éducatives enrichissantes (Gillies et Boyle, 2009). À la suite d'interviews, les auteurs voient l'importance de bien structurer leurs groupes (la composition, les tâches) et d'enseigner à penser de manière critique et réflexive. Comme on le constate, le dialogue et la réflexion critique propre à la recherche-action intégrale et systémique ressortent de plus en plus souvent en enseignement supérieur, ce qui permet de faire face à des situations problématiques et d'engager les solutions jugées nécessaires.

## Le discours n'interrompt pas l'action, mais l'inspire et la réclame

Habermas et Moser, qui les premiers ont mis le terme « discours » en relation avec la recherche-action (Grandbois, 1984), prétendent libérer la communication sociale aliénée par le travail et la technique en utilisant un dialogue significatif. Habermas affirme que les questions qui émergent à la suite d'interprétations et de justifications dans les interactions peuvent « *uniquement être satisfaites à travers des discours, c'est-à-dire quand nous interrompons l'interaction* » (Fingers, 1981, p. 18 ; Kemmis, 1985, pp. 39-40).

Le discours, outil de la science moderne, est intéressant dans cette conception d'Habermas qui nous fait voir le besoin de prendre une certaine distance face à l'action ; c'est ce qu'on suggère en utilisant la modélisation systémique. Par ailleurs, on sait qu'Habermas apporte de nombreuses précisions à la pensée systémique de T. Parsons, ce qui permet de réfléchir au rapport entre la théorie du système et la théorie de l'action (Habermas, 1987, tome 2, chapitre VII). On peut être en désaccord avec le fait de donner la première place à la connaissance en stoppant en quelque sorte l'intervention. Cette perspective relègue l'action interactive à un second plan et lui enlève son caractère primordial. Si on poussait plus loin cette logique, on affirmerait qu'on peut tout aussi bien faire de la recherche-action dans son bureau que sur le terrain ; nous ne pouvons que dénoncer cette position alors que nous soutenons la nécessité de l'action concrète sans renier pour autant la pensée qui l'accompagne. Une recension de sept revues sur une période de dix années (Davidson et al., 2006), portant sur la tradition critique scolastique, démontre que les tenants de la théorie critique font peu d'actions concrètes destinées à un changement du statu quo social alors que les psychologues communautaires ou psychosociologues, tout en étant davantage orientés vers l'action, ne contestent que peu les structures institutionnelles. En analysant les concepts de la théorie critique et du pouvoir, ces auteurs (p. 36) écrivent que la théorie critique a privilégié le souci épistémique au détriment de la préoccupation de transformation. Ils ajoutent que la pensée systémique renforce le déterminisme de la théorie critique, car elle examine les termes des connexions entre les parties et les touts. En retour, l'approche interdisciplinaire supporte la pensée systémique et le déterminisme réciproque. Ce qui doit être présent est un engagement à la fois à l'épistémologie critique et à la transformation critique, c'est-à-dire à une dynamique qui inclut une épistémologie compréhensive défiant des approches réductionnistes. De notre point de vue cependant, la systémique permet le changement si on la voit comme un organisme vivant ouvert et qu'on y trouve un souci de recherche-action qui *autorise* les acteurs à mieux intervenir parce qu'ils comprennent davantage la perplexité des parties vis-à-vis du tout. Une ouverture compréhensive à plusieurs méthodologies répond mieux à un problème complexe qu'une conception de l'interdisciplinarité monolithique qui est loin de faire l'unanimité. Non seulement le changement systémique ressort dans les articles recensés, mais plusieurs mentionnent la recherche-action participative, explicitement ou implicitement, comme processus de production du changement (Stokols, 2006 ; Pennie et al., 2007).

## Le discours vise prioritairement l'activation du processus de changement

Sommes-nous à l'antipode d'Habermas ? Pas nécessairement car la pensée critique doit être liée à l'action. La systémique, en raison de la nature interactive des composantes mises en valeur dans une modélisation, s'éloigne de ce débat essentialiste et cherche un mode opérationnel qui favorise autant la pensée que l'action ou autant l'action que la pensée.

L'action n'est pas interrompue dans cette perspective. Selon Blondel, l'action est partout, autant dans la pensée que dans la manifestation de cette dernière. On peut ajouter que pour observer extérieurement l'action, il faut une intervention ; pour en discuter, il faut l'exprimer par le discours dans des échanges qui ne consistent pas seulement à référer à ce que l'on a accompli ou à ce que l'on va accomplir. La qualité du raisonnement permet d'épurer le discours, de le consolider et de le comprendre en fonction d'autres actions qui ont été accomplies et desquelles on a dégagé des leçons de pratique. Ce débat sur la priorité de l'action peut paraître inutile dès lors qu'on adopte une approche systémique ouverte pour l'unir à la recherche-action en portant un regard sur l'interdépendance des composantes du système en vue d'un changement. On sait que certains acteurs ont une tendance à ne privilégier que le terrain et en quelque sorte à donner peu d'importance aux échanges ou à la théorie. Donner priorité à l'action, c'est peut-être retomber dans les catégories positivistes que l'approche systémique essaie d'écarter dans son besoin de conjonction des unités de vie du système. Plaçant l'action apparemment en priorité par rapport à la production du savoir, J. Pirson-De Clercq (1981, p. 32) explique ce va-et-vient en spirale : « *La recherche-action ne vise pas — prioritairement — à une production d'un savoir. Elle veut concourir à l'activation du processus de changement qui traverse toute institution en provoquant une ou plusieurs séquences dynamiques, c'est-à-dire en forçant l'institution à se donner un espace-temps où peuvent se réfléchir des problèmes, des blocages, des tensions. En d'autres termes, la procédure de recherche-action bouleverse le formalisme institutionnel et permet l'explication d'un non-dit. Et dès lors que le processus de recherche-action s'engage, c'est-à-dire que s'amorce l'action, celle-ci produit immédiatement son corollaire — la recherche — par le fait du questionnement permanent que les acteurs appliquent au savoir qu'ils produisent à leur propre usage* ». La priorité de l'action dans un contexte institutionnel apparaît dans le temps comme une tactique pour révéler le non-dit ; elle est respectueuse du processus et n'élimine pas une pensée préalable qui anime les animateurs ou les auteurs/acteurs. L'action et la réflexion sont situées dans le déclenchement et le déroulement de la recherche-action.

Les réflexions qui portent certains adultes à s'inscrire dans une université afin de systématiser leurs pratiques passées et présentes témoignent d'un besoin de prendre une distance bénéfique de leurs actions afin de développer un discours sur une expérience de recherche-action pour en tirer des leçons de vie ou de pratique. À ce moment, ils deviennent des producteurs d'un savoir pratique qui peut enrichir leurs futures actions ou interventions en tant qu'acteurs ou encore inspirer de plus jeunes praticiens.

Nos propres commentaires vont d'ailleurs en ce sens tout comme nos expériences en tant qu'acteurs/auteurs de recherches-actions intégrales et systémiques réellement vécues antérieurement ; ce sont des descriptions et des conclusions que nous partageons avec plusieurs auteurs.

## Le discours nécessite une conception large du concept de science

On peut penser que la conception théorique préalable d'une démarche est fort importante comme le constate E. Neto (1992) chez les chercheurs/ auteurs de son groupe à l'Université de Brasilia. Ceux-ci se préoccupent de la scientificité de la recherche-action avant de se lancer sur le terrain. Le jour où ils entreprennent leur action, toutes leurs objections scientifiques quant à la production du savoir s'évanouissent. Il faut peut-être voir l'action comme Blondel (1950 ; 1893) qui donne la priorité à une science action, action non pas au sens positiviste mais plutôt subjectif d'une réalité définie comme une prise de conscience. En RAIS, la modélisation systémique permet de considérer l'action ou le discours en premier en fonction du projet qui incarne les valeurs et les expériences de modélisateurs qui cherchent des solutions à une problématique. La dynamique de la RAIS appelle à un *design* qui se marie avec une approche clinique où la compréhension du problème se réalise sous différents angles ou points de vue.

Le concept de science doit être élargi et doit englober des dimensions non nécessairement mesurables mais originales qui lui sont complémentaires. Sans un raisonnement préalable de l'intelligence qui réfléchit, les expérimentalistes ne parviendraient même pas à formuler des hypothèses et à réfléchir sur leur application à la suite d'une expérience contrôlée et mesurée ; ils seraient incapables de bien les interpréter en fonction du système dans lequel baigne leur étude. Faut-il adopter un autre terme comme celui de *savoir* afin d'éviter les confusions en raison de l'appropriation du mot *science* par les chercheurs expérimentaux ou parvenir à tout le moins à ne pas mépriser les tenants du qualitatif et des théories de la signification des actions humaines ? Reconnaître le subjectif de la conscience comme phénomène observable est essentiel pour atteindre tout le réel. C'est ce que Blondel a essayé de faire en parlant de la science de l'action ou de son caractère primordial pour parvenir à réfléchir sur une partie essentielle de la réalité. Est-ce nécessaire de qualifier cette prise de conscience subjective de science positive au même titre qu'une autre, on peut en douter. Pourquoi ne pas élargir le concept de science tout simplement comme le veut la tendance actuelle et ne pas avoir peur de nommer sciences les pratiques qui s'occupent du qualitatif et qui sont complémentaires aux applications mesurables comme on le fait de plus en plus en parlant des sciences de l'éducation, de la santé, de la gestion et du travail social.

En Écosse, Tolson et al. (2006) et J. Booth et al. (2007) construisent, à partir de l'observation de soins infirmiers destinés aux personnes âgées et grâce à une recherche-action participative, un guide des énoncés de la meilleure pratique d'un apprentissage fondée sur la preuve *(evidence based learning)* grâce à l'observation. Il s'agit d'une entreprise d'évaluation « réalistique » de théories d'apprentissage social participatif et de descriptions de communautés de pratique : un projet nommé le *Caledonian Model* dans la ligne du développement à tester et à raffiner. Cependant, comme on l'a signalé avec McDuffie et Scruggs (2008), on peut douter de l'entreprise de vouloir vérifier expérimentalement des énoncés qualitatifs qui sont difficilement quantifiables et se situent hors de la causalité contrôlable. Pourquoi ne pas présenter les énoncés comme des leçons de pratique qui pourraient en inspirer d'autres qui voudront bien se les approprier ? Ils constituent aussi un savoir ; ce sont des résultats de l'observation et de la discussion qui relèvent d'une science complémentaire.

## Le discours enrichit la qualité de l'action et des interactions de changement

Il faut tenter de penser la recherche « *de manière à ce que celle-ci pose ses questions dans des termes* » où l'action puisse s'inscrire et il faut « *savoir interpréter les résultats atteints par l'action dans certains contextes de manière à ce qu'elle réponde à ces questions* » (Dubost, 1983, p. 363). À notre avis, non seulement le dialogue augmente la réflexion et permet de préciser les termes du discours, mais l'action elle-même stimule la réflexion et doit l'imprégner. On ne voit pas pourquoi nous n'aurions pas affaire à des acteurs qui réfléchissent en agissant, même si parfois ils donnent l'impression d'agir par pure intuition. Une telle action n'est-elle pas le fruit d'un ensemble d'expériences intégrées grâce à des réflexions antérieures souvent dans des circonstances similaires ? S'il est un endroit où il faut soutenir la nécessité du lien entre la théorie et la pratique, n'est-ce pas dans une relation entre l'action et la connaissance ? Ne s'agit-il pas de cette « reliance » chez des auteurs comme Bolle de Bal (1981) ? C'est de cette idée que s'inspire la modélisation systémique afin de relier la pratique à la pensée.

Le discours en RAIS s'enrichit grâce aux échanges obligatoires entre les acteurs/praticiens qui sont des auteurs d'interventions réfléchies, mais il rehausse également l'action de ces acteurs/praticiens. La réalité de l'objet de recherche perçue dans son contexte suppose l'émergence de multiples composantes et la possibilité pour les acteurs (praticiens) d'observer la complexité de leurs interactions et de construire un réseau d'interconnexions afin de concevoir, grâce au discours, un éventail de solutions au problème ou au phénomène identifié. Si les acteurs sociaux apprennent ainsi à voyager dans l'imaginaire, c'est pour mieux servir la réalité tout en se gardant de demeurer dans la pure fiction. Il s'agit de concepts mentaux, issus à l'origine de la réalité, qui stimulent une imagerie créatrice d'actions (Lameyre, 1993) et de solutions stratégiques.

En recherche-action intégrale et systémique, le discours est l'entendement qui, à partir de la spontanéité, passe à un raisonnement stimulant l'engagement dans l'action ou l'intervention. Les praticiens/acteurs deviennent des auteurs ; ils sont aptes à changer le monde qui les entoure. Comme le signale Mallick (2007), il y a lieu de rechercher des partenaires qui favorisent le dialogue, qui recherchent une communication efficace pour atteindre les buts visés ; c'est ce qu'ont fait les chercheurs alors qu'ils invitaient des parents et des jeunes *non connus* de ces derniers à participer à des séances d'éducation sur les drogues. Dans le même ordre d'idée, Hopkins et Pain (2007) relèvent l'importance de la pensée relationnelle, de l'intergénérationalité, de l'intersectionalité et en appellent à considérer dans les géographies de l'âge toute la vie et non seulement les enfants et les vieillards, car le dialogue qui émane de perspectives différentes favorise largement la créativité.

## Le discours favorise la multidisciplinarité

On l'a dit précédemment, le discours en RAIS devient de plus en plus conscientisé et engagé. On ne peut accepter l'extériorité totale du chercheur, son abstraction de la réalité et l'exclusivité des méthodes des sciences dites objectives pour appréhender le réel. De plus, la RAIS ne peut pas et ne veut pas se constituer en discipline ayant une autonomie « *attestée par la spécificité et l'exclusivité du champ, de l'objet, de la méthode reconnue par les disciplines voisines* » (Dubost, 1983, p. 685) pour la simple raison qu'elle tend à engager diverses approches dans la solution de problèmes complexes. Le caractère des énoncés qui ressortent d'une recherche-action est conjectural ; il s'agit de **leçons de vie et de pratique**. Il n'est pas question de « compétition entre les théories » ou de leur réfutabilité. La recension des écrits (au chapitre premier) nous enseigne cependant qu'on peut difficilement parler d'interdisciplinarité au sens strict d'intégration de plusieurs disciplines en un seul corpus de connaissances. Les psychologues communautaires ont essayé de faire une intégration interdisciplinaire, mais plusieurs d'entre eux la contestent. Certains proposent le pluralisme méthodologique, d'autres, la transdisciplinarité, le pluridisciplinaire, la multidisciplinarité, la compréhension culturelle de chaque discipline ou plus simplement la collaboration entre consultants liée au diagnostic et aux solutions et répondant mieux à un problème réel et complexe (Dawson, 2006 ; Bond et Hauf, 2007, p. 570 ; Smith, 2006 ; Reich et Reich, 2006 ; Elias et Margolis, 2007)[10]. Stokols (2006) va jusqu'à suggérer un plan de recherche pour une science de la recherche-action transdisciplinaire.

En résumé, le discours en RAIS fait de l'homme et de la femme des auteurs de la transformation d'un monde qui s'exprime dans une réalité complexe. Inscrit dans la dynamique d'un système vivant et ouvert, le discours s'exprime dans une conversation ou un dialogue réflexif et critique enrichissant l'action, l'inspirant et la réclamant. Il traduit dans un savoir scientifique pratique des leçons de vie, de savoir-faire ou de pratique favorisant la multidisciplinarité, voire la transdisciplinarité.

Il faut rappeler que la RAIS n'est pas une discipline mais bien une approche qui relie recherche-action intégrale et systémique et qu'elle ne peut s'accomplir sans une participation de tous les acteurs et auteurs du début jusqu'à la fin du processus. L'enrichissement du discours qui va de spontané à engagé ne se fait pas seulement par le dialogue des acteurs ou auteurs qui cherchent à parvenir à des consensus intégrant les expériences et les savoirs. Il est également enrichi par les alliances de connaissances que nous avons constatées au chapitre premier au sujet du développement endogène.

---

10 - Quelques références comme exemples. Pour le pluralisme centré sur le problème : T.L. Dawson et al. (2006) ; pour la multidisciplinarité ou un multisystème, une perspective multiniveau ou un cadre de travail socio-écologique : L.A. Bond et A.M. Carmona Hauf (2007), p. 570 ; pour la transdisciplinarité : J.L. Smith (2006) ; pour la culturalité des disciplines : S.M. Reich et J.A. Reich (2006) ; ou simplement la collaboration entre les consultants : M.H. Elias et H. Margolis (2007).

## 2.1.3 - De la participation et de la négociation des acteurs/auteurs dans un projet

Les idées exposées sur le changement et sur le processus de recherche-action intégrale et systémique doivent être bien comprises par les acteurs/praticiens ou auteurs/chercheurs avant de procéder à une entente. Le contrat, ou la négociation d'une entente, aurait pu être placé au début de ce chapitre ; cependant il aurait été difficile de comprendre ce à quoi la participation engage et ce sur quoi le groupe de praticiens peut négocier pour parvenir à une entente contractuelle et la respecter par la suite. Le contrat est une condition nécessaire de la participation et c'est pourquoi l'explication sur la participation précède celle sur l'entente.

> **5ᴇ PRINCIPE : LA PARTICIPATION**
> *En RAIS, la participation exige des acteurs qu'ils s'impliquent à toutes les étapes du processus de changement découlant du dialogue en investissant leurs valeurs communes et en contribuant au projet collectif de modélisation systémique.*

Ce principe définit formellement la recherche-action intégrale et systémique. C'est en effet le type de participation des acteurs par rapport à l'action qui détermine l'essentiel d'une recherche-action. On sait que le milieu anglophone en Amérique du Nord nomme la recherche-action PAR ou *participative action research*. Toutefois, les catégories de Desroche (1982, 2006) permettent de mieux approfondir le concept de participation en situant la recherche-action en fonction de l'explication, de l'application et de l'implication. Ainsi la recherche-action la plus complète au plan de la participation est la recherche-action **intégrale** parce qu'elle cherche l'**explication** théorique par rapport à l'action et ne tolère pas le dogmatisme ; en effet le processus et les résultats peuvent toujours être remis en doute en faisant appel à la réflexion critique. De plus la modélisation systémique favorise l'enrichissement de la compréhension en raison d'une vision plus large, plus globale exigeant une collaboration assidue de tous les partenaires durant les boucles de révision essentielles à la recherche-action. Les auteurs (les processeurs) sont amenés à observer les interactions entre les différentes composantes d'une problématique suivant des critères de téléologie, de pertinence, d'agrégativité et de globalisme. L'**application** maintient la nécessité d'agir pour les acteurs (praticiens) à chacune des étapes du processus de recherche, autant comme auteurs (chercheurs) du modèle systémique de changement que responsables des décisions prises relativement aux interventions sur le terrain. En somme, l'acteur et l'auteur sont les deux facettes d'une même personne collective, l'équipe, et chaque personne doit participer au processus de décision du groupe organisé et organisant. Cette **implication** exige un partage des valeurs communes des professionnels/praticiens comme acteurs et auteurs s'engageant dans des interventions destinées à accomplir des changements.

## La participation encourage le partenariat

Dans une recherche-action intégrale et systémique, les participants se doivent de jeter un regard sur les environnements qui pourraient affecter les changements requis pour solutionner un problème ; en agissant ainsi, ils constatent la nécessité de s'adjoindre des acteurs/auteurs appartenant aux différentes zones d'influence ou d'interaction afin de les impliquer dans le processus de transformation. Potvin (2007), en parlant de la conjugaison des actes des partenaires de vie et d'action, montre que le partenariat de vie est celui qui présente la plus grande intégration de composantes humaines et que le partenariat d'action se réalise souvent dans un milieu institutionnel qui impose des règles. Le modèle d'action suppose entre autres *« que la conjugaison des actes et des synergies repose sur une confiance mutuelle et réciproque entre les partenaires, sur une attention et un respect mutuels et réciproques, sur une disposition à partager les informations et les interprétations afin de contribuer à un consensus et à en poursuivre et apprécier la mise en œuvre »* (pp. 99-100). Dans le même sens, Pesamaa et Flair (2007) soutiennent que parmi les variables qui influencent positivement les relations coopératives et le développement stratégique, l'amitié est reliée à la loyauté et à l'engagement et la loyauté est en relation avec la confiance. On se souviendra du réalisme de Sale (2006) qui rapporte certaines difficultés dans une recherche en oncologie, à savoir que la formation d'un comité est complexe car elle dépasse la pure représentation, que la présence des gestionnaires aux réunions est importante mais dérangeante et que la pleine participation des intéressés à toutes les phases d'un projet est difficile. Les théories portant sur l'implication des parties prenantes ou les *stakeholders* (Laplume et al., 2008) sont de plus en plus répandues. On prend alors en considération toutes les composantes d'une organisation ou d'une entreprise. Il devient donc difficile de tenir compte des employés, voire des clients ou des fournisseurs, qui dans certains cas peuvent être des pays sous-développés, sans respecter l'éthique au moment de prendre des décisions. Appliquée à la recherche-action, cette nouvelle contrainte, plus importante que le seul

*Les principes opérationnels intégrateurs de la recherche-action intégrale et systémique*

profit des actionnaires, réduit la sphère des échanges et de la participation. Les considérations écologiques actuelles en témoignent. Mutatis mutandis, le partenariat en RAIS n'a pas à prendre en compte que les intérêts des agences de financement, car la participation et la responsabilisation vont au-delà du pur succès immédiat et de résultats à court terme. C'est souvent la fierté de ceux qui se prennent en main qui est en jeu comme on l'a vu dans certains projets de développement et notamment dans ceux du domaine de la santé.

Le partenariat est sans aucun doute marqué par la nature des problèmes. Bond et Hauf (2007), dans leur groupe orienté vers la prévention et la promotion de la santé mentale, montrent combien est nécessaire le partenariat dans le partage du pouvoir, des ressources et de l'autorité entre les individus et les groupes d'une communauté. Une vraie prévention devrait inclure par exemple les familles, les pairs, la communauté jeune et âgée, le personnel d'une école, les membres des services de santé, de récréation et de la communauté d'affaires, voire les groupes régionaux, nationaux et internationaux. Toujours dans le domaine de la prévention en santé, McEvoy et Barnes (2007) insistent sur l'importance du travail d'équipe et du respect des besoins complexes des patients qui comme partenaires jouent un rôle actif sans oublier les liens avec la communauté. O'Connor (2007) avec son « système guide » en trois étapes (détection, documentation et dissémination) se centre directement sur les personnes tandis que Hirsch et al. (2007) illustrent les interactions de changements sociaux par des diagrammes de boucles propres au langage graphique permettant de voir le va-et-vient des influences. Se centrer sur les personnes, tel l'élève que l'on considère comme apprenant responsable de son cheminement, est aussi redevable d'une pédagogie d'ouverture des enseignants où l'enthousiasme et la créativité remplacent l'insécurité et l'anxiété ; telle est l'expérience réalisée par Magos (2007) en Grèce où les élèves issus d'une minorité ethnique se font chercheurs. McIntyre (2006) rapporte une expérience semblable de coopération aux États-Unis, cette fois avec des étudiants en formation des maîtres et avec les élèves d'une école rassemblant des personnes de couleur et de niveau économiquement faible ; l'auteure note des changements d'attitudes sociales autant chez les étudiants universitaires que chez les élèves. Fraenkel (2006) présente un programme de développement familial collaboratif qui implique les familles comme expertes dans la solution de problèmes d'oppression. Toujours dans le domaine du partenariat, Puri (2007) montre que l'intégration du savoir indigène au savoir scientifique est une condition sine qua non de la gestion, de la répartition et du développement des terres en Inde. Il nous faut aussi rappeler comment Arnold et Fernandez-Gimenez avec *The Tohono O'odham*

*Curriculum Advisory Commitee* (2007) développent, implantent et évaluent avec succès un curriculum sur l'écologie du territoire et son administration. Il va sans dire que ce partenariat répond aux besoins et aux approches des organisations tribales. Au Kenya, Majale (2008) à l'aide d'études de cas conclut qu'on ne peut créer des emplois dans la planification urbaine et dans la restauration des quartiers pauvres sans une participation aux niveaux national, municipal et local avec l'implication des gens de ces quartiers urbains défavorisés. On a d'ailleurs vu au premier chapitre que toutes les recherches qui emploient la recherche-action participative exigent obligatoirement un haut niveau de participation de tous les intéressés.

Il convient de noter toutefois que toutes les recherches-actions ne commandent pas une participation intégrée des utilisateurs du début à la fin. Certaines d'entre elles sont gérées par des agents de développement qui contrôlent toutes les étapes et ne planifient la participation qu'à la phase de raffinement de leur prototype d'innovation ou à celle de la vérification du produit. Il en va autrement avec la recherche-action intégrale et systémique qui présuppose que les acteurs peuvent justifier leur action et la réaliser dans un projet de groupe, avant tout pour eux en tant qu'acteurs et auteurs même si des experts sont consultés lorsque nécessaire. Un projet de modélisation systémique laisse place à la participation comme moyen, technique liée au processus de manière à élargir les discussions pour mieux voir les multiples interactions des composantes et construire en groupe des stratégies et des tactiques pertinentes à l'action. Le concept de partenariat se concrétise en modélisation systémique dans le travail de l'équipe composée de tous les acteurs ayant des rôles différents et acceptant de travailler collectivement.

## La participation est d'abord un engagement personnel et commande une ouverture à l'activité humaine

La participation exige un engagement personnel, une ouverture à l'activité humaine où le dialogue prime dans des relations de coopération ou de collaboration. Il y a une façon d'avoir « part à » qui a un sens passif et qui dénote plutôt ce que les hommes reçoivent de la société : une distribution, un salaire, des avantages sociaux. « *Nous sommes des bénéficiaires* », écrit Viau (Saint-Pierre, 1975, pp. 28-29). Afin d'obtenir que la participation soit entière et véritable, il ne suffit pas d'être un rouage ; il est nécessaire d'être conscient, de s'engager, de se responsabiliser. Si l'on envisage une adhésion totale, consciente, intentionnelle, on peut même aller jusqu'à la cogestion dans tout le processus de recherche.

La participation, note Saint-Pierre (1975, p. 32), est « *l'engagement personnel ; elle est état d'esprit et de comportement ou bien elle n'est pas. Elle existe dans l'action et devient comme une sorte de ressort de la causalité. L'action devient son affirmation. Affirmation qui est libération de l'homme».* Il y a un lien entre la participation et l'action ; l'action libère parce qu'elle est responsable. Il ne suffit pas d'avoir part, il faut avoir conscience de son rôle si on désire vraiment participer. Dans ce sens, la RAIS exige des acteurs sociaux qu'ils soient responsables de façon consciente et délibérée de leurs actions. En somme, il n'y a rien de plus humain que de participer. La RAIS est indéniablement une recherche humaniste.

## La collaboration possède des dimensions propres à enrichir la RAIS

Participer ou collaborer ? Est-ce le même concept ? Si on se réfère au Petit Robert (québecois) la différence est plutôt subtile. **Collaborer**, c'est : *Travailler en commun* (à qqch.; avec qqn.), *coopérer*, par exemple *collaborer à une revue...* ; ou encore *participer*, par exemple *collaborer avec* qqn. Par ailleurs, **participer**, c'est prendre part à (qqch.). Ainsi, *participer à un travail*, c'est **collaborer, contribuer, coopérer**.

Comme le terme *collaborer* semble le plus large, nous croyons important de signaler une recherche de Thompson et al. (2009) qui porte sur la conceptualisation et la mesure de la collaboration. Cette étude nous permet de comprendre la complexité du concept et la difficulté de mesurer quantitativement certaines de ses principales dimensions définies dans la littérature portant sur les relations entre les organisations et le comportement organisationnel. Leur définition de la collaboration (p. 25) a été validée par vingt directeurs d'organisations à partir de leurs expériences et d'études de cas. Nous l'avons traduite de l'anglais de façon plutôt littérale afin que ressortent les dimensions ou variables mesurées par les auteurs en fonction de multiples indicateurs.

> *La collaboration est un processus dans lequel des acteurs autonomes ou semi-autonomes interagissent au travers d'une négociation formelle et informelle, créant conjointement des règles et des structures gouvernant leurs relations et leurs façons d'agir ou de décider relativement aux problèmes qui les regroupent ; c'est un processus impliquant des normes partagées et des interactions mutuellement avantageuses.*

*La gouvernance* ou gouverne se rapporte à ceux qui participent ensemble à un projet et collaborent afin de prendre des décisions conjointement sur les règles qui guideront leur comportement et leurs relations. Il faut créer des structures ouvertes permettant de faire des choix en vue de parvenir à la solution de problèmes.

*L'autonomie organisationnelle*, permet de maintenir l'identité et l'autorité organisationnelles séparées de l'identité collaboratrice. C'est une tension entre l'intérêt de l'organisation et l'intérêt collectif.

*La mutualité* ou l'interdépendance incite les organisations à rechercher des bénéfices, mutuels ou partagés, fondés sur l'homogénéité ou la passion pour une cause qui dépasse la mission de l'organisation qui collabore.

*Les normes* expriment la confiance et la réciprocité dans les organisations participantes. Cette confiance peut se traduire : 1 - par un comportement fidèle aux engagements explicites ou implicites ; 2 - par une honnêteté dans les négociations antérieures aux engagements et 3 - par le refus de profiter outre mesure d'un autre organisme même si on en a la chance.

Ces dimensions ont été validées (validation de construit) au moyen d'un questionnaire qui touchait 56 indicateurs et ont été empiriquement testées avec les données de l'échantillon. Les auteurs souhaitent qu'on les généralise au moyen d'autres échantillons et que d'autres construits soient testés et élaborés pour parvenir à des modèles de collaboration s'appliquant à des situations particulières. La variable qui a paru la plus faible au plan de la fidélité semble être celle de l'autonomie, ce que les auteurs admettent bien volontiers en espérant que de futures recherches considéreront cette dimension dans d'autres contextes propres à fournir des facteurs influençant la tension entre l'autonomie individuelle et collective. Quoiqu'il en soit, cette recherche ouvre une voie complémentaire quantitative apte à éclairer notre exploration des dimensions de la collaboration, voire de la participation, que la recherche qualitative considère importante dans ses processus opérationnels. Il demeure, à notre avis, que la variable d'autonomie, qu'elle soit organisationnelle ou non, est difficilement prédictible et il apparaît utopique de penser pouvoir la contenir. Ce que Thompson et son groupe font se situe toutefois dans la ligne de pensée de Durlak (2007) qui affirme (chapitre premier) que les recherches qualitatives obtiennent souvent des résultats qui mériteraient une plus grande généralisation ou appropriation. Comme en recherche-action intégrale et systémique il y a une bonne part de gestion, les dimensions de Thompson et al. peuvent nous éclairer sur les difficultés que nous pourrions rencontrer lorsque nous travaillons en vue d'un changement avec une organisation qui collabore avec d'autres organismes.

## La participation diminue les rapports de dépendance hiérarchique

En RAIS, la relation entre le chercheur et les praticiens d'une collectivité est primordiale et en conséquence sans rapport de dépendance. *« Une pratique de conciliation qui se veut réellement collaboratrice doit,* rappelle Dubost (1983, p. 683), *tenter d'échapper au rapport de dépendance hiérarchique comme au rapport paternaliste, au rapport marchand de la prestation de service comme à la « violence symbolique de l'activité éducative enseignante ».* La participation naît davantage d'une coopération étroite entre les différents participants que d'une structure hiérarchisée. Sans doute, les autorités peuvent la souhaiter, la promouvoir, mais jamais l'imposer car la participation n'existe que par l'action de l'acteur qui lui donne vie et qui peut accomplir le vrai changement. Heureusement les institutions éducatives n'ont pas normalement comme premier objectif une préoccupation monétaire ; elles peuvent entreprendre des réformes pédagogiques de participation à l'apprentissage. On sait par ailleurs que l'approche systémique conduit à prendre en considération les environnements qui touchent une problématique et se traduit concrètement en une modélisation où sont déterminées des frontières. Un environnement qui ne veut ou ne peut collaborer à un projet est une raison valable de rejet.

## La participation, soutenue par le dialogue sur les valeurs, est accrue par une technique d'animation ouverte

Dialoguer, c'est converser, s'entretenir avec quelqu'un. Il n'y a aucune idée de domination en soi dans la conversation, mais plutôt celle d'échange. Sans doute une conversation peut devenir enthousiaste, convaincante, mais on doit éviter la polémique, la dispute et l'agressivité. Un coordonnateur d'une séance de discussion et d'échanges favorise une technique d'animation facilitant le dialogue des acteurs (professionnels ou praticiens)/auteurs (chercheurs) qui acceptent une mise en marche de la discussion comportant des règles même si elles sont difficiles à respecter dans le feu des débats. Plusieurs techniques peuvent être utilisées. Nous avons déjà présenté des modèles d'écriture collective, entre autres la cyclo-écriture (Groupes d'éducation populaire et André Morin, 1984, pp. 56-65 ; 2004, pp. 133-154).

La recherche-action intégrale et systémique se fonde sur la négociation entre des acteurs (les processeurs) qui s'adaptent aux situations particulières afin de rendre le traitement de solution flexible et en symbiose avec le déroulement des événements. Comme le partenariat de recherche-action peut être intersectoriel et interdisciplinaire, J. Schensul et al. (2006)

rappellent que certains facteurs sont centraux, par exemple savoir s'entendre sur les valeurs, avoir travaillé ensemble antérieurement et savoir négocier.

## La participation n'est pas acquise plus facilement dans les équipes réelles que dans les équipes virtuelles

Le dialogue n'est pas nécessairement plus facile dans les équipes réelles que dans les équipes virtuelles qui risquent de plus en plus de se former grâce à la flexibilité que procurent les nouvelles technologies de l'information. Pour bien comprendre la complexité des équipes virtuelles, il est bon de se référer à Dubé et Robey (2008) qui ont interviewé 42 *leaders* et membres d'équipes virtuelles. Les auteurs affirment (p. 3) qu'une équipe virtuelle est conçue comme un groupe interdépendant de personnes travaillant ensemble bien que séparées par la distance géographique. Ils ont identifié dans cette situation cinq paradoxes (p. 9). P1 : Les équipes virtuelles requièrent une présence physique. P2 : La structure aide à la flexibilité du travail virtuel. P3 : Le travail interdépendant dans les équipes virtuelles s'accomplit grâce aux contributions indépendantes des membres. P4 : Le travail de l'équipe virtuelle, orienté vers la tâche, s'accomplit en fonction des interactions sociales. P5 : La méfiance sert de moyen d'établir la confiance parmi les membres d'une équipe virtuelle.

Toujours dans le monde virtuel, Silva et al. (2008) élargissent le concept d'équipe à celui de communauté en utilisant les techniques du « blogue (blog)». Leur étude interprétative permet de tirer des leçons sur les conditions qui régissent la structure d'une communauté « bloguale ». Ainsi, il faut : a) fixer des règles pour l'inscription des membres ; b) s'assurer de la présence d'un modérateur ; c) avoir accès à l'information ; d) se donner l'étiquette du « net » ; e) fournir des garanties tacites pour identifier les postes pertinents ; et f) déployer des techniques spécifiques de discipline. Ryan et Scott (2008), quant à eux, ont étudié, au cours d'une recherche de six ans, l'impact de *la discussion en ligne* de nombreuses cohortes se préparant à enseigner la lecture et l'écriture (150 par année). Ils parviennent aux conclusions suivantes. Il y a une nette différence entre une discussion en ligne et le discours professionnel. Plus le rôle de l'enseignant s'élargit, plus l'apprentissage croît. Afin de hausser la réflexion critique dans le discours, il faut accroître l'intervention active d'éducateurs expérimentés selon ces auteurs qui reconnaissent toutefois que d'autres recherches sont essentielles pour situer l'apprentissage dans une perspective historique de préparation aux échanges et d'initiation aux besoins grandissants de la société. Il faut aller vers des environnements systémiques, sociaux, économiques, physiques avant de dire le dernier mot, ce que comprennent bien les auteurs. S'il faut resserrer en quelque sorte la vis, c'est qu'on oublie peut-être que toute technologie doit être apprivoisée, elle possède en effet ses propres lois et ses exigences.

## La participation engendre une compréhension des rôles et des relations de coopération ou de collaboration

Le travail d'un groupe ou d'un individu dans un groupe, ou les relations entre chercheurs et praticiens reposent sur une conception globale de la recherche-action intégrale et systémique envisagée comme un tout. Toutes les parties sont en interaction et chacune doit découvrir son rôle, sa position et son statut. Parfois, il y a au départ des facteurs qui jouent pour ou contre le chercheur/initiateur dans sa volonté de participer à plein : son statut et la position qu'il occupe, sa compétence et son expérience en recherche, son orientation théorique, sa personnalité et ainsi de suite. La tentation est forte pour le chercheur reconnu de faire une recherche *sur* plutôt que **par et pour** le groupe pour reprendre l'expression de Desroche (1982). Son rôle est semblable à celui d'un *préposé* apte à éclairer et faciliter les tâches de recherche, mais sa participation va plus loin que l'observation participante qu'on retrouve en ethnographie car en recherche-action intégrale et systémique, le chercheur/praticien s'implique dans tout le processus, du questionnement à la résolution du problème. Il est actif.

Lorsque s'initie un projet de recherche-action, il y a souvent au départ un chercheur qui doit vivre un double rôle de chercheur (auteur) et de praticien (acteur), ce qui rend parfois ambiguë la tâche de modélisation. Un texte récent de Trondsen et Sandaunet (2008) traite de cette dualité. Les auteurs fondent leur analyse sur deux expériences en ligne *(online)* de groupes d'entraide *(self help groups)*, l'une concernant des femmes aux prises avec le cancer du sein et l'autre des adolescents ayant des parents souffrant de maladies mentales. Sachant que la recherche-action produit un savoir, les chercheurs, qui ont une responsabilité en s'engageant dans le programme, doivent parfois recueillir des données à caractère éthique pouvant leur créer des ennuis ; on avance que le cycle itératif de la recherche-action et le contexte d'entraide permettent de résorber les problèmes. Dans ces expériences, il y a, à toutes les phases du projet, un dialogue actif entre chercheurs et organisations collaboratrices appuyées par une équipe d'aide technique, juridique et clinique ; les chercheurs, modérateurs, signalent clairement aux participants qu'ils ne sont pas des professionnels de la santé. Une longue analyse a permis aux auteurs de la recherche de parvenir à des réflexions sur la participation duale des chercheurs comme modérateurs. On retient en premier lieu que le chercheur, initiateur des rencontres, fournit un témoignage vécu *(insight)* de l'expérience en cours. Deuxièmement, si l'expérience ne peut être reproduite univoquement, elle peut l'être par appropriation en retenant les étapes essentielles. On sait que le dialogue constant des chercheurs avec les gestionnaires, parties prenantes *(stakeholders)*, permet de corriger le tir en cours de route. Troisièmement, même si l'intervention est difficile en raison de la méconnaissance par les chercheurs du contenu médical, le groupe de référence supplée à cette carence sans pour autant se substituer aux chercheurs qui sont en principe participants et modérateurs autant que les membres des équipes de volontaires vivant cette expérience de dialogue.

## Une saine participation exige qu'on puisse se donner des contraintes et des limites

En recherche-action intégrale et systémique, le style du chercheur est celui d'un praticien, d'une personne d'action qui voit l'urgence des situations et se met consciemment des limites, des contraintes afin de prendre des décisions ponctuelles et éclairées. Il garde l'esprit ouvert sachant qu'il ne peut tout connaître au départ et que l'intervention sera révélatrice. Il ne fait pas qu'observer, il interagit avec le milieu et il participe avec tout ce qu'il est. Le dialogue est à l'honneur. La réflexion est dialectique et la subjectivité est questionnée à bon escient (Liu, 1992). La systémique s'adapte très bien à cette facette de la recherche-action intégrale qui implicitement appelle des projets conformes aux valeurs des acteurs. En effet, la modélisation systémique permet à la recherche-action intégrale de se déployer dans un projet finalisé (téléologique), qui tienne compte des valeurs des acteurs désireux de se réaliser dans une aventure inscrite dans le temps et pertinente à leur pratique, acteurs devenus auteurs d'un *design* ouvert à un ensemble de variables (globalité) touchant le milieu, mais ne retenant que les composantes (agrégation) qui peuvent favoriser (pertinence) la réussite du projet (Le Moigne, 1984, p. 43). La subjectivité de la modélisation systémique est prioritaire, déclarée et l'idéal n'est pas tant l'objectivité que la projectivité qui permet d'expliciter les fins autant du modélisateur que de l'objet devenu projet modélisé. Il s'agit d'une démarche adaptée aux acteurs, praticiens, auteurs qui leur permet de construire ensemble des stratégies afin de rendre les actions plus significatives, voire efficaces.

En résumé, la participation se manifeste autant dans l'explication que dans l'application et l'implication. Elle encourage le partenariat. Elle est un engagement personnel et commande une ouverture à l'activité humaine. La collaboration qui la distingue enrichit la participation des dimensions d'interaction mutuellement acceptées sur les normes, sur la gouvernance pour décider en groupe, sur l'autonomie organisationnelle différente de l'identité collective, sur la mutualité et sur la confiance et la réciprocité avec les autres. La participation diminue les rapports de dépendance

*Les principes opérationnels intégrateurs de la recherche-action intégrale et systémique*

hiérarchique. Soutenue par le dialogue sur les valeurs, elle est accrue par une technique d'animation ouverte qui n'est pas plus facile dans les équipes réelles que virtuelles. Elle engendre une compréhension des rôles et des relations de coopération ou de collaboration, mais pour demeurer saine, elle exige qu'on se donne des contraintes et des limites.

La recherche-action intégrale et systémique est essentiellement participative. Elle est la recherche qui correspond le mieux à des fins spécifiques de changement à court et à long terme, particulièrement en éducation, en travail social et en gestion, et de plus en plus dans les soins de santé comme on l'a vu au chapitre précédent. Elle est un projet systémique qui se découpe dans le temps. Une participation par pure *représentation*, comme dans une élection, n'est pas suffisante, il faut une *coopération* beaucoup plus intense, voire une *cogestion*. Cette participation fort exigeante se concrétise dès le départ dans une condition essentielle que nous appelons le contrat ou l'entente négociée.

> **6ᴱ PRINCIPE : LE CONTRAT**
> *En RAIS, le contrat est défini comme une entente négociée, ouverte, formelle et non structurée, se reflétant dans un langage commun relativement aux buts, aux rôles, ainsi qu'aux valeurs en présence.*

Le contrat signifie une entente, une négociation entre des parties consentantes qui peuvent être un chercheur et un groupe, un groupe et un chercheur, les membres d'un groupe, ou encore un groupe qui s'est adjoint une personne compétente pour réaliser une recherche-action intégrale et systémique.

## Un contrat est une entente ouverte

Le contrat doit être **ouvert, formel et non structuré**. Un contrat **fermé**, peu importe sa forme, n'a pas de place en recherche-action intégrale et systémique parce qu'il tend à limiter les interactions et empêcher toute remise en question. Il doit être ouvert parce que les acteurs font face à des réalités complexes, et il est ainsi tout à fait approprié à la systémique qui produit un modèle possédant les qualités d'un organisme vivant ouvert. Le contrat doit être formel surtout quand on a affaire à une expertise extérieure. On doit cependant laisser place à l'intérieur de l'entente à une **non structuration** qui ouvre la porte au raffinement du processus à toutes les phases de la recherche. Cela permet de conserver la flexibilité nécessaire à la RAIS. Les conditions du contrat doivent toujours permettre une participation riche en capacité de transformation de la société.

Un contrat ouvert sous-tend la négociation, et ce tout au cours du processus. On doit négocier autant dans la définition de la problématique que dans l'analyse des besoins, la construction du modèle, la collecte des données ou l'interprétation et la révision de l'information concernant les significations des actions.

Jean Dubost, avec vingt-cinq ans d'expérience en recherche-action, est celui qui a selon nous le plus insisté sur la négociation. Pour lui, il est nécessaire qu'il y ait un point commun qui relie le chercheur et les travailleurs sociaux ou les acteurs. Il ne suffit pas qu'on parle d'aide, d'assistance, de consultation, il faut une motivation commune. Il affirme *« que les actes de l'intervention ne sont pas définis par une commande mais par une négociation entre les différentes parties concernées »* (1983, p. 516). En se plaçant dans la perspective d'un chercheur demandé par un groupe d'intervention sociale, Pirson (1981, p. 546), suggère cependant *« un contrat précis qui fixe à la fois les règles et les limites du jeu »*, afin que tous sachent ce à quoi ils s'engagent. Pirson reconnaît par ailleurs à la page suivante *« qu'une telle liberté de choix dans la phase contractuelle, pour essentielle qu'elle soit, est fortement infirmée par les conditions qui président actuellement à l'exercice de la recherche »*. Wery (1981) relève sensiblement les mêmes points dans *« ces conditions de réalisation d'une recherche-action »* (p. 640).

Le contrat **ouvert** s'oppose au contrat traditionnel. Dans un contrat traditionnel, le client se met dans les mains du professionnel, en quelque sorte, ce qui lui donne un sentiment de sécurité. Il y a une confiance mutuelle des partenaires. Le client, surtout passif, croit être servi par la meilleure personne disponible. Dans un contrat ouvert, le client devient plus actif, il est en quelque sorte actionnaire. Il participe. Il s'unit au professionnel pour mieux comprendre le cas. Le client exerce un contrôle sur l'action, sur la situation et partage les responsabilités. La propre expérience et l'information du client font partie du dialogue entre lui, l'actionnaire et le professionnel en titre (Schön, 1983). Si pour Schön, à l'époque, il est un actionnaire, on dirait plutôt aujourd'hui qu'il est un *stakeholder*, une partie prenante (Laplume, 2008) parmi tous ceux qui sont concernés par la recherche. En somme, le client ainsi que le professionnel deviennent acteurs et auteurs, c'est-à-dire praticiens et chercheurs avec des tâches communes et différentes.

Peut-on attendre des recherches actuelles un éclairage sur la négociation ? Cela est tout à fait incertain, car la recherche sur les méthodes de négociation est, selon Buelens et al. (2008), chapeautée par le paradigme empirique et quantitatif et liée dans l'ensemble à des modèles psychologiques développés en laboratoire, de plus en plus par mode de simulations permettant de tenir compte davantage du contexte, mais ne reflétant toujours que très peu le terrain. Les auteurs ont effectué une revue de la littérature couvrant 68 journaux scientifiques, publiés de 1965 à 2004, portant sur des études tant conceptuelles qu'empiriques. Ils ont retenu 941 articles sur les 2 163 recensés, mais leur ont ajouté 167 articles cités dans les articles retenus, pour un total 1 108 articles. Le codage des articles s'est fait selon une approche postpositiviste, c'est-à-dire en ciblant les recherches quantitatives. On rapporte que 22,5 % sont des articles conceptuels et 77,5 % sont empiriques. La méthodologie dominante est expérimentale. Les résultats montrent que peu d'articles dépassent les approches traditionnelles. Il y a peu de recherches longitudinales. Trois pour cent seulement des auteurs se servent de gestionnaires comme participants. Il n'y a que peu (2 %) d'études de terrain. Les auteurs pensent qu'on devrait favoriser un meilleur équilibre entre les méthodes et dépasser la barrière des méthodes quantitatives pour s'ouvrir à d'autres approches plus proches du terrain, et notamment aux méthodes dites qualitatives (p. 21).

## Un contrat voulu et délibéré

Le contrat ouvert laisse place au dialogue tel que Freire (1977) le conçoit. Le dialogue libère. Il s'oppose au commandement. Il se caractérise autant par l'effort de parvenir à un diagnostic global que par la recherche de solutions ou l'acquisition de savoir-faire. Une demande initiale d'un chercheur ou mieux d'un « préposé » à un groupe ou d'un groupe à un chercheur doit se dérouler dans une atmosphère d'échange, de délibération sur ce qui est attendu de part et d'autre, particulièrement sur le degré de participation des acteurs dans le processus de recherche. Le chercheur devient un **préposé** ou un **acteur**, mais jamais l'unique **auteur** responsable de la recherche.

## Un contrat clair sur les buts et les rôles

Le rôle du chercheur est souvent ce qui est le plus obscur dans le contrat. Un chercheur qui s'inspire de l'approche lewinienne, apparemment plus expérimentale, est porté à définir lui-même les hypothèses laissant aux participants la tâche de trouver les moyens pour réaliser le projet. Un chercheur universitaire, par exemple, doit savoir qu'il lui est difficile d'harmoniser son projet personnel de recherche avec une demande qui lui est faite.

La tâche du chercheur ainsi que la méthodologie utilisée doivent être définies clairement, quitte à apporter des modifications en cours de route. Dans cette perspective, Boudreault (2004) mentionne expressément dans son projet de développement d'un modèle d'apprentissage pour les enseignants en formation professionnelle les endroits où il utilise en tant que responsable soit la recherche-action seule, soit la recherche-action intégrale et systémique. Dans une recherche-action intégrale et systémique, les acteurs sociaux, les enseignants, les cadres ou les professionnels doivent devenir de plus en plus chercheurs c'est-à-dire auteurs de la recherche. Une demande s'étudie en fonction du contexte car ce dernier fournit des indices sur la nature du milieu et des événements qui pourraient favoriser le changement ainsi que sur la place des acteurs.

## Un contrat respectant les valeurs des participants

Dans notre recension des écrits, très peu d'auteurs traitent de la cohérence de l'entente ou de la négociation en regard des valeurs des participants. On remarquera que l'article de R. Pirson (1981) s'intitule « La recherche-action : une méthode de mise à disposition des savoirs ». Pour Denis Monière (1977), l'idéologie permet de rationaliser le monde, de rendre légitimes des structures, d'être mystificatrice et d'avoir une efficience. Cette dernière fonction oriente vers l'action. Cependant il y a des valeurs acceptables et d'autres qui ne le sont pas comme celles faisant fi des principes de la démocratie ou de la liberté sociale et individuelle. *« Une idéologie,* écrit Reboul (1980, p. 122), *est acceptable dans la mesure où chacun peut la contester sans détruire et, sans se détruire ».*

## Un contrat qui définit l'idée de démocratie ou de militance

La recherche militante est peu concernée par l'explication car les prosélytes remettent difficilement en question l'idéologie. Certains chercheurs plus sévères, comme les psychosociologues du *Tavistock Institute*, refusent même de devenir acteurs au même titre que les praticiens afin de conserver leur neutralité et leur liberté d'interprétation. De notre point de vue, ces gens ne font pas une recherche-action intégrale et systémique en raison du manque de participation du chercheur qui agit surtout comme expert.

À titre d'exemple d'un exercice démocratique, on pourra se référer encore une fois aux trois périodes de discussions des Ghanéens (Adjei-Nsiah et al., 2008) sur le partage des terres entre les propriétaires et les cultivateurs nomades immigrés. Deux périodes d'échanges ont été nécessaires pour parvenir dans une troisième à instaurer des réformes institutionnelles aptes à réduire les incertitudes et à permettre le partage des terres.

## Un contrat qui se donne un langage commun et enrichit le savoir

Peu d'auteurs ont traité de la nécessité de se donner un langage commun. Est-ce une évidence ? Si oui, on l'oublie trop souvent. Deux de nos analyses de terrains et plusieurs expériences pédagogiques de recherche-action ont fait ressortir cette condition quasi essentielle du contrat ou de la négociation en recherche-action. Le *Ford Teaching Project* en demeure un bon exemple (Elliott, 1988, pp. 198-200 et Morin, 1986, pp. 80-95 ; pp. 214-215). Il s'agit d'un projet très explicite quant à l'élaboration d'un langage en vue de permettre à un groupe d'enseignants d'identifier les problèmes et de promouvoir l'enseignement de différentes matières scolaires par investigation et découverte ; ce projet rejoint quarante professeurs regroupés dans douze écoles. Il apparaît très important que le contrat reflète la conception du monde propre à une société et tienne compte des caractéristiques de la culture des acteurs.

L'acquisition d'un langage commun devient un défi, mais produit aussi un grand enrichissement du savoir, particulièrement lorsqu'il s'agit de l'intégration d'un savoir indigène exigeant une participation des acteurs afin de parvenir à des alliances de connaissances. C'est ce que Puri (2007) explique lorsqu'il examine les systèmes d'informations géographiques à travers la multiplicité de savoirs de communautés qui contestent les systèmes officiels en Inde ; il dit que le langage resitué dans les systèmes de connaissances est plus complexe que le langage commun d'une même culture d'un pays. On rejoint ici les sœurs Reich (2006) qui, traitant de la compétence culturelle dans les collaborations interdisciplinaires, suggèrent de considérer les disciplines comme des cultures. Dépendant de notre passé culturel, on peut vouloir partager notre savoir comme le font certains peuples d'héritages différents en Afrique du Sud sauf que parfois des troubles politiques font que ce savoir du passé devient un instrument de pouvoir (King et al., 2007).

## Le langage peut engendrer à lui seul une longue recherche

Dans une étude d'envergure sur l'eau potable dans la région de Sydney, Australie, Webb et son groupe (2009) entreprennent une recherche qui va au-delà d'un pur engagement pour mieux comprendre le langage communautaire et son implication pour l'action. Il s'agit, affirment-ils, d'une recherche-action systémique (p. 3) qui intègre un engagement authentique *(genuine)* d'une très grande proportion de la population. C'est à partir de conversations-actions que les auteurs envisagent de permettre aux parties prenantes *(stakeholders)* de devenir des co-chercheurs dans cette recherche qui engage la communauté. L'article a l'avantage de décrire la méthodologie de façon précise, ce qui permet au lecteur de s'approprier la démarche au besoin ; on cherche au départ à développer des compétences pour le projet et à trouver un cadre de référence pour accomplir une recherche-action. On doit donc formuler des questions pour savoir : - Comment les gens voient les problèmes ? – Quelle est leur perception sur ce qui se fait ? – Quelles sont leurs idées sur ce qui devrait être fait ? - Que voient-ils comme premières démarches d'action ? Par la suite, on discute en groupe des résultats, on les analyse, on dresse un tableau des personnes qu'on devrait revoir parmi les parties prenantes regroupées en sept catégories : les professionnels de l'eau, les professionnels de la communauté, les gouvernements, les organismes non gouvernementaux, les responsables des sports, les éducateurs et les résidents de toutes catégories. L'analyse détaillée du langage engendre une classification en trois thèmes : dans la catégorie technique sont regroupés les termes indiquant une préoccupation en regard de l'usage de l'eau à court et à long terme ; dans la catégorie des processus sont inscrits les termes désignant des agents de changement comme les media, l'école et le gouvernement ; et enfin dans la catégorie culture, on place les termes qui définissent des attitudes positives ou négatives à l'égard des agents de changement. Pour résumer, les grandes conclusions, fort étonnantes pour les chercheurs qui affirment qu'elles auraient dû être évidentes, sont les suivantes. Un programme d'éducation, dont l'objet est l'eau à conserver ou à recycler, doit utiliser trois modes de transmission et de réception de l'information et de l'apprentissage : on doit utiliser le visuel, le verbal et le faire *(kinaesthesia)*, mais l'importance doit être accordée aux images et aux diagrammes en donnant des exemples pratiques de ce qu'on peut ou ne doit pas faire.

## Le langage doit être précis et clair pour tous

On aura parfois peur d'être contesté en raison de son idéologie, de son statut de chercheur en titre ou de son rôle de professionnel engagé. Pour éviter des critiques, il est important de bien préciser le vocabulaire essentiel à la recherche-action intégrale et systémique. Les mots ne sont pas innocents. Ils possèdent des connotations liées au passé et à l'expérience des acteurs qu'il importe de dégager afin de parvenir à une entente, à une négociation ouverte qui donnera le ton au processus de recherche. Les concepts de la RAIS pourraient fournir matière à une discussion préalable à toute entente. Qu'un groupe de personnes vivent des difficultés de compréhension et les partagent avec tous les acteurs peut créer un climat de confiance favorable à la recherche de solutions de changement.

En résumé le contrat est une entente ouverte, voulue et délibérée qui doit être claire sur les buts et les rôles de chacun ; il doit être respectueux des valeurs des participants et doit refléter l'idée de démocratie. Le contrat doit favoriser le développement d'un langage commun, précis et clair, propre à enrichir le savoir.

Avant d'entreprendre l'explication des principes intégrateurs afin d'en débattre, il convient de rappeler aux acteurs que la recherche participative et la modélisation systémique exigent parfois, et même souvent, un travail préliminaire systématique de préparation, surtout si le projet est d'envergure. Dans ce sens, l'apport de Campbell et al. (2007) est à considérer. Mentionnant les trois phases (recherche, diffusion, consultation) de leur collaboration à la construction de contextes aptes à susciter des réponses efficaces dans une communauté d'Afrique du Sud, les auteurs considèrent six stratégies-clefs dans la lutte contre le VIH/SIDA : le sens critique et la connaissance ; des espaces pour le dialogue ; la promotion de la responsabilité communautaire ; l'appui des forces et ressources du milieu ; le support des réseaux existants ; et des partenariats avec l'extérieur.

Pour conclure nos propos sur la participation et le contrat ou l'entente, on se rappellera les cinq leçons d'Ottmann et al. (2009) à savoir que la participation n'est pas acquise et exige une aide substantielle, que le processus de négociation ne doit pas se terminer dans l'euphorie de la fin d'un projet, qu'il faut assurer la continuité tant du projet que de la participation, qu'on doit aider les acteurs à participer et à se former à la prise de décision et enfin, qu'il y a lieu de prévoir des défections chez les usagers et les préposés en se rappelant que la participation n'est pas nécessairement créatrice.

## *2.2 - Conclusion et récapitulation*

Si la recherche-action intégrale (RAI) exige des participants qu'ils fonctionnent selon un modèle participatif, coopératif, voire de cogestion, la modélisation systémique (MS) incite les acteurs/auteurs, professionnels, praticiens/chercheurs à comprendre globalement la problématique pour dégager les composantes d'un système complexe en faisant appel à leur esprit créateur, constructif et imaginatif. Ils unissent en un tout cohérent le plus grand nombre de phénomènes possibles, sans toutefois chercher obligatoirement l'exhaustivité. Le questionnement collectif et le dialogue deviennent plus éclairés et permettent de parvenir à un changement, voire à une transformation. Un modélisateur isolé, si intelligent soit-il, n'imaginerait probablement jamais ce qu'un groupe d'échanges peut concevoir dans la promotion de sa propre croissance.

Pour ceux qui envisagent de se lancer dans une recherche-action intégrale et systémique, il convient d'avoir en tête les six principes opérationnels. La rationalité des principes permet d'élaborer une démarche qui convient bien aux adultes déjà acteurs dans un domaine particulier ou qui voudraient par exemple donner forme à une recherche de développement participative et plus systémique. Pour chaque principe sont dégagés des concepts-clefs et par la suite, le tableau 1 synthétise ces concepts-clefs de la RAIS ainsi que leur provenance, de la RAI ou de la MS.

## *Les six principes et les concepts-clefs*

### A - De la finalité de changement réfléchi

1ᵉʳ PRINCIPE

La finalité de la RAIS est le changement envisagé de façon élaborée, anticipée et réfléchie dans un projet en constante évolution autant dans le processus que dans le produit.

> *Le concept-clef :* La finalité se veut la **transformation** ; elle emprunte le but de changement à la recherche-action intégrale (RAI) et offre la vision téléologique de compréhension globale à la modélisation systémique de changement (MS).

### B - Du déroulement de la démarche d'action et de réflexion

2ᵉ PRINCIPE

La RAIS se modélise dans un processus créatif de révision d'action et de réflexion afin d'assurer l'induction des phénomènes interactifs liés à la finalité de changement et définis par les préceptes de pertinence, de globalisme et d'agrégation.

> *Le concept-clef :* Le **processus** se déploie en une étude de cas grâce à la RAI et une modélisation grâce à la systémique.

## 3ᴱ PRINCIPE

L'action en RAIS est conçue comme conduite globale exigeant réflexion, questionnant le faire de façon heuristique et systémique, conduisant à une intervention coopérative, voire communautaire.

*Le concept-clef : L'action en RAI devient stratégique grâce à la MS et rend le processus de la RAIS **interactif**.*

## 4ᴱ PRINCIPE

Le discours en RAIS exige une réflexion éclairée qui s'inscrit dans une problématique d'action, ouverte à l'intégration des disciplines et favorisant l'engagement des acteurs comme auteurs d'une histoire qui transforme le monde.

*Le concept-clef : Grâce au discours de la RAI, le processus en RAIS devient **inspirateur**, original car il relève du paradigme constructiviste propre à la MS.*

## C - De la participation et de la négociation des acteurs/auteurs dans un projet

## 5ᴱ PRINCIPE

En RAIS, la participation exige que les acteurs s'impliquent à toutes les étapes de changement consécutives au dialogue sur les actions et les discours en investissant leurs valeurs communes et en contribuant au projet collectif de modélisation.

*Le concept-clef : En RAIS le processus est **partenarial** car la participation est essentielle à la RAI et pourvoit à la modélisation accomplie en équipe.*

## 6ᴱ PRINCIPE

En RAIS, le contrat est défini comme une entente négociée, ouverte, formelle et non structurée, se reflétant dans un langage commun relativement aux buts, aux rôles, ainsi qu'aux valeurs en présence.

*Le concept-clef : En RAIS, le processus est **négocié**, le contrat étant une condition sine qua non de la RAI et la délimitation de frontières étant exigée par la MS.*

*La recherche-action intégrale et systémique*

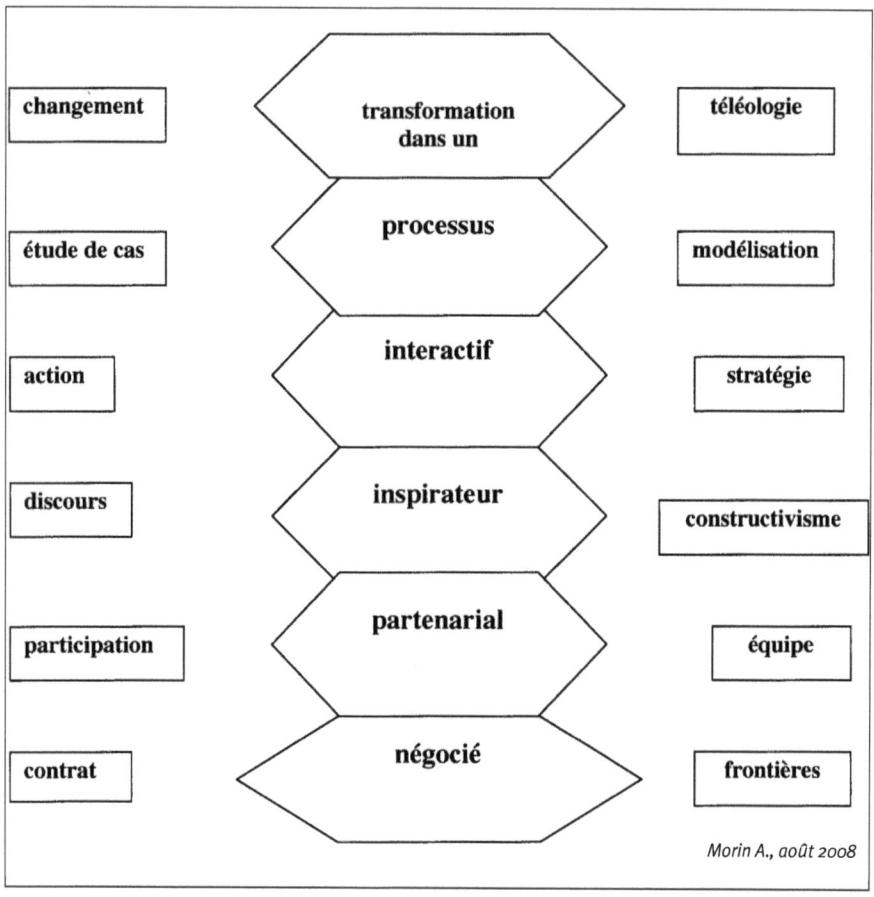

Tableau 1 - Les concepts-clefs de la RAIS.

En bref, la RAIS vise la transformation dans un processus interactif, inspirateur, partenarial et négocié. Elle s'appuie en cela sur la RAI qui a pour finalité le changement dans l'action et le discours au moyen de la participation encadrée par une entente entre les acteurs. Elle s'appuie également sur la MS chapeautée par le paradigme constructiviste qui fait de l'objet de recherche un projet téléologique et stratégique construit collectivement à l'intérieur de frontières déterminées par l'équipe.

Le tableau 1, présente un canevas de la recherche-action intégrale et systémique (RAIS) dans la colonne centrale, tandis que dans les colonnes de gauche et de droite, on retrouve d'une part les dimensions de la recherche-action intégrale (RAI) et d'autre part celles de la modélisation

*Les principes opérationnels intégrateurs de la recherche-action intégrale et systémique*

systémique (MS). Ces concepts sont ouverts et l'expérience permettra de les préciser au fil du temps grâce aux applications qu'on en fera.

Au chapitre suivant, on pourra mieux saisir le déroulement de la démarche utilisée avec plusieurs groupes de professionnels en éducation. Mutatis mutandis, cette opérationnalisation reflète des principes qui s'appliqueraient à d'autres domaines tels ceux des travailleurs sociaux, des praticiens en soins de santé communautaire, ou encore des administrateurs, des gestionnaires de projets désireux d'implanter des démarches coopératives dans leur milieu.

*Chapitre III*

# La mise en opération de la recherche-action intégrale et systémique

Ce chapitre rassemble les six principes de la recherche-action intégrale et systémique en un canevas opérationnel qui soutient une démarche de recherche réalisée dans le cadre d'un enseignement universitaire. La mise en œuvre de cette formation exige *l'implication* des acteurs/praticiens ou professionnels qui s'enquièrent comme auteurs/chercheurs de *l'explication* significative de leurs actions en vue de *l'application* de stratégies prometteuses de changement pour leur bénéfice d'acteurs/auteurs dans un champ particulier d'intervention. La démarche s'adresse avant tout aux personnes désireuses de *s'impliquer* dans un projet participatif de modélisation favorisant une vision globale et interactive des composantes d'une réalité complexe.

La *finalité* de la RAIS, le changement, s'atteint grâce à une conceptualisation intelligente de la réalité complexe ; *le discours qu'elle engendre provient* d'un dialogue inspiré d'une réflexion critique et l'*action* planifiée, sujette à réajustement, est réalisée stratégiquement en fonction d'un questionnement ancré dans un terrain. *Le phénomène* complexe est dynamique, interactif, changeant, projectif ; *l'environnement* est présent et pris en compte afin d'intervenir significativement. La *perception* holistique demeure constructiviste et se valide sur le terrain ; on la considère généralement subjective et créatrice. *Le chercheur* est auteur et acteur ; il devient autoproducteur et créateur ; il agit au sein d'un collectif selon un *processus* irréversible dans le temps, mais se réajustant continuellement. La RAIS se fonde sur la négociation entre des acteurs/praticiens qui créent ensemble un modèle à partir de situations particulières afin d'élaborer des solutions flexibles en symbiose avec la conjoncture du milieu. Le modèle systémique, essentiellement conçu grâce à la pratique du dialogue propre à la recherche-action, repose sur la matrice du système général qui est ouverte ; les modélisateurs construisent ce modèle, isomorphe (correspondant) à cette matrice, et homomorphe (semblable) à la réalité qu'ils ont appréhendée.

La figure 3 de la RAIS (p. 146) permet d'illustrer un déroulement opérationnel de la modélisation systémique dans une recherche-action intégrale. La démarche émerge de plusieurs années d'études et d'analyses de recherches-actions tant dans des groupes d'éducation populaire que dans des groupes d'étudiants. La modélisation systémique s'avère un précieux instrument de lecture critique des pratiques, et peut devenir la base d'un nouveau système d'intervention pour la construction de projets qui respectent la réalité complexe du champ professionnel d'acteurs ou praticiens. La démarche laisse apparaître l'ouverture de la recherche-action intégrale ; elle puise dans les expériences de vie et explore un savoir conscient et critique qui influence l'action. Elle est hautement andragogique et s'adapte fort bien aux besoins des professionnels en exercice, du moins dans le monde de la technologie et de l'éducation. La RAIS s'est avérée opérationnelle et « enseignable » pour prendre un terme de Le Moigne (1990). Le modèle opérationnel de la démarche est le tracé des grandes lignes et peut de telle sorte s'adapter ou être approprié à d'autres formations. Il a été utilisé à sept reprises avec succès dans le cadre de la formation aux méthodologies de la recherche qualitative destinées à la modélisation du cheminement du praticien/chercheur ou de l'acteur devenant auteur de changement dans son milieu d'intervention. La pédagogie est active, alliant la participation à la modélisation. Ce modèle d'enseignement fait partie de la famille sociale d'orientation interactive et il s'inspire plus spécifiquement de l'investigation en groupe liée à un processus démocratique et du modèle du T groupe, un entraînement en laboratoire fondé sur les forces et découvertes des participants, auquel participait à l'origine K. Lewin, instigateur de la recherche-action (Joyce et Weil, 1980). La combinaison des deux modèles jointe à un jeu de simulation avec un cas de figure et à une expérience d'approche narrative au début du premier module a permis de développer ce canevas de formation à la RAIS qui se fonde sur l'expérience et les connaissances des acteurs. C'est en somme un modèle hybride respectueux de la complexité du réel, dans la ligne des méthodes mixtes mises de plus en plus en avant en recherche qualitative. Nous pensons également rejoindre les thèmes développés par Aumont et Mesnier (2005) dans *L'Acte d'apprendre* et notamment lorsqu'ils affirment *« qu'entreprendre et chercher font entrer, par l'action, dans l'exploration d'un problème à traiter »* (p. 231ss), ou encore que le projet *« est conduit par l'apprenant à travers une activité collective en grandeur réelle et débouche sur une production à finalité sociale »* (p. 247).

## La mise en opération de la recherche-action intégrale et systémique

Durant les expériences de RAIS réalisées dans le cadre de formations universitaires, il y eut des périodes d'évaluation anthropopédagogique à la fin de chaque module afin de recueillir le degré de satisfaction des participants aux ateliers par rapport à la facilitation, à l'apprentissage et à l'environnement. Cette collecte de données permit d'apporter immédiatement des correctifs, de réfléchir et de maintenir en équilibre le système dans lequel on se formait. Pendant les quatre premières expériences, l'équipe d'encadrement, qui comprenait en plus du professeur facilitateur un ou deux volontaires, a rédigé en écriture collective un journal de bord ou un procès-verbal où étaient consignées des observations sur ce qui se vivait. Pour les trois dernières expériences, un recueil de textes informatisés préparé également par l'équipe d'encadrement a remplacé le procès-verbal par manque de temps. Toutefois, les trois périodes d'évaluation ont été conservées. De plus, la lecture des journaux de bord et l'étude du projet de chaque participant ont apporté une autre dimension plus individuelle de la réalité vécue et appréhendée par nos praticiens et praticiennes permettant ainsi d'améliorer le processus opérationnel de la RAIS.

Dans les écrits consultés, cités dans les chapitres précédents, nous n'avons trouvé qu'un auteur qui nomme explicitement son processus « recherche-action systémique ». Il s'agit de Webb (2009) dont on parle lors de l'élaboration du principe 6 sur le langage. Ce chercheur rejoint au moins sept catégories de personnes dans la société afin de mieux comprendre les points de communication du langage aptes à stimuler une prise de conscience afin de trouver des solutions à l'approvisionnement en eau potable en Australie ; cependant il n'explique pas son processus de modélisation dans cette première partie de son étude. Pourtant, dans le domaine de la santé, plusieurs auteurs combinent une approche multisystème et multiniveau et la participation (Bond et Carmola Hauf, 2007 ; Clemensen et al., 2007). Dans les relations entre la systémique et la recherche-action, d'autres écrivent que cette dernière est le *moteur d'un changement systémique* (Hirsch, 2007 ; O'Connor, 2007 et Ponte et Rönnerman, 2009). De nombreuses études de cas obligent des spécialistes de diverses disciplines ou niveaux d'autorité à travailler ensemble (Ford, 2007 ; Shinn, 2006 ; J. Schensul, 2006 et S.L. Schensul, 2006) pour avoir des visions multiculturelles (disciplinaires) (Reich et Reich, 2006) ou pour dialoguer avec d'autres systèmes de pensée et de collaboration afin de tracer un chemin dans l'inextricable réalité. On se rappellera aussi comment des psychosociologues encouragent leurs pairs à repenser la systémique en fonction du changement et non seulement de la compréhension (Herrscher, 2006). Behrens et Foster-Fishman (2007) rappellent les principes opérationnels de l'utilisation de la systémique à des fins de changement et proposent le système souple de Checkland (1981). Nous pouvons affirmer que le concept de la « reliance » de la systémique et de la recherche-action est bien présent dans les textes consultés comme il l'est chez Avenier en 1992. En 1996, Flood soumet un texte de réflexion sur l'holisme et l'action sociale dans la solution de problème. Il explique les limites qu'on s'impose en se confinant à la recherche-action car, selon lui, c'est se restreindre aux seules significations et oublier cinq couches ou strates systémiques *(systemicity)* s'imbriquant et menant à une vision plus large de la réalité complexe. Les rappeler, dit-il, aide à comprendre que toute démarche implique une vision du tout ou d'autres aspects de la pensée et de la réalité. La première strate comprend les buts, la seconde, les paradigmes, la troisième, le processus, la quatrième, les principes et la cinquième, la philosophie. De notre point de vue, avec cette quintuple perspective, l'auteur regarde avec une visière holiste ou « hologrammatique » un ou plusieurs des aspects de chaque strate. Nos modules de formation représentent aussi ces strates, mais dans un ordre différent, le pôle ontologique, le pôle processuel ou fonctionnel, les paradigmes sous-jacents, les buts ou les principes opérationnels ; et toutes ces catégories aident les acteurs/auteurs de la RAIS à reconnaître dans leurs échanges le tout ou l'ensemble et à s'ouvrir à toute dimension qui puisse tracer le chemin d'un changement transformateur.

En 2008, on a découvert un modèle de formation à la systémique et à la recherche-action, utilisé dans la gouvernance locale (*LA* ou *Local Government*) au Royaume-Uni (Bell, 2007), qui se rapproche sensiblement de notre programme de formation sans toutefois s'adresser à la même clientèle. Le rapporter, c'est montrer que des démarches semblables sont contemporaines et dans la ligne de l'utilisation de plusieurs méthodes de recherche. On parle ici d'une démarche basée sur le cycle d'apprentissage inspiré par l'action ou l'ALC *(Action Learning Cycle)*. Bell se demande si on peut pallier aux difficultés de contexte rencontrées par des gestionnaires en exercice dans la fonction publique. Dans un second questionnement, il s'interroge à savoir si un cours de l'*Open University* (2000) peut s'adapter à un programme hybride de formation qui combine la systémique et les capacités réflexives des praticiens. Le nouveau cycle d'apprentissage prenant origine dans la recherche-action laisse place à quatre ou cinq ateliers ou temps forts qui permettent de : 1 - partir des valeurs de l'être et réfléchir sur les expériences ; 2 - participer dans des problématiques et recevoir une évaluation ; 3 - réfléchir sur les potentialités participatives de la modélisation ; 4 - s'engager dans une action participative de collaboration systémique et réflexive ; et 5 - préparer une communication avec les membres du LA ou du gouvernement local. Les ateliers de travail de 2007 sont maintenant proposés à un secteur public plus large, ce qui démontre en partie leur réussite. Avec le modèle de formation, le lecteur pourra découvrir que la recherche-action à laquelle on a ajouté un module de narration et la modélisation systémique correspond à la nouvelle tendance d'allier plusieurs approches méthodologiques pour accomplir des changements dans la société.

## *Le modèle opérationnel proposé*

Le modèle opérationnel proposé trouve son âme dans la dynamique de la recherche-action intégrale et systémique (RAIS) comme nous venons de le dire. Le modèle de formation est activé par un pré-module qui permet de préciser le vocabulaire afin d'éviter la confusion et de réaliser une entente sur la démarche de formation qui sera entreprise dans les quatre autres modules. Le groupe par ailleurs demeure ouvert à des changements nécessités par les différentes étapes et leur bon déroulement. On explique alors :

- qu'au module 1, les participants racontent les moments forts de leur pratique professionnelle ;

- qu'au module 2, ils en dégagent les valeurs philosophiques et construisent un modèle ontologique à la suite d'une entente sur la résolution du cas de figure suggéré, celui de Cécile (voir en annexe p. 259) ;

- et qu'au module 3, ils dessinent une figure graphique des composantes systémiques pour parvenir par la suite à une modélisation fonctionnelle destinée au changement par les interventions ;

- enfin au module 4, chaque équipe peut soit simuler la pratique des opérations, soit permettre à chaque participant de présenter son projet et les méthodes qu'il pense utiliser.

La **figure 3** (page suivante) trace la dynamique de la recherche-action intégrale et systémique réalisée par deux équipes d'acteurs de quatre personnes chacune qui deviennent des auteurs de recherche.

*La recherche-action intégrale et systémique*

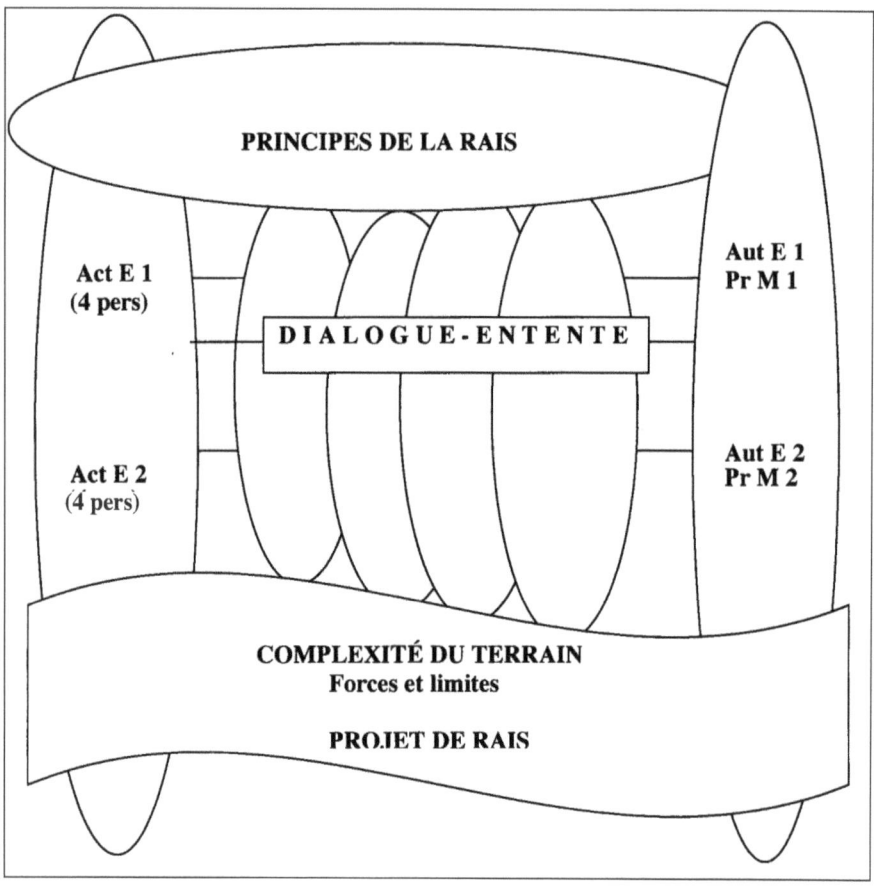

Fig. 3 - La dynamique d'une recherche-action intégrale et systémique.

Les praticiens sont identifiés comme acteurs (Act) dans l'ellipse de gauche et les chercheurs, comme auteurs (Aut) dans celle de droite selon une terminologie empruntée à Henri Desroche (Desroche, 1982 ; Thiollent, 2006), ce qui montre leur cheminement d'acteurs au départ devenant de plus en plus auteurs de recherche tout en demeurant des praticiens ou des professionnels. Chaque équipe de praticiens doit parvenir à un projet de modélisation systémique (Pr M1 et Pr M2), en employant le langage graphique. Au centre de la figure 3, on trouve le nœud de la recherche-action intégrale et systémique, soit le *dialogue* entre les acteurs/auteurs de la recherche qui parviennent à des *ententes* résultant de sous-spirales composées du va-et-vient entre leur expérience de terrain (la vague ou le tapis du bas) et les principes de la RAIS (ellipse du haut de la figure). Le groupe modélise en fonction d'une problématique tout en se référant aux expériences d'un terrain. Chaque module (ou spirale majeure verticale),

*La mise en opération de la recherche-action intégrale et systémique*

si elle était mise en figure laisserait voir plusieurs sous-spirales (ou spirales mineures) de discussion entre les co-équipiers et avec l'autre équipe. Le modèle de recherche proposé est différent d'un enseignement magistral qui peut être utilisé quelquefois à l'occasion des *briefings*. Le rappel des principes se fait surtout par l'expérimentation de la méthode durant la démarche de recherche. La figure 3 permet de constater le processus dynamique de la RAIS vécue en rencontres d'équipe et en plénière ainsi qu'en réflexion personnelle de chacun sur son propre terrain. Le premier module (spirale majeure verticale) est celui du récit de pratique qui engendre un second module (spirale majeure verticale), celui du processus de modélisation des valeurs professionnelles, lequel se traduit dans une modélisation fonctionnelle dans un troisième module (troisième spirale majeure) pour se confronter dans un quatrième module (également spirale majeure) à une simulation de pratique ou à l'application du projet personnel de chaque participant. Le dialogue et les échanges, ou la conversation éducative, sont les gages d'un va-et-vient du discours, de la réflexion à l'action et de l'action à la réflexion. De ces échanges émanent des exercices de simulation qui se transforment en stratégies et en tactiques applicables sur le terrain.

En résumé, les acteurs/praticiens modélisent systémiquement comme chercheurs ou auteurs en faisant continuellement référence à leur expérience. Ils sont co-constructeurs du modèle ontologique créé à partir des récits de pratique de chaque participant. C'est ainsi qu'ils obtiennent une toute première esquisse qui lentement se déploie de manière opérationnelle au long des échanges et des consensus. Les modélisations, sans doute plus abstraites, sont isomorphes au système général issu des principes de la RAIS (chapitre 2) et homomorphes à la concrétude d'un terrain. Cette homomorphie est rendue possible par la recherche-action intégrale ancrée dans la complexité d'une problématique.

## *Les modules et le déroulement de la RAIS*

Dans le cadre des ateliers, les grands moments se traduisent en modules subdivisés en plusieurs étapes de longueurs variables dépendant du temps dont on dispose. On propose une démarche, inspirée de la modélisation systémique (Le Moigne, 1984, 1990 ; Durand, 1992), pratiquée à maintes reprises dans les ateliers antérieurs de formation aux méthodes de recherche. Il s'agit d'un canevas qu'on doit adapter à chaque groupe selon les personnes et les circonstances de temps, de lieu et d'urgence. Il peut s'agir par exemple de praticiens d'une même discipline travaillant dans un même lieu sur un projet commun (dans une même institution telle une école), ou d'autres professionnels travaillant en des lieux et niveaux différents (plusieurs institutions, *c'est le canevas de fond*). On peut encore avoir affaire à des praticiens ou professionnels de diverses disciplines travaillant ensemble sur un projet communautaire ; ou encore à des praticiens ou professionnels de disciplines différentes, mais exerçant leur profession dans des milieux et lieux communs, et ainsi de suite. Il s'agit d'un processus qui s'adapte, se négocie entre acteurs/auteurs (praticiens ou professionnels/chercheurs) afin de structurer ou de mieux organiser une recherche-action intégrale et systémique.

Sans doute chaque praticien ou professionnel pense à son propre projet personnel lorsqu'il vit cette dynamique des ateliers ou modules même si on présente un cas de figure à partir du module 2 pour faciliter les échanges. C'est pourquoi dans le jeu de simulation, le participant peut s'impliquer en projetant ses valeurs dans le modèle ontologique et ses stratégies dans le modèle opérationnel. Le cas de Cécile présenté ne sert qu'à faciliter la tâche. L'expérience a démontré qu'il était riche et inspirateur pour des personnes en éducation. Ce cas a l'avantage d'être complexe de manière à engendrer des applications et des réflexions multiples, comme le propose Johansson (2007). Certains cas pourraient être trop simples pour laisser émerger une histoire enchevêtrée à décortiquer.

On peut penser aussi qu'il est possible de faire autrement, qu'on peut chercher un cas mieux adapté à une situation locale, par exemple au Brésil, les écarts sociaux entre riches et pauvres, ailleurs la problématique d'immigration, les interventions en milieu de santé, les inégalités dans l'emploi, la gestion des crises économiques et ainsi de suite. Chaque acteur ou praticien pourrait aussi présenter son projet pour le discuter en groupe et on pourrait par la suite l'utiliser en remplacement du cas de figure suggéré. C'est ce qui se fait souvent dans les séminaires de recherche, avec le désavantage toutefois d'un perpétuel recommencement pour chaque projet, ce qui élimine la possibilité d'approfondir une démarche complexe. C'est pourquoi il faut, lorsqu'on retient le cas d'un praticien ou professionnel de l'équipe, que ce cas réponde à une problématique qui intéresse tous les acteurs et que le présentateur du cas accepte ou apprenne à s'en détacher pour libérer les échanges et les rendre créatifs. Par contre, il y a un avantage à voir deux équipes modéliser un même cas, c'est qu'émergent différents points de vue qui élargissent les possibilités d'action.

## Un pré-module : Atelier préliminaire menant à un vocabulaire commun

**Dans un premier temps,** pour se familiariser avec le vocabulaire de la RAIS, un échange entre les praticiens sur les concepts retenus permet au groupe de se mettre au diapason et d'adopter un langage commun opérationnel accepté par tous. Cette étape de précision des termes s'effectue au début et se continue tout le long du parcours. Ainsi est respecté le principe 6, une leçon établie depuis des années en recherche-action, à savoir que la richesse de la négociation entre praticiens (acteurs) et chercheurs (auteurs) découle d'une appropriation d'un langage commun (principe 6, cf. supra 133). Cela évite des discussions interminables qui repoussent à plus tard l'intervention ; on consacre donc au départ le temps nécessaire à la conclusion d'une entente qui respecte la pensée de chacun.

L'atelier préliminaire permet également de préciser les points fondamentaux de la recherche-action intégrale et systémique. Il laisse apparaître les axes essentiels des six principes décrits au chapitre 2. Ce module est de nature informative, plus près de l'exposé, mais il reste ouvert à l'échange et à la discussion.

**Dans un second temps,** la démarche à suivre est proposée au groupe afin que les membres y apportent les modifications qu'ils jugent nécessaires ; elle laisse place à la participation de chacun, essentielle à une RAIS. Bien entendu, il importe de respecter le degré de participation possible de chaque personne et de prendre en compte le rôle qu'elle entend jouer. Pour cette tâche, on se référera à la figure 3 qui fait ressortir les points stratégiques du modèle opérationnel de la RAIS. On s'attardera aux quatre modules représentés par quatre spirales majeures. Ce sont :

1 - la formulation des composantes d'un cadre théorico-pratique en fonction des valeurs ;
2 - le tableau des composantes des valeurs retenues et la construction d'un modèle ontologique ;
3 - la construction d'un modèle fonctionnel ou sa dimension opérationnelle ;
4 - la dimension pratique du modèle simulé et les impacts sur le projet des participants.

Chaque module est en relation avec les autres modules. Il nécessite soit un tableau, soit une ou deux figures graphiques, une écriture collective et si possible un journal de bord personnel.

Les acteurs/praticiens ou professionnels appelés à devenir auteurs/chercheurs sont considérés comme les experts, les personnes ressources d'une pratique et souvent d'une profession. Pendant le déroulement du processus, chacun peut jouer un rôle d'observateur, d'expert ou d'animateur. Il sera nécessaire à l'occasion de se documenter ou d'inviter un conférencier susceptible de fournir l'information requise par le groupe ; cette personne devra accepter le dialogue ouvert propre à la RAIS. Il convient également de déterminer le rôle de l'animateur, ou du *préposé*, et son implication dans les différentes étapes du processus, particulièrement durant les échanges et les discussions.

Une période d'évaluation du processus vécu durant ce module préliminaire et chacun des autres par la suite permet au groupe de s'ajuster et d'améliorer la dynamique de l'étape suivante. Il s'agit d'une évaluation anthropopédagogique[11] qui fait ressortir les moments forts de la pédagogie vécue par les participants quant à la facilitation, à l'apprentissage et à l'environnement. Afin d'évaluer par exemple l'étape accomplie, on peut se référer aux contenus des six principes de la RAIS puisqu'il s'agit de s'entendre sur un langage et un mode de fonctionnement. On consacrera évidemment à ce pré-module le temps nécessaire pour que la démarche apparaisse suffisamment claire et que le langage soit mieux compris.

---

11 - L'anthropopédagogie est un terme inventé par le GÉSOÉ (Groupe d'études sur les systèmes ouverts en éducation) qui prend en compte l'observation de la mise en opération d'une pédagogie ouverte sur le terrain. Le journal de bord de chaque participant sert de réflexion critique pour améliorer la démarche en cours de session ou les leçons qui se dégagent une fois la formation terminée. Il est important de consacrer au moins une heure par module à cette évaluation du vécu puisque le groupe vit une pédagogie de recherche-action et de modélisation qui peut l'insécuriser malgré une organisation assez structurée. On peut modifier, changer certaines actions immédiatement ou les appliquer dans les modules suivants. Cette période effectuée régulièrement s'est avérée un temps essentiel dans les expériences de formation à la RAIS, données aux enseignants. Voir A. Morin, (1984a ; 1992, vol 1, 104-107 et 2004, 101 ; 35-54).

## Les modules

## 1ᵉʳ module
## La formulation des composantes théorico-pratiques en fonction des valeurs des acteurs

### Un briefing sur le but de ce module (ou spirale majeure de la figure 3)

L'idée fondamentale est de valoriser l'expérience des acteurs/praticiens ou professionnels et d'éviter le plus possible le schéma classique d'un énoncé de principes suivi de l'application. Durant la démarche, les intervenants tentent de déterminer ensemble la philosophie, les principes, les valeurs qui inspirent ou inspireront leur pratique en tant que participants à une recherche-action intégrale et systémique. En somme dit Resweber (1995, p. 29), on aura un schéma plus complexe *« d'implication-interaction »* parce que *« toute pratique est la mise à l'épreuve d'une option théorique, sa vérification »*.

Il s'agit de *reformuler en fonction de soi* pour découvrir comment ont pu émerger ses propres valeurs culturelles, sociales, éducatives. En bref, chaque acteur/praticien raconte quelques moments importants de son implication ou engagement dans un milieu de pratique ou d'apprentissage où il a eu un choc ou une grande réussite.

Ainsi se prépare un schéma des composantes qui inclut des valeurs concrètes vécues et acceptées par tous grâce à une dialectique, une concertation, un consensus. Le groupe construit sa propre philosophie, sa sagesse, sa théorie pratique qui est de moins en moins fictive parce qu'elle correspond au vécu, à l'expérience qui, selon Gadoua (2007), enrichit le savoir. Tout modèle est en effet une construction de l'esprit qui a été ou sera mise à l'épreuve. La confrontation des valeurs au sein du groupe a l'avantage de réveiller la pensée et surtout de l'actualiser, de la critiquer en évitant les clichés sans inspiration (Atkinson et Delamont, 2006). Il y a comme on l'a rappelé dans le discours au principe 4 et comme le soulignent Jewett et Goldstein (2008) une possibilité pour chaque participant de repenser et réinterpréter son récit de pratique comme dans un miroir, ce qui favorise une co-construction avec l'équipe et une mise à l'épreuve lorsque cette construction théorico-pratique est présentée à une ou à plusieurs autres équipes.

L'exploration des expériences passées se réalise en utilisant l'approche narrative du récit de pratique considéré comme l'instrument idéal pour que s'exprime ce qui appartient généralement au silence. Daniel Bertaux (1986, pp. 21-34), l'un des chefs de file de cette méthodologie, en a établi les règles essentielles (exploration, analyse et constitution de données, synthèse et construction d'un discours théorique) faisant ainsi du récit de vie un instrument de recherche. Cette technique est un excellent outil pour explorer et mieux comprendre l'essentiel d'une pratique professionnelle, ce qui est le but de ce premier module (ou spirale majeure).

Pour construire leur récit de pratique, les acteurs/praticiens sont invités à utiliser deux concepts employés par Barthes (1980) et largement exploités et analysés par Dugal (1993 et 2004), le *studium* et le *punctum*. Pour Barthes, le *studium* signifie le dénoté et le connoté culturels des images ; le *punctum*, indique l'effet dévastateur et parfois douloureux de certaines images sur le spectateur, effet qui ne s'explique que par la signification personnelle que les images recèlent. De notre point de vue, il est très important que les praticiens racontent leurs succès ou *leur punctum* positif, sûr et constructif. Ils doivent rechercher les événements qui ont eu un impact dans leur démarche personnelle d'apprentissage et ou encore dans l'accomplissement de leur fonction professionnelle ; une fois les événements remémorés, il leur faut les observer plus en profondeur au moyen des concepts de *studium* et de *punctum*. Chacun se raconte à un autre équipier qui le présente aux autres coéquipiers afin de profiter d'une conversation éducative. La présentation de chacun dans les premières rencontres s'est presque toujours amorcée par la présentation au groupe d'un *punctum* qui a marqué leur pratique éducative. La dynamique qui découle d'une telle stratégie apporte un premier éclairage au groupe en rendant pertinent le contenu de la formation ainsi actualisé. Les sept expériences vécues ont été particulièrement appréciées d'après les évaluations anthropopédagogiques. Ces situations pédagogiques ou d'interventions professionnelles ainsi que les réflexions critiques qu'elles engendrent sont notées en équipe ou relatées dans le journal de bord personnel ou collectif. C'est une façon de préciser dès le départ un langage existentiel lié à la pratique suivant en cela le principe 6 sur l'entente. Le principe 4 du dialogue sur le discours devient ainsi opérationnel. C'est un début de construction d'une conception d'un tableau sur les valeurs qui enrichira la qualité de la pratique. On sait que la discussion sur les valeurs à partager est souvent très intéressante ; le modèle ontologique qui en ressortira au module 2 devrait se refléter par la suite dans les actions envisagées ou réalisées afin de rendre la participation efficace (principe 5 sur la participation).

## La mise en opération de la recherche-action intégrale et systémique

Ce questionnement fait appel à ce qui est intime en chaque acteur (praticien) c'est-à-dire à ce qui le motive à agir et peut inspirer des énergies vitales nouvelles. Cette exploration des *punctums* des membres de l'équipe lie leur pratique à leur domaine, culturel, social, éducatif, administratif, ou de soins de santé, en l'illustrant par des exemples vécus qui reviennent à la surface comme étant encore des valeurs motivantes, réactualisées et inspiratrices d'actions pertinentes à la vie professionnelle. La recherche en psychologie narrative apparaît être ce que dit Schiff (2006), la promesse d'une forme systématique d'investigation qui explore la signification et l'intention dans les vies humaines. Sans doute les « je » interviennent dans nos jugements et prennent plusieurs formes et c'est en les analysant qu'on évite de se méprendre (Bradbury-Jones, 2007). Dans ce sens, le journal de bord recommandé est un précieux instrument pour apprendre à réfléchir.

C'est à partir de ces brefs récits de pratique des connaissances acquises par expérience et par réflexion que les valeurs peuvent s'exprimer de manière philosophique. C'est dans le module 2 suivant qu'on dessinera une figure graphique des valeurs liées à la pratique qui orientera le cheminement de recherche de l'équipe, et possiblement de chaque acteur/praticien devenu auteur/chercheur. C'est une action commune (principe 3) que posent les acteurs/auteurs en fonction d'un discours qui porte un regard sur l'expérience vécue. Du même coup, chacun fait l'expérience d'une non-directivité dans l'interview. En résumé, dans ce premier module, le groupe construit les fondements des valeurs d'un modèle théorico-pratique (Le Moigne, 1984, p. 64). En s'interrogeant et prenant conscience des expériences positives concluantes et des composantes transcendantes, chaque personne s'universalise en quelque sorte et rejoint d'autres êtres humains. Ces concepts universaux se consolident grâce aux réflexions de ceux qui partagent des valeurs similaires. Il y a des constantes qui s'expriment dans cette technique simple mais fort efficace. Grâce à cette première spirale, l'équipe est amenée à mieux structurer le dialogue et l'échange.

## Une technique de mise en opération du module

*Le premier module* se déroule en deux phases en équipe et une mise en commun dans le grand groupe formé de deux équipes ou plus qui se donnent réciproquement du feedback.

### a) L'exploration des temps forts des valeurs exprimées

*Dans un premier temps*, deux membres de l'équipe s'interrogent à tour de rôle sur le ou les événements marquants ou leurs « *punctums* » et prennent des notes. On se réfère à une expérience passée de son apprentissage ou de sa pratique professionnelle ou des deux.

*À titre d'exemple*, l'équipe 1 composée de trois enseignantes et d'un enseignant a une liste impressionnante de *punctums* qui ressortent d'une investigation narrative à partir de ce qui a frappé chacun dans l'exercice de sa profession ou dans sa vie d'étudiant. En voici un échantillon : pour l'un d'eux, comme élève, l'enthousiasme d'une enseignante dans la transmission des matières scolaires au primaire ; la joie du travail en équipe pour un autre quand il était étudiant au secondaire ; pour une autre, un long projet de recherche en histoire et enfin pour la quatrième, des débats actualisés sur des sujets politiques ou sociaux. A encore été souligné l'encouragement d'un professeur à l'égard de l'un d'eux souffrant de difficultés en mathématiques. Puis chacun se souvient d'un moment extraordinaire comme enseignante ou enseignant : la prise de conscience du progrès dans l'apprentissage d'une matière chez certains élèves ; la participation volontaire et enthousiaste au travail d'équipe dans la préparation d'une exposition de travaux d'art plastique ; des projets bien faits et la joie d'avoir facilité la recherche lors de travaux scolaires ; la pertinence des questions posées en classe ; la compétence ressentie dans les disciplines scolaires enseignées ; des pédagogies actives et diversifiées ; l'intérêt voire la passion d'apprendre, de se documenter. En tant que *punctum* négatif, on rencontre les difficultés d'imposer la discipline, ce qui pousse les enseignants à chercher d'autres façons de susciter l'attention et la soif du savoir chez les élèves.

*Dans un deuxième temps*, on partage les découvertes. Chaque interviewer transmet aux autres membres de l'équipe les valeurs exprimées telles qu'il les a comprises à partir des *punctums* exprimés. L'équipe prend note de toutes les valeurs pratiques exprimées et les résume. Une personne prépare un rapport synthèse qui laisse poindre des valeurs humaines, pédagogiques, sociales ou autres.

Chaque équipe délègue une personne pour présenter au grand groupe le rapport synthèse et recevoir un feedback de ou des autres équipes. On insiste sur les valeurs qu'on voit poindre et qui aideront à dessiner un modèle ontologique au module 2 suivant. On discute enfin de la démarche à suivre en b).

### b) La définition du projet c'est-à-dire sa finalité et ses frontières

*Dans un premier temps*, chaque équipe analyse les *punctums*, les discute, les évalue pour découvrir les valeurs sous-jacentes et retient celles qui peuvent s'intégrer ou se compléter pour former une synthèse consensuelle (Espinosa et Harnden, 2007). Les oppositions ne sont pas à rejeter ; les valeurs peuvent souvent être considérées comme complémentaires. On cherche surtout à trouver la finalité (la téléologie) d'un projet éventuel qui intéresserait tous les membres de l'équipe. Cela peut être une réforme en vue de l'adoption en éducation d'une pédagogie mieux adaptée ou encore une incitation à l'école de s'ouvrir.

À *titre d'exemple*, l'apprentissage des matières pourrait être subordonné à l'activité de l'élève. C'est lui qui apprend. Toute la pédagogie serait transformée. La finalité du modèle serait donc d'apporter un changement profond en pédagogie. L'enseignant n'est plus le seul informateur, transmetteur de connaissances. Aujourd'hui, d'autres sources existent et l'enseignant est celui qui stimule, qui allume la mèche, inspire, suggère, guide, informe et encourage à réaliser des projets qui passionnent. En d'autres mots, l'apprentissage est devenu lui-même complexe.

La finalité d'un changement a-t-elle des limites compte tenu de toutes les circonstances ? Après beaucoup d'échanges, il y a lieu de fixer les frontières du projet. S'étendront-elles à la direction, aux parents, au milieu environnant ? Quelle est la limite du faisable, du réalisable ? En proposant des frontières, les participants constatent l'impossibilité de tout couvrir dans une réalité complexe aux multiples composantes. C'est le moment d'appliquer le principe 2 qui est processuel ou opérationnel par rapport à la finalité. Comme auteurs/acteurs, les chercheurs veulent découvrir un cheminement pour une action significative et efficace. Ils retiennent les composantes en fonction des préceptes de globalité (est-ce que l'environnement immédiat influence ?), de pertinence (est-ce réalisable par les intéressés ?), d'agrégativité (est-ce cohérent avec le projet ?), ou de cohérence avec la finalité interne que l'équipe a retenue antérieurement.

Cette démarche postule un lien entre les motivations personnelles et celles de l'équipe. Les valeurs exprimées au départ forment après discussion les composantes d'un tableau ou schéma que l'équipe utilisera par la suite pour dessiner deux figures systémiques, l'une ontologique et l'autre fonctionnelle. L'équipe ne fait que commencer à établir vraiment les frontières car il faudra les rediscuter quand on aura déterminé les valeurs mises en évidence dans les différents modèles qui se construiront.

À la fin de ce module, il importe de consacrer du temps à une évaluation anthropopédagogique et d'effectuer les changements proposés et acceptés pour poursuivre la démarche à la satisfaction de tous. On utilisera dans ce dernier module le temps voulu dépendant du nombre d'équipes et des connaissances tant sur la systémique que sur la recherche-action. En vue d'un travail ultérieur, chaque équipe aura rédigé un rapport de groupe sur ce qu'on a accompli et les réflexions partagées par les participants. Un journal de bord individuel est à conseiller pour aider un chercheur/praticien à mieux réfléchir à son projet personnel qui sans doute le préoccupe.

## 2$^e$ module
## *La modélisation des composantes d'une théorie pratique ou la construction du modèle ontologique*

## Un court briefing

Dans ce second module (ou deuxième spirale majeure de la figure 3), les acteurs en tant qu'auteurs conçoivent, à partir de leurs récits de pratique du module précédent, un modèle ontologique basé sur les valeurs exprimées et retenues par l'équipe. J.-L. Le Moigne (1984, pp. 63-68) signale trois pôles dans la modélisation systémique : la genèse, l'ontologie et la fonctionnalité. Le récit de pratique correspond au pôle historique (genèse), l'expression des valeurs (du premier module) au pôle ontologique, et le pôle fonctionnel s'articule autour des stratégies opérationnelles de recherche ou des méthodes pour parvenir à un changement et enrichir le savoir (3$^e$ module). Les modèles élaborés par les deux équipes serviront éventuellement à l'étude du terrain retenu, soit le cas de figure, celui de Cécile qui sera l'objet d'études des équipes E1 et E2 ou un autre cas plus interpellant choisi par le groupe d'acteurs/chercheurs.

La recherche-action intégrale se transforme ainsi dans le deuxième module en un exercice de modélisation systémique qui se déploie dans un *« langage graphique »* considéré *« comme partie intégrante de la modélisation systémique »* (Durand, 1992, p. 58). C'est grâce au dialogue, à l'échange, au débat et à la confrontation des idées que les actions prennent leur valeur relative les unes par rapport aux autres. Les acteurs devenus auteurs ou chercheurs relativement à leur propre expérience modélisent en se référant aux composantes extraites de leurs récits de pratique ou d'autres expériences pertinentes. Ils obtiennent ainsi une première esquisse du modèle qui se construira lentement au fil du temps, des dialogues et des consensus. Le modèle sera identique (isomorphe) au système général tel que mentionné dans les principes de la RAIS ; il respectera les axes de la recherche-action intégrale ainsi que les caractéristiques de pertinence, de finalité, de globalité et d'agrégavité (Le Moigne, 1984, p. 43) de la systémique. Le modèle sera par ailleurs semblable (homomorphe) au terrain parce qu'il est ancré dans le milieu d'intervention.

La majorité des chercheurs s'entendent pour dire qu'il faut prendre une distance par rapport à une problématique dans laquelle on est engagé, ne serait-ce que pour y réfléchir et la débattre en groupe en considérant et en s'appropriant les suggestions des co-équipiers. C'est en utilisant la recherche narrative de concert avec l'histoire de sa vie d'étudiante ou ses pratiques d'enseignement que Dugal (1993) a développé, à l'aide des concepts de *studium* et de *punctum*, une technique appropriée pour parvenir à un recul intelligent, celui d'une distance par rapport à elle-même, en faisant appel à des théories d'apprentissage et à la réflexion critique. Elle a par la suite validé ses résultats auprès d'une dizaine d'enseignantes. Plus tard dans un cours en informatique (2004), Dugal démontre également que le fait de se référer aux seuls objectifs pédagogiques cognitifs ne suffit pas à susciter un choc significatif qui stimule et éveille la passion d'apprentissage. Il faut une démarche qui transforme ou vienne chercher l'acteur/auteur au cœur de lui-même. Mintz et al. (2009) ont démontré l'importance de relier les valeurs à la profession du psychologue quand on s'adresse à une société diversifiée, ce qui s'applique aux acteurs/praticiens agissant dans une communauté formelle ou informelle. Ni la tendance philosophique objectiviste, ni le relativisme ne sont à l'abri d'un dialogue critique car ils se situent dans un contexte fondé sur des valeurs qui lient inextricablement le professionnel aux autres (pp. 653-654), grâce aux valeurs transcendentales.

Afin de pouvoir parvenir à un modèle à partir des *punctums* recueillis au cours du premier module, on propose à chaque équipe de construire un modèle ontologique en se référant à un cas de figure complexe. Comme on le notait plus haut, on peut choisir le cas de son choix en respectant certaines conditions qui permettront de vivre une démarche de RAIS. Dans cet atelier, on propose le cas de Cécile qui s'avère riche en résonances et est propre à stimuler les échanges et les interactions. Même si le cas concerne directement des acteurs/professionnels de l'enseignement, il n'en reste pas moins qu'il reflète une problématique reliée à la culture du Québec, problématique étudiée par une commission d'enquête et commentée dans un rapport sur les relations interculturelles et les différences entre majorité et minorité dans le Québec contemporain (Bouchard et Taylor, 2008). On a rencontré aussi ailleurs des expériences d'accommodements raisonnables consentis à des enseignants de différentes origines ethniques signalées comme étant encourageantes pour aider ces enseignants à s'intégrer et devenir des professionnels de qualité tout en conservant cependant des approches liées à leur culture (Nguyen, 2009), lesquelles leur seront probablement fort utiles pour agir dans un milieu multi-ethnique tel celui de Cécile.

En sciences de l'éducation, dans un milieu métropolitain, le cas de Cécile (décrit plus longuement dans l'annexe I, p. 259) s'avère complexe et ambitieux ; il permet cependant aux membres des équipes de se distancier de leur propre projet de recherche. Ce cas relate les déboires de Cécile, enseignante du primaire aux prises avec des difficultés apparemment engendrées par l'augmentation de la diversité ethnique de son « groupe-classe », voire de l'école et du quartier. Tout en enseignant, Cécile étudie en vue d'obtenir un diplôme de 2e cycle (maîtrise) afin de mieux comprendre ce qui lui arrive et de trouver des solutions à ses problèmes. Cette problématique s'est avérée fort pertinente pour la grande majorité des groupes d'éducateurs en exercice au cours de leur formation à la RAIS et à d'autres méthodes de recherche qualitative[12].

## Une technique de mise en opération du module

Le deuxième module consiste pour une équipe à dessiner la figure graphique ou un modèle ontologique. Cela s'accomplit en trois temps : le choix, la sélection et l'agencement.

### a) Dans un premier temps : le choix

L'équipe E1 en reprenant la discussion antérieure (module 1) détermine les composantes à conserver en les mettant en relation avec la finalité de changement retenue et adoptée ; ainsi est respecté l'aspect téléologique de chaque partie en relation avec le tout (Durand, 1992, pp. 60-61). Les composantes doivent avoir un lien de pertinence avec la pratique ou l'action de la recherche participative. On se demande si les valeurs peuvent s'intégrer, s'agréger. On essaie de s'entendre, de voir les complémentarités. Si une composante n'est retenue qu'occasionnellement, il serait bon de lui trouver une place dans les possibles.

---

12 - Le cas à l'étude, Cécile, est demeuré le même durant nos sept expériences d'ateliers de RAIS car il y avait consensus sur sa qualité, sa complexité, voire sa richesse, ce qui permettait de combiner ou d'utiliser et même de faire appel à une diversité de méthodes. Le cours atelier avait comme objet/projet d'initier à plusieurs approches qualitatives : la systémique, la recherche-action, l'anthropologie, le développement de ressources. C'est en partie en simulant un rôle dans chacune des méthodes énumérées et appliquées au cas de Cécile que chacun parvenait à saisir l'essentiel de ces méthodes, y compris celles qu'ils vivaient en atelier i.e. la recherche-action et la modélisation systémique. Ainsi étaient mises à l'épreuve leurs expériences et leurs connaissances dans un chassé-croisé d'évaluations faites selon un mode d'écriture collective. Pour les premiers ateliers, nous demandions aux participants de consigner leurs observations et solutions dans un dossier électronique commun ouvert aux quatre solutions du cas Cécile. Avec la facilité des courriels (e-mails) et des blogues (blogs), on pourrait aujourd'hui reconsidérer une approche utilisant en partie l'Internet comme on le fait dans les études mentionnées au chapitre I telles celle de Rohleder et al. (2008) et celle de Nel et Wilkinson (2006).

*À titre d'exemple*, à la suite des *punctums* mentionnés au module 1 et des valeurs sous-jacentes, les membres de l'équipe E1 reconnaissent que l'activité d'apprentissage de l'élève est la finalité de leur pratique d'enseignement et que l'élève doit être au premier plan comme responsable de l'acquisition de ses connaissances. Il s'agit d'un apprentissage autonome et coopératif. Parmi les valeurs qui soutiennent cet apprentissage et qui correspondent à des points *(punctums)* de leurs histoires personnelles, les membres retiennent l'idée de passion, l'encouragement par l'évaluation ou le feedback, l'entraide ou la coopération et l'autonomie. Ils les traduisent en points d'ancrage pour la solution du cas de Cécile.

## b) En deuxième lieu : la sélection

Il convient de se demander comment un *punctum* qui a marqué un acteur/praticien peut être associé à une valeur importante, pédagogique, sociale ou autre. Quel changement s'impose alors en pédagogie ? On peut réévaluer la discussion antérieure sur la finalité de changement par rapport au cas de Cécile. Comment peut-on agencer les valeurs et les mettre en interrelation ? Quelles sont celles que l'on retient et celles que l'on met de côté ? Ces valeurs sont-elles restrictives ? Peuvent-elles englober le milieu classe et école, l'environnement familial ? L'environnement est-il considéré ? Est-il immédiat ou lointain ? Est-ce que le champ couvert reste trop vaste ou trop restrictif ? Autant de questions qui permettent de faire une sélection appropriée. L'équipe E1 peut déjà commencer à exprimer les interrelations par des flèches, des boucles, et ainsi de suite.

L'équipe E1 pense que le changement à apporter *dans la classe de Cécile* s'articule autour d'une modification des comportements de manière à respecter l'apprentissage de chaque élève, sa manière de penser compte tenu de ses valeurs culturelles, souvent différentes de celles de son voisin et d'autres dans son école. Dans ce groupe-classe, l'échange devient essentiel. La discipline du groupe doit devenir une discipline personnelle dans la reconnaissance et le respect des différences. On peut aider à acquérir ce regard conciliant en proposant des formules pédagogiques qui favorisent un dialogue entre les élèves afin qu'ils apprennent à se connaître en échangeant ou discutant. Pour Cécile, c'est une nouvelle façon de concevoir l'enseignement ; elle doit oublier quelque peu son rôle de préposée à la transmission d'informations. Aujourd'hui, bien des sources sont à la disposition des enfants et des maîtres : en plus des livres, des magazines, de la radio, de la télévision et du film, les toutes nouvelles technologies de l'information, dont le réseau Internet, fournissent de nombreuses références propres à stimuler les échanges.

## c) En troisième lieu : l'agencement

L'équipe E1 comprend que le modèle épistémologique des valeurs a « *un statut intermédiaire entre l'objet réel et une théorie scientifique : il est une représentation du réel, simplifiée pour être plus intelligible* » (Durand, p. 58). Il est un modèle cognitif des valeurs réelles des participants placées aux endroits prioritaires de la figure graphique. Les frontières ne sont cependant pas encore fixées ; pour le moment, elles englobent la classe, cependant sans exclure l'environnement, particulièrement le personnel de l'école, les parents, le quartier. Pour réaliser le modèle ontologique, on détermine la composante centrale (la finalité) et on dispose les autres valeurs ou composantes dans une perspective d'interrelations internes sans oublier les autres, externes, retenues mais pas explicitées pour le moment. Ainsi est respectée la globalité tirée du principe 2. Puis, il importe d'indiquer par des signes, des flèches, des boucles, des ellipses ou d'autres symboles les interrelations ou interactions des valeurs avec la composante principale. Lugan (1993, pp. 92-104) donne cette démonstration des boucles exprimant les possibles actions dans un système en reprenant J.-L. Le Moigne et K. Boulding. Le réel étant complexe, il est bien possible que les composantes ou les variables soient en interconnexion étroite. La figure 4 est la construction de l'équipe E1.

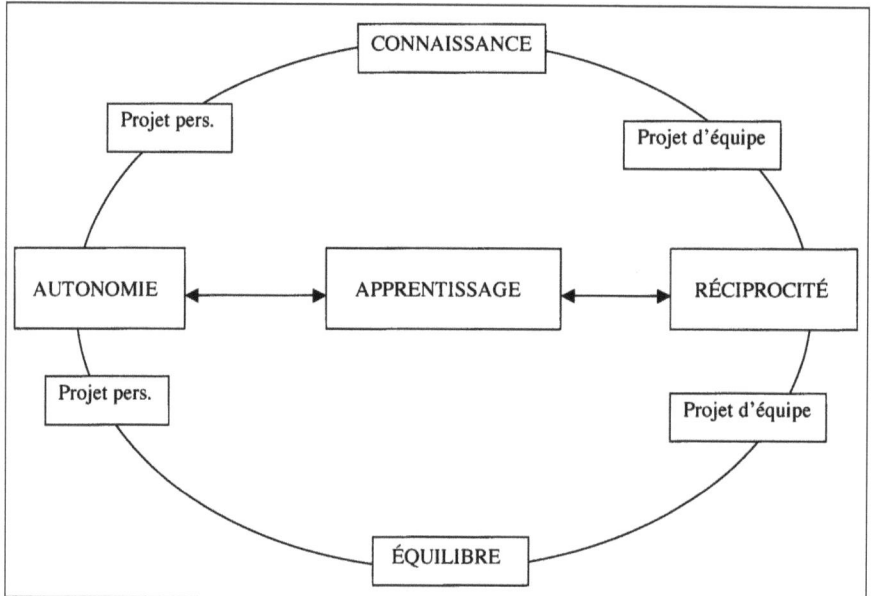

Fig. 4 - Le modèle ontologique des valeurs pédagogiques de l'équipe E1.

Ce modèle ontologique met au centre **l'apprentissage** comme finalité ; c'est la valeur principale qui fait consensus parmi les auteurs/acteurs qui forment l'équipe E1. L'élève est **l'agent principal** de son activité intellectuelle, physique, émotionnelle et sociale. Il doit être **autonome** en développant des projets personnels pour l'**équilibre** de sa santé autant sensori-motrice, psychique que cognitive. Il se donne un ou plusieurs **projets** pour l'acquisition de **connaissances**. Ces **projets** inspirés de ses intérêts personnels et sociaux favorisent l'apprentissage de **l'autonomie**. Cet apprentissage doit s'épanouir dans la **réciprocité** et il accepte autant des projets d'équipe favorisant son **équilibre** physique, les sports par exemple, que des rencontres amicales afin de socialiser, de se former au dialogue, à l'échange et à la collaboration. Ses objets de **connaissance** se transforment en **des projets d'équipe ou personnels**. L'enseignante est la personne qui crée l'ambiance ; elle facilite les tâches par son encouragement, mais aussi par des évaluations qu'elle fait avec chaque élève personnellement ou en classe en faisant participer les élèves.

Au terme du deuxième module, on pourrait faire une courte rencontre avec l'équipe E2 pour échanger et ensuite consacrer du temps en grand groupe à une évaluation anthropopédagogique de ce second module afin d'apporter les changements proposés au module 3 suivant. Le module 2 qu'on vient d'expliquer a nécessité dans le cadre de nos formations universitaires jusqu'à six heures de briefing et surtout de travail en équipe et de rencontres avec tous les autres participants. C'est au groupe à évaluer et à donner son opinion sur le temps requis pour bien assimiler cette technique. En général, les participants sont satisfaits d'avoir réussi à dessiner une figure graphique et sont prêts à la communiquer à l'autre équipe pour en recevoir un feedback. Comme le chercheur est le principal instrument, dirons-nous au prochain chapitre, de la recherche-action intégrale et systémique, il est normal qu'il consigne les données dans un journal de bord pour approfondir sa pensée sur ses propres valeurs.

# 3ᵉ module
## La modélisation systémique opérationnelle ou fonctionnelle d'un cas de figure

## Briefing sur le module 3

Cette étape (3ᵉ spirale majeure) reste avec la précédente au cœur du processus de recherche-action intégrale et systémique, car le groupe d'acteurs doit en tant qu'auteurs faire l'effort d'imaginer le comportement opérationnel du modèle théorique. Pour appliquer les valeurs du modèle ontologique ou philosophique où la réflexion sur l'action était primordiale, il importe maintenant de porter attention aux variables et aux invariants du terrain.

Dans ce troisième module, il y a plusieurs façons de procéder selon qu'on est plus ou moins familier avec la modélisation systémique et la recherche-action intégrale. Ces deux méthodologies harmonisées en une RAIS doivent être maîtrisées pour l'essentiel. Pour des acteurs d'une même discipline, mais distribués en des lieux différents et ayant des tâches diversifiées, lorsqu'ils parviennent à cette tâche de modélisation fonctionnelle, il apparaît préférable de continuer avec notre cas de figure, Cécile, qui correspond aux intérêts généraux des praticiens ou professionnels en éducation. Passer à la modélisation fonctionnelle d'un projet appartenant à un membre de l'équipe alors qu'il doit continuer à se familiariser avec la RAIS aurait compliqué la tâche. On sait cependant que chaque praticien ou professionnel pense à sa propre situation problématique, comme Cécile elle-même, vedette dans notre cas de figure. Encore là, comme nous l'avons mentionné antérieurement, on peut concevoir, sous certaines conditions, que soit pris comme cas durant la formation à la RAIS le projet d'un des membres de l'équipe ou encore chacun de leurs projets à tour de rôle si le temps le permet, avec cependant les contraintes déjà signalées.

Il faut se rappeler que chaque acteur/praticien ou professionnel en tant qu'auteur/chercheur n'est pas obligé de choisir la RAIS comme méthodologie pour résoudre ses difficultés sur son terrain. Chacun s'initiant à deux approches inhérentes à la RAIS, on pourra en inclure une ou les deux puisque que c'est en général la problématique qui commande la méthodologie. Le principe 4 sur le discours en RAIS implique le refus de l'absolutisme ou du dogmatisme, ce qui s'applique également aux méthodes de recherche qui sont relatives à la complexité de la réalisation d'un projet. Ainsi, l'acte de réfléchir à une problématique et de modéliser avec l'aide de participants pourrait conduire un professionnel en éducation à entreprendre pour son compte une recherche de développement plus systématique, telle la conception d'un outil pédagogique informatisé ou encore d'un manuel scolaire, tout en maintenant la finalité d'apprentissage autonome du modèle ontologique de la figure 4. Dans ce dernier cas, l'esprit de participation de la RAIS porterait le praticien comme chercheur à être plus attentif au profil d'apprentissage des élèves ou à réviser avec les personnes concernées, c'est-à-dire les élèves, son outil pédagogique, par exemple un livre, ne serait-ce qu'en fonction du langage utilisé ou des résultats de l'apprentissage. On a ainsi vu en Chine l'évaluation de cursus et la correction de manuels réalisées par des étudiants (Xu, 2009). Dans la formation aux méthodologies de recherche, il est important de demeurer ouvert et prêt à considérer d'autres méthodes qualitatives commandées par d'autres disciplines (Morin, 2007). Il faut tout autant savoir reconnaître que la recherche quantitative a aussi sa raison d'être, particulièrement pour une généralisation statistique des résultats. On pourrait revenir sur la complémentarité des méthodes. Dans l'hypothèse que les élèves de Cécile décideraient de faire des entrevues avec les parents ou avec des élèves de cultures différentes, alors un regard anthropologique serait grandement de mise. Malgré les suggestions que l'équipe E1 fait à Cécile, celle-ci pourrait vouloir développer des modules d'apprentissage et, pour le faire, adopter la méthodologie de *design* systématique que les enseignants ont l'habitude d'utiliser dans la préparation des matières disciplinaires. On a noté que les enseignants, tout en ayant un projet ouvert comme acteur/auteur ou professionnel/chercheur, avaient une forte tendance à nous proposer comme travail final un projet très systématique que nous approuvions bien facilement surtout s'ils le situaient dans une perspective systémique et savaient ajouter des boucles de révision critique pour améliorer leur produit. L'esprit de la RAIS était présent.

En somme, les acteurs/auteurs, en se distanciant de leur terrain, peuvent apprendre à utiliser le grand angulaire comme on le fait en cinéma et avoir une vision d'ensemble pour mieux comprendre une problématique. La modélisation systémique, esquissée durant le deuxième module, devrait les stimuler à regarder leur terrain de pratique dans une perspective fonctionnelle plus globale, plus riche en interactions.

## Un rappel de la démarche de modélisation fonctionnelle de la RAIS

Durant cette étape, on réalise deux figures graphiques : la première, plus systémique, fixe les frontières en fonction de la finalité réévaluée en spécifiant les composantes et les interactions possibles. La seconde figure laisse émerger la recherche-action intégrale comme le moteur de la systémique tel que noté au chapitre premier par les psychosociologues. Ainsi le modèle fonctionnel adopte les dimensions élargies de la recherche-action intégrale grâce à une vision téléologique (finalité de changement), globale, pertinente et agrégative. Ce sont en somme les six principes opérationnels expliqués au chapitre II qui sont en œuvre.

### a) La figure graphique systémique des composantes du modèle

Une fois qu'on a bien redéfini la finalité et établi les frontières, l'équipe construit ou dessine un premier modèle[13] qui laisse voir que les composantes sont beaucoup moins nombreuses que les interactions qui les relient. Pour 7 éléments ou composantes, il y aurait selon Durand (1992, p. 67) 21 interactions possibles. S'il y a trop d'unités ou de composantes, il y a lieu de les regrouper afin de tracer un chemin manœuvrable pour la réalisation du projet.

### b) Les contraintes et les invariants

Peu importe le cas, les praticiens en tant que chercheurs doivent considérer les contraintes et les invariants du terrain. Les contraintes sont ces composantes intérieures ou extérieures qui limitent l'action envisagée ; elles sont des obstacles à la transformation en raison de possibles réactions négatives d'adoption d'une innovation. Les déterminants culturels pourraient faire obstacle parce que certaines personnes se sentiraient lésées. Ainsi au Canada, à l'extérieur du Québec, fonder une école française, alors qu'il existe déjà dans la même localité une école destinée à l'immersion en français d'élèves anglophones, peut être vu comme du dédoublement fort coûteux bien que ce soit tout à fait légitime pour les francophones de recevoir leur enseignement dans leur langue ; les acteurs/auteurs devront plutôt penser dans leur intention de promotion du français à un autre lieu d'intervention ou encore à d'autres activités, tels des événements culturels, des concerts, des pièces de théâtre, et ainsi de suite.

Quant aux composantes stables qu'on appelle les invariants, il faut savoir qu'ils sont fixes et non facilement transformables, ils sont dans la

---

13 - Pour éviter la confusion dans nos références pratiques, notons que Durand (1992, p. 65) ne propose qu'un modèle au départ qui est assez fonctionnel et le place au deuxième module de son processus de modélisation. Nous croyons que bien des acteurs, professionnels ou praticiens, partent d'eux-mêmes, c'est-à-dire de leur expérience. C'est pourquoi le schéma triangulaire de Le Moigne (1984) apparaît plus réaliste avec ses trois étapes dont la première, **génétique** ou historique, se retrouve dans le premier module avec l'investigation de l'expérience grâce aux *punctums* repertoriés ; l'autre étape, **ontologique**, se traduit en une figure graphique dans le module 2 ; et la dernière étape, **fonctionnelle**, devient aussi une figure graphique qui situe les composantes et surtout leurs interactions. Dans cette dernière étape, il est recommandé de réaliser **deux figures graphiques** pour mieux comprendre le cheminement de la recherche-action intégrale en systémique de changement.

*La mise en opération de la recherche-action intégrale et systémique*

plupart des cas hors du contrôle du modélisateur ; ils obligent les acteurs à les prendre en compte comme des facteurs qui restreindront leur action. Ces composantes sont par exemple l'âge, la langue, le sexe, l'éloignement des centres, des écoles, des centres hospitaliers, et ainsi de suite.

Enfin, les praticiens/chercheurs (acteurs/auteurs) déterminent grâce aux échanges les actions de changement envisagées en les confrontant aux critères tirés des principes de la RAIS. Les auteurs peuvent imaginer des simulations stratégiques qui se traduisent sur le terrain par des tactiques d'intervention toujours respectueuses de la complexité du milieu. Ces stratégies et tactiques reflèteront la participation responsable de tous les intéressés et les dimensions interactionnelles des différentes composantes du cas de Cécile à titre d'exemple. Nous verrons dans les lignes qui suivent comment peut se réaliser la modélisation de la première figure.

## Une technique de modélisation systémique fonctionnelle Première figure graphique : le modèle des composantes systémiques

Les démarches de ce module se font en quatre temps, pas obligatoirement de manière chronologique en raison de la complexité du cas et des relations entre les composantes. Il importe de préciser les invariants et de découvrir les contraintes, d'établir les frontières et de réévaluer peut-être la finalité normalement déjà établie.

### a) Préciser les invariants

Il s'agit de découvrir les composantes stables du système, celles qui sont plutôt fixes et qu'on ne peut changer. *Par exemple*, les invariants de la classe de Cécile sont les programmes et les manuels scolaires, les livres, la bibliothèque, les ordinateurs, l'âge, le sexe et l'origine culturelle des enfants, le temps. Ces invariants sont sans doute dépendants de la manière dont on les observe ou les utilise. Ainsi, la bibliothèque dépend d'un budget qu'il est difficile de modifier, mais probablement que les responsables accepteraient des suggestions d'achat. Les enfants vieillissent en cours d'année, les sites Web se multiplient et les programmes changent parfois à cause des réformes scolaires. On pourrait peut-être mieux gérer le temps, mais on ne peut que difficilement changer les horaires scolaires.

### b) Découvrir les contraintes…

…qu'elles soient internes ou externes au terrain et à la structure du système dans lequel baigne l'objet/projet. Elles découlent souvent des invariants. Les contraintes peuvent être économiques, culturelles, psychologiques et physiques. Dans les invariants sur lesquels il est difficile d'agir, on rencontre les tâches de travail déterminées dans les conventions collectives, mais aussi d'autres contraintes psychologiques et sociales redevables d'un milieu plus ou moins ouvert, d'une direction d'école conservatrice, ou encore culturelles en rapport avec les nombreuses ethnies présentes dans le quartier ou l'école. Pour contourner ces contraintes ou parfois s'y adapter sans compromettre un projet, il faut discuter et découvrir si le milieu a la volonté d'agir, de réagir, de s'adapter et de chercher à découvrir les zones d'instabilité et les niches de créativité et d'invention. On peut cependant compter sur le désir des parents qui a priori veulent le mieux-être de leurs enfants ; on peut également bénéficier de l'appui du comité d'école qui représente le personnel de direction, les parents et les enseignants.

## c) Établir les frontières...

...c'est-à-dire les niveaux d'intervention possibles dans le milieu concerné. Il convient de **signaler les interactions** par des flèches ou par des ellipses, des cercles qui indiquent des lieux réels ou des organismes

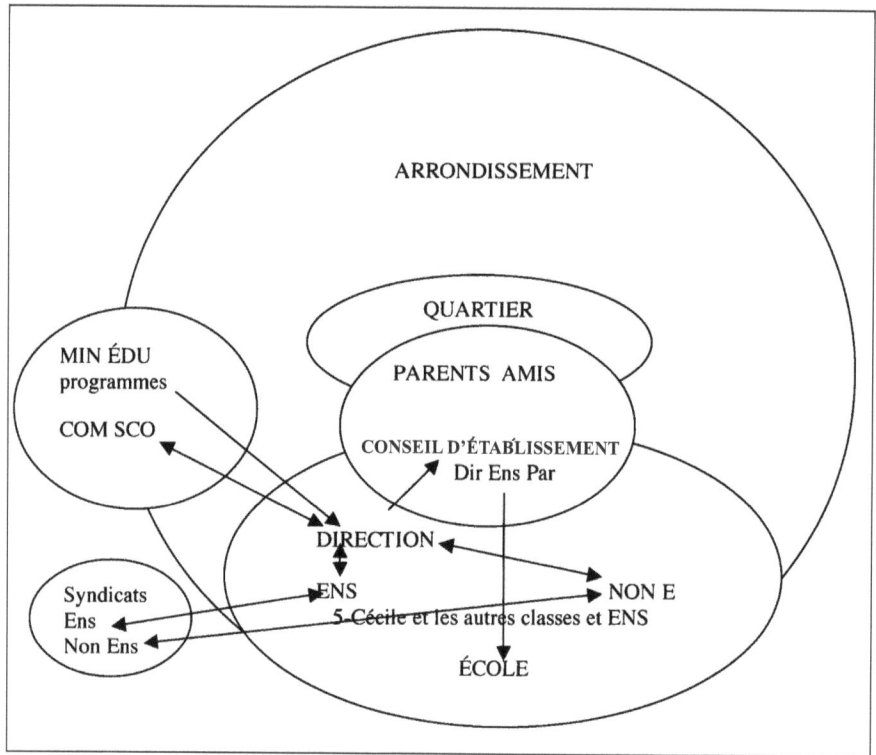

Fig. 5 - Les composantes systémiques du modèle fonctionnel.

*La mise en opération de la recherche-action intégrale et systémique*

présents par leurs influences dans l'environnement sans qu'on puisse les côtoyer nécessairement dans l'arrondissement. Ainsi se veut la figure 5.

Dans **l'arrondissement**, il y a bien sûr le lieu, le **quartier** où se trouvent **l'école, les parents, les amis**. Dans **l'école**, on retrouve **la direction, le personnel non-enseignant (NON E)** et les services, **le personnel enseignant (ENS)** et **les élèves** qui sont regroupés **dans plusieurs classes**. Jusqu'à présent, tous ces niveaux se touchent et s'influencent. Il y a un **Conseil d'établissement**, où sont représentés les parents, les enseignants et la direction, qui influence l'école par ses politiques et directives ou par les orientations qu'il donne. Il y a le **ministère de l'Éducation** dont la présence est symboliquement représentée par les **programmes**, les règlements d'âge, les réformes. Sous le ministère, il y a la **commission scolaire** qui engage les enseignants et le personnel non enseignant selon des normes dictées par les conventions collectives des divers **syndicats ou corporations**.

Les principales variables interactives systémiques sont indiquées dans la figure 5, la plupart du temps par des ellipses ou des cercles qui s'emboîtent, des flèches et ainsi de suite. Bien entendu, le modèle ne signale pas les interactions entre les élèves, entre les enseignants, avec la direction, le personnel de soutien ou non enseignant. Cette figure 5 n'est qu'un prélude, une première étape pour comprendre le modèle complet de fonctionnement illustré dans la deuxième figure de l'équipe E1. *Par exemple,* la classe de Cécile a dans son environnement immédiat les autres enseignants, la direction de l'école, le personnel de service, le syndicat, etc. Ces composantes frontalières sont-elles ouvertes à un renouveau pédagogique ? Si Cécile voulait introduire des bénévoles dans sa classe, le syndicat y verrait-il des objections, budgétaires ou autres ? La direction de l'école est-elle prête à aider Cécile dans un projet pédagogique ? Le Conseil d'établissement peut-il intervenir ? Quel serait le rôle des collègues ? Le personnel de service, celui des ressources audiovisuelles ou informatiques, de la bibliothèque ou autres, peut-il se compromettre et accepter des charges nouvelles non prévues dans la convention collective ? Autant de composantes qui peuvent interagir positivement dans le projet d'apprentissage autonome de Cécile.

Il serait bon de présenter à l'équipe E2, cette première figure pour recevoir les commentaires et intégrer les remarques de nature à améliorer le modèle. À son tour, l'équipe E2 soumet sa figure graphique à l'équipe E1 pour discussion. Pour continuer à améliorer le processus de formation, l'évaluation anthropopédagogique reste de mise ainsi que le journal de bord qui permettra au participant le temps venu d'analyser le processus et de le consigner dans un rapport de recherche pouvant l'inspirer dans son projet de recherche.

## Deuxième figure graphique :
## La modélisation systémique fonctionnelle de la RAIS

### Briefing et technique

Pour modéliser de manière fonctionnelle la RAIS, il est maintenant possible d'imaginer que le projet de Cécile de transformer son enseignement doit être décrit et situé dans cet ensemble de composantes du système plus général qui englobe sa classe d'enseignement. L'équipe E1 sait que Cécile a besoin de temps et ne peut tout changer dès le départ. Cécile aime l'enseignement, veut l'améliorer, mais doit tenir compte de la complexité des composantes qui l'entourent et régissent son école, sa classe. Les gens du quartier représentent de nombreuses ethnies et cultures différentes. Cécile peut s'en accommoder grâce à son ouverture d'esprit découlant de ses nombreux voyages et ses réflexions critiques. Elle sait qu'elle ne peut plus donner un enseignement uniquement traditionnel, elle doit motiver ses élèves, les enthousiasmer, leur trouver une passion, repenser sa discipline en fonction de la responsabilisation de chacun. Elle doit identifier les *leaders*, et communiquer l'essence de son projet à d'autres adultes de l'école afin de prendre le pouls des zones possibles de changement. Il est clair que l'équipe E1 va être obligée de réévaluer la finalité du modèle ontologique du module 2 pour trouver un cheminement dans la complexité du cas. Le projet de modélisation des valeurs pédagogiques de l'équipe E1 sera adopté, rendu réaliste ou réalisable tout en conservant l'essentiel d'une pédagogie de projet. C'est ce modèle de fonctionnement que l'équipe E1 illustre graphiquement après avoir retenu les composantes des figures précédentes. Plusieurs essais sont nécessaires avant de parvenir à une figure graphique comme la suivante.

Dans la figure 6 se déploie le modèle de fonctionnement de la RAIS appliqué au cas de Cécile tel que l'équipe E1 l'a conçu en s'inspirant du modèle de formation de la figure 3 (modèle ontologique). L'équipe pense que Cécile devrait impliquer ses élèves (É) dans une bonne discussion de classe, puis former probablement un comité de recherche (cR) dont elle ferait partie comme membre et animatrice. Ce comité rencontrerait la direction (Di) de l'école qui s'est montrée attentive au désir de Cécile de transformer sa pédagogie et qui l'approuve dans ses efforts d'acquérir de nouvelles connaissances. Le cR rencontrera (3$^e$ ellipse) la direction et les non enseignants, puis les enseignants, les élèves, les parents et les amis. Puis, si leurs rencontres intéressent fortement les groupes mentionnés (Pa, A et Ens et Di), ils essaieront de proposer leur activité culturelle au Conseil d'établissement (CÉ), ce qu'illustre la 4$^e$ ellipse. Encouragés, le cR et la Di entreront en contact avec des membres de la commission scolaire

*La mise en opération de la recherche-action intégrale et systémique*

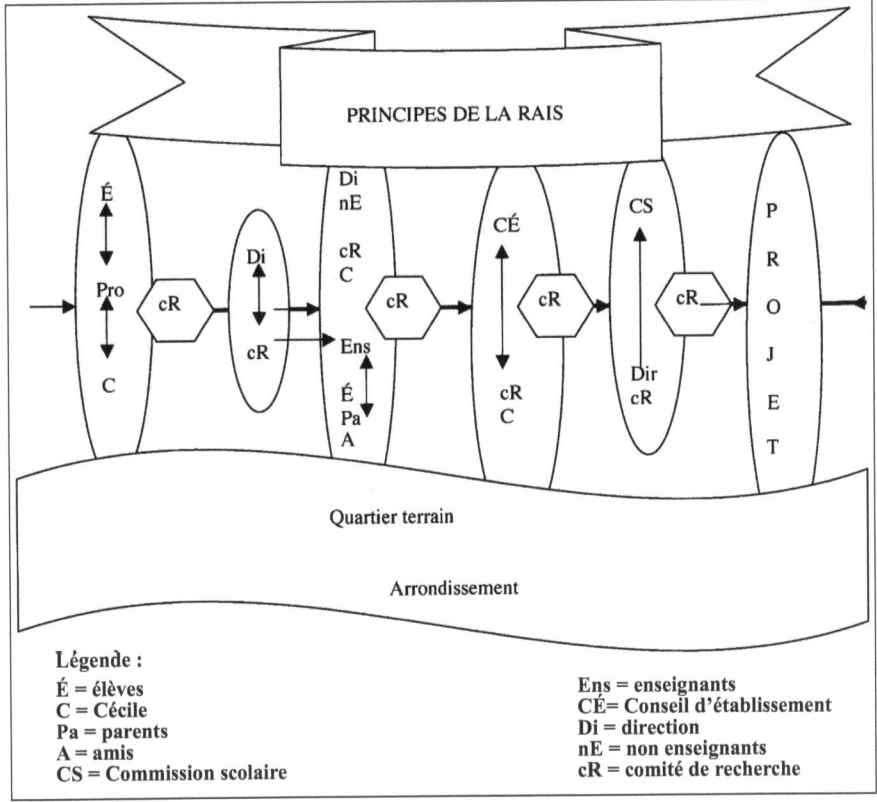

Fig. 6 - Le modèle de fonctionnement de la RAIS.

(Cs). Fort de ces appuis, le PROJET (6e ellipse) se concrétisera dans le quartier par des activités, ce pourrait être une grande fête interculturelle. Entre chacune des ellipses, il y a rencontre du cR (comité de recherche) avec toute la classe de Cécile. Un comité de recherche (cR) pourrait se créer dans chaque classe concernée ou encore un comité de recherche plus général pour toute l'école (cRÉ). D'autres comités pourraient aussi naître si le PROJET prend de l'ampleur, mais ils ne sont pas illustrés dans la figure 6.

Le cas de Cécile est un cas fictif qui laisse beaucoup de flexibilité aux acteurs/auteurs, beaucoup d'espace à leur imagination et la liberté d'inventer des conditions, d'identifier des invariants, de choisir des composantes avec leurs contraintes sachant que de toute façon sur le terrain, il faudra revoir et corriger le travail d'exploration du projet avec des personnes responsables, prêtes à s'engager. Grâce à la systémique, les modélisateurs acquièrent une vision globale, pertinente, et entrevoient des alternatives à leurs modes habituels de penser. Le modèle fonctionnel permet de revoir les ellipses, de les corriger et d'en ajouter. Les rencontres du cR entre chaque grande ellipse sont des boucles de dialogue et de réflexion pour améliorer l'action et prendre ou confirmer des décisions. Si ce projet peut apparaître systématique à certains, c'est qu'il est orienté par sa finalité, le changement dans l'apprentissage. Cependant, les boucles de rétroaction sont toujours présentes, ce qui laisse planer l'incertitude ; les décisions, il ne faut pas l'oublier, peuvent toujours être modifiées, car à chaque étape, il y a un ou plusieurs moments d'échanges et de révision.

Comme on l'a vu précédemment, l'équipe E1 simule sa finalité (figure 4) de changement et l'adapte au cas de Cécile. Éventuellement, chaque acteur/auteur devra faire de même pour son projet personnel. La finalité de changement transformatrice de l'équipe E1 se situe dans le temps et en regard de l'évolution possible du projet à l'intérieur comme à l'extérieur de la classe de Cécile. On a retenu implicitement l'autonomie et l'hétéronomie comme expressions de la finalité d'un apprentissage responsable. L'évaluation anthropopédagogique de la deuxième partie de ce module permettra au groupe de décider de la marche à suivre pour mieux maîtriser la formation à la RAIS ainsi que du temps qu'on voudra y consacrer dans le module suivant. Les réflexions de chaque participant dans son journal de bord peuvent toujours l'aider à être critique dans son projet personnel de recherche en supposant qu'il se reporte souvent en pensée sur son terrain d'intervention présent ou futur.

## 4ᵉ module
## L'application du modèle systémique fonctionnel de la RAIS

Dans ce module sur l'application du modèle systémique fonctionnel de la RAIS (ou la 4ᵉ spirale majeure) qu'on vient de produire de part et d'autre, on peut décider si on veut suivre les deux démarches ou une seule. Les démarches proposées sont :

a) faire une application d'un modèle systémique fonctionnel de la RAIS déjà réalisé par l'une ou l'autre équipe grâce à la technique du jeu de rôle ;

b) décider de présenter son projet personnel de recherche à son équipe et profiter des discussions et échanges pour l'enrichir, le préciser, réfléchir à la problématique générale et aux modélisations possibles ou applicables selon une démarche similaire à celle vécue dans les trois premiers modules.

## Un jeu de rôle avec les deux équipes

Un jeu de rôle pourrait être une manière efficace de procéder à l'application de la modélisation fonctionnelle de la RAIS avec Cécile et sa classe. Il s'agit de regrouper les équipes 1 et 2. Au départ, il faudrait s'entendre sur une synthèse des valeurs pédagogiques pour la classe de Cécile exprimées dans le modèle ontologique. On fera de même pour les composantes systémiques de la figure 5 (p. 166) et pour le modèle de fonctionnement d'une RAIS dans la classe de Cécile présenté dans la figure 6 (p. 169). Ainsi on réalisera une entente, un contrat, en définissant le langage sous-jacent aux modèles proposés. On intégrera ou retirera les valeurs, composantes ou démarches qui ne font pas l'unanimité sans les rejeter définitivement et en les conservant comme « possibles ». Ainsi on n'a pas nécessairement à uniformiser les démarches, mais à les considérer comme solutions de rechange. Il y a des idées qui à première vue apparaissent moins pertinentes, mais qui au fil des échanges pourraient être considérées comme des trouvailles dans la résolution de la problématique de Cécile. C'est le principe de la participation (Pr 5) de tous et celui d'entente ou de contrat (Pr 6) qui sont vécus à ce moment.

Dans la démarche du jeu de rôle, les participants choisissent un ou deux rôles. Dans une école, on retrouve un directeur ou une directrice, un conseiller pédagogique, un ou une collègue de même niveau d'enseignement, des parents, des élèves, une commission scolaire, un quartier, un environnement commercial, sportif et ainsi de suite. Une fois que la liste la plus complète possible sur les interactions possibles est établie, on définit les frontières, c'est-à-dire qu'on ne retient que les lieux et les rôles de personnes les plus pertinents, ceux qui sont susceptibles de répondre à cette finalité de changement, l'apprentissage autonome et réciproque. On décide qui sera l'animateur ou l'animatrice. Qui jouera le rôle de Cécile et qu'est-ce qu'on attend de sa participation ? Son rôle serait celui d'une enseignante qui cherche la collaboration. Les six principes de la RAIS pourront être vécus par tout le groupe, celui-ci étant ouvert à toute autre approche méthodologique nécessaire ; il s'agit alors de collaborer en exprimant son point de vue, en discutant et en étant critique.

Le groupe pourrait gagner à avoir un observateur participant qui prendrait bonne note de ce qui se passe ; cette personne ferait ses remarques à la fin ou pendant les échanges si l'animateur ou l'animatrice lui demande de faire le point. Les principes de la RAIS peuvent en partie servir de guide pour l'observateur en se rappelant qu'il s'agit dans ce module de regarder si on se pose des questions pertinentes, ouvertes, et fidèles au processus de la RAIS. L'animateur pose-t-il les bonnes questions ? Quel changement décide-t-on ? Quelles méthodes veut-on appliquer ? Doit-on faire une action précise pour ensuite revenir à une réflexion sur l'action et la situer dans l'ensemble du système scolaire (vision globale) ? Que ferons-nous si nous travaillons ensemble, c'est-à-dire comment allons-nous nous y prendre, à quel rythme nous rencontrerons-nous ? Quel est notre regard critique au plan de la participation de cette recherche-action ? Comment se passent les échanges, les dialogues, sont-ils démocratiques ? Dans les discussions respecte-t-on les différences d'opinion (regard critique sur la RAIS) ? Peut-on simuler des actions et en imaginer d'autres qui fonctionnent ? A-t-on un regard critique sur la connaissance ? Parvenons-nous à des leçons de pratique ? Y-a-t-il des dimensions de la RAIS qui sont oubliées ?

Chaque personne intervient selon sa spécialité et en tant que participant à l'ensemble. Le groupe connaît l'identité de chacun et sa responsabilité. On donne priorité aux acteurs principaux, c'est-à-dire aux élèves.

## *Suggestions pour décisions (à titre d'exemple)*

• D'abord, il faut s'assurer de bien connaître la situation problématique et de bien décrire le cas de Cécile (on le retrouve en annexe).

• L'animatrice peut poser des questions pour vérifier si elle comprend bien, de même que ceux qui représentent les élèves.

• Quels sont les problèmes rencontrés ? Pouvons-nous les classifier ?

• Quels sont les atouts dont l'enseignante peut disposer pour trouver une solution à ses problèmes ?

• Comment peut-elle intégrer sa recherche universitaire à l'analyse du problème et faire participer tous les acteurs, principalement les élèves et la direction, les collègues, les enfants des autres classes, les parents ?

Après clarification des problèmes de la classe de Cécile, on fait des tours de tables. Quelques exemples viennent des intervenants identifiés entre parenthèses :

1 - Cécile pourrait décider de mieux connaître la situation culturelle des élèves en faisant une enquête et des exposés sur les cultures qui se côtoient et même s'affrontent. Elle pourrait aider le groupe à se donner des notions élémentaires d'ethnographie ou d'anthropologie culturelle. *(la bibliothécaire, le commis à l'informatique)*

2 - Cécile devrait se concentrer sur la participation de tous à tous les niveaux concernés par la recherche-action intégrale et revoir avec ces

*La mise en opération de la recherche-action intégrale et systémique*

personnes les composantes de la modélisation systémique pour s'assurer qu'elle comprend bien toutes les interactions en cause.
*(une enseignante, la direction)*

3 - N'y a-t-il pas lieu de présenter l'approche systématique, structurée étape par étape, au départ pour produire un résultat (un journal de classe, une fête) qui nous mènerait ensuite, par la réflexion, à nous intéresser ou à mieux comprendre la complexité du milieu ?
*(des parents, le conseiller pédagogique, des élèves)*

4 - Ne devrions-nous pas consulter des spécialistes pour mieux comprendre le processus ?
*(des parents)*

5 - Acceptons-nous de faire une RAIS ? Si oui, par quelle étape devons-nous commencer ? Devons-nous tracer un programme de rencontres ? Pouvons-nous tracer nos boucles d'actions-réflexions avant les rencontres ?
*(Cécile, une autre enseignante)*

6 - Beaucoup d'autres questions peuvent se poser, car il n'est pas rare à l'université de remettre en cause le « pourquoi d'une approche ». On s'oriente alors dans un débat qui peut consolider les connaissances. La formation ne peut alors que s'en porter mieux.
*(divers intervenants)*

Cependant comme la démarche consiste en un jeu de rôle sur la RAIS, il est important que chacun accepte le jeu. Et ainsi on reprendrait avec les suggestions de Cécile les démarches d'une RAIS en suivant les étapes mentionnées tout au long de l'élaboration des figures graphiques par chacune des équipes, dans un chassé-croisé réflexion/action qui mènerait à un changement dans la pédagogie de Cécile. Le grand groupe ici a l'avantage de créer des surprises et d'ouvrir le débat, car il y a normalement plus d'interactions et de points de vue différents d'où surgira probablement la lumière.

Ce jeu de rôle prendra le temps qu'il faut et devrait susciter des échanges sur l'approfondissement du pourquoi de l'union de la recherche-action intégrale et de la systémique. Il permettra sans doute de toucher à d'autres approches comme le récit sur les valeurs de Cécile et des participants pendant l'exercice de leur rôle puisque leurs réflexions sur la pratique révélera sans doute les valeurs authentiques à l'occasion. Dans le journal de bord une synthèse de l'apprentissage de chaque participant durant cette partie pratique aiderait l'auteur à mieux comprendre les difficultés pratiques d'un projet lié à une pratique de la RAIS. On pourra terminer par une anthropopédagogie en groupe sur ce jeu de rôle de manière à enrichir la formation à la RAIS avant de se quitter pour réaliser son propre projet personnel si on n'a pas choisi l'option b) de ce module.

## L'application à la problématique de chaque acteur/praticien devenu auteur/chercheur

Une alternative au jeu de rôle, ou encore un deuxième temps si on choisit de vivre les deux approches, consiste à permettre à chaque acteur/praticien ou professionnel d'élaborer un modèle systémique fonctionnel concernant une problématique propre à son terrain de pratique professionnelle. Il peut le faire avec les personnes concernées sur son lieu de travail. L'ébauche pourrait être discutée en équipe ou avec un autre équipier.

Bien entendu, chaque praticien s'inspirera des leçons de pratique qu'il a développées en équipe et de la grille de ses valeurs qui doit le guider pour tracer son modèle opérationnel. Ce travail peut se faire seul au départ ou avec son milieu si ce n'est pas possible avec l'équipe. Le plus important, c'est d'appliquer les principes de la RAIS en dégageant toutes les composantes possibles ou imaginables afin d'élargir la problématique et de décider du changement à planifier. Il s'agit de mieux comprendre et réfléchir sur des actions ou interventions passées ou futures afin de tracer un chemin dans la complexité de la réalité et parvenir à trouver des pistes d'actions propres à résoudre les problèmes.

En résumé, dans la formation suggérée, on a laissé entendre que les participants aux ateliers écrivaient un journal de bord dans lequel ils consignaient l'application des principes en regard de leur propre situation. On peut aussi concevoir que chaque membre, tout en vivant les ateliers de groupe, élabore son propre modèle en vivant sur un terrain les mêmes étapes que celles qu'il vit dans son équipe. Cette voie est possible et on l'a partiellement privilégiée durant les expériences passées. Si on n'a pas insisté sur cette possibilité, ce n'est sûrement pas pour la discréditer, mais afin de permettre à la formation suggérée d'être expliquée plus clairement et de bien illustrer la démarche de la RAIS avec l'application des six principes énoncés au chapitre II.

*La mise en opération de la recherche-action intégrale et systémique*

## Conclusion sur la formation : Une autre démarche ou une autre voie

On pourrait peut-être préférer **une autre démarche** soit celle de la réalisation d'une RAIS dans un milieu spécifique et un retour beaucoup plus tard avec un groupe de pairs, par exemple dans un congrès[14]. Une telle expérience est généralement vécue par ceux qui font une recherche-action participative ou encore systémique dans le cadre universitaire et la présentent à un jury pour l'obtention d'un grade.

On pourrait imaginer **une autre voie** pour des groupes d'action sociale non soumis aux rouages des horaires universitaires ou scolaires difficiles à modifier. Après des formations plus rapides sur la recherche-action intégrale et systémique, un groupe d'acteurs pourrait se réunir par exemple quelques mois plus tard pour partager et améliorer l'expérience de recherche-action intégrale et de modélisation systémique vécue sur des terrains spécifiques et réels, ce qui équivaudrait pour tous à une riche prise de conscience et à un affermissement de la formation à la RAIS.

**En guise de conclusion** à ce chapitre, disons que la formation suggérée offre aux participants, à la fin de chaque module, la chance d'améliorer la démarche par une évaluation anthropopédagogique permettant de modifier et d'améliorer les éléments trop lourds ou irréalistes. Les ateliers consistent en un processus itératif de recherche-action qui s'applique à l'ensemble du groupe dans un environnement perçu systémiquement. Ce chapitre a proposé un exercice que l'on peut s'approprier, modifier et améliorer. Sans doute, tout n'est pas dit sur la formation et encore moins sur tout ce qui concerne la méthodologie ; il faut aussi réfléchir sur les outils et la collecte des données ainsi que sur l'ouverture à toute approche qui compléterait toute aventure d'amélioration de la pratique. Dans le chapitre suivant, on essaiera de débusquer quelques pistes dans cette voie de l'instrumentation.

---

14 - Ce fut notre cas ; nous avons présenté la RAIS vécue avec les sept groupes ainsi que la théorie et la démarche à quelque cinq reprises en Congrès. La partie théorique fut présentée pour la première fois en 1994 en France et la partie pratique en 1996. Au Québec, elles le furent aux Congrès de l'ACFAS à deux reprises. Reprises et corrigées par la suite, les réflexions furent aussi présentées au Congrès de formation continue, à Belo Horizonte en septembre 2004, ainsi qu'au Congrès du SEMPRE à Sao Carlos au Brésil fin août 2008. Le texte fut publié sur le site WEB de l'Université : http://www.proex.ufscar.br/sempe/Livro.pdf et on peut le télécharger gratuitement.

*Chapitre IV*

# La méthodologie, les outils et la collecte des données

Dans le chapitre précédent, le modèle opérationnel d'une recherche-action intégrale et systémique (RAIS) servait d'exemple d'encadrement de praticiens visant à acquérir une formation de chercheurs en rapport avec leurs pratiques professionnelles. Cette démarche pédagogique, voire andragogique, leur faisait vivre la méthodologie sans les obliger à l'utiliser dans leur projet particulier de recherche. Afin d'approfondir la démarche opérationnelle de la RAIS, nous considérerons maintenant la méthodologie et son ouverture aux autres méthodes de recherche, la place centrale du praticien et les outils essentiels de collecte d'informations. Le chapitre V traitera plus explicitement des activités d'analyse et de synthèse des données servant à questionner ou à solutionner une problématique et à enrichir le savoir de leçons de pratique.

Une des originalités de la méthodologie de la recherche-action intégrale et systémique (RAIS), c'est la révision dans un esprit critique des décisions prises durant tout le processus. Pour ce faire, il importe de saisir l'ampleur de la problématique, de recueillir les informations, de les examiner, de les grouper, de prendre des décisions, d'agir, d'en observer la portée dans un esprit de réflexion critique. Les différents concepts opérationnels (tableau 1, ch. II) favorisent une meilleure compréhension de la logique de la démarche en rappelant que la RAIS n'est pas linéaire mais complexe. S'applique alors le paradigme de l'intelligence de la complexité (Le Moigne, 2007) qui est une vision d'alliance et de « reliance » (Bolle de Bal, 1981) qui se poursuit du début à la fin de la recherche. C'est l'activité de l'auteur/chercheur qui devient avec ses co-équipiers le principal instrument de collecte des données, composantes ou résultantes du modèle systémique opérationnel. Poulin nous rappelle (2007, pp. 436-437) que dans les démarches relevant du paradigme interprétatif sous-jacent à la recherche qualitative, la personne s'implique comme outil d'investigation. Il s'agit d'un processus non linéaire, se dévoilant au fil de la conversation et en conséquence ne présentant pas de standardisation formelle.

Dans les lignes qui suivent, nous reviendrons *au départ* sur le débat qualitatif/quantitatif en indiquant les relations entre la RAIS et ces deux paradigmes. Cela permettra de situer *en deuxième lieu* la recherche-action intégrale et systémique en suggérant un canevas de sept étapes permettant de s'y retrouver. *En troisième partie* de ce chapitre seront considérés les différents outils de collecte de données, et particulièrement les qualités et le rôle du chercheur/praticien ou auteur/acteur, l'importance du journal de bord, les rencontres et leurs procès-verbaux, ainsi que d'autres techniques auxiliaires, ce qui conduira au chapitre V à l'analyse et à la synthèse des données menant à des leçons de pratique.

## *4.1 - Comment situer la RAIS dans le débat du « qualitatif » versus le « quantitatif » ?*

On sait qu'une seule méthode ne peut satisfaire tous les besoins d'une réalité complexe. La systémique n'y échappe pas bien qu'elle conduise à une pluralité de points de vue enrichissant la recherche-action intégrale en raison de sa vision globale l'ouvrant aux environnements interactifs. En considérant différentes disciplines pour éclairer une problématique, on ne peut cependant songer pour le moment à un concept formel d'interdisciplinarité ; on en appellera à la transdisciplinarité qui ouvre à diverses approches ; il en est de même pour le quantitatif qui réclame de plus en plus le qualitatif. Guba (1990), répétons-le, a démontré que les paradigmes doivent dialoguer et se compléter dans leur apport réciproque au savoir ou à la science. Limiter une discipline au seul positivisme, c'est fermer la recherche à la signification des êtres et des choses. En élargissant le concept de science à un savoir plus large, incluant ce que l'on contrôle et ce que l'on construit, les chercheurs se font participatifs, responsables, voire engagés dans l'accomplissement d'une tâche en vue d'un changement significatif.

En Amérique, les chercheurs doivent reconnaître que les tendances scientifiques modernes sont bien incarnées dans une conception ancrée et redevable d'un monde technocratique avancé qui ne fonctionne qu'avec des résultats fiables, clairs, généralisables et applicables à une majorité, souvent selon une norme statistique. Même si Edgar Morin (1990) affirme que la science positiviste n'a apporté que peu aux sciences sociales, il laisse entendre qu'il n'est pas certain que l'humanité se porterait mieux si le modernisme scientifique n'était pas né. Serions-nous plus avancés si la terre ne tournait pas autour du soleil ou si on ne pouvait communiquer entre nous aussi facilement que maintenant dans le monde des réseaux électroniques ? Dans le cas de la recherche-action, les équipes virtuelles doivent continuer à se développer afin de devenir aussi efficaces que possible sinon plus que celles en temps réel (Anderson et al, 2007). Et si nous n'avions pas ces médicaments antibiotiques ou ces vaccins qui préviennent des épidémies, serions-nous encore présents et aptes à discuter des enjeux d'une recherche-action et d'une systémique que tous désirent plus ouvertes et plus humaines ?

Les échanges entre les chercheurs d'allégeances qualitative et quantitative ont donné naissance à bien des débats dans la société nord-américaine. Ces débats semblent avoir cessé plus rapidement en Europe, les guerres scientifiques ayant eu lieu durant les quelques siècles précédents, ce qu'explique fort bien G. Pineau en parlant des grands penseurs et scientifiques dans son chapitre V sur la guerre des temps scientifiques (2000). Pour nous, il apparaît que les débats se dissipent car chaque groupe, quantitatif (adepte de la science moderne) et qualitatif (plus subjectif, interprétatif ou constructiviste), s'ouvre à une complémentarité des méthodes et les deux camps se rapprochent afin de profiter d'échanges possibles devant la complexité grandissante de la réalité. On retrouve cependant dans la littérature actuelle des revendications quant aux droits de chacun des groupes malgré l'émergence d'une vision unifiante. D'un côté la recherche qualitative continue à s'inspirer de la science moderne pour accroître sa rigueur, de l'autre les tenants du quantitatif prétendent perfectionner leurs modèles d'analyse pour mieux comprendre la signification de la réalité qui les entoure. Une rencontre mutuelle des deux grandes conceptions semble répondre aux signes des temps actuels.

## 4.1.1 - La RAIS et le quantitatif

Depuis plusieurs d'années, certains tenants des méthodologies quantitatives suggèrent des alliances méthodologiques, voire interprétatives, se rapprochant ainsi des chercheurs ayant une approche qualitative. Comme il est difficile de se retrouver dans cet « apparent » éclectisme, particulièrement en psychologie, il convient de situer la RAIS afin de mieux saisir son rapport aux méthodes quantitatives.

Un numéro de la revue *New Ideas in Psychology* a permis une rencontre d'auteurs tels Yanchar (2006a et b) et Westerman (2006), Dawson

(2006), Stam (2006) et Stiles (2006), adeptes du monde de la recherche expérimentale en psychologie, une science assez près de l'éducation, voire de certains courants en sciences sociales. Le premier, Yanchar (2006b), propose une approche ouverte, interprétative, contextuelle, capable de conduire à de nouvelles stratégies d'investigation quantitative d'interprétation contextuelle. Il reconnaît les dangers d'une quantification abusive qui fait fi de la riche tradition de la pensée herméneutique. Il présente des applications et refuse une méthodologie trop détaillée qui manquerait de souplesse. Il soutient qu'une recherche doit être cohérente avant de faire appel à différentes possibilités méthodologiques. Cette approche ouverte à une position pluraliste ne va pas jusqu'à une intégration qui changerait la nature même de la recherche quantitative traditionnelle incluse dans d'autres méthodes. Quant aux applications possibles, Yanchar renvoie à des recherches où l'interprétation contextuelle quantitative a joué un rôle, par exemple les fonctions de l'imagerie dynamique et contextuelle, la description de la nature herméneutique de la personnalité, le *situated learning*, la théorie d'activité ou une étude d'ethnographie sociale.

Un autre chercheur, Westerman (2006), va plus loin et démontre que la recherche quantitative est essentiellement une entreprise interprétative. Il ne voit pas pourquoi une opposition au positivisme signifie nécessairement une opposition au quantitatif puisque les tenants du quantitatif utilisent l'interprétation dans la construction de leur *design* de recherche. Il soutient qu'une vision herméneutique fondée sur les pratiques laisse voir que les phénomènes psychologiques sont irréductiblement interprétatifs bien que tributaires de l'approche quantitative. En somme, rejeter le positivisme ne conduit pas à rejeter une approche systématique des méthodes quantitatives ; pour lui, l'approche herméneutique interpelle le quantitatif en complémentarité en vue d'une signification plus complète. L'auteur propose un dialogue qui va au-delà d'un pur éclectisme et dépasse le concept de science moderne. N'était-ce pas la position de Blondel (1893) qui tenait le même discours, mais en sens inverse, en expliquant la nécessité de l'exercice de l'action intelligente pour parvenir à un plan de recherche positiviste (Morin, 2007, ch. I) !

Rappelons qu'il existe depuis quelques années une revue qui encadre les méthodes mixtes de recherche et s'efforce de parvenir à une définition (Johnson et al. 2007). Leech et Onwuegbuzie (2009) font des méthodes mixtes (une union du quantitatif et du qualitatif) un des trois paradigmes majeurs, les deux autres étant séparément le quantitatif et le qualitatif. Ces mêmes auteurs présentent une typologie d'un *design* de recherche combinant huit possibilités d'union des deux méthodes. Dans leur perspective, la RAIS que nous expliquons dans cet ouvrage ne serait pas une méthode mixte, car elle ne s'inspire pour le moment que de recherche qualitative même si elle réunit par exemple la narration ou la théorie enracinée *(grounded theory)*. Il est vrai qu'à l'intérieur de la recherche qualitative, nous rencontrons une diversité d'approches ou de méthodes. Enfin, la RAIS ne se ferme pas à cette possibilité de méthodes mixtes comme on le souligne ci-après.

## Une application à la RAIS

Si on se replace dans l'optique de Yanchar (2006a), la RAIS, qui consiste en un mariage de deux approches légitimes et qui est fortement liée à l'interprétation, serait candidate à une investigation quantitative contextuelle. Yanchar soutient que les programmes de recherche les plus prometteurs ne relèveront pas d'une orthodoxie paradigmatique, mais seront contextuels, émergeant de théories d'enquête qui supposent des présomptions bien pensées, enracinées dans le domaine d'investigation et même des stratégies incertaines — adoptées, modifiées, ou innovatrices — et cohérentes avec les présupposés théoriques (p. 215). Dans cette perspective, on doit, dit-il, privilégier la construction d'une théorie, l'utilisation d'une méthode innovatrice, l'analyse critique et la solution de problèmes plutôt que des perspectives théoriques et la formulation de méthodes.

La RAIS a toutes les qualités requises pour être candidate à l'analyse quantitative même si dans cet ouvrage on considère surtout son aspect qualitatif peu compatible à l'élaboration d'hypothèses rigoureuses, surtout lorsqu'on se livre à une activité créatrice ou constructiviste. Cependant, on ne peut pas fermer la porte au quantitatif qui pourrait enrichir ou être complémentaire au savoir interprétatif. Un des exemples de recherche-action donné par Kurt Lewin dans le contexte de la fin de la Première Guerre mondiale, celui de la participation aux changements alimentaires qui doivent être adoptés pour aider les soldats américains au combat, ouvre sans doute la porte au quantitatif. La RAIS, conçue comme étude de cas, est fortement enracinée dans un contexte problématique. Si les tenants du quantitatif peuvent enrichir les leçons qui émergent de la pratique, la RAIS ne s'en portera que mieux. Yanchar (p. 218ss) propose dans l'article cité ci-dessus des voies en regard de l'action humaine en termes de magnitude ou de fréquence, de pertinence, de satisfaction, de bonté, et ainsi de suite. Si on a alors besoin d'une échelle de mesure, on peut penser aux formes ordinales. On pourrait aussi interpréter les résultats en élaborant des instruments de mesure qui satisferaient un cadre contextuel ou peut-être interprétatif. Voilà en somme une orientation de la recherche qualitative vers un dialogue avec le quantitatif que la recherche-action intégrale et systémique ne peut que souhaiter dans sa vision élargie de la recherche.

Le point de vue de Westerman (2006) nous apparaît encore plus pragmatique et devrait être pris en compte par le lecteur soucieux de comprendre la RAIS. Cet auteur souligne la nécessité de considérer les actions, ce que les gens font, ce qu'ils accomplissent, dans leur contexte parce que la signification des êtres et des choses est concrète, elle est vécue avant qu'on puisse la considérer en recherche. Le chercheur n'est pas un spectateur, il est aussi un acteur qui ne doit pas chercher les significations en faisant appel à des structures abstraites qui conduisent facilement à oublier le sens que donne la personne à son agir. C'est la signification visible qui compte, ce que Wittgenstein (1968) appelait les *ostensive definitions* (exemples ostensibles).

Le fait de considérer la nature interprétative de l'approche quantitative aide à comprendre comment la RAIS pourrait s'appuyer sur un nouveau concept de science. La RAIS de nature plutôt qualitative devrait utiliser le quantitatif au besoin sachant qu'il peut être une forme d'expression interprétative du réel. Il est possible que le quantitatif soit souvent oublié en recherche-action parce qu'il apparaît purement positiviste, incompatible avec l'interprétation qui pourtant chez Westerman (2006) est importante. Pour ce dernier, le psychologue devrait se percevoir comme une personne engagée et participante dans un monde d'activités pratiques ; à ce chapitre, il ne peut être ni un arbitre, ni une personne capable d'expliquer totalement ce qu'elle sait sur les phénomènes psychologiques. On rejoint ainsi Cahill (2007) qui soutient une politique de l'action dans le sens de Freire, mais dépassant le lieu contextuel d'une expérience de PAR (recherche-action participative), car de la pensée critique, qui pourrait n'être que thérapie, on passe à une action de justice sociale réelle (pp. 267 et 286-288) sans tomber cependant dans l'activisme qui rend incapable de faire une analyse relationnelle des dimensions micro et macro de l'environnement. P. Reason (2006, p. 207) affirme d'ailleurs que le pragmatisme est réaliste, et que l'action conduit à faire des choix moraux, relationnels, épistémologiques et pratiques. Sans doute, comme le soutient Westerman (2006), le praticien acquiert des connaissances pratiques qui se construisent et deviennent son expérience, mais ce savoir a selon lui des limites (p. 203-204). On peut diverger d'opinion avec lui quand il met de côté la conception abstraite de la réalité. En effet, la recherche-action intégrale et systémique permet d'acquérir des leçons de pratique pouvant être appropriées et adaptées à une autre situation problématique ; à ce titre les leçons sont des théories sur la pratique relativement abstraites, mais utiles à l'activité d'intervention. La modélisation systémique est le lieu de simulation de stratégies à évaluer, à retenir et à mieux appliquer mutatis mutandis dans d'autres circonstances d'intervention. L'expérience se construit autant de concepts abstraits que de concepts concrets ou d'exemples.

*La méthodologie, les outils et la collecte des données*

## 4.1.2 - La RAIS et le qualitatif

Si la recherche quantitative se réfère souvent à un paradigme positiviste lié aux sciences exactes ou à celles de la nature, la recherche qualitative est née en Amérique du Nord en partie par opposition aux approches expérimentales (souvent positivistes) des sciences de la nature, et notamment en éducation. La dichotomie est partiellement historique et les deux méthodes gagneraient à s'ouvrir à des intégrations méthodologiques (Dawson et al., 2006), c'est-à-dire à une vision pluraliste. R. Johansson (2007) pense que l'étude de cas, grâce à son appréhension complexe de la réalité, pourrait être le lieu d'union entre les méthodes qualitative et quantitative. L'approche systémique aussi, peut-on penser.

Si on en juge par les publications récentes, la lutte des tenants de l'approche qualitative en quête d'un concept élargi de science gagne du terrain en Amérique du Nord dans la communauté des chercheurs universitaires. Le qualitatif peut éclairer les sciences humaines, éducatives, sociales, de la gestion et de la santé où il est bien établi (Given, 2006, p. 377). Cependant, le cri du cœur actuel pour le qualitatif, c'est en psychologie (*The Counseling Psychologist*, 2007, 35, n$^{os}$ 2 et ss) et dans les sciences de la santé qu'on l'entend. En sciences sociales et en éducation, les chercheurs ont moins à défendre leur droit à la recherche qualitative qu'ils avaient à le faire au Québec dans les années 80 *(Revue de Recherche Qualitative ou ARQ)*.

Quelle est la nature de la recherche qualitative ? Yeh et Inman (2007) disent qu'elle s'intéresse surtout aux données du langage par opposition aux données quantitatives, qu'elle a pour but de construire une image complexe, holistique, afin de décrire et de clarifier l'expérience humaine telle qu'elle apparaît dans la vie des gens. D'autres, tels Haverkamp et Young (2007, pp. 276-279), soutiennent que la recherche qualitative est une investigation d'une expérience vivante dans un contexte socio-historique. Le chercheur, en tant qu'interprète, adopte une approche herméneutique, mais selon trois traditions ou regards de la « signification » : celui de la validation, celui de la philosophie et celui de la critique.

*Le premier regard, la validation herméneutique,* exige qu'un chercheur qui interprète un texte ou une interview ait un souci d'exactitude suivant une tradition post positiviste qui donne priorité à la réalité tout en sachant qu'on ne peut l'appréhender parfaitement. On aurait intérêt à s'inspirer de Popper (1973) afin de vérifier par la falsification les hypothèses portant sur la signification. Dans cette optique, on peut réaliser une investigation phénoménologique avec une orientation théorique, par exemple en faisant l'étude d'une structure essentielle invariable qui pourrait caractériser la thématique ou le processus de l'identité raciale.

*Le deuxième regard, l'herméneutique philosophique*, serait fondé sur les travaux de Gadamer (1975) pour qui l'idée de compréhension est un processus actif. L'interprète cherche à approfondir son point de vue en le raffinant, en intégrant d'autres dimensions. Il s'agit d'un paradigme nettement constructiviste qui élargit une pensée et laisse émerger la compréhension dialectique d'un phénomène. En incorporant plusieurs points de vue différents, on facilite le changement par la perte de préjugés et de dichotomies, par exemple sur l'orientation sexuelle.

*Le troisième regard, l'herméneutique critique,* ferait référence aux travaux d'Habermas (1971, 1975) visant la transformation, l'émancipation et l'autorisation en harmonie avec des projets orientés vers l'action ou d'autres mettant au défi des structures sociales existantes. Il s'agit d'un paradigme idéologique et critique. Qu'on discute des structures sociales comme faussant nos perceptions d'une finalité de changement ou qu'on insiste sur une meilleure participation dans l'action de transformation, la critique herméneutique cherche la précision afin d'enlever les distorsions sur la signification du changement à accomplir. Un défenseur de cette approche en recherche-action serait S. Kemmis (2003) d'Australie.

En résumé, la recherche qualitative pose un regard plus contemporain sur la réalité bien qu'elle puisse se référer aux philosophies pratiques du temps d'Aristote ou encore aux études des textes de l'Antiquité, voire aux maîtres à penser des temps modernes (voir Pineau, 2000). En confrontant la recherche qualitative à la recherche quantitative, on risque de s'obliger à répondre aux objections concernant la généralisation de nos résultats ou encore aux discussions élaborées sans de rigoureux protocoles expérimentaux. Ainsi sont remis en cause autant l'échantillon pour sa non représentativité que le processus par sa prévalence sur les résultats ou encore la subjectivité des chercheurs ou des observateurs participants, par exemple les praticiens/chercheurs engagés en recherche-action. De plus, on pourrait aussi reprocher à la recherche qualitative son manque de rigueur dans l'analyse et la corroboration interprétative des données et la difficulté d'accès aux sources ou aux études de cas mises en avant dans les protocoles. À tout cela, il faut ajouter les débats sur les paradigmes, sur le concept de science moderne versus la science aristotélicienne et sur la pratique, ce qui peut provoquer une discussion interminable conduisant difficilement à un consensus ou à une intégration des savoirs. Des auteurs, entre autres Myrick (2006), Onwuegbuzie et Leech (2007), traitent de la qualité de l'échantillon tandis que Niaz (2007) explique le sens de la généralisation en recherche qualitative. Notre souci n'est pas de répondre à ces débats par une autre thèse. La littérature couvre ces points de vue ; le livre de Denzin et Lincoln (2005) est éloquent à cet égard, car il fait place à des auteurs qui ont des perspectives éclectiques, mais il plaira davantage aux spécialistes des problématiques hautement complexes. Les échanges entre les deux camps ne feront pas le poids si au départ on ne s'accorde pas sur un terrain ou un langage commun comme le veut le principe 6 de la RAIS. Il est peut-être possible de parvenir à ce que proposent Driedger et al (2006), soit à une épistémologie commune et à une position ontologique pour les approches qualitatives conduisant à titre d'exemple dans une interview à une méthode convergente. L'appel des réalités concrètes et complexes pourrait être un champ d'entente si, d'une part, on soulevait une problématique et si, d'autre part, on investiguait en utilisant des méthodologies diversifiées qui répondent à une conception de la science ouverte aux savoirs expérientiels et aux subjectivités « disciplinées » qui allient l'objectif et le subjectif, le quantitatif et le qualitatif en complémentarité. Ne parlerions-nous pas de points de vue complémentaires au lieu de méthodes mixtes ou d'un dialogue de cultures comme le proposaient Reich et Reich (2006) ?

Des spécialistes en approches quantitatives comprennent aujourd'hui que le positivisme n'est pas une solution miracle en recherche. On croirait entendre Blondel, lorsque des chercheurs tels Yanchar et Westerman le constatent ; ils nous rappellent que le processus de la pensée menant à un schéma de recherche relève de l'intelligence observatrice, attentive aux relations entre les phénomènes. La pensée de Blondel sur l'action se voit aussi dans certaines autres démarches européennes de recherche participative redevables aux mouvements coopératifs d'Henri Desroche, concrétisés dans la formation de collèges coopératifs en France, ou dans des expériences de coopération en Afrique, au Brésil (Thiollent, 2006) et au Canada français, et enfin comme le mettent en exergue à leur livre *La recherche-action. Une autre manière de chercher, se former, transformer,* les professeurs P.-M. Mesnier et Ph. Missotte (2003). Le positivisme préoccupé de résultats scientifiques devrait probablement s'insérer dans un ensemble plus large, plus global et se montrer complémentaire à des applications soit traditionnelle ou contemporaine basées sur un concept élargi de savoir. Une entente entre le qualitatif et le quantitatif serait alors réaliste et réalisable.

Ce discours n'est repris (Morin A., 2007, chap. III) que pour réaffirmer qu'aucune méthode n'est absolue pour comprendre la réalité ou la changer. On sait très bien par exemple que les guerres les mieux organisées ne réussissent pas à conquérir le monde, même inspirées par des causes comme la démocratie ou pour défendre des droits humains bafoués. Il y a trop de variables qui interviennent, luttes de pouvoirs, traditions culturelles, tabous, castes, classes sociales, interdictions et peurs de toutes sortes et ainsi de suite, qui rendent le changement souvent inaccessible. Ce qui ne signifie pas que le changement soit impossible. Il y a toujours eu du changement. Les idéologies y ont été pour quelque chose, les dogmes religieux aussi, mais aucune idéologie ou croyance ne perdure si les gens ne l'acceptent pas. Les hommes ont la liberté d'y croire et d'y adhérer.

Devant tant de complexité, il semble important de trouver des manières de progresser intelligemment en fondant les méthodes avant tout sur le réalisme de l'être humain et surtout sur sa liberté, celle d'un groupe, d'une société ou d'un peuple. L'intelligence de la complexité est un nouveau discours dans l'étude de la méthode pour notre temps, dirait encore aujourd'hui J.-L. Le Moigne (2007). Ce n'est pas une conversion que la RAIS demande, c'est un réalisme philosophique fondé sur l'observation. La complexité est là pour rester et la liberté pour s'exercer malgré les contraintes. De notre point de vue, la recherche-action intégrale et la systémique font un mariage intéressant dans une finalité de changement bien que la RAIS ne soit pas la seule méthodologie qui puisse y parvenir. On peut facilement imaginer une union entre anthropologie et éducation comme nous l'avons déjà fait pour l'évaluation « anthropopédagogique », entre narration et systémique ou recherche-action, enfin entre beaucoup de méthodes disciplinaires. En bref, nous pensons qu'une méthode pluraliste aidera à mieux comprendre et résoudre une réalité problématique complexe. Il est vrai qu'il n'existe pas beaucoup de classifications de *designs* ou de méthodes qualitatives en rapport avec les questions de recherche. Creswell et al. (2007) proposent une nomenclature de cinq approches qualitatives et indiquent les caractéristiques de chacune. Il s'agit de la recherche narrative, de l'étude de cas, de la théorie enracinée *(grounded theory)*, de la phénoménologie et de la recherche-action participative. Un tel outil peut sans doute aider le chercheur lorsqu'il considère plusieurs approches pour aborder sa problématique. Mettre le changement comme finalité est excellent, mais il devra bien identifier la méthode choisie. De notre point de vue, l'étude de cas n'est pas de même niveau que la recherche-action participative (PAR), cette dernière relève d'un cadre exploratoire et est un des meilleurs regards compréhensifs ou globaux d'un terrain pour comprendre la nature et la mise en marche d'un changement. Cependant les auteurs ont raison de souligner l'importance d'un outil, d'un cadre pour aider particulièrement les jeunes chercheurs. Poulin de l'Université d'État de Washington (2007) prétend que la formation à la recherche qualitative n'est pas toujours offerte de façon régulière dans les programmes

*La méthodologie, les outils et la collecte des données*

gradués ; c'est pourquoi elle présente la pensée rationnelle d'un *design* comme cours introductif. Le modèle de pratique de Nguyen (2009) fondé sur l'investigation pour les enseignants en formation pourrait compléter le précédent en lui apportant une touche de recherche-action quand sont impliqués les membres des communautés d'apprenants.

## *4.2 - Une démarche méthodologique pour la recherche-action intégrale et systémique (RAIS)*

Plusieurs méthodologies existent : celles du quantitatif, du qualitatif et les méthodes mixtes. On peut leur ajouter les approches pluralistes dont font mention Chiasson et al. (2008) lorsqu'ils expliquent la recherche-action en fonction d'une revue de la littérature des systèmes d'information. On pourrait joindre la systémique et la recherche-action comme il serait possible de le faire dans l'esprit des différentes combinaisons que suggèrent Hall et Howard (2008) avec leur vision « synergistique ». D'autres auteurs sont plus réductifs. Montero et Leon (2007) proposent dans leur classification les études empiriques de l'ethnographie, la méthode de l'étude de cas et la recherche-action (pp. 856-857) alors que Creswell et al. ajoutent la narration et la théorie « enracinée » *(grounded theory)*. Fine (2007) commentant le numéro spécial de *The Counseling Psychologist* (35) sur les méthodes qualitatives nous invite à une expansion imaginative méthodologique en souhaitant par exemple des études longitudinales, des combinaisons de méthodes et leurs croisements ainsi que les analyses correspondantes. Elle appuie par ailleurs Haverkamp et Young (2007) sur l'importance pour le chercheur de trouver à travers le labyrinthe des paradigmes le but de sa recherche ; elle trouve réaliste d'essayer de comprendre le souci émotionnel du chercheur qui passe de la clarté du réalisme aux risques de l'interprétation dans la quête de significations. Dans les paragraphes suivants, nous présenterons les étapes de la RAIS du point de vue du ou des chercheurs.

Une méthodologie comprend des énoncés destinés à la pratique de tout acteur voulant élaborer en tant qu'auteur un plan approprié ou un *design* opérationnel de recherche. La RAIS ne fait pas exception à cette règle. Ses énoncés doivent être rigoureux dans le respect des principes épistémologiques et ontologiques qui prennent origine dans des paradigmes qui se complètent et qui l'inspirent. Selon Meyrick (2006, p. 803), toute méthodologie doit refléter la transparence et la systématisation ; la transparence étant tous les processus pertinents de recherche et la systématisation consistant en une collecte de données et d'analyses normales ou adaptées, mais justifiées. Les énoncés de la démarche ne sont pas exhaustifs ; ils peuvent apparaître linéaires parce que présentés en continu pour fin de clarté. Cependant ils doivent être cohérents avec les cycles de révision de la recherche-action et la vision conjonctive des composantes de la systémique. Ils sont un canevas, un guide pour des chercheurs qui veulent répondent aux besoins d'un terrain ou d'un groupe de professionnels ou praticiens qui choisissent de réaliser une recherche. Le canevas ci-après est implicitement compris dans les chapitres II et III sur les principes opérationnels et la formation à la RAIS, en voici les énoncés.

## *4.2.1 - Bien comprendre la finalité de changement visée par le projet*

La finalité de changement de la RAIS se traduit dans le projet du ou des chercheurs qui ont cerné une problématique présentée en tant qu'objet d'étude qui les préoccupe et les intéresse. Ils connaissent leur responsabilité et peuvent confronter cette problématique, l'interroger en fonction des différentes méthodes (quantitative, qualitative, mixtes, pluralistes) pour mieux la comprendre et la solutionner. Il faut se rappeler cependant que c'est la nature de la problématique qui entraîne l'utilisation d'une méthode et la RAIS ne peut échapper à cette évidence. En RAIS, les chercheurs se compromettent et travaillent à transformer la réalité ou tout au moins à produire un changement. L'objet problématique devient un objet/projet.

Les attitudes des chercheurs face à l'objet d'étude varient. Il y a des méthodes qui exigent du chercheur qu'il intervienne, mais qu'il demeure neutre face à tout changement causé par son action ; il doit rester en dehors du problème en quelque sorte, comme un observateur non participant. Par exemple, si on désire mesurer la perception des couleurs à partir d'un objet bien circonscrit et projeté sur un type particulier d'écran ou de tableau, on choisit une approche expérimentale parce que les variables sont contrôlables, identifiables et mesurables. Si le chercheur a pour tâche d'étudier les habitudes alimentaires dans un endroit du pays, il fera probablement une enquête sociologique ; il pourra procéder par questionnaire et rester en dehors de l'action. Par ailleurs, s'il désire rédiger des monographies ethnographiques sur les habitudes culinaires de la population de cette région, il agira comme observateur participant à la vie des gens. Aucune de ces deux dernières études ne vise pour le moment un changement immédiat. Dans une situation d'anthropologie culturelle, le chercheur s'implique davantage. La vision qu'il donne des sociétés, des personnes et des traits est partiellement empreinte de sa subjectivité, c'est-à-dire de son point de vue sur les événements et leurs significations, même s'il se réfère aux grilles théoriques déjà connues de sa discipline afin de l'exposer clairement et rigoureusement. Il ne s'implique pas ordinairement dans une intervention de changement. Sa participation est une modalité conviviale et instrumentale permettant d'obtenir davantage de données et de les analyser : on le dit un observateur participant.

Dans un cas de recherche appliquée de développement, la problématique se complexifie. Il se peut que le chercheur veuille améliorer tel prototype d'un moyen de transport, un avion par exemple. Il engagera logiquement des ingénieurs qui feront de la recherche fondée sur des lois mathématiques et physiques éprouvées. La participation des gens sera parfois limitée à la phase d'expérimentation pour évaluer leur satisfaction. Dans ces problématiques spécialisées et bien délimitées, il est clair qu'on ne fait pas appel à une recherche-action coopérative comme la RAIS. Surendra (2008) suggère cependant un système plus souple, rapide *(agile systems development)* dans le développement de systèmes structurés en génie de l'information. Déjà en 2007, Cook et Ferris démontraient que le génie scientifique *(engineering science)* s'ouvre depuis une décade aux aspects sociaux et que le progrès se fait sentir grâce à une position transdisciplinaire qui incorpore les approches systémiques établies en gestion. Cela incite à penser que certaines problématiques devraient faire appel, pour différentes étapes de production, à des principes de recherche-action intégrale implicitement systémique. Hochet et N'gar (1995), parlent depuis longtemps de recherche-action-développement (RAD), Dionne (1996, 2007), quant à lui, de la recherche-action par le développement qu'il définit comme une écoute, un engagement et une pratique. Järvinen (2007) va jusqu'à dire que, dans le *MIS (Management Information Systems)*, la recherche-action est semblable à la science du *design*, mais il n'insiste pas assez sur la participation des gens en tant qu'auteurs/acteurs d'un changement, participation empreinte d'un dialogue critique. La finalité de la RAIS vise un changement ou un développement à caractère endogène.

Un projet de RAIS a besoin d'une *finalité générale* de compréhension et de changement qui se traduit dans des objets/projets plus spécifiques, définis en partie lors de la mise en exécution des tâches. Le changement est la finalité de la systémique, avons-nous dit au principe 1 du chapitre II. Il est selon les écrits du chapitre premier *« une transformation durable de la pratique, issue de la réflexion et de l'application de connaissances et inspirée par une philosophie de responsabilisation et de participation de tous les intéressés »*. Ce changement peut conduire à des transformations radicales ou partielles, que ce soit dans une connaissance plus poussée du problème ou dans une action pertinente respectant autant l'aspect global que particulier. Action et discours sont deux pôles appelés à évoluer et à s'influencer réciproquement. En RAIS, le praticien/chercheur est *partie prenante* d'une action située dans un système complexe, il coopère au changement, il participe à l'évolution et à la solution des problèmes tout en reconnaissant qu'il y a dans l'environnement des variables contraignantes qui le limitent et qu'il ne peut changer facilement. La finalité se définit aussi comme une action délibérée de changement.

Le rôle du chercheur en titre, invité à conseiller une pratique, est celui d'un *préposé* connaissant mieux la méthodologie et ses exigences, ce qui lui permet de participer à l'évolution du groupe et à la solution des problèmes. Sa première tâche consiste à expliciter avec un groupe la finalité du projet. Cependant, puisque la démarche n'est pas linéaire, il commencera parfois par l'étape suivante.

## 4.2.2 - Saisir clairement les besoins principaux de la problématique

Que ce soit un groupe ou un chercheur extérieur à un groupe qui décide d'effectuer une recherche-action intégrale et systémique, il faut déterminer les principaux besoins de changement éprouvés. Par exemple, un groupe peut avoir des problèmes à résoudre ou des solutions à trouver afin d'améliorer un programme ; il peut vouloir créer des structures organisationnelles adéquates pour le travail. Des scientifiques peuvent envisager d'aider des communautés à concevoir ou à adopter de nouvelles techniques de subsistance ou à apprendre à mieux intégrer les anciennes habitudes de vie en tenant compte des nouvelles découvertes scientifiques. Des responsables d'une entreprise industrielle peuvent vouloir pallier un désintérêt face au travail, un manque de sentiment d'appartenance de leurs employés. Plus simplement, on pourrait considérer de remédier à l'insatisfaction d'un professeur et de ses élèves face à un enseignement ou un contenu ; on pourrait encore espérer combler des besoins de coopération de travailleurs sociaux qui se sentent isolés dans l'accomplissement de leur tâche. Dans l'une ou l'autre de ces différentes situations, un groupe peut décider de faire appel à des spécialistes de la recherche-action intégrale et systémique pour avoir de l'aide. Comme on l'a précisé précédemment, certaines problématiques nécessitent une RAIS tandis que d'autres commandent une ou des méthodologies différentes.

*La méthodologie, les outils et la collecte des données*

Pour saisir plus clairement les besoins d'un groupe, on peut procéder à une analyse des besoins. Il faut se rappeler qu'il existe de nombreux documents sur l'analyse des besoins dans la littérature, particulièrement dans le domaine de la technologie de l'enseignement *(Instructional technology)* où depuis bien des années (Briggs, 1977) on a fait ses preuves dans l'enseignement individualisé et la systématisation, et bien sûr dans d'autres domaines tels la gestion, le travail social ou communautaire et la santé. Le livre de Lapointe (1992) contient une mine de renseignements ; il fait le point sur le sujet et a l'avantage de bien présenter la systémique, particulièrement la théorie des systèmes souples. Selon lui, il y a un certain consensus chez les auteurs nord-américains sur le concept de besoin qui est *« considéré comme ce qui est jugé idéal au bon fonctionnement d'un individu, d'un groupe, d'un système d'apprentissage »* (p. 39). Cependant pour déterminer la situation idéale, on fait appel au jugement et aux valeurs des individus et en conséquence on retient le côté subjectif du concept en s'inspirant de J.M. Barbier et M. Lesne (1977), cités par Lapointe. Les chercheurs en RAIS auraient intérêt parfois à consulter des spécialistes pour mieux saisir leurs besoins lorsqu'ils envisagent une action de transformation. Ces besoins se traduisent souvent en objectifs grâce à une méthode de travail qu'on nomme Technique du Groupe Nominal (TGN). Celle-ci peut aider à préciser les actions d'intervention comme l'ont fait Kulczycki et Shewchuk (2008) en santé en utilisant la TGN disponible sur Internet[15].

La durée d'une étape de compréhension des besoins véritables pour un groupe peut paraître longue, mais ce n'est pas du temps perdu ; il sera récupéré lorsque l'on procédera à l'harmonisation des tâches et à la précision des actions pour la réalisation du projet. L'étape suivante du plan de recherche se place logiquement à la suite ; cependant, il se pourrait qu'un animateur suggère une action telle la conception d'un plan et que cette action suscite la nécessité de préciser les besoins et la finalité. Ainsi l'action susciterait la réflexion.

---

15 - La Technique du Groupe Nominal est issue d'études psychosociales de fonctionnement en petits groupes. Elle permet à chacun des experts de se soustraire à la pression du groupe en transmettant anonymement ses propositions qui sont ensuite clarifiées en plénière et soumises au vote secret (Lapointe, 1992, 153-165).

## 4.2.3 - Construire un plan de recherche dynamique et approprié

Tout n'est pas recherche-action même si tout peut être action. Bien qu'on parle parfois de tâtonnement, de rodage, de bricolage à propos de la recherche-action, cela ne veut pas dire qu'on puisse se passer de tout plan général ou de toute stratégie de recherche. La RAIS n'est ni vagabonde, ni bohémienne. Que sa dynamique requière une multiplicité de boucles, de redressements, de formulations successives de questions, cela est signe de santé et de souplesse : on s'adapte aux mouvements de la vie. Le plan doit être approprié et dynamique. La recherche-action intégrale et systémique pourrait se définir comme *une science de l'investigation vivante* comme le suggère Reason (2006, p. 208) en citant Mead (2001).

Par ailleurs, le plan de la RAIS est un modèle qui s'inscrit dans un processus flexible ; il n'est pas vraiment aussi rigide qu'un modèle de recherche opérationnelle tels le CPM *(Critical Path Method)* ou encore le PERT *(Program Evaluation and Review Technique)*. Pourquoi ? Les modèles de recherche opérationnelle sont des *designs* très rationnels où l'on planifie pratiquement toutes les étapes du projet (Nedzela, 1986)[16]. Ces modèles se concentrent sur une définition exhaustive des tâches ; ces dernières obéissent à un ordre logique qui en permet la réalisation. Cette succession des tâches est illustrée par un réseau qui indique la durée minimale de chacune d'entre elles. Chaque réseau possède un cheminement critique déterminant le délai minimum de réalisation du projet. Dans le CPM, il n'y a pas d'incertitude sur la durée des tâches comme il y en a dans le modèle PERT, plus probabiliste ; le CPM est davantage préoccupé par le coût tandis que le PERT l'est par le temps. Il n'est cependant pas dit que ces deux modèles ne puissent être utiles à la RAIS lorsqu'un projet prend de l'envergure, autant pour déterminer les délais que les coûts et le nombre de participants/chercheurs impliqués.

Si l'on accepte la définition de la RAIS avec les six principes opérationnels du chapitre II, il est évident que l'entente ou contrat, la participation et le changement dans le discours et dans l'action orientent les chercheurs/praticiens vers une vision obligée des variables de l'environnement culturel, économique ou social, une vision globale qui détermine la

---

16 - Les méthodes PERT et CPM nous viennent de compagnies américaines vers 1957. PERT a montré son efficacité en terminant deux ans plus tôt le projet *Polaris Weapons System Programme* et CPM a permis à Dupont d'augmenter sa production d'un demi-million de tonnes de néoprène. Nedzela M., (1986, p. 348).

pertinence des décisions d'action. Le principe 2 (ch. II) propose en quelque sorte un modèle opérationnel possible avec quatre ellipses ou étapes pour parvenir à une modélisation. La formation proposée au chapitre III suivant peut être une façon parmi tant d'autres de planifier un projet de RAIS. À la différence des approches opérationnelles surtout linéaires, la RAIS ne peut être ni déterministe, ni totalement prédéterminée, car elle se centre et se concentre sur des personnes qui accomplissent des tâches et qui participent à la gestion d'un projet commun. Une participation coopérative et motivante est fonction de ces impondérables. Notre plan intégrait les suggestions de la démarche à suivre en systémique telle celle de Foster-Fishman (2007) explicitée brièvement au principe 2 qui couvre quatre étapes : délimiter les frontières du système ; identifier les parties fondamentales du système aptes au changement ; estimer ou évaluer les interactions dans le système ; et encourager les changements systémiques.

Dans tout projet, la RAIS fait place à la possibilité de réviser les questions, les décisions à court et à moyen terme et de revoir la vision globale ou holistique ; elle est une démarche visant la solution de problèmes liés à la condition humaine ; elle s'appuie sur le dynamisme des personnes concernées. La nature des questions de recherche commande des méthodes appropriées quant à la collecte des données (Given, 2006, p. 377) que les acteurs/auteurs désirent obtenir au cours de leurs interventions. Les techniques doivent être variées et sont bien illustrées par Suzuki et al. (2007) qui écrivent dans un langage symbolique que l'étang détermine le poisson que tu prends ; les stratégies de pêche, faut-il ajouter, doivent cependant être multiples pour obtenir des données nombreuses et variées.

Dans le modèle suivant, des boucles de révision sont présentes et interactives ; elles obéissent aux lois de la vie et de la liberté humaine et sont planifiées par les acteurs selon les conditions sociales qui les régissent. Ces auteurs/acteurs déterminent la marche du projet, les étapes de réunion, de réalisation, de cheminement, de questionnements et de tâches. S'il y a tâtonnement, c'est parce la démarche est dynamique ; chaque flèche représente les liens nécessaires entre les périodes de réflexion en réunion et d'action sur le terrain. La figure 7, page suivante, laisse voir ce cheminement.

*La recherche-action intégrale et systémique*

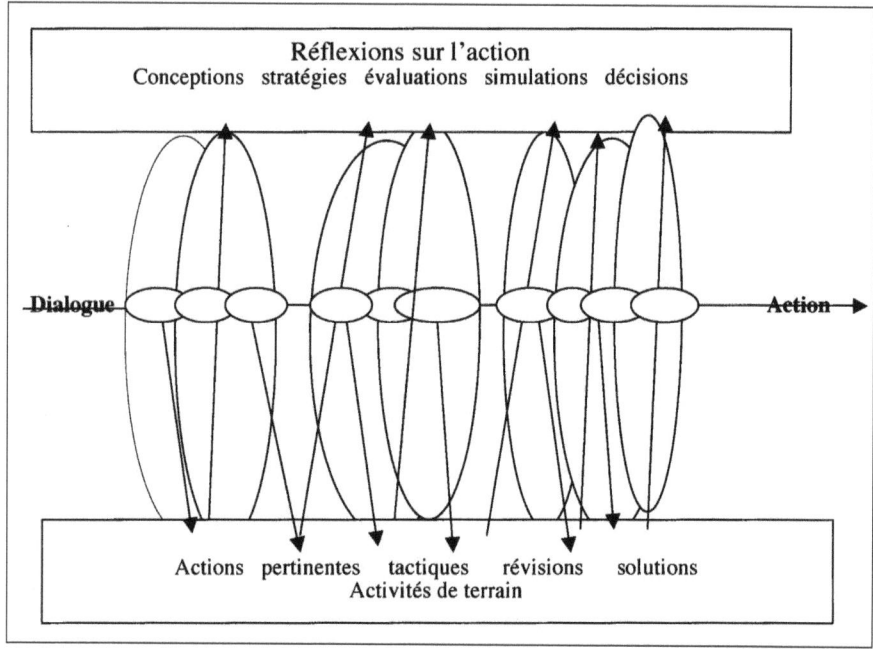

Fig. 7 - Une méthodologie de recherche-action intégrale et systémique.

On sous-estime parfois le temps de réalisation d'un projet. Cela arrive en recherche expérimentale à cause de délais dans l'obtention de permissions. Un projet de RAIS qui fait appel à la liberté de l'être humain demande souvent beaucoup de temps, car on cherche à respecter les personnes avant tout. Il faut accepter des spirales variées et espacées dans les questionnements ou dans la précision des tâches durant le processus de recherche. Le modèle de cette figure 7 est ouvert à une multitude de possibilités selon les acteurs, les milieux et les terrains. Les dialogues placés sur la ligne du centre indiquent que les participants tiennent compte à la fois des réflexions sur l'action et des activités de terrain. Chaque rencontre a sa durée propre, ce qui explique que les ellipses varient. Elles marquent également l'évolution du processus de la RAIS. Le nombre de rencontres illustrées est arbitraire ; chaque réunion (ellipse) est commandée par le terrain ou par un besoin de réflexion sur les tâches, les concepts, ou encore pour répondre à des urgences. Chaque courbe peut représenter une étape de l'ensemble, mais plusieurs courbes sont nécessaires pour accomplir une RAIS. Une discussion peut se poursuivre dans les premières ellipses et, parfois, refaire surface plus tard dans une autre ellipse.

Le dialogue est le nerf de la RAIS. Le groupe peut percevoir la problématique de façon plus étendue au début du processus ou plus étroite

## La méthodologie, les outils et la collecte des données

suivant qu'il parte de la complexité et non du contexte. Si on lit de bas en haut la figure 8 suivante, les échanges au début apparaissent des questionnements plus larges. La base élargie représente les discussions d'un groupe soucieux d'avoir un regard systémique, global, essayant de saisir la pertinence du problème dans l'environnement afin d'en découvrir les contraintes. Plus le groupe dialogue, échange ou discute, plus il comprend et découvre les sentiers à explorer, plus il définit les tâches à accomplir et plus il fait émerger des significations ; la spirale se rétrécit et le problème se précise. Dans le projet de la classe de Cécile, évoqué au chapitre précédent, on a voulu voir la classe dans ses environnements d'école, de quartier et d'arrondissement. On est parti de la complexité après avoir choisi la pédagogie par projet centrée sur l'apprentissage.

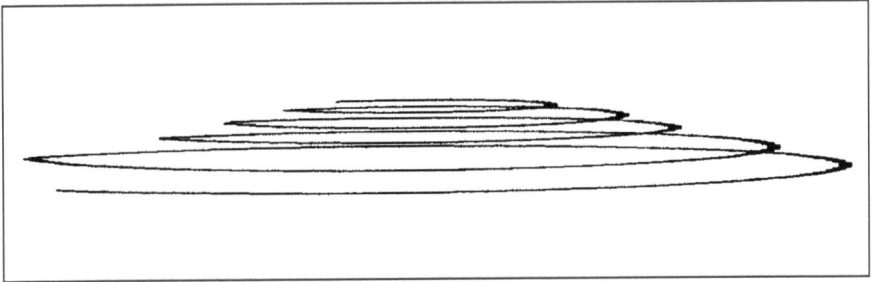

Fig. 8 - Une recherche-action intégrale systémique.

Par ailleurs, si on se centre sur des problèmes plus pointus au début d'une RAIS, on devra élargir les perspectives par la suite. La figure 9, page suivante, symbolise cette démarche. Le groupe se veut peut-être plus précis parce que le problème est urgent et nécessite une solution rapide ; ou encore la définition des systèmes a eu lieu antérieurement. Le groupe s'ouvrira plus tard à d'autres perspectives causales plus larges pour éviter la récurrence du problème. La perception de l'enjeu deviendra plus claire et la reconnaissance des imbrications ou des interactions fera jaillir des significations ignorées jusqu'alors. Des actions et des réflexions mettront en évidence la complexité des composantes implicites ou cachés ; une vision plus globale, voire holistique, permettra à la recherche-action intégrale (RA) de devenir systémique (RAIS). Si on reprend notre cas, à l'étape des premières réunions de classe, on voit que Cécile et les élèves ne pensent faire que des projets ponctuels pour connaître les différentes cultures en présence dans la classe. Puis, petit à petit, le projet se complexifie et il faut planifier en conséquence, élargir le comité de recherche et ainsi de suite. C'est ce que pourrait illustrer la figure 9.

*La recherche-action intégrale et systémique*

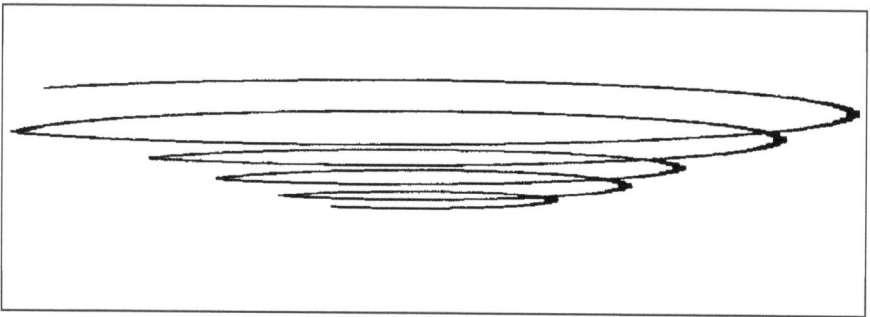

Fig. 9 - Une recherche-action intégrale devenue systémique.

En résumé, ces deux figures 8 et 9 sont des représentations simplifiées de problématiques larges ou plus restreintes dépendant de l'angle que l'on choisit au départ. On pourrait voir ces spirales de façon horizontale, mais on risquerait de figer les ellipses de la figure 9 qui se veut abstraite et ouverte à des échanges multiples. On peut évidemment se positionner à mi-chemin entre la complexité et la simplicité d'un problème. Chaque ellipse peut comporter des visions ou stratégies systémiques et d'autres plus pointues en rapport avec la résolution du problème. Il importe de trouver un modèle de recherche approprié au groupe et de bien comprendre l'essentiel de la RAIS. Il convient de rappeler que la RAIS est liée à une problématique que l'on partage. C'est pourquoi on a souligné au chapitre II, principe 6, que pour négocier ou parvenir à une entente, il importait d'avoir un langage commun, si possible dès le départ.

## 4.2.4 - Se donner un langage commun

Une fois établis les besoins du groupe en fonction de la problématique et de la participation à une tâche commune de recherche, il importe de se donner *un langage opérationnel commun* pour traiter le problème à résoudre ou à éclairer ; cela évitera par la suite bien des discussions. Se donner au départ ce langage commun semble une vérité de La Palice. On l'oublie cependant trop souvent. Lorsqu'il y a entente sur le sens du projet et les objectifs, la recherche-action intégrale et systémique devient beaucoup plus facile.

Revenons plus explicitement sur une des préoccupations mentionnée au principe 6 (ch. II), du *Ford Teaching Project* qui voulait encourager « *la pédagogie par investigation et par découverte* » dans l'enseignement des sciences. Il a été fort important de définir clairement les termes utilisés

*La méthodologie, les outils et la collecte des données*

par les enseignants qui avaient sans doute des pratiques dissemblables d'une école à l'autre et même une compréhension individuelle variable des exigences de cette méthode au sein d'une même école. Beaucoup de concepts étaient employés par les enseignants : structuré et non structuré, orienté par l'enseignant, centré sur l'enfant, guidé, ouvert, etc. Après échanges et discussions, on a retenu comme catégories, *formelle* : structurée et dirigée ; puis *informelle* : structurée et non structurée, et pour chacune de ces deux dernières, guidée et ouverte (Elliott, 1988, p. 199). Au départ, on a créé en quelque sorte quelques catégories sur lesquelles on allait réfléchir par la suite. Les catégories, formelle et informelle, indiquaient le degré de dépendance et d'indépendance des élèves vis-à-vis des enseignants. Les catégories, structurée et non structurée, donnaient les finalités premières et étaient mises en relation avec le degré de concentration de l'enfant sur la discipline. Enfin, les catégories, dirigée, guidée et ouverte, se situaient sur un continuum en rapport avec le degré de directivité des méthodes pédagogiques de l'enseignant et le degré de contrôle qu'il exerçait sur l'apprentissage de l'élève. Une fois ces catégories acceptées par tous, on pouvait continuer la recherche. Plus récemment, la recherche de Webb et al. (2009) en Australie, déjà expliquée au principe 6 également, montre que le langage peut engendrer une longue recherche à lui seul.

Plus près de notre exemple sur la formation à la RAIS, l'équipe E1 (chapitre III) qui a exprimé ses valeurs pédagogiques à l'intérieur du module 1 a dû elle aussi définir tous ses termes, entre autres, ceux de pédagogie responsable, de projet individuel, de projet coopératif, d'autonomie, de réciprocité et du rôle de l'enseignant avant de les traduire dans un modèle ontologique au module 2 pour ensuite les appliquer aux modules 3 et 4 à la classe de Cécile.

## *4.2.5 - Conclure une entente ou un contrat ouvert*

S'il y a une étape essentielle qu'on ne doit pas escamoter au risque de vouer la recherche à un échec, c'est bien celle du contrat ou de l'entente ; le contrat est une *condition sine qua non*, il est nécessaire à toute recherche-action intégrale et systémique. C'est de lui que dépend la participation de tous dans l'étude du problème pour trouver des solutions, décider et entreprendre des actions plus efficaces. Le terme lui-même : entente, négociation ou contrat, importe peu ; il suffit de retenir l'idée de décisions communes, soit entre un chercheur étranger et un groupe, soit encore entre les praticiens d'un groupe qui entreprennent une action commune de recherche. L'idéal à atteindre est que le contrat soit ouvert, formel et non structuré. Le chercheur en titre est dans bien des cas un *préposé* ; tous les acteurs dans une recherche-action intégrale et systémique doivent élaborer, confirmer, formuler, accepter, ou refuser une problématique qui évolue continuellement parce qu'ils sont acteurs et auteurs de l'entreprise de recherche.

Le contrat le plus ouvert, celui qui est informel et probablement non structuré, n'est pas celui qui permet la plus grande efficacité, car il manque trop de précisions ; il favorise cependant, comme en ethnographie, l'émergence de variables nouvelles. Trop informelle et non structurée, la recherche risque d'être bohémienne ou vagabonde. En optant pour un contrat ouvert, formel mais non structuré, on conserve la flexibilité nécessaire au changement et à la continuelle remise en question. Les hypothèses varieront. Le discours évoluera. Les stratégies et les rôles pourront changer. Quand on connaît la nature du problème, qu'on a un objectif de changement et que les membres sont prêts à s'engager, on s'entend sur la nature de la tâche ; il devient alors possible de prendre des décisions et de les évaluer.

## *4.2.6 - Préciser les rôles des participants et les tâches*

La RAIS, qui s'inspire d'une philosophie de participation, n'est pas hiérarchique, mais démocratique. Qu'est-ce à dire ? Toute recherche-action vise à faire des acteurs sociaux les auteurs de leur recherche, c'est-à-dire qu'en principe tout acteur doit être un auteur et tout auteur doit mettre la main à la pâte comme acteur dans la réalisation d'actions. Ce qui domine, ce ne sont pas tellement les tâches, mais les rôles par rapport aux tâches. Tous peuvent exprimer leurs réflexions. Les connaissances de chacun sont importantes, complémentaires pour effectuer un changement durable ; il convient d'établir dès le départ un principe d'égalité quant au droit de parole et d'écoute.

En pratique, il est clair que certains membres du groupe apporteront des dimensions différentes à l'action et à la réflexion. La richesse de la RAIS, c'est de permettre une coopération active autant dans le dialogue, formel ou informel, que dans l'intervention. Un chercheur en titre assume le rôle de *préposé* que lui confère souvent sa préparation académique, il peut aussi être *acteur* s'il a la même préoccupation que le groupe. Comme *préposé*, il informera les *acteurs* sur des aspects méthodologiques et techniques. D'autres dans l'équipe seront aussi *préposés* à d'autres tâches tout en demeurant *acteurs/auteurs* de la recherche. On a traité au principe 5 du double rôle que le chercheur en titre ou *préposé* a à jouer et il serait

*La méthodologie, les outils et la collecte des données*

important de revoir l'expérience de Trondsen et Sandaunet (2008) sur cette dualité des rôles. Il demeure que des échanges avec les organisations qui requièrent la collaboration de chercheurs sont fort utiles pour clarifier les responsabilités mutuelles et garder le caractère participatif de la recherche.

Les tâches doivent être déterminées de façon démocratique si on veut qu'il y ait une véritable participation ; elles pourront changer en cours de route si de nouveaux besoins surgissent. L'attribution des rôles pour accomplir les tâches permet, dès le départ, d'être plus efficace dans l'exécution du projet. Si un professeur d'université se joint à un groupe, il pourra par exemple fournir l'information nécessaire à l'élaboration d'instruments de recherche pour la collecte de données afin de permettre aux autres acteurs d'y collaborer. D'autres personnes qui pourraient être d'excellents animateurs pourront avoir comme fonction d'animer les réunions de recherche ou les rencontres de collecte de données sur le terrain. Quelques autres pourront rédiger le procès-verbal à tour de rôle et ainsi de suite.

Plus le groupe progresse, plus il y aura d'échanges et d'actions en commun ; les rencontres devraient devenir un véritable partage de récits d'activités et de réflexions sur celles-ci. Ainsi chaque acteur apprendra à travers l'action et la réflexion des autres. Dans le projet de Cécile au chapitre II, l'équipe E1 voyait les élèves comme des *acteurs* et Cécile comme *préposé* mais aussi comme acteur/professionnel responsable du contenu et de la pédagogie du projet, mais tous étaient chercheurs ou auteurs des décisions de rénovation de la pédagogie. Un plan doit prévoir les rôles et les tâches de chacun, mais les tâches ne doivent surtout pas être exclusives, car les réactions, les feedbacks et les interactions propres au processus de la RAIS peuvent engendrer de nouvelles tâches ou nécessiter de nouvelles collaborations.

## 4.2.7 - Déterminer la durée totale du projet en fonction des grandes étapes

Dans un projet de RAIS où toutes les composantes sont en interaction, il est difficile de concevoir linéairement les étapes de préparation, de recherche proprement dite et de rédaction ; ces étapes peuvent être cependant définies dans les grandes lignes comme on l'a fait précédemment en 4.2.3 avec un modèle prototype en quelque sorte. On ne peut fixer tous les détails à l'avance. On peut sans doute prévoir des étapes qui n'auront pas nécessairement lieu. Par exemple, l'étape de préparation, c'est-à-dire la formation des acteurs à la RAIS, pourrait se faire en partie pendant la réalisation du projet comme on le mentionne à la fin du chapitre III. Souvent les étapes s'enchevêtreront. Il est utile de noter les moments forts ou les axes inévitables et de les ordonnancer approximativement en raison de la complexité du réel. L'esquisse du plan sera souple afin de laisser les forces humaines dynamiser le déroulement de la RAIS en respectant la liberté des gens et leurs cultures.

Il est inutile de répéter toutes les étapes de la modélisation systémique que nous avons expliquées au chapitre III sur la formation à la RAIS. Il est évident que les chercheurs, une fois qu'ils auront conclu une première entente, sauront s'ils sont sur la même longueur d'ondes pour entreprendre une recherche-action intégrale et systémique qui vise un changement. Le processus permettra de déterminer comme dans les modules 1 à 4 (chapitre III) une finalité liée aux valeurs des participants, la figure graphique des composantes du système et leurs interactions, les frontières qu'on s'imposera en fonction d'un modèle de fonctionnement qu'on dessinera et qui respectera les principes de la RAIS expliqués au chapitre II.

On peut aussi prévoir les types de rencontres, les endroits et des dates. Dans le cas de Cécile, l'enseignante et les élèves (acteurs/auteurs) planifient des rencontres hebdomadaires et d'autres plus ponctuelles avec les élèves des autres classes. Dans l'éventualité d'un projet ayant plus d'envergure, on devra prévoir plusieurs rencontres avec les responsables des différentes composantes du système classe-école-quartier, mais on ne peut prédire que les acteurs/élèves voudront devenir auteurs/chercheurs d'un grand projet, telle l'organisation d'une fête dans le quartier.

En somme, l'important dans un plan général, c'est de reconnaître les grands axes et de les concevoir comme des moments privilégiés pour réviser le questionnement, les méthodes et les stratégies afin de préciser la problématique. On peut fixer une date pour conclure l'entente sur un vocabulaire commun et pour déterminer la finalité de changement du ou des projets. On sait que par la suite on déterminera les rôles des acteurs en fonction des tâches à accomplir. On planifiera également du temps pour choisir les outils de collecte d'informations ou pour rédiger les rapports de recherche. On peut en partie déterminer les dates des réunions ou les périodes d'échange ou de dialogue du groupe. Il peut cependant y avoir des urgences ou des réunions essentielles non prévues pour la bonne marche du projet. Dans ce cas, on pourra envisager le recours à des moyens traditionnels comme les conférences téléphoniques, ou encore l'utilisation des nouvelles technologies de l'information.

Il faudra sans doute ajouter d'autres axes spécifiques au projet, déterminés par le discours et l'action (principes 4 et 3). Évidemment, le plus

*La méthodologie, les outils et la collecte des données*

important dans ce processus, ce sont les périodes de dialogue, de dialectique, de décision sur les actions à entreprendre. Ce sont en quelque sorte des moments privilégiés pour l'*objectivation* des données. La discussion est la clef de voûte des premières analyses et fournit des renseignements précieux qui serviront au traitement des données ultérieurement en vue de tirer des leçons de pratique. Ces réunions de groupe seront souvent nourries par les réflexions que chacun a consignées dans son journal de bord.

Il est aussi important de déterminer dès le début le temps approximatif qu'on pense pouvoir accorder à la réalisation du projet. La finalité du projet, c'est-à-dire la nature et la qualité du changement ou de la transformation désirée face aux besoins éprouvés ainsi que les ressources dont on dispose décideront approximativement du temps requis. Si le temps disponible est trop court, on pourrait devoir modifier la finalité, diminuer les ambitions de changement, voire choisir une orientation méthodologique plus appropriée.

En éducation, un projet de RAIS d'une enseignante du primaire sera conclu dans un court laps de temps, voire un semestre, tout au plus une année. Le problème doit être bien délimité et réduit à l'essentiel. Le projet de Cécile a voulu être limité à une année scolaire et même s'il devait prendre de l'envergure, il n'irait pas plus loin avec cette classe de 5$^e$ de Cécile à moins qu'elle ne soit responsable du même groupe l'année suivante.

Dans des projets sociaux ou culturels, la durée d'une recherche-action intégrale et systémique peut s'étendre sur une période de temps plus considérable. Dans ce contexte, l'entente se fait lentement au moyen d'observations de nature plus anthropologique, voire d'enquêtes sociologiques pour mieux expliquer la problématique. À partir d'un petit groupe de praticiens/chercheurs, la participation peut s'élargir, dépendant de la volonté de la population à changer quelque chose ou suivant la progression de la recherche.

Les principes de la RAIS, expliqués au chapitre II, doivent apparaître comme des forces majeures qui poussent les chercheurs à une pratique de plus en plus participative. Ils sont des idéaux à atteindre pour une démarche réussie ; il est bon de retenir que toute participation active des personnes concernées et toute décision librement consentie assurent un changement plus durable. Tout problème nécessitant la participation de plusieurs individus a de bonnes chances de commander une recherche-action coopérative, particulièrement dans les sphères de l'éducation, du travail social, de la gestion et des soins de santé.

En somme, ces sept points de la planification du projet sont présentés de façon plutôt linéaire, mais pour peu que nous comprenions le processus, nous saurons que la réalité est souvent différente et que le cheminement pourrait être chaotique à certains moments avant de parvenir à des ententes qui d'ailleurs devront se préciser tout au long de la recherche. Afin que le projet enrichisse l'intervention et apporte des leçons de pratique, il est maintenant important de regarder les différents outils de collecte d'informations qu'on pourrait utiliser dans cette démarche de la RAIS.

## 4.3 - Les différents outils de collecte d'informations

Parler des outils en recherche-action intégrale et systémique n'est pas de tout repos. La plupart des instruments de collecte de données sont conçus pour la recherche dite scientifique, c'est-à-dire celle qui rejette la subjectivité du chercheur. On n'a qu'à penser aux questionnaires élaborés minutieusement pour atteindre l'objectivité, une démarche essentielle dans une méthodologie exigeant un contrôle expérimental. La démarche de la RAIS se caractérise par l'implication des acteurs qui mettront en commun des points de vue différents sur une problématique afin de l'objectiver en quelque sorte. On doit alors trouver ou créer des outils qui favorisent le dialogue et l'expression des points de vue variés des acteurs. Un seul outil ne peut suffire à recueillir les données liées aux multiples interactions des composantes d'une RAIS.

### 4.3.1 - Les qualités et les rôles du chercheur/praticien ou de l'auteur/acteur

Actuellement, on s'entend pour reconnaître que le chercheur en recherche interprétative est l'instrument principal de collecte d'informations (Poulin, 2008). Dans le passé, nous devions expliquer que les participants en RAIS étaient les premiers responsables des informations qu'ils recueillaient. Nous les disions avec un brin d'humour… « *les principaux outils de collecte d'informations* ». Tout outil ou instrument qu'on développe doit donc être une extension de l'être humain. Si l'outil principal est l'auteur/acteur, on comprendra que ses qualités et son rôle retiennent l'attention.

Il ne fait aucun doute que pour assumer leur rôle de porteurs d'informations, les chercheurs doivent avoir la chance de s'exprimer. Ainsi l'animateur devra posséder des qualités d'ouverture, de disponibilité, d'attention et d'écoute. Le dialogue en RAIS est de facture orale la plupart du temps. Pour se bien préparer, les auteurs/acteurs apprendront à se connaître et à respecter les autres en vue d'un travail démocratique en

## La méthodologie, les outils et la collecte des données

coopération. Si quelqu'un est incapable de travailler en équipe, il ne devrait pas se lancer dans une approche de recherche participative, mais il pourrait fort bien exceller dans une autre forme de recherche plus individuelle.

Une compréhension mutuelle exige une capacité de vivre l'incertitude et de reconnaître le caractère unique de chaque intervention ou situation, si différente soit-elle de la position personnelle de chacun parce que le processus même de RAIS s'inscrit dans une dynamique où les choses sont en constante reconstruction ou changement. Le rôle du chercheur/praticien n'est pas celui d'un expert, mais plutôt d'un préposé. Il est un coopérateur, un co-auteur, et il est de son devoir de connaître l'expérience des autres praticiens et de l'accepter comme valable et capable de contribuer à la solution des problèmes. L'atmosphère sera celle d'un échange où chacun écoute et parle, où l'on évite les communications agressives et les luttes de pouvoir. Si le groupe n'a pas d'animateur, il devra en former un ou encore l'engager afin que le droit de parole soit respecté intégralement.

L'idéal de participation à la collecte de données, c'est que tous interviennent et que tous collaborent à toutes les étapes de la construction d'outils appropriés, dans la collecte et dans l'analyse des données. Il n'est pas nécessaire que chacun accomplisse toutes les fonctions ; la RAIS ressemble à un organisme vivant où chaque organe a un rôle différent, complémentaire de l'autre, et il est apte à communiquer toutes les informations relatives à son rôle. Chacun remplit la tâche qui lui a été attribuée en harmonie avec ses compétences. C'est la richesse d'un organisme de communiquer ce qui se passe. Si un groupe envisage une cogestion, un idéal difficile à atteindre, il semble qu'il devrait s'en tenir aux *politiques* d'action et non à la gestion quotidienne de menus détails qui pourrait s'avérer fastidieuse en raison du temps requis.

En résumé, en vivant l'expérience de l'intérieur, les acteurs/auteurs doivent apprendre à exprimer leurs pensées et à communiquer leurs expériences devant le groupe de manière à favoriser un débat éclairé sur les actions entreprises, sur les stratégies à raffiner et les décisions à pondérer. On collecte ainsi des informations. Tous les acteurs sont des chercheurs ou auteurs de recherche bien que les rôles et les tâches soient différents. En RAIS, il faut dépasser le rôle d'observateur car les chercheurs deviennent des praticiens et ne sont pas en dehors de l'action, ils la vivent. Même la notion d'observateur participant ne s'applique pas adéquatement parce qu'elle ne signifie pas une implication constante du chercheur/praticien ou professionnel. Les termes auteurs et acteurs sont beaucoup plus précis et engagés.

## 4.3.2 - Les outils de collecte des données

Les outils sont une extension des chercheurs/praticiens, le miroir de leur pensée et de leur action. Ce sont des outils conviviaux comme la discussion et le journal de bord. Quant au procès-verbal, il est le reflet des échanges du groupe lors des discussions. Afin que les paroles ne s'envolent pas, il importe de les enregistrer, ou de les écrire, deux modalités qui sont en quelque sorte le prolongement des auteurs/acteurs. Le journal de bord et les comptes rendus ou procès-verbaux sont d'importants véhicules destinés à enrichir la connaissance sur l'action ou l'action par la connaissance.

## Le journal de bord

Les grands découvreurs écrivaient leur journal de bord. Grâce à cet instrument, on a pu retracer bien des pages d'histoire de pays, les périples de bien des découvreurs et des capitaines de bateaux. Le carnet ou journal de bord est un outil convivial qui permet de consigner ses observations journalières, ses réflexions et tous les événements importants en rapport avec les actions entreprises. Afin d'obtenir des échanges qui éclairent les discussions, il est important que les praticiens/chercheurs s'initient à la rédaction d'un journal de bord où ils notent ce qui se passe sur le terrain, les actions entreprises, leurs réflexions et les questions posées sur la problématique. Le journal de bord est l'instrument privilégié de l'observateur participant en anthropologie culturelle ; il l'est aussi pour le chercheur/praticien en RAIS. Cet outil favorise une exploration continuelle de la pensée par rapport à l'action puisque tout est à découvrir, questions et solutions. On constatera à l'usage l'importance pour tout auteur/acteur de noter ses observations, ses réflexions au fur et à mesure du déroulement des interventions. Cependant, certaines personnes actives n'aiment pas écrire ; dans ce cas, elles peuvent enregistrer leurs réflexions. Cette méthode s'avère efficace pour les gens qui n'écrivent pas facilement.

### *Que mettre dans son journal de bord ?*

a) D'abord et avant tout, ce que nous appelons des **Notes d'observation (NO)**. On y rapporte tous les faits pertinents au problème, tout ce qui peut s'ajouter, se retrancher. On indiquera les réactions des gens, verbales et non verbales, les effets provoqués par une intervention, une décision, les absences, les présences, le contenu essentiel des échanges avec les personnes concernées par le problème, en bref, tout ce qui est humainement observable par l'acteur, en rapport avec l'objet de recherche.

b) Ensuite des **Notes méthodologiques (NM)**. On réservera un espace pour consigner les démarches d'action et de réflexion entreprises

*La méthodologie, les outils et la collecte des données*

par soi-même ou avec le groupe pour aborder ou solutionner un problème. Le chercheur s'interroge sur sa propre attitude, ses peurs, ses efforts, son abordage, l'utilisation de certaines techniques. En somme, il note tout ce qui entoure ou est contenu dans l'application sur le terrain de la démarche de la RAIS. Tandis que dans les NO, on considère surtout le problème, l'objet, la matière, ici dans une NM, on écrit sur ce qui est instrument ou moyen d'approcher le problème et d'intervenir. Puisqu'en RAIS, l'instrument principal, c'est le praticien(acteur)/chercheur (auteur) lui-même, il est souverainement important qu'il consigne tout ce qu'il fait et ce qu'il ressent dans l'accomplissement de sa tâche.

c) Enfin des **Notes théoriques et pratiques (NTP)** inspirées par les NM et les NO précédentes. Le chercheur essaie, à partir d'observations qui se répètent ou qui questionnent la réalité, de tirer quelques énoncés ou hypothèses de leçons pratiques qui le conduiraient à modifier son comportement ou à proposer des pistes de solutions au groupe. Ces NTP seront souvent de deux niveaux : celles qui enrichissent la compréhension du problème, son explication (NT) et celles qui concernent la façon de poser le problème ou de le résoudre (NP). Sans doute, la distinction n'est pas toujours facile à faire dans la réalité. Si elle le devient, on pourra écrire **NT (note théorique)** ou **NP (note pratique)**.

On peut voir ci-dessous un exemple simple de journal de bord, une manière de faire ; chaque acteur/auteur doit trouver la modalité qui lui convient pour enrichir la recherche, son jugement critique et celui du groupe. Le journal de bord est un prélude à la réunion de recherche, mais aussi le commencement d'une analyse des données. En atelier d'apprentissage à la RAIS, on pourrait rédiger un journal de bord électronique qui pourrait être communiqué au responsable afin de l'améliorer autant par rapport au contenu qu'à la rédaction. La formation au tutorat dans l'expérience de Terrion et Philion (2008) rapportée au chapitre premier en sciences de l'éducation pourrait nous inspirer à cet effet.

### *Un exemple de journal de bord d'un participant à une pédagogie ouverte au 1$^{er}$ cycle universitaire*

NO - Le 24 janvier, à 17h00, heure de début du cours, il y avait très peu d'étudiantes ou d'étudiants présents. Quelques-uns se sont réunis en équipe pour discuter et commencer à rédiger leur scénario... La discussion était animée. Les échanges se faisaient en rapport avec la tâche à accomplir, un scénario destiné à l'apprentissage d'un contenu.

**NM** - Comme facilitateur, praticien/chercheur, puisqu'il était l'heure du début du cours, je me demandais si je devais intervenir et suggérer une activité en attendant que les autres personnes se présentent au cours atelier.

**NT** - Pour le moment, comme il s'agit d'un cours inspiré par la pédagogie ouverte, il m'a paru que je devais rester tranquille, qu'il fallait que j'attende qu'on me fasse signe pour intervenir ; par exemple qu'on me pose une question sur la rédaction ou sur ce que nous avions comme activité d'apprentissage, ce soir-là.

**NO** - J'ai pu constater que les étudiants se mettaient à travailler d'eux-mêmes...

*Nota bene.* On peut par exemple faire beaucoup d'observations avant d'en tirer des notes théoriques (NT). On aurait pu aussi indiquer comme NO le nombre de personnes présentes, les heures, les lieux, le rôle de chacun lors de cette rencontre. On aurait terminé en proposant une autre façon de procéder pour une prochaine fois afin d'améliorer le rôle de praticien/chercheur (préposé à la recherche) ou de facilitateur (praticien) chercheur. On aurait alors une NTP (note théorico-pratique).

## La rencontre de recherche, le dialogue, le consensus et le procès-verbal

Rappelons qu'une philosophie du dialogue doit être à la base de toute discussion et de tout échange lors des rencontres ou réunions de recherche. Les réflexions de Freire (1975) sur le dialogue et la prise de conscience en vue d'acquérir une liberté d'expression et d'action sont fort intéressantes à ce sujet. Chacun doit se sentir égal à l'autre, car la participation de tous est essentielle à la découverte de solutions adéquates à un problème ou à un approfondissement de la problématique. Les discussions ne doivent pas être le lieu de luttes du pouvoir. C'est un défi autant pour le groupe que pour le *préposé* à l'animation. Les échanges doivent permettre une distanciation du terrain, tel que prôné par les théoriciens de la recherche, afin de parvenir à une plus grande objectivité dans le discours, une vérité pondérée, une vision globale, voire systémique. Les échanges favorisent les énoncés de points de vue et marquent un temps d'arrêt dans une activité parfois trop fébrile. Les opinions, parfois divergentes, engendrent une vision macroscopique de la problématique et rendent le processus de recherche systémique capable d'appréhender la réalité complexe. Le consensus recherché pourrait s'inspirer davantage d'une mosaïque d'idées qu'être le fruit d'une majorité de votes ; pourraient même être retenues les opinions contraires comme possibilités d'exploration de manière à concilier des intérêts conflictuels sans en compromettre la légitimité et l'intégrité (Espinosa et Harnden, 2006). Chaque chercheur a

*La méthodologie, les outils et la collecte des données*

intérêt à vouloir apprendre de l'autre. Si la recherche-action vise un changement dans le discours et s'il règne un dialogue ouvert, la discussion est l'instrument par excellence d'une réflexion qui éclaire l'action et qui permet de percevoir les interférences et surtout les relations entre les faits rapportés. En résumé, l'échange est l'extension du groupe, son intelligence et le lieu de réflexion et d'objectivation de l'action entreprise ou à entreprendre.

## *Une forme alternative : la réunion virtuelle*

On peut imaginer grâce au réseau Internet une rencontre virtuelle en temps réel, par écrit ou oralement, dans les cas où il serait difficile de se réunir étant donné les distances. On peut aussi concevoir une réunion virtuelle sous forme de « blogue (blog)» où l'échange est lancé par le préposé et permet à chaque participant d'apporter sa contribution avant la réunion en temps réel. Entre temps, chacun profite de l'apport des autres participants. Les moyens électroniques facilitent aujourd'hui l'échange, la discussion, le dialogue et même les décisions. Il faut cependant s'y initier et trouver une formule qui convienne se faisant aider par des personnes qui connaissent les trucs de la conversation informatique. Dans une partie de nos expériences de formation, nous avons exploré la discussion électronique du cas de Cécile en suggérant l'emploi de divers logiciels. L'expérience a été heureuse même si la technologie était loin d'être parfaite au moment où nous avons fait cette expérience.

Les dialogues reposent en partie sur les journaux de bord individuels, mais pour qu'ils enrichissent le groupe, il importe de nommer un animateur compétent qui sache faire respecter le droit de parole de chacun. Afin de rendre efficace la discussion, il sera bon de suivre un ordre du jour, réalisable dans un laps de temps déterminé. Les gens d'action n'aiment pas se perdre en tergiversations inutiles ; ils ont l'impression de gaspiller un temps précieux. D'autre part, il faut éviter la rigidité dans l'expression des opinions, car il est important que les échanges soient imprégnés du dynamisme de la vie et de la créativité. En outre, il est bon de profiter de ces occasions de rencontre pour fraterniser en cassant la croûte comme on dit parfois. Cela brise la glace au début. Beaucoup d'échanges informels enrichissent une discussion plus formelle. Dans les rencontres du groupe d'acteurs ou professionnels/praticiens, chercheurs ou auteurs, la discussion est primordiale, non seulement pour enraciner le sentiment d'appartenance au groupe, mais aussi pour réfléchir, réévaluer les actions entreprises et les éclairer. Il s'agit d'une réflexion en groupe, d'un dialogue sur l'action. C'est la *spirale évaluative* de la recherche-action qui la définit, mais il ne faut pas oublier que la réflexion doit être non seulement technique, mais surtout critique comme le répète Kemmis (2006). Dans le cas fictif de Cécile (chapitre III, module 3), les réunions de recherche prévues chaque semaine sont des moments importants pour fraterniser et faire le point, réfléchir sur les actions et décider des activités à venir.

## *Le procès verbal : une nécessité*

Le *procès-verbal*, ou compte rendu d'une **réunion**, est un atout dans une recherche-action intégrale et systémique. Il permet de faire le lien entre les réunions et de constater l'avancement ou l'efficacité des actions. Il est au groupe ce que le journal de bord est à l'individu. Lors de la rédaction du rapport final, on y fait appel pour rapporter l'histoire du groupe, de ses actions et de ses réflexions. On devrait autant que possible rédiger le procès-verbal d'une réunion avant la rencontre suivante et le faire parvenir à chacun des membres du groupe à l'avance.

À tour de rôle, les membres du groupe peuvent agir à titre de responsable du procès-verbal même si une personne a été désignée comme secrétaire pour la prise de notes et l'enregistrement. Le responsable ou l'animateur, dans ce cas Cécile elle-même, retouche les notes et donne au texte une présentation en rapport avec l'ordre du jour et les décisions prises antérieurement. Le responsable du procès-verbal assure la continuité en facilitant la consultation des documents par les acteurs/auteurs. Puisque la bande sonore permet de ne rien laisser échapper, il est bon de l'utiliser, car elle pourrait aussi servir lors de la rédaction du rapport final. Sans doute, si on en a les moyens, il est fort utile de transcrire intégralement les interventions dans les procès-verbaux. Le mot à mot exige cependant une correction du style afin de rendre le texte moins décousu, plus facile à lire. C'est ce que les chercheurs/praticiens ont fait dans la recherche de Neto (1992) ; il en fut de même pour le GÉSOÉ lors de son rapport sur la recherche-action en éducation (Morin, 1986). Cela a demandé beaucoup de temps et d'argent, mais ces documents se sont avérés une source incommensurable de réflexions théoriques fort enrichissantes. Si on ne peut transcrire les enregistrements sonores, on aura soin de bien les identifier pour un usage ultérieur en indiquant la date de la réunion et en leur joignant un compte rendu succinct.

Les médias et les techniques, la photographie, la vidéo et l'enregistrement sonore sont aussi des outils précieux pour capter des informations lors d'entrevues, durant des entretiens en groupe ou pendant des discussions, voire des interventions sur le terrain. De plus, afin de structurer davantage une pensée, une réflexion ou une évaluation, on peut recourir à l'occasion à certaines techniques d'écriture collective comme on le verra plus loin avec la cyclo-écriture.

## Autres techniques auxiliaires

### L'interview par courriel

L'interview par courriel ne semble plus poser de problèmes méthodologiques. Elle est devenue selon Meho (2006) une alternative au face à face et à l'entrevue téléphonique. Les méthodes utilisées sont l'entrevue synchronique en ligne, l'entrevue non synchronique en ligne et les groupes focus virtuels. Meho discute surtout des bienfaits de l'entrevue non synchronique par courriel et montre les défis de son usage en recherche qualitative. Il ajoute qu'on devrait utiliser une stratégie d'interviews mixtes quand cette formule est possible. Pour lui, l'entrevue non synchronique a de grands avantages, tels une réduction importante des coûts, l'absence de retranscription et un travail d'édition simplifié en vue de l'analyse. Elle permet d'interviewer plusieurs participants à la fois, mais le temps requis pour récupérer les données varie d'une interview à l'autre. Bien que contrainte par les limites de l'accès au réseau Internet, la méthode démocratise et internationalise la recherche. On peut interviewer des groupes spécialisés et des individus qu'il serait impossible de rejoindre autrement. Sans doute existe-t-il des problèmes d'expertise dans la construction des questions et l'élaboration du protocole de recherche, mais une initiation ou une formation sont maintenant possibles. La technique du pré-test avec un groupe cible est toujours précieuse pour corriger les questionnaires et augmenter ainsi le taux de réponses.

Bien que l'interview ne soit pas une technique spécifique à la RAIS, il peut être utile de s'en servir pour mieux comprendre les besoins de changement, mais surtout pour éclairer une problématique locale, environnementale ou autre.

### Le focus group

On retrouve dans la littérature plusieurs articles sur le *focus group* qui pourrait se définir comme un groupe de travail destiné à discuter d'une question précise sur des sujets d'actualité en vue d'un changement ou d'une application éventuelle. Dans le domaine des soins de santé, Halcomb et al. (2007) ont fait une excellente revue de la littérature dégageant les implications méthodologiques, les forces et les limites de l'application, ce qui comprend l'échantillonnage, la collecte de données, l'analyse et l'usage pour des populations d'ethnies différentes. Le *focus group* permet d'amasser une quantité étonnante de données sur l'évaluation de services adaptés aux besoins de minorités ethniques. On peut approfondir les niveaux de significations, leurs rapports et leurs nuances. Les participants sont valorisés dans le processus de participation au changement en travaillant avec des chercheurs qui indiquent leur degré de consensus sur un sujet. Le *focus group* a des avantages comparables à ceux de la réunion de recherche en RAIS par les échanges qu'il favorise, car il comporte une discussion ; il en diffère cependant, ne conduisant pas à la prise de décisions sur des actions à entreprendre. Il est un instrument utile et une source d'informations pour les chercheurs. Les auteurs résument ainsi (p. 1008) les avantages du *focus group* : il fournit une perspective collective ; la discussion permet la synthèse et la validation des idées et des concepts ; cette technique permet d'entrer en contact, grâce à des interprètes, avec des cultures de langues différentes et de rejoindre de nombreux participants. Cependant, le procédé ne favorise pas le traitement de problèmes confidentiels et peut enclencher des difficultés de gestion. La dynamique de groupe influence tout de même l'ouverture et facilite les échanges bien que cela repose en partie sur la compétence de l'animateur. Enfin, l'animation verbale et non verbale augmente la complexité. On comprendra, disent les auteurs, qu'en dépit des difficultés liées à son utilisation, la méthode du *focus group* reste très efficace et flexible pour traiter une grande variété de sujets impliquant des individus dans différents environnements. Elle permet en outre de rejoindre des populations peu alphabétisées.

Cette technique a été utilisée avec une méthode mixte et une échelle quantitative pour examiner les attitudes des femmes d'origines afro-américaine et européenne venant d'un milieu socio-économique faible vis-à-vis de la recherche médicale (Farmer et al., 2007) ou encore, pour recueillir des informations sur la recherche pharmaceutique (Huston et al., 2008).

Les chercheurs/auteurs ou acteurs/professionnels ou praticiens peuvent en RAIS améliorer leurs discussions en s'inspirant des considérations éthiques de la dynamique de groupe ainsi que des limites dépendantes de la nature de la fidélité et de la validité inhérentes à une approche qualitative, ce qui pourrait les inciter à nuancer leurs jugements. La compréhension d'une problématique à partir de plusieurs groupes n'engendre pas nécessairement la validité, mais plutôt la précision des questions-clefs, la pertinence et des possibilités d'adaptation et d'adoption d'une innovation par différents groupes de la société.

Le GÉSOÉ a créé quatre techniques d'écriture collective pour un Colloque d'éducation populaire (A. Morin, 1984b, 2004). Celle nommée *cyclo-écriture* fut la plus populaire et la plus utilisée dans des réunions afin de préciser des questions ou de dégager des solutions aux problèmes de recherche. Elle est présentée ci-après parce qu'elle pourrait être une alternative au *focus group* dans certaines circonstances, surtout avec des groupes capables de discuter facilement.

## La cyclo-écriture

La cyclo-écriture s'est avérée la plus originale des techniques d'écriture collective élaborée par notre groupe. Cette technique permet d'aller chercher l'opinion de l'ensemble d'un groupe de seize personnes (plus ou moins) dans un laps de temps relativement court. À la fin de la rencontre, chaque sous-groupe est mis au courant de l'essentiel de ce qui s'est discuté dans l'ensemble du grand groupe. Après le Colloque sur l'éducation populaire (CEP), cette forme d'écriture fut utilisée à plusieurs autres occasions comme technique d'exploration pour la discussion de thèmes en pédagogie ou pour l'organisation des idées dans une demande de financement pour certains groupes.

Les six premières étapes portent sur la mise en situation et l'amorce de l'écriture collective. On peut y consacrer plusieurs heures ou se fixer des temps plus courts. Les trois premières étapes se font en commun, les deux suivantes en sous-groupes et la sixième en commun. La partie proprement cyclique apparaît à l'étape 7 qui comprend quatre cycles. À l'étape 8, chaque sous-groupe reformule des propositions et à l'étape 9, on revient en plénière. La technique est expliquée ci-dessous et illustrée dans la figure graphique de la page suivante.

### Étape 1 - La mise en situation

L'animateur fait une mise en situation durant laquelle il commente le thème et rappelle les questions préliminaires. On suppose qu'en RAIS, cette préparation est faite sous forme de participation coopérative. Le groupe se présente oralement, si ce n'est déjà fait. Au CEP, chaque participant possédait une note biographique de tous les autres participants, ce qui a permis de dégager du temps. Si on peut se présenter avant la rencontre, le temps gagné est mis au profit des échanges eux-mêmes.

### Étape 2 - La proposition méthodologique

L'animateur présente la technique de la cyclo-écriture collective. Un graphique simple peut aider à en comprendre le mécanisme, qui n'est pas compliqué bien qu'il puisse le paraître. Essentiellement, on retrouve deux itinérants par sous-groupe, lesquels visitent chacun des autres sous-groupes et reviennent ensuite à leur point de départ. On partage le temps entre chaque étape et entre chaque cycle de l'étape 7.

### Étape 3 - Le choix des questions sur un thème

Si on a préparé des questions sur le thème, on les évalue, on les révise et l'on en choisit quatre ou moins, c'est-à-dire une par sous-groupe. On

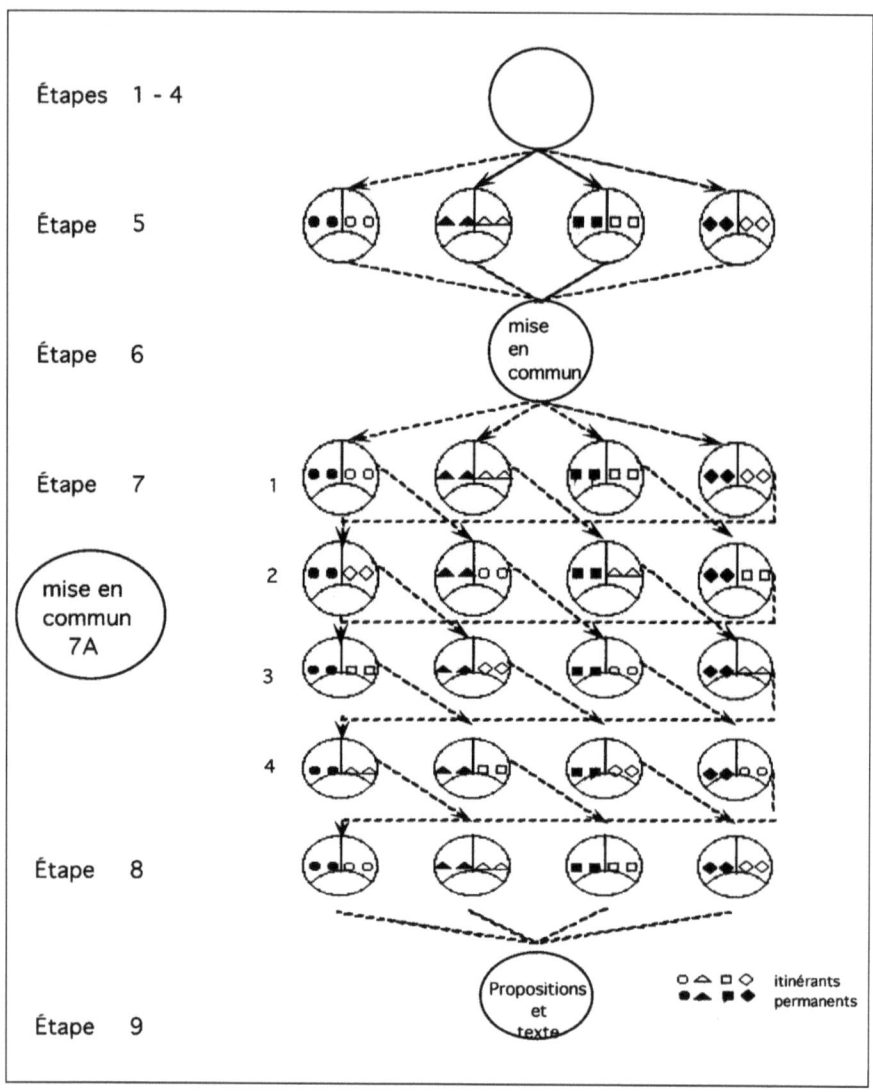

Fig. 10 - La cyclo-écriture.

suppose encore ici que les questions sont préparées de manière participative, voire coopérative.

### Étape 4 - La formation des sous-groupes

À ce moment, le groupe se divise en sous-groupes de quatre personnes, s'il y a seize participants. Chaque sous-groupe choisit deux permanents et deux itinérants. On peut adapter la technique à des groupes plus restreints et diminuer le nombre de sous-groupes.

### Étape 5 - L'exploration des questions

Dans chacun des sous-groupes, on consacre une heure ou plus à l'exploration des questions auxquelles on donne un titre et on s'assure de bien les comprendre. On demande à chacun comment il pense développer les questions. C'est l'opération *titrage* (Desroche, 1984).

### Étape 6 - La mise en commun et la distribution des questions

On fait une mise en commun (avec tous les sous-groupes) en plénière en vue d'obtenir un consensus et de proposer une question de départ à chaque sous-groupe. Cette plénière exige au moins une heure.

### Étape 7 - Quatre cycles

Cette étape, la plus longue, comprend quatre cycles qu'on saisit mieux en regardant le tableau et la légende ci-contre.

**1$^{er}$ cycle** - Chaque sous-groupe (les mêmes qu'en 5) ordonne ses idées quant à la question de départ.

**2$^e$ cycle** - Les itinérants changent de sous-groupe. Chaque sous-groupe améliore la mise en ordre des idées émises antérieurement grâce au feedback des itinérants qui informent ce sous-groupe du traitement des questions par leur propre sous-groupe au 1$^{er}$ cycle.

### Étape 7 A (facultative) - Une autre mise en commun

C'est une plénière opérationnelle. À ce moment, cette plénière permet au groupe de faire le point pour la bonne marche et l'évolution de la discussion. Bien que cette étape ne soit pas essentielle, elle a été jugée très pratique au CEP (Colloque d'éducation populaire).

On poursuit ensuite avec les cycles 3 et 4.

**3$^e$ cycle** - Les itinérants changent encore de sous-groupe. Ils évaluent les idées émises dans ce deuxième groupe visité et aident à trouver des critères d'évaluation. Ils peuvent informer ce sous-groupe de ce qui s'est passé dans leur propre sous-groupe lors du 1$^{er}$ cycle.

**4$^e$ cycle** - Les itinérants changent encore une fois de sous-groupe. Chaque sous-groupe ainsi reformé compare les idées émises. Les itinérants participent à la discussion et peuvent informer le groupe de ce qui s'est passé dans leur propre sous-groupe lors du 1$^{er}$ cycle.

### Étape 8 - Élaboration des propositions

Les itinérants reviennent à leur sous-groupe de départ et font le récit de leur voyage, puis on élabore des propositions en rapport avec la question du début.

### Étape 9 - Propositions et texte : la grande plénière

On tient une plénière pour écouter les rapports des sous-groupes, pour réviser et adopter un texte et des propositions.

On peut adapter cette technique aux besoins du groupe et la modifier selon le nombre de participants. Par exemple, lors d'un atelier au CEP, il n'y avait qu'un itinérant par sous-groupe, mais on a quand même senti le besoin de tenir une plénière au 4$^e$ cycle. Au fond, il s'agit de s'approprier la technique et de conserver l'essentiel d'une dialectique vivante et continuelle de l'ensemble du groupe avec chacun des sous-groupes. Notons que cette technique peut être très efficace pour la création d'un scénario d'action ou même d'un film.

**En résumé,** cette technique d'écriture collective (cyclo-écriture) est un *outil* pour faire le point, pour explorer un domaine de réflexion ou pour bâtir des stratégies d'action. On pourra aussi s'en servir dans la rédaction de certains rapports ou pour une demande de fonds.

## 4.4 - En guise de conclusion

S'il est vrai que le chercheur/auteur praticien/acteur/professionnel est l'outil principal en recherche-action intégrale et systémique, on peut se demander pourquoi on a accordé autant de temps aux techniques. L'idée sous-jacente est de démontrer que si les acteurs pensent recherche et action, il est important qu'ils s'investissent dans des instruments qui sont le prolongement d'eux-mêmes. En somme, les outils les plus précieux sont ceux qui reflètent le mieux l'implication de chacun : le journal de bord, la participation de tous dans les réunions de recherche, le procès-verbal qui devient le miroir des dialogues et des décisions. Toutes les autres techniques et médias n'ont d'importance que s'ils reflètent la participation, s'ils captent le changement et accompagnent les progrès de la réflexion et de l'action ; on n'en voit la pertinence que par rapport aux composantes d'une véritable recherche-action intégrale et systémique. Un outil trop synthétique, rapportant des données trop partielles, ne satisfait pas la systémique. Un outil ne permettant pas la participation de tous risque d'être peu efficace ; il s'éloigne de l'esprit de la RAIS. On sait que les réseaux informatiques permettent d'accroître la participation et il est important aujourd'hui d'en tenir compte lorsqu'on en a les moyens.

Au-delà de l'outil, il y a la méthodologie comme nous l'avons longuement expliqué dans le chapitre III en présentant une formation à la RAIS et de façon plus systématique dans ce chapitre, à propos des principales étapes de cette démarche. Nous avons aussi clairement établi que la recherche-action intégrale et systémique était ouverte aux autres méthodologies. Le débat entre le qualitatif et le quantitatif doit se faire pour mieux servir une problématique complexe.

Le chapitre V complète celui-ci en fournissant des pistes de réflexions sur l'analyse et la synthèse des données en recherche-action intégrale et systémique. On se rendra compte qu'il n'y a pas de recette magique et que tout dépend de la finalité, de la participation et de la créativité des auteurs/acteurs dans la recherche de données significatives en fonction du changement visé dans la théorie et la pratique.

*Chapitre V*

# Le traitement et l'analyse des données en recherche-action intégrale et systémique

Dans ce chapitre seront exposés les grands axes de l'analyse et du traitement des données ainsi que les conclusions qui en découlent. Une question fondamentale demeure : comment s'approcher d'un savoir digne de crédibilité quand les auteurs/acteurs s'impliquent dans le changement ? Dans l'explication sur le discours (principe 4), on a partiellement répondu à cette question en citant les échanges de points de vue comme moyen de parvenir à un consensus ; il s'agit bien sûr d'une synthèse telle que proposée par Espinosa et Harnden (2007). Une question opérationnelle préoccupe cependant l'auteur/acteur ou le chercheur/professionnel ayant recueilli une abondance de données : comment les analyser et les traiter pour parvenir à un savoir pratique qui respecte l'objet/projet de la recherche, ce savoir devant être présenté dans un rapport de recherche.

Le chapitre précédent a montré que certains outils s'inscrivent dans la démarche d'analyse depuis le début du processus de recherche-action intégrale et systémique, que ces instruments contiennent déjà des données sous formes de premières catégories et même des réflexions préliminaires. On pense aux journaux de bord, aux réunions de recherche et à ces procès-verbaux qui rapportent des discours sur les actions et les discussions destinées à mieux poser la problématique ou à mieux élaborer des stratégies ou des solutions pour effectuer un changement significatif. Lorsque le problème est résolu, on pourrait penser que la RAIS est terminée et que la nécessité d'aller plus loin ne s'impose pas. Le traitement des données, fruit d'une longue démarche, échoie souvent au chercheur en titre qu'on nomme *préposé*. Même si tous les acteurs d'une RAIS ont participé à l'analyse par leurs réflexions au cours des réunions à chaque spirale du processus de recherche, ils ne sont pas nécessairement aptes à continuer l'analyse, à traiter les données et à rédiger, soit un rapport d'étape, soit un rapport final.

Ce chapitre traitera tout d'abord de l'importance d'une recension de littérature intégrée, puis en second lieu du traitement et de l'analyse de données en RAIS. En troisième partie, on passera en revue les écrits traitant de la codification et de l'analyse des données pour parvenir en quatrième partie à un méta modèle issu de modélisations ontologiques et réalisé à l'aide d'un logiciel. Enfin, en cinquième partie, on parlera de l'étude de cas, des sciences cliniques et de la RAIS.

## *5.1 - Une recension de littérature intégrée*

En RAIS, il y a souvent à intervalles réguliers et au terme du processus un ou des rapports à produire et des documents à rédiger. Pourquoi ? C'est que les organismes subventionnaires ou les gestionnaires l'exigent. Un texte sur la RAIS, en progrès ou terminée, permet par ailleurs de dégager des connaissances pratiques, voire théoriques, qui se nomment leçons de vie ou de pratique. Et ces connaissances, les chercheurs/auteurs et professionnels/acteurs peuvent les confronter aux écrits sur la recherche-action intégrale et systémique de manière à raffiner leurs découvertes ou enrichir leur propre pratique. C'est d'ailleurs ce que nous avons tenté de faire dans cet ouvrage qui témoigne des apports de la littérature. Les écrits devraient aussi être plus souvent cités dans les réunions de recherche où le discours et la critique sont à l'honneur durant les échanges.

Nos études sur la recherche-action nous (GÉSOÉ) ont poussé dès le début à connaître et à analyser des terrains de recherche-action au Québec et ailleurs et à consulter des théoriciens sur le sujet, entre autres René Barbier (1977), Desroche (1982), Séguier (1983), Dubost (1983). Au départ, on voyait la recherche-action en tant qu'approche exploratoire et on était portés à suggérer une révision des théories à la fin de la démarche. En conséquence, on pouvait être tentés de négliger l'apport théorique essentiel en début de processus. Cependant, l'expérience nous a montré que chaque praticien possède ses propres théories. On a donc exploité le récit des expériences passées, réussies ou non, pour dégager ces théories qui avaient marqué les praticiens/chercheurs. On découvrait des théories enracinées en quelque sorte. Certes, il importe de bien se situer dès le départ au plan des valeurs théoriques. Une recension de littérature s'impose comme aide en ce sens et peut se faire en fonction des préoccupations des acteurs engagés dans des interventions professionnelles ou autres souvent fort complexes. Chose certaine, lorsque la recherche est terminée il convient de confronter les leçons de pratique découvertes avec des recherches similaires pour leur donner du souffle grâce à d'autres voies théorico pratiques qui enrichiraient les conclusions.

Avec l'intégration de la systémique à la recherche-action intégrale, on a constaté que la recension des écrits scientifiques ne peut pas facilement s'insérer dans la démarche classique linéaire. Elle aide au début à bien comprendre les concepts d'un système dans lequel les acteurs s'impliquent. Ces derniers doivent par la suite fouiller afin de trouver des informations quant aux possibles ramifications théoriques de leur recherche ; on tentera ensuite de les synthétiser pour en rédiger un corpus pertinent et cohérent ; on les intégrera. Cette tâche revient bien souvent au *préposé* ou à ceux qui sont préparés à accomplir ce travail aujourd'hui facilité par les nombreuses ressources électroniques disponibles dans nos bibliothèques et sur le réseau Internet.

L'article de Reed et al. (2007) est un vibrant plaidoyer en faveur d'une méthodologie de recension systémique *intégrée*. Cette méthodologie est d'autant plus pertinente que la recherche touche un groupe considérable de chercheurs préoccupés par une dynamique compliquée d'intégration, par exemple en soins pour les personnes âgées. Quand la problématique touche l'intégration, disent les auteurs, c'est la pensée de tout le système qui est en jeu et non plus des seules parties. La systématisation devient systémique, pourrait-on dire, et dans le cas cité par les auteurs, elle touche les premiers soins, le service social, les secteurs publics ou indépendants des réseaux hospitaliers autant que les services familiaux et communautaires aux usagers ainsi que les systèmes politiques et financiers ; le nombre d'acteurs complique largement la réalisation d'une synthèse théorique utile pour l'intervention, d'où la nécessité d'une recension systémique intégrée. La RAIS exige aujourd'hui cette forme de nourriture intellectuelle essentielle à une opération de cheminement dans l'inextricable réalité. La revue de littérature intégrale et intégrée permet de dégager de multiples théories issues de terrains variés pour devenir une *voie* d'ouverture du système au changement créatif et innovateur.

## 5.2 - Le traitement et l'analyse des données en RAIS[17]

Peu d'études se sont révélées très utiles, il y a une quinzaine d'années, pour résoudre le problème de l'analyse des données en recherche-action intégrale. Aujourd'hui, alors que l'on a harmonisé l'approche systémique à la recherche-action intégrale, le problème n'est pas pour autant résolu. La tâche demeure difficile parce qu'on chemine dans la complexité. Dans le cours de nos recherches, nous avons trouvé des solutions ponctuelles pour chaque étude, mais on voulait plus, soit découvrir une voie qui nous permettrait de traiter plus facilement l'amoncellement des informations. La gestion des documents par des logiciels puissants pourrait aujourd'hui sans doute simplifier la tâche administrative, mais ne fournirait pas nécessairement une logique ponctuelle de traitement et d'analyse de la documentation pour une recherche particulière. Existait-il une technique ou une façon de faire qui aiderait le chercheur, nous demandions-nous ?

L'étude de cas s'était avérée une enveloppe méthodologique intéressante parce qu'elle permettait de faire appel à différents outils pour traiter les données d'une problématique dans chaque recherche-action intégrale. Nous demeurions cependant à la recherche d'une meilleure solution à notre problème de traitement des données. C'est pourquoi nous avons entrepris (Morin et Vautour, 1994) de considérer les mécaniques, si on nous permet le mot, qui inspiraient les mémoires et les thèses des diplômés ayant utilisé la recherche-action intégrale. Nous avons retenu six études et nous sommes parvenus à quelques conclusions que nous livrons à titre indicatif pour de futures recherches-actions intégrales et systémiques.

Cette deuxième partie du présent chapitre s'appuie sur cette étude de deux ans qui a consisté à analyser six recherches du GÉSOÉ (Groupe d'études sur les systèmes ouverts en éducation). Notre étude n'a pas permis de *dégager* une technique indiscutable, mais elle a mis en évidence une démarche intellectuelle qui peut inspirer un protocole dans le traitement et l'analyse des données en recherche qualitative, notamment en recherche-action intégrale et systémique.

---

17 - En systémique, le terme « traitement » apparaît plus pertinent que celui de « l'analyse » qui incite à chercher les éléments de façon plus cartésienne et linéaire. En recherche-action intégrale, fondée sur la participation à tous les niveaux, il apparaît mieux d'utiliser le traitement comme terme car il s'agit d'un système ouvert implicite qui inspire la révision dynamique et constante du processus. Une thèse de doctorat de A. Meftouh (1984) a réussi ce tour de force de ne jamais employer le terme « analyse » dans son traitement. Quant à moi, je l'utilise en qualifiant les éléments la plupart du temps comme des composantes d'un tout ; de disjonctive, l'analyse devient conjonctive et favorise la synthèse.

Ces six études portent sur :

- L'évaluation d'une pédagogie ouverte à l'université (Morin, 1979).

- L'enseignement de la philosophie au Collège (CEGEP)[18] basé sur une approche d'une part ouverte et d'autre part conventionnelle (Gagnon, 1978).

- L'alphabétisation d'immigrantes haïtiennes à Montréal (Soler, 1980).

- La formation sociopolitique d'adolescents (Kfoury, 1983).

- La réalisation d'émissions de radio éducative impliquant des étudiants à la maîtrise en communication et des adultes issus de milieux défavorisés au Brésil (Neto, 1989).

- L'alphabétisation par la recherche-action en Guinée (Grandbois, 1989).

Toutes ces études comportent un volet de recherche-action intégrale, et certaines, une analyse anthropopédagogique appropriée à leur problématique, c'est-à-dire l'utilisation de techniques anthropologiques jointes à une pédagogie active ou participative. Les trois phases principales de traitement des données, découvertes dans ces études, sont la phase des observations, la phase de la classification et la phase des conclusions.

## 5.2.1 - La phase des observations opérationnelles

Pour parvenir à une classification et à des conclusions ou leçons, il importe d'opérationnaliser les observations recueillies grâce aux outils du chapitre IV. Cette phase peut s'intituler, *l'observation des observations* ; elle consiste en une réduction des faits observés (NO, NM et NT) en les orientant vers des significations par rapport à la pensée et à l'action. Elle prépare la classification et donne des indices d'interprétation ou de conclusions.

Dans cette phase, on retient les données obtenues à l'aide de tout instrument apte à recueillir des informations portant sur l'objet/projet de la recherche et favorisant la découverte de solutions et de significations des actions des acteurs dans leur finalité de changement pour résoudre ou mieux diagnostiquer un cas. Pour la collecte des données, les études utilisent les enregistrements sonores des réunions, des entrevues formelles ou informelles, des journaux de bord, des procès-verbaux de réunions de

---

18 - CEGEP est un collège d'enseignement général et professionnel, entre le secondaire et l'université ou le monde du travail.

groupe et ainsi de suite. Dans ces études, nous remarquons que certains outils ne sont abandonnés qu'à la toute fin alors qu'un processus de révision en spirale aurait dû permettre d'en éliminer certains plus tôt. On peut penser que c'est probablement par peur de perdre certaines informations en cours de route, mais cette hypothèse serait à vérifier.

Dans cette phase d'observation, on évalue les actions observées et on les regroupe. On peut par exemple réunir les actions qui sont participatives ou coopératives et qui impliquent plusieurs personnes ; on retient l'importance de faire appel pour cette révision à plus d'une source d'informations. On peut supposer que plus l'action engage de personnes, plus la coopération exige le dialogue, ce qui permet de faire un deuxième regroupement sur les échanges. On révise alors le discours, la pensée, les prises de conscience. La plupart des recherches font cette révision évaluative ; la plupart de ces réflexions peuvent se traduire en observations opérationnelles. De plus, la grille opérationnelle de la RAI avec ses dimensions de contrat, de participation, de changement, de discours et d'action peut inspirer les regroupements, voire aider à l'interprétation des résultats. L'étude de Neto (1989) a intégré cette grille dans sa quête de significations. Le changement peut être étudié comme stimulant de transformations menant à une pensée plus critique pendant que l'action devient plus collective et plus engageante ; ce sont des transformations pénétrant jusqu'au cœur de l'être et de la vie. Pour le traitement des données d'une RAIS, les six principes du chapitre II pourraient fort bien devenir à leur tour une grille opérationnelle d'évaluation qualitative pour l'ensemble du processus.

Durant cette réflexion sur les données recueillies, on ne cherche pas à les corroborer pour trouver un consensus, mais plutôt à les regrouper en une mosaïque qui conduit à la compréhension du sens et de la signification des événements observés. Le concept de *triangulation* doit s'adapter à la définition de la recherche-action intégrale et systémique et favoriser des points de vue différents et complémentaires. Une vision globale et interactive de la systémique doit orienter le regard critique. Les réflexions du journal de bord éclairent les interventions des réunions de recherche et élargissent le débat. L'utilisation de différentes techniques apporte davantage à l'approfondissement de l'étude que la triangulation des témoignages à l'intérieur d'une seule technique en recherche qualitative car il ne s'agit pas prioritairement d'additionner les témoignages semblables et divergents ; il est plus important de donner la priorité à la compréhension la plus précise possible des relations entre les composantes et à une pénétration en profondeur des faits et de leurs multiples significations. Quelques opérations importantes sont suggérées ci-après.

## Décrire le modèle sous-jacent, qu'il soit pédagogique, stratégique ou autre

On s'aperçoit qu'un modèle éducatif ou un système de pédagogie ouverte ou de production participative est sous-jacent aux recherches analysées, ce qui se comprend étant donné la discipline éducative qui les regroupe. Sans doute le modèle serait différent en travail social, en santé ou en gestion. Dans les recherches dans lesquelles est décrit explicitement le fondement d'un modèle ou le modèle lui-même, les données sont plus facilement transformées en observations opérationnelles ; ce n'est pas le cas dans une étude plus exploratoire par exemple à la recherche d'un modèle d'action.

## Décrire le terrain peut être utile, voire nécessaire

Si on accomplit des interventions destinées à être intégrées socialement ou pédagogiquement, et qu'on n'a pas de modèle explicite pour la démarche, il apparaît essentiel de bien décrire le terrain ou la méthode utilisée pour parvenir au changement désiré.

Décrire le terrain en recherche-action intégrale et systémique consiste à permettre aux acteurs d'émettre leurs points de vue sur les dimensions de leur implication, les composantes environnementales dans lesquelles ils baignent afin de mieux expliquer le sens qu'ils donnent à l'action qu'ils entreprennent. Situer le terrain dans l'ensemble des composantes interactives est une opération propre à la modélisation systémique de la recherche-action intégrale. Ainsi, au moment du contrat, de l'entente, on perçoit déjà l'ampleur que prendra la recherche. En somme, faire une description détaillée ne consiste pas uniquement à établir des relations, à choisir des informateurs, à transcrire des textes, à tenir un journal de bord, c'est beaucoup plus, c'est une aventure d'explications qu'on réalise en décrivant de façon détaillée des choses enchevêtrées (Geertz, 1973), les composantes du système d'interactions.

Ces « choses » enchevêtrées permettront probablement de décortiquer les théories ou les valeurs qui sont possiblement des déterminants du contexte où se réalise l'action. On découvre peut-être une théorie sous-jacente, un modèle plus global, une vision holistique qu'on ne soupçonnait pas ; en somme des pistes d'orientation pour des significations données au changement par les acteurs.

La plupart des recherches recensées indiquent qu'on procède volontairement de manière assez souple ou ouverte afin de respecter le dynamisme de la démarche. Les chercheurs/auteurs de l'étude ne réalisent pas toujours jusqu'à quel point persiste dans leur vision un modèle classique de recherche expérimentale ou un *design* systématique de production même s'ils soutiennent la participation, l'ouverture, la créativité. Cette conception traditionnelle valable pour une approche positiviste les empêche parfois de saisir certaines caractéristiques essentielles de la recherche-action qu'ils préconisent, soit un changement significatif, qualitatif, non nécessairement quantitatif. C'est dire que mieux se connaître permet d'éviter les vieux préjugés et aide à devenir plus inventif dans des modes de production et d'instrumentation adaptés au modèle de recherche-action intégrale et systémique.

## Observer est primordial

*L'observation* est primordiale dans une recherche. La RAIS n'y échappe pas, mais l'observation n'y est pas traditionnelle ; elle n'est pas neutre, ni uniquement une observation participante comme en anthropologie culturelle ; elle est engagée. Elle exige des acteurs une intervention active, ouverte et respectueuse. Ces observations engagées, l'analyse des données les retiendra. Toutefois, le rapport final pose problème puisqu'il faut se demander quelle est la nature de *l'observation des observations* faites par le *préposé* qui a la tâche de la rédaction du rapport. À cette étape, son observation doit-elle être neutre ? Il s'agit de l'observation de celui qui dans le groupe est souvent un chercheur/professionnel, un délégué, un *préposé* nommé par le groupe parce qu'on le sait expert en recherche qualitative, participative ou autre. Peut-il à ce moment devenir neutre étant donné qu'il a été impliqué dans le déroulement de la recherche ? Sa neutralité, dans la logique de la RAIS, ne doit-elle pas s'interpréter en fonction du rôle qu'on lui a attribué ? Il a pour tâche de regrouper les observations, de les réduire, de préparer la classification. Il doit se distancier des prises d'opinions tout en sachant que son rôle est de participer à la recherche de significations. C'est pourquoi il le fait en laissant connaître sa grille de réduction, les principes, l'arbre théorique, le modèle qui se dégage ; il doit justifier ses regroupements en fonction de ce qui vient du terrain, y compris ses interventions personnelles acceptées par le groupe d'acteurs. Le *préposé* affiche ainsi dans son analyse une observation transparente des données et demeure engagé envers le groupe à qui il fera approuver le rapport si c'est possible.

## Reconnaître les étapes d'observation

Pour certaines études, nous découvrons un modèle opérationnel assez explicite et précis tandis que, pour d'autres, le modèle se construit au fur et à mesure grâce probablement à la théorie exploratoire sous-jacente ou implicite. Ainsi, on rapporte des faits en fonction d'une vision humaniste bien souvent parce qu'au départ c'est une pédagogie ouverte qui inspire le modèle pédagogique. Jusqu'à un certain point, on peut dire que les acteurs réduisent les faits selon leur grille de perception.

Les deux instruments par excellence, ceux qui permettent de bien consigner ces observations, sont les journaux de bord et surtout les comptes rendus des réunions de recherche. Le premier, le journal de bord, bien rédigé, permet de mieux préparer la réunion de recherche de l'équipe. Le second, le procès-verbal, essentiel pour le *préposé* puisqu'il rapporte les dialogues, les échanges, consiste non seulement à consigner des faits mais à transcrire des explications ou des interprétations des réunions de recherche. Le procès-verbal ne reflète pas nécessairement une démarche d'épuration et de réduction. C'est un document qui permet des répétitions, des observations, des corroborations et des découvertes grâce aux triangulations de toutes sortes. Le *préposé* à l'analyse, aidé par le groupe si c'est possible, peut pousser la réflexion encore plus loin en opérationnalisant ces observations grâce aux réductions expliquées plus haut. On obtient ce que nous nommons l'observation des observations. En guise d'exemple, une analyse d'une observation du modèle de Pédagogie ouverte à l'université est faite à partir des procès-verbaux des réunions de recherche et des enregistrements sonores. Elle se lit : « *La plupart des étudiants saisissent bien le cycle d'apprentissage du système ouvert et sont assez autonomes pour surmonter les obstacles et demander les ressources dont ils ont besoin* ». On peut lire, voire percevoir, la dynamique du modèle de Pédagogie ouverte qui est une action personnelle créative suivie d'une réflexion. L'équipe de recherche qui ratifie cette observation en réunion participe indirectement à l'analyse du procès-verbal.

Si une technique s'est avérée fertile, c'est celle utilisée par Neto (1989). Elle consiste à traduire en observations (NO, NT, NM) tous les comptes rendus ou procès-verbaux des rencontres avant de les classifier. Neto réduit ainsi les faits à ce qui se passe (NO, notes d'observation), à quoi cela fait penser (NT, notes théoriques) et à comment on s'y prend (NM, notes méthodologiques). Il est important cependant de ne pas négliger les notes d'observation portant sur les faits (NO). Certains sont portés, comme on l'a constaté à quelques reprises, à passer facilement à la théorie sans toujours l'illustrer par des appuis tirés du terrain. Suivent quelques exemples d'observations opérationnalisées.

Obs. n° 1 - « Le premier cours est conforme (NO) à une conférence d'universitaires qui correspond soit à la culture brésilienne, soit à la n*écessité de faire accepter le projet* ». *(Il y a semble-t-il, un commencement de réflexion sur l'observation : culture ? Ou projet ? C'est aussi une NT, peut-être)*.

Obs. n° 16 - « Les étudiants chercheurs (EC) sont très actifs dans la discussion ; il y a beaucoup d'interactions et de discussions. La rencontre s'éloignerait du cours magistral ». *(Une observation en fonction des modèles d'enseignement. C'est une note théorique, NT).*

Obs. n° 110 - « Un étudiant/chercheur (EC) présente un programme de radio pour sensibiliser les adultes/chercheurs (AC) qui augmentent en nombre au fur et à mesure que la réunion progresse ». *(Apparemment une observation seulement ou une NO).*

## Découvrir les moments précis d'analyse ou de traitement de données

Van der Maren (1989) distingue trois moments dans l'analyse des données : la rédaction du questionnaire, le repérage d'éléments d'un modèle présupposé et la reconstruction du modèle représentatif et significatif. Dans nos études, le *premier moment* ne s'applique pas tel quel puisque la démarche permet de remettre constamment en question les données et de les trianguler avec d'autres sources pour redéfinir une nouvelle hypothèse ou une nouvelle stratégie. D'ailleurs, il n'y a pas souvent de questionnaire formel. Quant au *deuxième moment* de repérage des éléments illustratifs ou « de la présence ou de l'absence des éléments du modèle présupposé », les acteurs des études ne semblent pas s'y engager. Admettant qu'il y a un modèle sous-jacent dans les études qu'on a décortiquées, le procédé de description permet de regrouper les données, mais en général ces dernières sont saisies sous forme d'observations brutes ou de pensées avant la classification ; le modèle n'est pas toujours clair. Autrement dit, il serait risqué de les entrer artificiellement dans un modèle. Qu'on le fasse inconsciemment, surtout si on ne perçoit pas clairement ses positions théoriques au début, cela est bien possible. Dans une recherche-action d'évaluation, ce moment de repérage pourrait être utile à la condition qu'on demeure ouvert à toute nouvelle observation inductive ou à toute suggestion favorisant la remise en question propre à la recherche-action intégrale et systémique. On l'aura compris, c'est le commencement de la classification. Que dire du troisième moment ?

Le *troisième moment* de la reconstruction du modèle représentatif et du sens convient mieux aux six études. Ce moment rejoint le cadre de l'analyse interprétative qui a inspiré les études ethnographiques en éducation (Hitchcock et Hughes, 1989). Dans chaque recherche, on désire savoir ce que les personnes concernées pensent, comment elles vivent tel système ou tel modèle. C'est bien sûr une exploration globale, mais qui recourt à des moments épisodiques de collecte de données. Il est difficile

*Le traitement et l'analyse des données en recherche-action intégrale et systémique*

de préciser que ce moment est bien arrêté pour l'analyse, car chaque étude se caractérise par une collecte de données à des phases différentes situées dans le temps et l'espace. Les observations multiples apparaissent rigoureuses, mais enchevêtrées et font appel à une vision globale, à des critères de cohérence, de pertinence plus qu'à des calculs mathématiques.

En somme, il faut convenir que la phase des observations n'a pas un temps spécifique d'analyse. Cette dernière se fait tout au long du processus vécu et parfois lors de la préparation du rapport de recherche. Elle peut se compléter même dans les phases qui vont suivre comme on vient de le voir à propos de la reconstruction du modèle représentatif. L'analyse va plus loin que le repérage pur et simple des éléments du modèle, elle cherche le sens de la démarche pour parvenir à une synthèse globale. Elle reprend les analyses des acteurs qu'on trouve dans leurs journaux de bord, dans les procès-verbaux et autres outils de collecte pour en faire des réductions significatives et prêtes à être classifiées.

Quant à la mécanique ou technique rattachée à cette phase, elle repose sur les opérations du *préposé*. Il lui importe de décrire le modèle pédagogique implicite ou d'expliquer la théorie sous-jacente tout en s'efforçant de demeurer inductif et ouvert. Il pourra faire appel à une recension de littérature sur le sujet. Décrire également le terrain s'avère nécessaire en systémique, car il est essentiel de situer une démarche, un modèle de formation avec ses composantes internes et externes en notant celles qui sont en relation les unes par rapport aux autres. Puisque l'observation est primordiale, il convient de regarder si les acteurs ont observé de façon engagée, mais avec un esprit ouvert et respectueux. Les informations doivent venir si possible de plusieurs sources pour se compléter. En résumé, on note deux étapes importantes dans cette première phase : une étape d'analyse de plus en plus explicite de la théorie sous-jacente et une deuxième de réduction des données à des énoncés ou observations opérationnelles. Le *préposé* est alors prêt à entreprendre la deuxième phase, celle de la classification.

## 5.2.2 - *La phase de classification*

La classification est une opération logique qui se fait le plus souvent en fonction d'une grille théorique ou d'un modèle. Cette phase comprend la définition des catégories du modèle trouvé ou retrouvé, l'utilisation de la grille d'analyse dans l'explication, l'analyse verticale des données et la rédaction de celles-ci. Les opérations suivantes sont importantes.

## Classifier selon les principes d'une théorie ou les axes d'un modèle s'il en existe un

Comment classifier les observations partiellement réduites de la phase précédente ? On le fait en fonction des grands axes de la théorie découverte antérieurement. Si théorie il y a, une grille de lecture émerge et laisse peut-être percevoir un modèle qui n'était pas au rendez-vous au départ. Dans chaque étude de terrain étudiée, il y a une grille ou une théorie préalables construites à partir de principes humanistes, de conscientisation sociopolitique, d'alphabétisation ou encore de production participative ; presque toutes ces grilles se réfèrent à la signification du vécu ou au sens des actions entreprises soit par et pour le groupe, soit par ou pour l'individu.

## Dégager des leçons en utilisant un langage dynamique

Quand on a regroupé les données réduites en énoncés ou en mini observations, il est plus facile de les faire parler et de dégager une leçon (Neto) ; ou une observation leçon (les soixante du modèle de pédagogie ouverte de Morin) ; ou des principes d'alphabétisation (Soler, Grandbois) ; ou enfin une manière comparative d'enseigner (Gagnon) ; ou de produire (Kfoury). Une leçon est une constatation issue de l'expérience et qui découle des faits et témoignages rapportés et analysés selon une grille de lecture ou grâce à un processus de découvertes théoriques comme en théorie enracinée *(grounded theory)*, théorie expliquée dans la partie suivante.

Les leçons doivent cependant rester liées au contexte afin de ne pas fausser l'interprétation. On a souvent suggéré une écriture journalistique qui a l'avantage de rattacher les observations à la réalité vécue tout en donnant du dynamisme à la recherche. Il faut toutefois manier ce genre littéraire avec doigté et recourir à quelques acteurs du terrain pour illustrer ou même authentifier les faits rapportés.

Pour éclairer ce moment, on peut continuer avec l'étude de Neto. Après avoir retenu 216 observations, il lui est apparu important de voir si ces observations confirmaient ou infirmaient les dimensions de la grille de la recherche-action intégrale. Grâce à une analyse de contenu, les observations ont été regroupées sous les rubriques de contrat, de participation, de changement, de discours et d'action pour chaque phase du projet. C'était une première réduction faite par consensus des deux évaluateurs. Les résultats de chaque partie ont conduit à 37 conclusions *préliminaires* qui permettent dans l'évaluation globale une analyse laissant émerger des leçons pratiques. À titre d'exemple, dans une première conclusion préliminaire classée sous la dimension contrat, on lit au n° 2 que « *les EC (étudiants/chercheurs)* reconnaissent la nécessité d'un langage simple en démystifiant la technique et en se refusant de parler d'anthropopédagogie devant les AC (adultes/chercheurs) » ; au n° 15 classé sous la dimension action, on signale que « *l'action est un antidote au découragement dans cette expérience »*. Ainsi les conclusions préliminaires se retrouvent grâce à la grille de lecture à chacune des étapes du projet, soit la phase de sensibilisation des EC (étudiants/chercheurs) et des AC (adultes/chercheurs), la phase de réalisation, soit de conception, soit de production ou soit de montage, et enfin la phase de réception organisée (des émissions de radio d'éducation populaire).

## Utiliser plusieurs sources pour l'explication

Comme on vient de le voir dans l'étude de Neto, la plupart des recherches font d'abord une réduction des dires et des écrits par l'énoncé d'observations qu'on place dans les dimensions du modèle ou dans la théorie qui inspire la démarche. On parvient à des conclusions *préliminaires*.

Une fois que les observations sont placées dans des catégories, il convient de les illustrer en recueillant des témoignages qui servent à démontrer, surtout à nuancer, l'étendue du consensus ou de l'acceptation ou même des oppositions ou encore des visions différentes de la réalité. Dans l'étude de Pédagogie ouverte (Morin, 1979), on regroupe les observations-clefs qui deviennent des leçons, sans en porter le nom, sous chacune des dimensions principales du modèle ; chaque « observation » (ou leçon) est ensuite étayée de témoignages qui la décrivent et en permettent la compréhension. On est très loin d'une analyse positiviste de cause à effet, ou d'un calcul du nombre de ceux qui pensent de la même façon, car les témoignages qui divergent ou nuancent l'énoncé sont importants, même essentiels en recherche qualitative. On est dans le domaine de la signification. La dimension de « facilitation », par exemple dans ce modèle de Pédagogie ouverte, est évaluée en fonction de six « observations » (ou leçons) dans un terrain et de six dans un autre. On comprendra qu'il s'agit d'un domaine d'interprétation qui utilise pour la démonstration une grille de lecture humaniste. Comme ce modèle est inspiré de la théorie du système ouvert, il est clair que les catégories s'influencent mutuellement et que l'aspect global, si on refaisait la recherche, devrait être plus fortement souligné.

Il y a des avantages à utiliser plusieurs sources de données tels les journaux de bord, les procès-verbaux ou les interviews ; cela permet au rapporteur ou au *préposé*, grâce à la corroboration des faits, de se préserver partiellement d'une contamination des données qu'il serait tenté d'introduire malencontreusement dans une grille ou un modèle. Si on est attentif et ouvert, on pourra, avec une abondance de témoignages, enrichir les dires et les faits de nombreuses significations. Le fait de communiquer la grille d'interprétation et d'analyse des données au groupe, à des spécialistes de la RAIS, favorise l'introduction de nuances et une plus grande compréhension du texte par le lecteur.

## Découvrir la façon de traiter les données ou les cas

Dans cette phase de classification, il est opportun de savoir comment traiter les données. Par exemple, un deuxième cas se construit souvent de manière concentrique à partir du premier pour pénétrer davantage la compréhension et préparer en quelque sorte les conclusions. Une étude (Grandbois) adopte cette démarche. Chaque partie du processus n'est donc pas étanche. Bien qu'on soit incité, en raison de l'analyse verticale, à placer les réductions des observations en catégories, une analyse comparative (ou horizontale) sert à annoncer les conclusions de la phase suivante. S'il est vrai qu'un des auteurs (Gagnon) essaie d'éviter la comparaison entre deux pédagogies, le lecteur, lui, ne peut s'empêcher de faire ce rapprochement. Pour quelle raison ne verrait-il pas les différences entre le cours magistral planifié et le cours de Pédagogie ouverte dans l'enseignement de la philosophie ? Sur ce point, la démarche d'un autre chercheur (Kfoury) est plus explicite et nous prépare à cette comparaison des différences que l'on retrouve dans la partie « conclusions » lorsqu'il compare une production d'experts à une autre, plus participative, d'adolescents, auteurs d'un scénario sur le même sujet.

## Faire participer si possible tous les acteurs à la révision

Jusqu'à ce jour, il ne fut pas possible d'effectuer une recherche-action intégrale qui amenait tous les participants à s'engager dans le processus de mise en catégories afin d'effectuer l'analyse verticale des données en vue du rapport final. Dans deux des six études, on a engagé un évaluateur externe (Morin et Neto). Cette étape d'analyse critique est souvent le lot du *préposé* ou du chercheur en titre parce qu'il est mieux préparé et surtout parce que, dans le cas d'un étudiant universitaire, il est davantage concerné et motivé pour ce travail surtout si le résultat écrit est présenté en vue de l'obtention d'un diplôme. Cependant, l'un des chercheurs (Neto) a su faire évaluer globalement son terrain avant de tirer ses leçons. Un autre, dans une approche ethnographique (McMahon, 1986), a utilisé la formule de « panel » comme une forme alternative de révision. On devrait dans la mesure du possible prévoir des étapes de révision pour le rapport final. À noter toutefois que les réunions à intervalles réguliers des acteurs en RAIS sont le lieu de discussions, d'échanges pour évaluer les interventions et en proposer de nouvelles. C'est un bon commencement dans le processus d'analyse dont on doit tenir compte dans le rapport final. L'analyse des données pour fin de rédaction finale permet le raffinement de ces analyses d'étapes.

## De la théorie d'exploitation analytique

Les études retenues ne font pas principalement une analyse conceptuelle car elles ne sont pas explicitement théoriques. Lorsqu'il y a une recherche conceptuelle au départ (Fotinas, 1976), c'est pour établir le modèle opérationnel comme ce fut le cas pour la Pédagogie ouverte. Il y a normalement une partie d'analyse conceptuelle dans le champ épisodique pour illustrer les axes des modèles ; les praticiens/chercheurs ne prétendent pas recourir à des fréquences, à des occurrences, car c'est toujours la recherche du sens et de l'interprétation des événements pour et par les acteurs qui les préoccupe.

## L'apport phénoménologique ?

Lorsqu'on parle d'analyse, la tâche se complexifie si on veut étiqueter le genre qui la caractérise. De quelle sorte d'analyse peut-on parler ? Est-ce une activité phénoménologique de réduction ? Certes pas. En psychologie phénoménologique, le chercheur est conscient des forces vives de son interprétation subjective et s'efforce de la réduire le plus possible en devenant conscient des processus qu'il emploie pour comprendre le monde et ainsi neutraliser ses forces afin de les empêcher de dénaturer la réalité (Sauvageau, 1989). Cette démarche conduit logiquement à une observation neutre, non participante. Par contre, si l'on entend par là, comme le disent Leahey et al. (1989, p. 33) *« une intention de comprendre comment les individus vivent certaines dimensions existentielles fondamentales et comment ces dimensions influencent leurs rapports avec le monde »*, alors nous pouvons dire que nos recherches sont d'inspiration phénoménologique. L'analyse est en partie phénoménologique lorsqu'elle s'efforce de décrire et de réfléchir sur les phénomènes, sur les façons dont les personnes expriment la structure consciente de leurs connaissances ou le sens et la signification de leurs actions. Comme il s'agit d'études en éducation dans nos exemples, la finalité des actions est essentielle et la connaissance expérientielle de l'apprentissage est fondamentale. Par contre, si la réduction amène le chercheur/auteur à ne rien prendre pour acquis de ce que les savants ou lui-même croient savoir, et à recommencer sans fin, alors là aussi notre recherche s'inspire de la phénoménologie en remettant en question, en faisant une « *tentative constante de découverte et d'élucidation des déterminants* » qui aident à « *constituer le monde* ». Dans cette optique, la recherche-action intégrale et systémique est partiellement phénoménologique, car elle cherche à discipliner la subjectivité comme l'écrit Wilson (1977) à propos de l'ethnographie en éducation.

Cependant les chercheurs n'appliquent pas *strictement* la réduction phénoménologique ou la mise entre parenthèses de leurs préconceptions qu'ils se doivent de connaître toutefois. Au contraire, la recherche-action intégrale et systémique construit ses actions et ses connaissances avec toutes les valeurs et les désirs des acteurs en présence. Ce sont les discussions, les dialogues qui permettent de contrer une trop grande subjectivité, de la même manière que le fait la corroboration préconisée dans l'analyse des faits observés. Sans doute une description soigneuse des faits et un souci de chercher le sens rapprochent la phénoménologie de nos préoccupations comme nous l'avons signalé plus haut en citant Haverkamp et Young (2007) et en disant que la RAIS chemine avec l'herméneutique co-constructive et la théorie critique tout en demeurant dans une catégorie bien à elle en raison de l'apport systémique. Il serait toutefois plus ou moins juste de décrire le traitement et l'analyse des données en RAIS comme dépendant d'un paradigme essentiellement phénoménologique.

## Une analyse interprétative ?

Les études citées sont beaucoup plus près de l'analyse interprétative qui « *procède en comparant le discours à analyser avec un modèle et une fiction idéale issue de l'orientation théorique* » (Van der Maren, 1989, p. 157). Dans toutes les analyses on a cherché dans les enregistrements sonores recensés, voire totalement retranscrits, à repérer des passages qui sont des indices ou des éléments significatifs de la pédagogie ou du projet de production proposé. Nous sommes près d'une interprétation telle que rapportée par M. Arriola-Socol (1987, p. 69) alors que celui-ci explique les tensions dans la démarche interprétative d'une lecture ouverte de textes, ce qui correspond dans notre cas à lire ainsi la réalité pédagogique ou à chercher par l'analyse une interprétation de la « compréhension par réflexion ». La recherche de Grandbois par exemple est en bonne partie redevable d'une réflexion portant sur des recherches-actions. Cette volonté de trouver une compréhension, un sens, pourrait se situer dans ce que Jean-Guy Nadeau (1987, p. 99) appelle une praxéologie ou « *quelque part entre la science action et la recherche-action* ». Dans chacune des recherches mentionnées, les chercheurs essaient d'éviter de prendre leur conception comme garante de la validité de l'analyse puisqu'une variété de ressources servent à corroborer et à trianguler les données (J. Pourtois et H. Desmet,

1988, p. 52-57) ; elles prétendent ne cacher aucun fait significatif, même s'il est contraire ou contradictoire. Bien souvent, cette crédibilité est assurée par la transparence de certaines analyses (Morin, 1984).

L'autre écueil, signalé par Van der Maren, consistant à forcer le parallélisme entre la théorie et la pratique, est évité dans la plupart des études en laissant la parole aux acteurs et en composant avec leurs dires. Si des études cherchent les contenus latents dans l'analyse des phénomènes ou des répliques des intervenants, facilitateurs ou étudiants, l'analyse essaie de s'en tenir davantage au contenu manifeste dans la présentation de la leçon qui se dégage de l'action pédagogique. Le style journalistique est recommandé et employé, notamment dans la première évaluation sur la Pédagogie ouverte (Morin,1979), afin d'éviter le piège de la « décontextualisation ». C'est pourquoi une description détaillée des terrains s'impose ou une chronologie des événements pédagogiques est présentée afin de bien comprendre le sens des citations. En plus, l'apport de la systémique à la recherche-action intégrale exige une modélisation des composantes principales environnementales du terrain ainsi que des interactions réciproques de ces mêmes composantes. La recherche de Grandbois par exemple se démarque par une longue description des problèmes socio-économiques et d'alphabétisation en Guinée, ce qui donne au lecteur un contexte favorable à l'interprétation et à une compréhension plus systémique.

## Une technique spécifique de traitement des données en recherche-action intégrale et systémique ?

En recherche-action intégrale et systémique, l'analyse des données commence aussitôt que la recherche-action est décidée, elle se continue pendant que les stratégies sont mises en action dans la recherche et se poursuit jusqu'à la fin de la rédaction du rapport de recherche soumis à la critique du groupe et à des spécialistes lors de congrès. Les chercheurs sont des acteurs engagés et leurs actions et celles des autres acteurs coïncident ou précèdent parfois une longue réflexion. L'effort d'objectivation ou de discipline s'effectue par la confrontation avec la réalité et surtout par le dialogue qui relève d'un paradigme praxéologique ou d'une dialectique entre les faits objectifs et les faits subjectifs, une interaction continuelle entre l'action et la réflexion, une recherche où les sujets sont les acteurs de leur destinée et les auteurs de leur histoire. C'est pourquoi il importe tellement de s'assurer de la qualité du dialogue.

L'élaboration des grilles des chercheurs se fait davantage par l'échange, la confrontation, la corroboration des événements et la triangulation, la construction intégrative de plusieurs récits et la cohérence avec le tout. Sans doute l'analyse proposée est en partie héritière de préoccupations positivistes soucieuses d'objectivité quant à la consignation des faits observés et à l'évaluation des processus. Cependant il s'agit d'une évaluation qualitative qui cherche à voir la satisfaction et le sens des interventions et à obtenir des résultats tangibles et quantitatifs si les données le permettent et qu'on en a les moyens.

Il est évident en raison de notre histoire que si l'on s'approche d'une technique, c'est de celle de l'anthropologie et de celle de la discussion critique et des échanges entre acteurs qui sont experts et auteurs de leur propre destin. En somme, on se réfère à une intersubjectivité souvent prônée dans des disciplines difficilement mesurables où l'expérience et le retour au vécu permettent de mieux comprendre et de fournir les clefs de l'analyse des données.

Revenons aux six études ; toutes font appel à une observation participante engagée. Tous les chercheurs principaux sont des *préposés*. Tous font une réflexion critique de leur aventure sur un terrain, tous font mille et une nuances et tous parlent en « connoisseur » au sens d'Eisner (1977). Par ailleurs, tous vont plus loin qu'une approche ethnographique puisque tous s'engagent et sont préoccupés par une action ou plutôt par un processus efficace en se frottant à la réalité. Ils utilisent des instruments pédagogiques qui impliquent les acteurs dans la recherche. C'est l'échange et le dialogue qui révèlent les actions à accomplir et l'essentiel des réflexions.

## *5.2.3 - La phase des conclusions*

Toute recherche vise à produire des conclusions à la suite d'études approfondies, d'analyse et de synthèse ou de mesures, qu'elles soient quantitatives ou qualitatives. L'interprétation en recherche-action intégrale et systémique fait partie du processus d'analyse. La meilleure garantie pour respecter les faits dans les interprétations, c'est de faire connaître ses biais, ses théories ou ses grilles. Si les données recueillies sont dépendantes des professionnels/chercheurs et de l'explication faite en fonction d'une grille, il va sans dire que les conclusions sont le fruit de cette démarche interprétative des faits et du sens des comportements observés tout au long de la recherche. Un des critères qui nous permet de décider si les conclusions dépassent nos observations ou les catégories de la classification, c'est leur cohérence avec le processus et avec la rigueur qu'on a mise à poursuivre une démarche harmonisée avec l'objectif de la recherche.

## Unir expérience, traitement et théorie pour créer un tout

S'il y a une façon de faire la réduction analytique pour parvenir à des conclusions, à des lois, à des leçons ou à des principes, c'est bien de s'imprégner du contenu des composantes. Grâce à l'expérience vécue, au traitement intelligent des faits significatifs et à la connaissance des principes et du modèle, le chercheur peut parvenir au sens, c'est-à-dire à *« une idée intelligible à laquelle un objet de pensée peut être rapporté et qui sert à expliquer, à justifier son existence »* (Petit Robert, 1973) pour le rapprocher de l'ensemble afin de dégager des conclusions à partir des premières leçons rapportées. Les mini observations, telles les 216 de l'étude de Neto faites à la phase des observations et réduites à 37 leçons à la deuxième grande étape, conduisent aux quelques grandes conclusions de la fin. S'il est vrai de dire que le chercheur est l'instrument principal en recherche ethnographique, il l'est encore plus en recherche-action intégrale et systémique en tant que le *préposé* à la rédaction du rapport puisqu'il doit être complètement imprégné de l'étude. Il l'est en effet d'autant plus qu'il a participé à l'action. Il est un témoin et acteur dans ce qui s'est passé et apporte les conclusions les plus plausibles en essayant de faire connaître ses grilles et de préciser sa participation dans la recherche et dans la rédaction du rapport.

Comment parvenir aux conclusions ? Encore là, on y arrive le plus souvent par la réflexion critique exigée par une étude de cas qui demande d'être située dans la réalité, en procédant d'une façon souvent comparative s'il y a plusieurs cas, ou en signalant la dynamique du tout pour revivifier les éléments présentés obligatoirement parfois de manière analytique ou décortiqués comme dans une autopsie dans les phases précédentes de classification et d'analyse des observations. C'est à la phase de conclusions que s'effectue surtout le retour des *éléments* en véritables *composantes* plus dynamiques et plus conformes à la systémique. En somme, on doit revenir sur le terrain et rattacher le cas à la théorie éducative qui le concerne. En RAIS, il est normal de questionner la théorie à la suite de la pratique. Cet effort de théorisation des gens de terrain ne semble toutefois pas s'accomplir facilement comme en témoigne une thèse sur un protocole de recherche-action pour le praticien en éducation (Côté-Thibault, 1991).

## Recourir à la logique de l'intelligence humaine

Dans cette phase, s'il y a une technique généralement appliquée, c'est celle qui relève probablement du fonctionnement critique normal de l'intelligence humaine ; après avoir mis en catégorie, on procède normalement à la comparaison. Dans le projet du GÉSOÉ (Morin, 1979) sur la Pédagogie ouverte, on parvient à neuf lois par une analyse des observations (leçons) précédentes, mais en les dégageant en fonction des axes majeurs du modèle.

Afin de mieux comprendre que les trois phases sont des points de repère dans le processus d'analyse de données, il serait utile de décrire la démarche de Neto (Morin, Vautour, 1994, pp. 47-50) mentionnée plus haut. La figure 11 aidera à saisir la description.

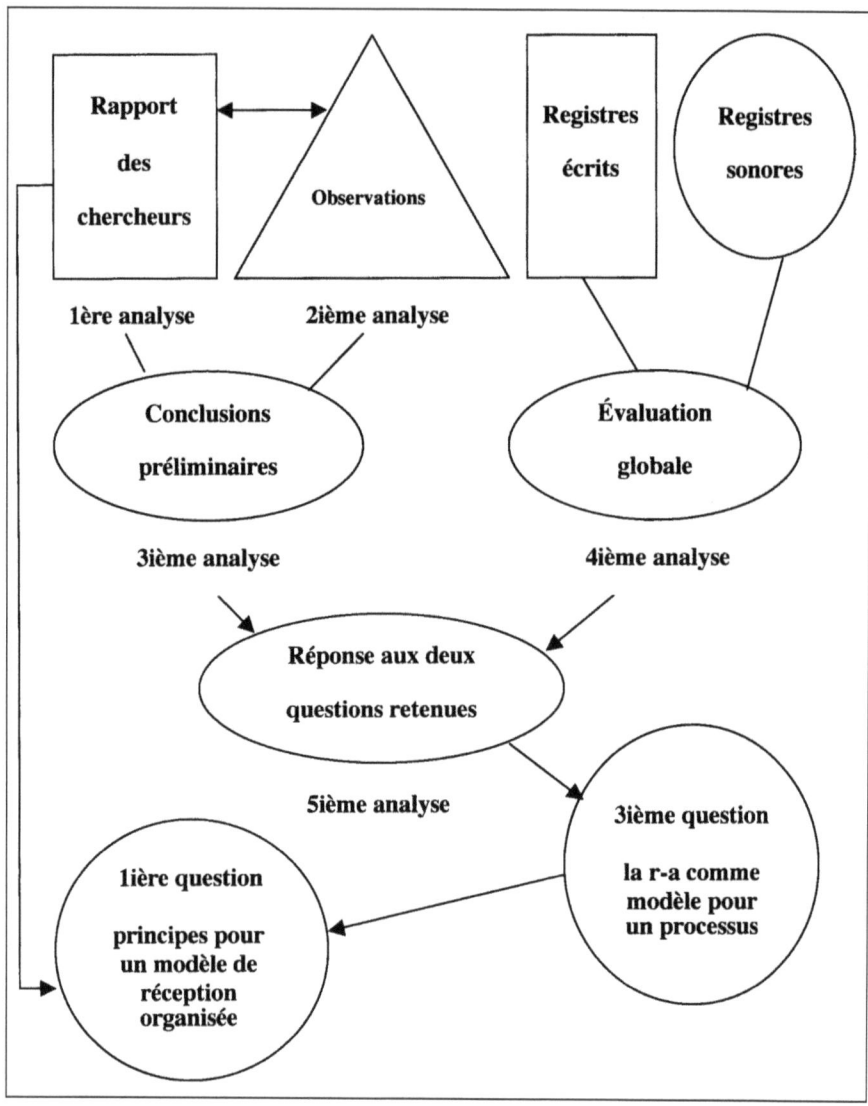

Fig. 11 - Synthèse du processus d'analyse réductive adopté par E. Neto.

Dans la thèse de Neto, la réduction des données va d'une première à une cinquième analyse et pourtant on parvient à se situer dans les trois phases de traitement expliquées dans ce chapitre.

La première phase, *l'analyse des observations*, comprend les deux premiers temps : *un premier* durant lequel *l'auteur* rédige un rapport descriptif réduisant les données de trois sources : les rapports hebdomadaires de deux sous-groupes, les journaux de bord des étudiants et son propre journal de bord ; *le deuxième temps*, alors que le préposé et un chercheur externe réduisent le contenu de trois sources, les bandes sonores, le constat du facilitateur/chercheur et le rapport des chercheurs, et les transposent en *216 observations* en les classifiant selon la grille de recherche-action de la RAI (contrat, participation, changement, discours et action).

On anticipe grâce à cette grille la phase suivante, *celle de classification*, dans laquelle les deux évaluateurs interne et externe comparent les observations avec le rapport des chercheurs selon les cinq dimensions de la RAI et parviennent à *37 conclusions préliminaires*.

*La phase de conclusions* commence avec les quatrième et cinquième temps alors qu'on envisage de répondre aux deux questions retenues, sur les six du début, qui semblent synthétiser la démarche. Dans *le quatrième*, on traite globalement de l'évaluation en se référant à deux séances où il est fait mention du processus d'évaluation formative présente dans le cours et reflétée dans les divers rapports des réunions. Dans *le cinquième temps*, on se sert des conclusions préliminaires pour répondre aux deux questions de recherche retenues. Le chercheur nous fournit une mécanique bien construite, mais où quelques chaînons auraient besoin d'explications. Il s'agit d'une analyse sans doute complexe, mais respectueuse de l'enchevêtrement de la réalité éducative vécue par le groupe d'étudiants à la maîtrise en communication de l'Université de Brasilia.

Il est intéressant de noter que le rapport des chercheurs (1re analyse) avec les 216 observations (2e analyse) fournit les 37 conclusions préliminaires (3e analyse). Ces conclusions (3e analyse) de concert avec l'évaluation globale (dite 4e analyse) répondent aux deux questions retenues. En retour, cette réponse aux deux questions (dite 5e analyse) forme le contenu de la 3e question qui porte sur le processus pour parvenir avec l'aide du rapport des chercheurs à répondre à la 1re question sur le contenu de la thèse qui concerne les principes de la réception organisée d'une émission de radio éducative.

**En résumé**, nous n'avons pas découvert dans les six recherches étudiées un procédé miracle, une technique, extension de l'intelligence ; il n'y a pas de méthode-clef, mais ce qu'il y a d'important dans chaque travail, c'est de trouver l'adéquation des méthodes d'analyse aux problèmes posés. Chaque cas, selon nous, a réussi cette cohérence d'analyse ou d'évaluation d'un processus pédagogique. Chaque cas ne prétend pas avoir épuisé les mille et une facettes du modèle en question. Cependant, le savoir est enrichi, les expériences rapportées et les leçons dégagées peuvent inspirer des applications ultérieures dans d'autres expériences pédagogiques similaires ou suggérer des procédés de traitement de données.

## 5.3 - La littérature portant sur la codification et l'analyse des données

L'analyse des données demeure une préoccupation dans la littérature scientifique sur la recherche qualitative et à notre avis les documents représentant une percée s'en tiennent surtout aux principes sans toujours illustrer la démarche. Une des raisons en est que les protocoles de collecte et d'analyse de données doivent être choisis par les chercheurs au cas par cas, particulièrement en recherche-action intégrale et systémique (RAIS) ; on ne peut déterminer à l'avance des modèles de traitement à l'image d'une approche quantitative.

Un article scientifique intéressant nous vient de Yeh et Inman (2007) des États-Unis qui expliquent des stratégies d'analyse et d'interprétation des données en psychologie du *counseling* ou en psychosociologie. Elles insistent sur l'importance de ne pas dissocier le moi, la culture et la circularité dans le processus de recherche ; elles rapportent des théories illustrées en partie par leur récit de vie en tant qu'asiatiques d'origine. Ce texte représente apparemment une percée dans leur discipline, la psychologie ; les auteurs défendent la rigueur de leur recherche participative effectuée auprès d'immigrés asiatiques en suggérant une déconstruction et une reconstruction soumises cependant à la réalité concrète avec un protocole *d'auditing* qui nous paraît plutôt lourd ; pourtant elles semblent tellement contre l'idée de comparer ou accoupler le qualitatif au quantitatif (p. 371). S'il est vrai qu'elles croient à la suprématie de la recherche positiviste, elles gagneraient à proposer des critères différents de recherche qualitative, complémentaires et plus pertinents. Par ailleurs, en nous référant à Nixon et Power d'Australie (2007) qui travaillent dans le domaine de la santé, nous constatons qu'elles ont aussi compris ce problème de la rigueur dans l'analyse du discours en proposant le développement d'une « perspective parallèle » sur la signification, distincte de la « perspective de réplication » dominée par un concept de science destinée à vérifier des faits précis. La rigueur, essentielle à toute recherche, se définit

*Le traitement et l'analyse des données en recherche-action intégrale et systémique*

normalement en fonction de réponses pertinentes aux questions de recherche posées sous un paradigme explicite.

Yeh et Inman (2007) ont raison toutefois de soutenir que l'analyse des données en recherche qualitative devrait dépendre du chercheur lorsqu'elles affirment que l'une d'elle, Yeh, a fonctionné sous le parapluie de la recherche-action participative (p. 383) en collaboration étroite avec une équipe de personnes très intégrées au projet. On sait qu'en recherche-action, les acteurs deviennent auteurs de leur recherche et de leur discours ; il s'agit, disent-elles, d'une co-construction. Dans ce sens, les rencontres de recherche pourraient à notre avis servir d'audit si on tient au mot, car normalement, dans une équipe, il y a des échanges en quête de consensus qui cependant se doivent de demeurer ouverts aux points de vue dissidents en les considérant par exemple comme stratégies alternatives d'action, ce qui rejoint le principe 4 du chapitre II sur le discours. On peut noter que les auteures favorisent une approche pluraliste et ne craignent pas d'utiliser le CQR *(Consensual Qualitative Research)* avec d'autres approches comme la *grounded theory* et l'ethnographie pour leurs nombreuses recherches. Le CQR qui se fonde sur le consensus apparaîtrait utile lorsqu'il s'agit de justifier la précision du langage, préconisée en RAIS au principe 6 sur l'entente. En somme, Yeh et Inman rappellent l'importance du moi, des valeurs culturelles, du dynamisme de circularité des facultés autonomes des chercheurs aptes à se prendre en main dans une recherche participative qui devient en quelque sorte un projet de vie. Au chapitre IV précédent, nous avons signalé comment Haverkamp et Young (2007) font germer l'analyse des données dans le paradigme choisi par les chercheurs. Ils réfèrent le lecteur à trois catégories d'herméneutique, une première, celle de validation philosophique reflétant le post positivisme ou une phénoménologie orientée vers l'exploration d'une structure invariante. La seconde est l'herméneutique visant la compréhension, associée au constructivisme comme processus actif de l'intelligence du chercheur et du participant, de l'auteur et de l'acteur pour la création d'une signification qui facilite la fusion des opinions. La troisième se nomme l'herméneutique critique ; elle vise explicitement la transformation, la prise de pouvoir ou la responsabilisation *(empowerment)* comme buts principaux. Les points de vue de la deuxième et de la troisième options appliqués à la RAIS conviendraient assez bien parce que la co-construction qui émerge d'un dialogue critique conduit à des stratégies de changement.

Une autre auteure, Ayres (2007b), présente un bref texte sur la rigueur de l'analyse des données proprement dite ; ce texte fait suite à celui sur la collecte de données cité plus loin. Elle démontre de manière concise mais efficace que l'analyse en recherche qualitative est répétitive et que chaque réitération permet de raffiner la ou les données jusqu'à la satisfaction du chercheur. D'autres personnes qualifieraient ce processus de constantes comparaisons. Ayres montre qu'il y a d'autres approches analytiques que celle de la « décontextualisation » menant à la « recontextualisation » même si cette façon de faire apparaît fréquemment dans la littérature. La théorie enracinée ou *grounded theory* serait ainsi différente parce que le fait de la décortiquer lui enlèverait sa valeur de théorie en progrès *(in process)*, une entité en perpétuel développement selon Glaser et Strauss (1967, pp. 31-32). Toute analyse en effet dépend des données recueillies, de la méthode identifiée telles l'ethnographie, la phénoménologie ou la théorie enracinée et évidemment aussi de la perspective interprétative du chercheur principal qui se devrait si possible de retourner à ses collaborateurs pour valider en quelque sorte ses interprétations comme l'a fait McMahon (1987) lors de sa recherche avec des francophones en Ontario.

On a vu plus haut qu'une des façons d'être consciencieux en analyse consiste à se compromettre et à s'engager dans une interprétation bien documentée. La rigueur se démontre en décrivant le système où sont collectées les données. On doit aussi indiquer des repères comme le suggère le procès-verbal en RAIS afin de mieux comprendre comment et pourquoi on est arrivé à des décisions en recherche-action intégrale et systémique. Les données sont prises en compte, non seulement individuellement, mais surtout par rapport à l'ensemble en raison de la systémique qui s'appuie sur leur pertinence. On peut ainsi découvrir des tendances ou *patterns* qui pourraient être subordonnées à une mesure ordinale si on a à les considérer quantitativement. Dans toute analyse qualitative, l'interprétation ressort en raison du processus de réitération qui permet de découvrir des matrices à partir d'un ensemble de données. C'est grâce à l'expérience du chercheur et à ses connaissances de la littérature qu'il pourra traiter des données simples comme d'autres plus complexes.

Les **logiciels** de traitement de données sont de plus en plus nombreux et plus facilement adaptables ; ils permettent de consigner les données recueillies et d'effectuer les préliminaires au traitement de façon ordonnée à condition qu'on parvienne à établir une codification congruente avec la modalité de la ou des méthodes utilisées. Ayres (2007a) propose le QDM comme logiciel de gestion de données pour toute recherche qualitative même s'il est destiné à des textes de 50 pages et plus. Elle nous rappelle que ce choix est personnel et dépend du style cognitif du chercheur et de la nature des données. Pour la codification et l'analyse, elle propose de consulter le CAQDAS et de voir dans Internet le site en note[19]. Nous l'avons

---

19 - http://caqdas.soc.surey.ac.uk/ (consulté le 15 août 2009). À voir s'il s'adapte aux deux plates-formes Windows ou MacIntoch.

consulté récemment et avons découvert qu'il suggère un éventail de grands logiciels qui pourraient convenir à plus d'un chercheur surtout lorsqu'ils sont traduits dans leur langue. Ce site a l'avantage de guider le lecteur vers le logiciel qui pourrait lui convenir, que ce soit le QSR Nvivo, originellement NUD*IST nous venant d'Australie, l'ATLAS.ti initialement d'Allemagne, ou le MAXqda autrefois destiné aux discours politiques mais maintenant également à de nombreuses disciplines académiques. Le site recommande d'essayer le DRS, de l'Université de Nottingham au Royaume-Uni, destiné aux sciences sociales, un projet en développement qu'on peut télécharger gratuitement semble-t-il. Ce dernier répondrait à des besoins spécifiques auxquels les autres logiciels n'ont pas répondu, par exemple une synchronisation de sources multiples et diverses utilisées simultanément. Voir aussi pour la France Modalisa du studio Kynos (www.modalisa.com).

Les paradigmes ne fournissent pas un canevas opérationnel qui améliorerait ce que nous faisons déjà dans le cas par cas de la recherche-action. C'est pourquoi il faut revenir aux auteurs qui énoncent des principes pour mettre en catégories, voire codifier en fonction de l'analyse requise.

## *5.3.1 - La catégorisation et la codification*

Rennie et Fergus (2006) proposent de trouver pour l'analyse des catégories représentatives ou figurées quand on utilise une approche de « théorie enracinée » ou *« grounded theory »*. Pourquoi ? Parce que la procédure de catégorisation doit être en cohérence ou en connexion avec la méthodologie ; l'analyse est alors une herméneutique méthodologique et dans son sens étymologique, une accommodation du réalisme et du relativisme. Les auteurs démontrent que les implications de cette approche d'une catégorisation représentative ou figurative facilitent la compréhension grâce au rapport de convenance ou de pertinence. Il y a des chercheurs, disent-ils, qui souscrivent au relativisme et sont sceptiques sur la méthode en ne s'arrêtant qu'aux résultats sans considérer le contenu des procédures, risquant ainsi de diminuer la force de leurs études. Par ailleurs d'autres, trop réalistes, sont apparemment très positivistes en demeurant trop près des données littérales et en n'utilisant que des catégories descriptives afin de parvenir à une théorie sans imagination qui ne rend pas compte des inextricables expériences racontées. Les auteurs concluent (p. 495) que la théorie enracinée utilisée comme une activité herméneutique implique à la fois une expérience de cognition et une expérience phénoménologique en s'accommodant au réalisme et au relativisme, ouvrant ainsi de nouvelles voies. La RAIS pourrait s'en inspirer puisque ses observations tirées d'actions bien concrètes sont confrontées dans une révision théorique constante grâce à la systémique, ce qui permet de les insérer dans une figure graphique en utilisant un langage symbolique.

Ayres (2007a) rejoindrait-elle Rennie et Fergus au sujet de la codification des données ? À notre avis, Ayres va un peu plus loin dans un sens en indiquant des techniques possibles s'appliquant à une pluralité de méthodes à condition que le chercheur respecte l'esprit de l'approche utilisée. À des fins de présentation pédagogique peut-être, l'auteure prétend que la gestion des données doit être différente de l'analyse des données bien qu'il faille en tenir compte, ce qu'il est difficile d'accepter en RAIS puisque l'analyse se fait tout le long du processus de recherche. Pour nous, coder et étiqueter des données, c'est déjà un début d'examen et d'évaluation, car l'auteur/acteur amorce sa réflexion analytique en plaçant les données comme NT (notes théoriques) ou NM (notes méthodologiques) dans le journal de bord pour passer à des NTP (notes théorico-pratiques) ou à des hypothèses à vérifier autant dans les journaux de bord que dans les procès-verbaux. En RAIS, la présente analyse des données n'est que la poursuite du processus précédent (chapitre IV) ; on passe à un deuxième niveau d'abstraction afin de parvenir à une synthèse et des leçons. Quoiqu'il en soit, Ayres (2007a) distingue les données structurées, celles qui partent des questions posées ou sont liées à un modèle, par exemple les questions qu'on pose à un groupe *focus*, des données non structurées issues d'une question large et ouverte. À titre d'exemple elle pourrait demander au groupe de dire comment, en tant que parents, ils gèrent *l'encopresis* (l'incontinence) de l'enfant, ses expériences scolaires, ses expériences de vie sociale dans les soirées ou aux fêtes d'anniversaires. On pourrait selon elle élargir les catégories si de nouvelles données surgissaient ; on aurait alors des catégories émergentes. Si un enfant par exemple rapporte que la première personne rencontrée est une personne « de son âge qui a un cancer », on aurait une catégorie (âge) ou deux catégories (âge et cancer) à retenir pour l'analyse. Ainsi il y a des données non stucturées venant d'une question large et ouverte. Il s'agit alors de développer des codes à partir des enregistrements et si possible de les conserver en termes vivants en retenant des extraits de citations.

Enfin il faut passer à la synthèse nouvelle ou *resynthesis* en fournissant une description étoffée de la culture. La phénoménologie s'attache à l'expérience vivante d'un phénomène tandis que l'étude de cas rend compte du processus du début à la fin en donnant une signification à la totalité des données. L'analyse (Ayres, 2007b, p. 491) est aussi un processus itératif qui commence avec un examen général des données et continue jusqu'à ce que le chercheur ou l'investigateur ait adéquatement répondu à la question de recherche en tenant compte de tout ce qui est disponible.

Pour l'auteure, la catégorisation des données et la réduction facilitent les comparaisons entre les cas. Les mémos sont utilisés pour documenter les décisions analytiques à travers la démarche. Toutes les découvertes sont approximatives jusqu'à ce que l'analyse soit complétée.

Si nous avons accordé autant d'importance à Ayres, c'est en raison de son exposé, bref mais didactique, contenu dans deux articles publiés dans une revue destinée aux infirmières spécialisées, qui démontre que la recherche qualitative permet de mieux comprendre les patients.

## 5.3.2 - Et que dire de la systémique dans l'analyse des données !

Nous n'avons pas trouvé dans les écrits récents de textes sur l'analyse de contenu en systémique. On peut comprendre cela de deux façons : ou bien elle va de soi puisque l'analyse fait appel à des catégories ou à des principes abstraits et à une vision globale, ou bien le courant du changement systémique n'a pas encore réussi une restructuration complète de la recherche allant jusqu'à transformer ce que l'on nomme l'analyse des données. Il se peut également qu'en systémique les opinions soient partagées entre les deux grandes théories du système dynamique. Dans la *perspective du système dynamique* de la psychologie du développement, Witherington (2007) de l'Université de New Mexico écrit que les concepts de l'organisation du soi et de l'holisme permettent de voir comment les *patterns* (les paramètres) ou les axes des modèles de développement naissent ; dans ce processus, apparaît un modèle qui réconcilie le flot constant et la variabilité de l'action en temps réel avec le flot de développement organisationnel. Deux tendances principales, selon lui, ressortent de ce courant de pensée et produisent une métathéorie : la tendance contextuelle et la tendance organismo-contextuelle.

*La tendance contextuelle* est animée par l'idée merveilleuse d'un système dynamique, c'est-à-dire la reconnaissance de ce qui arrive au plan local ; c'est une expérience en temps réel qui détermine la trajectoire de développement. Le temps réel et le temps de développement sont théoriquement liés. L'ordre global du comportement, la direction du développement et la variabilité du comportement en temps réel tirent leur explication du constat d'un processus simple (traduction de Smith et Thelen, pp. 165-166, cité par Witherington (2007) de l'action dans le contexte et l'ici et maintenant. C'est une vision inductive qui conduit à juger illusoire de considérer les formes supérieures comme explicatives des actions. De son côté, *la tendance organismo-contextuelle* se définirait comme une intégration métathéorique des deux visions du monde que sont « l'organiscisme » et « le contextualisme » ; elle reconnaît les formes d'un ordre supérieur dans son cadre d'explication, intègre un nœud de relations causales efficientes, finales, matérielles et formelles et considère le temps comme émergeant mais irréductible au temps réel. C'est une vision inductive et déductive grâce à la causalité circulaire. Ainsi sont réunies les abstractions formelles de « l'organicisme » et les particularités de temps réel du « contextualisme ». Ces deux différentes prémisses ontologiques touchent des théories sur le processus de l'auto-organisation du moi, sur le principe de la circularité causale et sur la nature de l'explication de la science du développement qui diffèrent d'un camp à l'autre. Les formes d'un ordre supérieur conçoivent l'explication causale non pas en termes d'efficience, mais comme moyen contraignant ; les nouvelles structures ne sont pas de simples produits non moins réels que les formes d'un ordre inférieur et les relations qui les laissent émerger.

En conclusion, Witherington (2007, p. 148) pense qu'on ne peut juger des mérites des deux tendances au moyen de données empiriques. Les deux positions reposent sur des catégories similaires, mais distinctes, qui guident la collecte et l'interprétation des données et nous conduisent à rechercher la vérité ou le sens de la réalité. Les tenants du contextualisme peuvent toujours prétendre y parvenir en n'incluant pas l'ordre supérieur dans le réseau causal et en démontrant les particularités d'actions spécifiques dans ce contexte. Les organismo-constextualistes peuvent à leur tour soutenir la vérité de l'inclusion de l'organisation des hauts niveaux en analysant simplement l'organisme au plan de l'invariant qui traverse le temps et le contexte. Quel que soit le mode d'explication privilégié, endossé ou décrié, l'analyse dépendra de la métathéorie qui guide l'exploration scientifique et qui agit comme critère de vérité empirique. En effet le critère de vérité commun aux deux tendances, c'est la grande variabilité des organismes dans leur action intra et extra contextuelle. Les deux approches, ajoute l'auteur, partagent et endossent le contextualisme ; la tendance organismo-contextualiste l'unit à l'organisme en vue de l'intégrer et rejette la caractéristique absolue de dispersion du pur contextualisme. Ce sont deux visions légitimes et elles méritent d'être discutées par les chercheurs.

Pour l'analyse des données, on peut affirmer qu'il n'y a pas de niveau privilégié et que tout dépend du chercheur et de son approche de recherche. Pour la RAIS, qui se fonde sur la théorie du système vivant, la préférence pourrait aller à une conception organismo-contextualiste en donnant préséance à la causalité circulaire qui tient compte à la fois du temps réel et de l'organisme qui agit. La RAIS de par son alliance avec la recherche-action pénètre le contexte de la réalité et grâce à sa vision systémique, retient les paramètres de l'organisme et en considère les préceptes comme des actes d'intelligence pour mieux comprendre le changement. C'est ainsi que la recherche suivante a pu être réalisée dans notre groupe du GÉSOÉ. Un métamodèle ontologique a été tiré des travaux de huit groupes de chercheurs étudiants. Nous présentons cette recherche à titre d'exemple, mais on peut imaginer d'autres façons de recueillir des données et d'effectuer une analyse en RAIS. Les exemples apportés par nos étudiants en recherche-action provenaient de systèmes réels qu'ils avaient illustrés par des exemples vécus. La recherche actuelle sur les tendances dynamiques du système vivant ne peut que nous encourager à trouver des voies nouvelles.

## 5.4 - Une métamodélisation de modèles ontologiques et l'utilisation d'un logiciel

L'étude de Cardinal (Cardinal et Morin, 1996)[20], rapportée en portugais dans Morin (2004, pp. 105-108), porte sur le traitement et l'analyse de données tirées de modèles ontologiques élaborés par des équipes d'un cours en formation à la recherche. Pour construire un métamodèle à partir de ces modèles ontologiques de professionnels/acteurs et chercheurs/auteurs, la chercheure a utilisé l'informatique. On a dit plus haut qu'un logiciel destiné au traitement et à l'analyse des données est souvent fort utile si on a fait un travail préliminaire de collecte de données, que les données sont complexes et que la recherche part du terrain, ou est enracinée ou *grounded*. Le logiciel NUD*IST utilisé par la chercheure fut justement conçu pour engendrer des théories ou concepts à partir de données compilées en recherche qualitative[21]. Il est fondé sur l'indexation qui permet une exploration intelligente du chercheur d'entrevues transcrites et d'enregistrements, de courriels, de notes, de formules, de photos et de vidéos en vue de découvrir des significations. Il s'agit d'une approche architecturale arborescente qui combine et intègre plusieurs des caractéristiques décrites dans les autres logiciels et qui, comme eux, facilite le codage et le recouvrement de textes. À cet effet, un premier système permet de retenir un niveau de données textuelles qui peuvent être en ligne ou hors ligne et un second facilite l'analyse de l'audio, des vidéos, des photos ou

---

20 - Cardinal P. et Morin A., conférence non publiée au Colloque d'Aix en Provence, MCX (Modélisation de la CompleXité), juillet 1996. Site Web : www.mcxapc.org
21 - Pour plus d'informations, voir le site Web : qsrinternational.com (consulté en août 2009). Depuis 1991, le logiciel a été enrichi et est offert surtout sur la plateforme Windows, mais les plus vieilles versions convenaient à Macintosh.

de documents supportés directement par une ligne informatique. Ces documents peuvent être indexés au moyen de codes de la façon habituelle. La deuxième caractéristique du logiciel porte sur son système d'indexation qui aide l'utilisateur à créer et à manipuler hiérarchiquement les liens entre les concepts. Les hiérarchies ou les arbres peuvent être vus comme des réseaux dont les nœuds dépendent du bon vouloir de l'utilisateur. Les arbres souvent présentés à l'envers permettent une organisation forte du système. Cette taxonomie est facilement compréhensible en raison de l'appartenance.

La chercheure a choisi les travaux de professionnels/acteurs et chercheurs/auteurs en technologie éducationnelle afin de dégager un métamodèle des modèles ontologiques construits par chaque équipe d'un groupe en formation à la recherche sur la pratique. La figure graphique 12 qui en découle s'est avérée hautement humaniste dans notre siècle technologique.

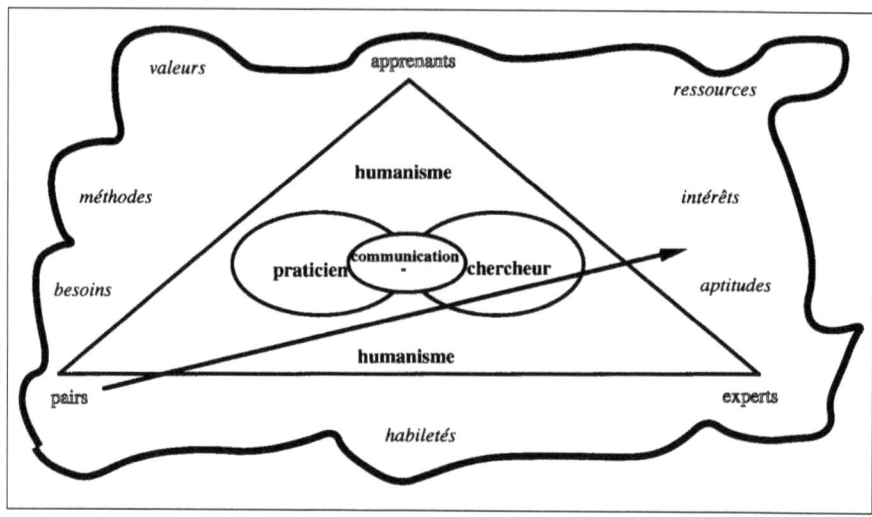

Fig. 12 - Le métamodèle du cheminement du praticien/chercheur.

Les résultats de l'analyse entreprise à l'aide du logiciel NUD*IST laissent émerger les composantes de ce métamodèle du cheminement du praticien ou professionnel/chercheur en éducation. Le **praticien** apparaît une composante importante. On le reconnaît à ses valeurs, à ses méthodes, à ses ressources, à ses aptitudes et compétences, à ses besoins et à ses intérêts. Les valeurs qui inspirent sa pratique sont avant tout le respect et la justice qui commandent chez lui une grande flexibilité afin d'être attentif au changement constant et devenir apte à relever les défis. L'**humanisme** est au centre de toutes les méthodes et de tous les rapports. Il donne sa couleur à la communication qui se traduit par des échanges. Cette communication, un dialogue, est tissée de justice, de respect des autres, d'empathie, de créativité et de flexibilité. Comme **chercheur** et afin de toujours mieux remplir sa tâche, le praticien se perfectionne sans cesse ; il essaie d'entrer en interaction avec les pairs, les experts, et les apprenants. Le climat d'entente favorise le questionnement et l'apprentissage coopératif. La **communication** est le nœud central, le noyau, le moteur de l'apprentissage. Elle favorise la relation du je-tu et fait circuler les informations de manière à permettre à tous d'évoluer vers le je-je émancipatoire. Dans un groupe, le jeu de la communication n'est pas simple mais plutôt complexe, la communication est multidirectionnelle, constituée de nombreuses interactions enchevêtrées. Pour parvenir à établir la communication, le praticien/chercheur doit développer sa curiosité, son empathie et sa créativité, remettre en question ses approches et utiliser tous les moyens à sa disposition. Sa démarche devient une activité de création qui sait tenir compte des contraintes liées aux besoins et aux attentes des apprenants. Le **temps** est le phénomène qui donne un **sens** au cheminement de l'acteur/auteur ; il lui apparaît important que lui soient impartis les délais nécessaires à une appropriation des connaissances.

Il est remarquable de constater que le cheminement de l'acteur/professionnel et auteur/chercheur ne soit pas surtout dépeint comme celui d'une personne d'action mais davantage comme celui de quelqu'un qui apprend et partage son savoir, qui aide, qui actualise le potentiel de l'apprenant. Son développement personnel et professionnel est primordial. Il est également étonnant de ne retrouver aucune mention des nouvelles technologies de l'information et de la communication (bureautique, réseautique, multimedia, etc.) dans le développement professionnel du praticien/chercheur qui est un technologue de l'éducation. De plus, contrairement à ce qu'on aurait pu attendre, l'environnement pédagogique technologique n'apparaît pas comme une variable importante. Serait-ce parce que le professionnel/chercheur pense n'avoir aucun impact majeur sur lui ? L'environnement humain est de beaucoup plus important et devrait imprégner la technologie, semble-t-il.

Le lien entre la théorie et la pratique ne préoccupe pas primordialement le professionnel/chercheur. Est-ce parce qu'il habite la pratique ? Peut-être. Mais la pratique est englobante. Pour lui, la relation entre enseignants et apprenants est essentielle et elle nécessite du temps pour se réaliser. En bref, le cheminement professionnel peut être envisagé comme un va-et-vient continu entre la pratique et l'apprentissage, deux sphères d'activités complémentaires qui s'enrichissent mutuellement.

**En somme,** cette étude est un exemple de « reliance » au sens de Bolle de Bal (1981) puisqu'elle n'est pas une analyse dichotomique mais elle est unifiante selon le paradigme expliqué par J.-L. Le Moigne sur la systémique. Les préceptes de globalité, de pertinence, d'agrégativité et bien entendu de finalité téléologique ressortent dans ce langage de modélisation qu'est le graphisme. Au plan de la participation, la recherche-action a été l'œuvre de tous les membres de chacune des huit équipes ; chacune a réalisé et perfectionné son modèle ontologique d'où ressortira le côté opérationnel pendant la formation.

## 5.5 - L'étude de cas, les sciences cliniques et la RAIS

Nous avons avantage à situer le discours de la RAIS sur le savoir dans la perspective des sciences cliniques ; l'étude de cas est le meilleur support pour élaborer une recherche-action intégrale et systémique, car son aspect clinique ouvre l'acteur/auteur à la complexité, parce qu'il le conduit à ne pas se limiter à quelques causes spécifiques, mais plutôt à accepter un nombre indéterminé de variables. L'étude de cas, nous dit le spécialiste R. Stake (2005, p. 443), peut se faire à l'aide de plusieurs méthodes, analytiquement ou « holistiquement », par mesures répétées et/ou « herméneutiquement », organiquement ou culturellement. Elle n'est pas un choix méthodologique, mais un choix sur l'objet qu'on décide d'étudier, objet considéré dans sa totalité concrète, dans « son épaisseur historique » de projet. L'acteur se voit impliqué dans le champ d'observation et ne peut faire abstraction du vécu des autres acteurs ou du sien propre. Les sciences cliniques reconnaissent ou même revendiquent le caractère d'implication de leurs agents. Sachant que l'implication est une source d'erreurs systématiques, on s'efforce de la réduire. La pertinence devient une caractéristique d'importance. La validité s'évalue non seulement au plan d'énoncés cliniques mais en tant que pratique sociale. « *La fécondité de la méthode,* note Dubost (1983, pp. 698-699), *s'apprécie à la fois au plan pratique en fonction des enjeux existentiels, culturels et sociaux et au plan scientifique par sa contribution aux théories de la discipline et par son potentiel d'extension dans les autres disciplines et dans la culture* ». À la possibilité de répétition, s'ajoute la possibilité pour des tiers de soumettre chaque protocole à une réinterprétation du cas. Enfin, les valeurs présentes dans l'étude sont importantes pour comprendre les pratiques d'autant plus que ces approches cliniques « sont construites pour répondre à leur demande ». Il y a une large place pour la vie émotionnelle, pour l'intuition ; cependant, l'analyse des valeurs doit être continuelle. En somme, toute approche qui s'inspire un tant soit peu des sciences cliniques cherchera à conserver un lien étroit avec la réalité et à garder aux découvertes de terrain leur fraîcheur.

En recherche-action intégrale et systémique, on doit concevoir la négociation, la participation, le changement, le discours et l'action comme des composantes systémiques, interdépendantes, en interaction continuelle. La rigueur dans la poursuite d'un projet négocié constitue une de ces exigences faite de souplesse et d'ouverture dans le dialogue participatif de tous les acteurs afin de favoriser des remises en questions des interventions du groupe durant le processus de recherche, du début à la fin. La finalité de changement est dépendante d'une vision globale, élargie, ouverte au contexte du projet qui chemine dans un environnement complexe.

La logique opérationnelle exige que toutes les personnes soient impliquées ou participent dans la démarche : acteurs et auteurs, praticiens et professionnels, chercheurs/praticiens, étudiants ou élèves, patients, travailleurs, gestionnaires à tous les niveaux, bénéficiaires, et ainsi de suite. Chacun contribue à éclairer la problématique et la dynamique de transformation en fonction de son rôle et chacun devient un auteur de recherche. On évite ainsi que des agents de développement travaillent sans impliquer toutes les personnes intéressées dans l'étude de besoins, la problématique et les décisions sur les solutions envisagées. Un développement pensé par d'autres est souvent critiqué, particulièrement dans des institutions scolaires, sociales ou de santé.

En regard de la méthodologie, une des premières tâches du préposé lors de la rédaction du rapport final consiste en un examen de toutes les composantes en se demandant si elles ont été respectées dans la mise en place du projet de recherche par les acteurs et auteurs de la RAIS. Quant au plan de la rédaction, on pourra se référer au chapitre II du volume II (Morin A., 1992) ; on y trouvera un exemple qui pourrait fort bien être adapté à un rapport de recherche ou à un article, voire à un mémoire ou à une thèse. Selon Ponterotto et Grieger (2007), il y a des préalables à l'écriture d'un rapport de recherche qualitative. Ce sont une bonne préparation, une connaissance des paradigmes impliqués, un savoir sur la philosophie des sciences, une description étoffée du cas. Il faut également tenir compte des aspects émotionnels pertinents et penser aux différentes catégories de lecteurs. D'autres suggèrent que soient rapportées dans certaines parties du rapport les réflexions naturelles des personnes étudiées (Griffin, 2007) ou encore que soient insérées des images aidant à la compréhension du texte (Watson, 2009).

En somme, il faut y aller cas par cas en recherche qualitative c'est-à-dire présenter le rapport en respectant la nature de l'étude. Les principes de la recherche-action intégrale et systémique par exemple peuvent servir d'assises à la révision de la méthode en cours de processus et au terme du projet de recherche. On s'assurera alors que la quête de vérité sur la praxis, sur les actions entreprises, s'est réalisée dans le plus grand respect des préceptes du dialogue et de la participation. Les témoignages de tous les acteurs auront permis d'évaluer jusqu'à quel point une transformation s'est accomplie et enfin de tirer des leçons de pratique. D'autres acteurs et auteurs pourront par la suite s'approprier les conclusions pour s'en inspirer dans leurs actions ou encore pour les comparer aux leurs au terme de leur recherche.

# *Conclusion*

## *A-t-on trouvé une technique propre à l'analyse des données en recherche-action intégrale et systémique ?*

On a tenté de trouver des modèles d'analyse dans le labyrinthe des approches de recherche qualitative. Au début de l'aventure, nous avons écarté les *designs* statistiques après avoir constaté qu'on ne pouvait parvenir facilement actuellement à l'évaluation d'un système ouvert par des quantifications. La signification des faits et la complexité des variables dépassaient en étendue les modèles statistiques expérimentaux. Peut-être que dans l'avenir on découvrira une façon de le faire comme l'espèrent Yanchar (2006) et Westerman (2006) cités au chapitre IV relativement aux grandes approches quantitative et qualitative. Pour le moment, nous avons partiellement éliminé les grilles trop cartésiennes ou trop déductives parce que leur protocole ne convenait que peu aux études plus globales liées aux systèmes ouverts. Un protocole plus expérimental, voire statistique, pourrait être utile parfois pour mesurer des effets concrets de changements comme nous l'avons souligné avec Durlak et al. (2007) au chapitre premier.

La recherche-action intégrale et systémique porte *sur* les actions d'un groupe, s'accomplit *pour* un groupe et est réalisée *par* les acteurs du groupe. L'expérience démontre que le *préposé* ou le chercheur en titre est mieux habilité à l'écriture scientifique ; il est souvent celui qui écope de la rédaction et en conséquence d'une part de la réflexion critique. Le fait est qu'il en prend souvent l'initiative en raison de sa formation et de sa motivation à réaliser un projet de recherche en vue de l'obtention d'un diplôme.

Le modèle sous-jacent à la rédaction du rapport en est un dans lequel les acteurs, praticiens ou professionnels/chercheurs, s'impliquent pour faire une étude de cas englobant tous les aspects d'un terrain et portant sur un objet/projet complexe de recherche. Les auteurs/acteurs participent à la découverte des multiples variables en jeu. Ils sont souvent même transformés par l'action qu'ils entreprennent et leur discours devient de plus en plus conscientisé et critique. Ils font souvent appel implicitement à des théories acquises dans leurs lectures ou grâce à leur formation professionnelle. La réflexion critique est l'approche la plus utilisée ; ils sont conscients de la présence constante d'une grille de lecture des événements. Étant des personnes d'action, en pédagogie ou en intervention sociale, formelle ou non formelle comme en éducation populaire, en soins de santé ou en gestion, ils affrontent la dure réalité qui ébranle leurs perceptions et les oblige à découvrir des significations parfois inattendues. C'est l'aventure de gens préparés à l'action, mais qui demeurent flexibles et ouverts de manière à rajuster au besoin leur objectif. C'est pourquoi l'analyse et l'interprétation des données ne sont en quelque sorte jamais terminées.

En somme, il n'y a pas de mécanique adaptée à tous les terrains, à toutes les analyses. Il y a des terrains et des objets/projets distincts, différents chercheurs/auteurs et acteurs/professionnels aux rôles multiples et des collectes de données adaptées à la recherche-action intégrale et systémique entreprise. Chaque terrain commande des objets différents de recherche, procède de négociations continuelles entre auteurs/acteurs et possède sa dynamique propre. Les analyses commencent dès les premiers moments des ententes entre auteurs/acteurs et chercheurs/professionnels et elles se poursuivent durant toute la recherche et la collecte d'informations jusqu'à la rédaction du rapport comprenant l'énoncé des conclusions.

Trois grandes phases d'analyse ont été dégagées de nos six études, celle des observations, celle de la classification et celle des conclusions. Chacune d'entre elles comporte une dynamique qui se poursuit en spirale à partir de la première entente. L'analyse interprétative est une des caractéristiques du processus. Elle se fait à partir du début et devrait se continuer même à la suite de la rédaction du rapport en raison du souci des acteurs de toujours perfectionner une stratégie d'action grâce à une réflexion critique qui s'effectue essentiellement par le dialogue et la discussion. Il n'y a pas de recette magique, mais il est essentiel d'avoir un esprit ouvert qui commande le traitement de données spécifiques à chaque recherche-action intégrale et systémique. L'ordinateur ne remplace jamais l'intelligence des auteurs/acteurs pour traiter les données. Certains logiciels font certaines tâches mieux que d'autres. Celui que nous avons utilisé, sensible à la *grounded theory* assez près de l'anthropologie et de la recherche-action, nous a permis de parvenir à des conclusions conceptuelles engendrant une connaissance pratique traduite en leçons de vie.

# Les prémices d'une conclusion

Aux études doctorales, on nous incitait, dans le cadre de notre approche positiviste, à ne pas dépasser nos prémisses. On nous affirmait que des citations d'auteurs dans nos conclusions ne pouvaient que distraire, mais qu'on pouvait indiquer d'autres voies relativement à notre objet de recherche afin de le confirmer, de le généraliser ou encore d'explorer expérimentalement d'autres thématiques connexes. Bien différent est l'objet d'investigation de cet ouvrage qui n'est ni univoque, ni linéaire, mais relève de la réalité complexe et doit être approché sur la base des paradigmes constructiviste et praxéologique qui exigent un dialogue, des échanges créateurs et une réflexion croissante sur l'action de changement. Impossible de conclure après avoir cherché à mettre à jour un sujet en devenir, la recherche-action intégrale et systémique. Nous n'en sommes qu'aux prémices... Un système ouvert doit continuer à se nourrir et nos dires s'inscrivent dans une discussion ouverte aux commentaires enrichissant nos théories qui demeurent soumises à une constante interrogation dans un processus jamais terminé comme la vie qui se continue.

L'avant-propos soulevait la question de l'être et de l'avoir à la suite des articles de Carr (2006) et Bawden et al. (2007) touchant l'opportunité d'écrire sur l'instrumentation en recherche-action et en systémique. Ces auteurs auraient raison si la méthodologie se confinait à l'avoir, à la pratique et refusait les valeurs expérientielles et ontologiques des acteurs, professionnels ou praticiens qui deviennent auteurs. Dans cet ouvrage, on opte pour la conjonction des deux et retenons autant l'agir que l'être puisque l'un ne peut exister sans l'autre. Blondel (1893) écrivait il y a plus de cent ans : « *C'est dans l'action qu'il va falloir transporter le centre de la philosophie, parce que là se trouve aussi le centre de la vie. Si je ne suis pas ce que je veux être, ce que je veux, non des lèvres, non en désir ou en projet, mais de tout mon cœur, par toutes mes forces, dans mes actes, je ne suis pas* » (p. 23). On peut ainsi dire que l'avoir enrichit l'être car il est échange, action et devient réflexion. Et l'être grandit ainsi grâce à l'intelligence de ses valeurs personnelles et sociales.

On a tenté d'interroger les théories issues de nos expériences en recherche-action intégrale et systémique pour parvenir à un savoir plus nuancé. D'une spécialité en sciences éducatives et technologiques, on est passé aux domaines de la sociologie, de la santé et de la gestion où on a constaté que les formes de participation étaient nombreuses à tous les niveaux. Cependant, toutes ces disciplines se sont montrées incapables à elles seules de résoudre les cas complexes rencontrés. De l'interdisciplinarité, concept qui ne fait pas l'unanimité chez les professionnels, on est passé à la multidisciplinarité ou à la transdisciplinarité qui paraissaient mieux répondre à la complexité des problèmes contemporains.

Forts de ces considérations, six principes opérationnels ont été énoncés pour guider une démarche éventuelle de RAIS. Dans chaque principe, l'intelligence de la globalité, de la circularité des forces donne un souffle aux dimensions de la recherche-action intégrale qui se globalisent et se régénèrent. Le changement devient finalisé, le processus se modélise, l'action et la réflexion s'enrichissent mutuellement et la participation dans l'entente imprègne toutes les facettes du processus. Ces principes établis, il devenait possible d'enclencher une formation à la RAIS, en utilisant des cas réels ou un cas fictif qui facilite pour les participants l'acquisition de certaines compétences en recherche sans pour autant leur faire renoncer à leurs préoccupations concrètes d'un projet personnel ou d'équipe. Pour outiller l'avoir du praticien, l'instrumentation s'est présentée comme une extension de l'être chercheur qui lui permet de consigner ses réflexions et de les transmettre afin de parfaire ses interventions participatives. Enfin, il peut par la suite parvenir à rédiger lui-même un rapport ou participer au traitement des données et perfectionner son savoir.

Telle était l'intention avec ce livre qui demeure une œuvre en devenir. Le dialogue se continue et le chercheur demeure à l'affût de nouveautés qui pourraient enrichir le processus, comme par exemple l'élaboration de nouveaux logiciels d'analyse de données ou la formation de groupes virtuels de recherche-action. L'essentiel, c'est de toujours s'ouvrir à toutes les discussions qui valorisent l'action participative et systémique entreprise en vue d'un changement qui enrichit le savoir pratique, humain et social.

## *Des préambules sur un savoir pour continuer le dialogue...*

Quelle est la qualité du savoir en RAIS ? Les préceptes de la recherche-action participative et systémique posent le dilemme de l'objectivité préconisée par la science traditionnelle. Or, des auteurs tels Prigogine et Stengers (1979, 1987) ont repensé le concept de science objective en examinant les résultats de leurs recherches. De son côté, Edgar Morin (1994) reproche à la conception scientifique des quatre cents dernières années

*Les prémices d'une conclusion*

d'avoir rétréci le savoir à des dimensions qui ignorent l'immensité et la complexité de la réalité. Il n'est cependant pas question de nier l'apport incommensurable des principes scientifiques au développement du bien-être de l'humanité, mais on doit reconnaître que cela ne représente qu'une infime partie de la connaissance de notre monde.

La RAIS ne prétend pas parvenir à des vérités dites scientifiques dans le sens expérimental du mot. Elle ne renonce pas pour autant à énoncer des concepts qui enrichissent le savoir humain, le savoir pratique, le savoir des processus de transformation. La RAIS utilise à bon escient l'étude de cas dans une approche clinique qui ne ménage rien pour envisager toutes les facettes d'une problématique ; elle prétend parvenir à des leçons de pratique ou de vie grâce aux significations et aux interprétations que les acteurs donnent à la compréhension et à la production d'un changement. On reconnaît aujourd'hui par exemple que pour inciter une communauté à se prendre en main, il n'y a rien qui engage autant qu'une expérience similaire réussie par des semblables. Les expériences de changement systémique rapportées au premier chapitre nous encouragent à continuer à promouvoir des alliances de méthodes pour cheminer dans la complexité du réel. En somme, les vérités pratiques, les leçons apprises grâce au parcours de recherches connexes engendrent la discussion face aux réalités nouvelles. C'est alors qu'on s'approprie le savoir pratique dans un processus de créativité socioconstructiviste et praxéologique qui questionne les problèmes nouveaux, leur donne leur dimension et finalement les résout avec la participation de tous les acteurs/auteurs au dialogue et à l'action.

Si l'objectivité scientifique est comme le prétendent plusieurs auteurs, à la suite d'Edgar Morin (1990, p. 40-41), *« le résultat d'un processus critique développé par une communauté/société scientifique jouant un jeu dont elle assume pleinement la règle…»*, ou encore le *« consensus des chercheurs »*, alors pourquoi les acteurs en tant qu'auteurs ne pourraient-ils pas parvenir eux aussi à une relative vérité objective s'il y a entente intersubjective ? C'est en effet ce qu'affirme Habermas (1987, tome 1, p. 122) lorsqu'il écrit que *« l'issue de l'interaction dépend elle-même de la possibilité qu'ont les participants de s'entendre mutuellement sur une appréciation intersubjectivement valide de leurs rapports au monde. Suivant ce modèle d'action, la seule réussite possible d'une interaction est l'obtention commune d'un consensus entre les participants »*.

Quoiqu'il en soit du débat sur les sciences fondamentales, le savoir théorique et le savoir pratique ou le savoir-faire, ce qu'il importe de retenir, c'est que le savoir pratique découle de dialogues, d'échanges et de discussions entre des acteurs qui s'entendent sur les données recueillies au cours de leurs interventions et parviennent à des leçons de pratique exportables, enseignables, que d'autres pourraient s'approprier ou considérer dans d'autres études de recherche-action intégrale et systémique. La vérité en RAIS est dynamique et relative à la complexité du réel. Personne ne peut prétendre parvenir à la posséder totalement. Les échanges des acteurs/auteurs de recherche qui cherchent à circonscrire une question ou résoudre un problème permettent, grâce à la diversité des opinions, d'objectiver en quelque sorte le réel en rendant le discours de plus en plus rationnel. Les acteurs/auteurs approfondissent ainsi par la réflexion leurs interventions ou les actions possibles. En ce sens, la RAIS peut apparaître comme un merveilleux processus de recherche d'objectivité grâce à la confrontation des idées lors des rencontres de recherche. Le savoir devient ouvert à des dimensions qui vont au-delà de l'opinion capricieuse pour rejoindre celle qui se démarque des traditions, de l'épreuve du temps, des expériences répétées et qui profite de la mise en commun des points de vue. Il ne s'agit pas de n'importe quel savoir mais d'un savoir éprouvé. Selon le dictionnaire, le savoir est l'*« ensemble des connaissances acquises par l'apprentissage ou l'expérience »*. Dans l'action, on parlera de savoir-faire.

Grâce aux discussions, l'implication du chercheur pose beaucoup moins l'épineux problème de la non distanciation par rapport à l'objet de recherche. La distanciation, nécessaire pour replacer les choses dans un ensemble comme on le fait avec le grand angulaire en photographie, avec les plans d'ensemble au cinéma ou avec le plan d'un essai, s'accomplit en RAIS en élargissant le débat à une vision globale. Les discussions permettent d'objectiver ses opinions. Par ailleurs la référence à des leçons de vie et de pratique en est une autre. Si on souhaite que l'acteur s'implique, c'est justement pour qu'il comprenne les significations qui le concernent. La réflexion personnelle et les échanges en groupe sont là pour mettre à l'épreuve les avancées, pour ébranler les certitudes. Vivant lui-même certaines expériences, l'acteur devenant auteur a la chance de mieux comprendre les actions et les réflexions rapportées. La convivialité s'enrichit rationnellement grâce à l'utilisation en groupe de la diversité des points de vue.

Si la finalité de changement est le propre de la RAIS, il faut s'assurer qu'il s'agit d'un changement dans le discours, une transformation qui mène à un discours plus rationnel, plus nuancé, plus raffiné. Par voie de conséquence, l'action du groupe d'acteurs/auteurs deviendra plus réfléchie. Si elle s'imprègne de la réflexion systémique, l'action sera le fruit d'une grande compréhension du réel et il en découlera une meilleure stratégie

*Les prémices d'une conclusion*

pour réaliser le changement désiré. Parce que la démarche se fait en groupe, les actions entreprises ou à entreprendre profiteront de la force du consensus issu du dialogue. En bref, la recherche-action intégrale et systémique se veut une approche démocratique dans un système ouvert qui refuse le dogmatisme et privilégie la quête de la vérité.

C'est ainsi que la conclusion ne sera jamais terminée, elle demeure sous la forme de prémisses, de plus en plus étoffées sans doute, mais toujours prêtes à s'enrichir de nouvelles expériences d'intervention. Cet ouvrage, il faut le répéter, a été alimenté par le milieu culturel anglo-saxon qui publie dans la langue de Shakespeare. Nous avons pu voir, grâce aux ressources électroniques, ce qui se passait hors du milieu francophone qui lui nous a nourri et continue de le faire depuis toujours, sauf durant nos années de doctorat chez nos voisins du Sud. Cela nous a conduit à constater que la recherche-action avait gagné l'Inde, l'Afrique du Sud, voire la Chine. C'est pourquoi notre conclusion n'est qu'un préambule pour le lecteur désireux de continuer ce voyage sur la planète pour constater les bienfaits d'une participation humaine et sociale.

*Annexe I*

# Le cas de Cécile
## *Une école multi-ethnique*

Cécile est professeur dans une école primaire traditionnelle. Chaque enseignante possède sa classe et enseigne en principe toutes les matières scolaires sauf l'éducation physique (une heure par semaine). Cécile est titulaire d'une classe de cinquième année depuis bientôt quinze années. Elle possède sa matière, elle sait l'organiser et elle suit ses élèves pas à pas dans leur cheminement individuel. Cependant, le nombre d'élèves avec les nouvelles conventions collectives croît sans cesse. De plus, avec l'arrivée massive d'élèves de toutes provenances, le problème se complique, d'autant plus que l'environnement se modifie constamment. Il faut aussi reconnaître que l'intégration croissante des élèves en difficulté d'apprentissage dans la classe correspondant normalement à leur âge et à leur trajectoire augmente les problèmes disciplinaires. Le temps manque pour donner suffisamment d'attention aux élèves dits « normaux ».

## *Cécile ne s'y retrouve plus*

En effet, on ne s'y retrouve plus dans ce milieu un peu éloigné du centre de la ville. La bourgeoisie a quitté pour les banlieues, ou a regagné le centre ville lui-même. La situation est fort complexe. Les familles francophones ont de moins en moins d'enfants et des immigrés issus de tous les pays du monde les remplacent. Cécile n'a pourtant pas de préjugés défavorables à leur endroit. Elle vient d'une famille assez aisée qui lui a permis de beaucoup voyager. Cependant, son enseignement a été dispensé au cours des quinze dernières années aux natifs du pays. Maintenant, tout cela a changé. Sa classe de vingt-huit élèves regroupe des enfants de quatre nationalités différentes avec une minorité de Québécois d'origine. Les problèmes se multiplient. Certains enfants semblent ne pas comprendre son vocabulaire fort simple pourtant, d'autres sont peu disciplinés, quelques-uns sont trop obéissants, enfin les Québécois ne démontrent pas toujours un grand respect des autres cultures. De plus, les enfants en difficulté accaparent un temps précieux. Elle a l'impression de travailler continuellement contre la montre ou de perdre un temps fou.

L'autre jour, Paul, un de ses plus brillants élèves, lui a causé un sérieux problème de discipline. La classe était allée visiter le jardin botanique. Paul a décidé de s'esquiver avec quelques autres copains québécois et de retourner à l'école sans donner signe de vie aux parents présents ou à Cécile, d'où l'inquiétude, voire l'angoisse des accompagnants durant la dernière heure de visite. Enfin, à la suggestion d'un parent, on téléphone à l'école et on apprend alors que les trois inséparables sont de retour. Pourtant, Cécile n'aurait pas imaginé une telle bêtise de la part de Paul.

Par ailleurs, Marie et sa copine Josette ne cessent de « placoter » ou de bavarder en classe, particulièrement dans les moments où Cécile se rend aux tables de travail pour donner des explications supplémentaires à ceux qui en demandent. On les entend chuchoter : *« Ah encore elle, encore lui... ».*

Il faut mentionner aussi les batailles entre deux nouveaux immigrés André et Antonio arrivés récemment d'Amérique du Sud. Ils ne cessent d'en venir aux coups chaque fois qu'ils jouent au football avec deux autres immigrés des pays de la Méditerranée. On se demande comment on pourrait les amener à plus de tolérance.

Cécile aimerait bien avoir d'autres élèves tout aussi motivés que ces quatre Asiatiques qui finissent par décrocher les honneurs dans toutes les matières sauf en français. On voit une petite vague de jalousie dans la classe au moment de la remise des copies. Il faut reconnaître qu'ils méritent bien leurs premières places ou des récompenses occasionnellement.

## *Cécile entreprend une recherche dans son école*

Cécile parle de son problème avec ses collègues. Toutes ressentent à peu de choses près le même malaise. Le milieu environnant est difficile, il est pauvre. Plusieurs familles vivent de l'aide de l'État ; d'autres parents n'ont que des occupations peu rémunérées ou saisonnières.

L'environnement devient, à cause de la pauvreté, violent ; on dénombre de plus en plus de vols de toutes sortes, voire même des actes de brutalité. Que peut faire Cécile dans de telles conditions pour améliorer sa situation d'enseignante alors qu'elle est encore en bonne santé et ne manque pas de courage pour s'attaquer aux problèmes ?

## Le cas de Cécile - Une école multiethnique

Pour se stimuler et se perfectionner, Cécile suit des cours à l'université. Ses cours l'aideront peut-être à trouver des solutions. Son professeur de recherche à la maîtrise suggère aux étudiants de faire leur recherche dans leur milieu de travail. Cécile abonde en ce sens et croit qu'elle pourra mieux poser le problème de son enseignement et l'améliorer. Elle en discute avec sa directrice d'école qui se dit enchantée d'une telle proposition et se montre prête à l'aider dans son entreprise. Il n'est pas question cependant de diminuer le nombre d'élèves dans sa classe, mais on peut envisager d'autres aménagements, lui assure la directrice.

Que peut-on lui suggérer ? Une recherche-action serait-elle concevable dans cette situation ? Peut-elle la mener seule ? Comment peut-elle s'y prendre ?

Nous sommes en présence d'un cas de pédagogie traditionnelle qui doit se transformer pour s'adapter à une clientèle multiethnique. L'enseignante ne connaît que l'enseignement conventionnel, mais a toujours bien réussi. Par où commencer ? Pose-t-elle bien le problème ?

Jusqu'à quel point Cécile peut-elle faire une recherche-action intégrale et systémique ? En essayant de répondre à ces questions, il se peut que vous découvriez des pistes nouvelles d'action et de recherche fort valables.

*Postface*

# Henri Desroche et la construction du concept de recherche-action

*André Morin*[22]

Je ne saurai jamais assez souligner l'importance d'Henri Desroche dans la conception et la construction de la définition de la recherche-action intégrale que nous avons élaborée au sein de notre équipe du GÉSOÉ[23] à la suite de nos rencontres avec cet homme d'action et de pensée. Ces pages sont un témoignage de ces moments-clefs qui ont illuminé non seulement notre démarche, mais aussi celles de plusieurs chercheurs qui s'en sont inspirés par la suite dans leurs travaux. C'est ainsi que d'observations en réflexion et de réflexion en définition, la recherche-action intégrale a pris un certain relief et continue encore à se développer, englobant maintenant la systémique dans l'esprit de Desroche qui avait déjà publié en 1982 un texte lucide et éclairant sur la recherche-action et les interactions entre les auteurs et les acteurs.

## 1 - Le coup d'envoi, une action concrète

En 1980, à la suite d'une longue recherche sur la Pédagogie ouverte, je m'étais lancé avec le GÉSOÉ dans l'étude du bien-fondé scientifique de la recherche-action. J'avais bien sûr lu des ouvrages tels celui de René Barbier, de Smith[24] et des articles portant sur l'importance de la recherche qualitative dans l'étude des systèmes complexes en éducation. Notre recherche

---

22 - Ce texte a été publié en portugais dans Michel Thiollent (org) *Pesquisa-açâo na Perpectiva* de Henri Desroche, EdUFSCar, 2006, Capitulo 3, 91-101.
23 - GÉSOÉ (1975-1997) : le Groupe d'études sur les systèmes ouverts en éducation, Université de Montréal. Les références non signalées à la suite de noms se retrouvent dans la Bibliographie générale.
24 - Smith L.M., An Evolving Logic of Participant Observation, Educational Ethnography and Other Case Studies, Shulman L. (Ed), *Review of Education*, Chicago, Illinois, Peacock Press 6, pp. 315-377, 1977.

sur la Pédagogie ouverte nous avait conduits à désirer encore plus de participation de la part des étudiants dans l'évaluation du processus pédagogique dans des cours universitaires de premier cycle.

Étudier la recherche-action était toute une aventure qui m'a mené à la rencontre de chercheurs américains en anthropologie culturelle et en recherche qualitative. À l'Université du Delaware, John Ogbu[25], alors professeur invité, m'avait dit que l'anthropologie appliquée était peut-être ce que je cherchais comme approche participative. Louis Smith de l'Université de Washington à St-Louis m'avait recommandé de continuer nos démarches anthropopédagogiques, de publier et de produire des ouvrages sérieux si nous voulions obtenir crédibilité, mais il m'avait aussi recommandé de me trouver une communauté intellectuelle avec qui échanger afin de raffiner notre démarche, voire notre paradigme de recherche qualitative, au moins complémentaire à l'approche positiviste et quantitative.

Ce que j'avais trouvé aux États-Unis à l'époque, c'était une approche qualitative, mais pas vraiment une recherche engagée, participative. Par ailleurs, grâce à des professionnels de l'alphabétisation, dont René Soler, je m'étais familiarisé avec la pensée de Paulo Freire ; un stage à l'INODEP (Institut œcuménique de développement) m'avait amené à connaître différentes actions de développement inspirées de ce grand pédagogue brésilien. Ce stage du début de 1981, sous la direction de Michel Séguier allait me permettre de rencontrer des agents de développement, dont Colette Humbert et Jean Merlot[26] qui pratiquaient l'enquête participante, mais pas encore assez engagée selon moi. C'est alors que Michel Séguier eut la brillante idée de me recommander de rencontrer Henri Desroche, *« je crois que c'est lui qui va satisfaire votre curiosité »* avait-il dit. Et voilà. J'obtins rapidement un rendez-vous.

Cette première rencontre a été originale, fort créative, tout à fait pédagogique. Le professeur Desroche me laissa parler pendant dix à quinze minutes sans dire un mot, puis me dit : *« je pars après demain pour le lancement d'un Collège coopératif à l'Université de Rennes. Vous venez avec moi et vous verrez ce que nous faisons »*.

Ce fut un choc. Durant le voyage en train, Desroche m'a informé de son travail dans son réseau de collèges coopératifs qui s'implantaient un

---

25 - Ogbu J., *The Next Generation : an Ethnography of Education in an Urban Neighborhood*, Nova York : Academic Press, 1974.
26 - Merlot J., *Une expérience de conscientisation par enquête populaire*, INODEP, document de travail/8. Paris : L'Harmattan, 1982.

peu partout en France ; des recherches-actions et des coopératives se réalisaient en Afrique, en Amérique latine, au Brésil et dans des îlots au Québec. Il avait une conception bien près de l'andragogie et son concept d'éducation permanente correspondait à celui qui avait guidé mes travaux depuis de nombreuses années en éducation ; il faisait appel à l'expérience pour l'enrichissement du savoir, particulièrement chez les adultes. Je n'avais pas vécu son parcours de recherche sur les religions et le marxisme, sa réflexion comme homme d'action avec des prêtres ouvriers ; son dynamisme m'étonnait ; en plus de ses activités de recherche, il avait fondé la revue *Communautés - Archives des sciences sociales de la coopération et du développement (ASSCOD)*, créé un réseau de collèges coopératifs au niveau national et international, mis en place des universités d'été, incité à la création de banques ou de production de savoirs ; j'étais ébloui, je rencontrais quelqu'un qui avait fait l'expérience de ce qu'il avançait, qui le vivait et qui était comme on l'a écrit un « passeur de frontières »[27].

Par la suite, je fus mis en lien avec Guy Bédard, Canadien d'origine qui était vice-président de l'Université Coopérative Internationale ; il rédigeait sa thèse doctorale avec le professeur Desroche. Ce fut une rencontre sympathique qui ouvrit les portes à la venue de son maître dans notre groupe au Québec, la même année. Guy, très enthousiaste, me fit connaître Roger Bastide et son livre *L'Anthropologie appliquée* ainsi que le rayonnement de Desroche en Afrique notamment.

## 2 - La conférence choc sur les auteurs et les acteurs

À l'automne 1981, Desroche vint à Montréal nous donner une conférence sur sa vision ; son analyse des différents types de recherches-actions a été, pour moi et mon équipe, très éclairante. Nous découvrions un concept idéal, en particulier celui de la recherche-action intégrale qui allait être l'intuition de base par la suite dans les études que nous avions entreprises auprès de groupes qui se disaient des utilisateurs de la recherche-action. Comme j'avais écrit un article pour la Revue de Sociologie de l'Université Libre de Bruxelles[28], Desroche me suggéra de le publier aussi

---

27 - Colin R., Henri Desroche et les racines de la recherche-action. P.-M. Mesnier et Ph. Missotte (direction), *La recherche-action. Une autre manière de chercher, se former, transformer.* Paris : L'Harmattan, 2003, pp. 27-40.
28 - Morin A., Quelques orientations de la recherche-action en éducation en Amérique du Nord. *À propos de la recherche-action. Revue de l'Institut de Sociologie,* Université Libre de Bruxelles, 3, 1981, 529-538. Ce même article a aussi été publié dans *Archives des sciences sociales de la coopération et du développement (ASSCOD)*, janvier-mars 1982, 59, 18-26.

dans sa revue *Communautés - ASSCOD*, en même temps qu'il publierait son article sur les *Auteurs et Acteurs*. Cette idée d'auteurs était mise en valeur par plusieurs chercheurs français. Nous avons aussi été enthousiasmés par la narration de Desroche sur les séminaires d'écriture qu'il entreprenait en Afrique et ailleurs dans le monde. Sa démarche d'écriture nous emballait ; nous nous la sommes appropriée pour favoriser l'écriture collective dans les séminaires du GÉSOÉ, ceci afin de faciliter l'émergence de projets de recherches doctorales. En fait, nos chercheurs/praticiens devenaient aussi des auteurs, des producteurs de savoir. Un peu plus tard, à l'automne de 1981, nous avons poussé plus loin cette idée d'auteurs et d'acteurs avec des professionnels de l'action venant de Groupes d'éducation populaire.

## 3 - Un Colloque d'écriture collective avec les Groupes d'éducation populaire

C'est pendant ce même automne que le GÉSOÉ, à la suite d'une suggestion de René Soler, enseignant en alphabétisation, a décidé d'organiser un Colloque d'écriture collective avec les Groupes d'éducation populaire. Ces derniers avaient proposé d'écrire leur histoire. Or de notre côté, nous étudiions la recherche-action, mais nous n'en faisions pas. Faire des Groupes d'éducation populaire des auteurs réfléchissant et racontant leurs pratiques pouvait rendre opérationnelle la démarche d'Henri Desroche. Nous sommes allés un peu plus loin : nous avons proposé à quinze Groupes l'écriture collective inspirée de l'autobiographie raisonnée[29], méthodologie qui au départ était destinée à une personne.

Nous voulions un Colloque longuement préparé. Nous avons décidé de le tenir à l'automne 1982. Il fallait une personne vedette, nous irions chercher Paulo Freire ; il fallait un maître de l'écriture, nous inviterions Henri Desroche. Il fallait des agents de conscientisation, nous demanderions Colette Humbert de l'INODEP, bien connue au Québec. Il fallait quelqu'un sur la gestion, nous aurions Guy Bédard. Tous ont accepté. Sans naïveté, je n'aurais jamais entrepris un tel colloque, c'était oublier une certaine animosité entre les gens d'action et l'université, surtout celle où je professais. J'étais trop enthousiaste pour refuser le défi. Le groupe du GÉSOÉ s'est emballé et a travaillé avec ardeur. Nous avons décidé de nous préparer. À l'été, afin de connaître mieux les gens d'éducation populaire, nous avons entrepris quatre études de cas avec quatre groupes ; ces

---

29 - Desroche H., *Entreprendre d'apprendre. D'une autobiographie raisonnée aux projets d'une recherche-action*. Paris : Editions Ouvrières, 1990.

études allaient devenir des projets de travail de fin de maîtrise pour ces étudiants. Nous avons demandé aux Groupes d'éducation populaire, comme condition de participation au Colloque, la rédaction des grandes lignes de leur récit de pratique, de leur histoire, pour la communiquer aux autres groupes. Nous avons retenu les thèmes d'écriture qu'ils nous ont suggérés. Nous avons communiqué aux animateurs professionnels des techniques d'écriture collective, en nous inspirant de la démarche d'Henri Desroche. Nous étions prêts.

Le Colloque a été pour nous l'occasion de la construction vraiment réelle du concept de recherche-action intégrale, le type idéal selon nous dans la grille proposée par Henri Desroche. Une année de préparation, de la consultation réelle, de la participation et le refus d'intervenir dans les groupes une fois le processus d'écriture lancé : le Colloque était en marche. La conférence d'ouverture d'Henri Desroche a paru indigeste à plus d'un, c'était au niveau du langage sûrement. Paulo Freire avait annulé sa venue à la dernière minute pour cause de maladie de son épouse. Deux conférenciers sud-américains l'ont remplacé. L'un d'eux, de Bolivie, a été sympathique avec sa conception d'éducation populaire, le second, du Nicaragua, était trop politique à notre goût. Ce lancement de trois jours de Colloque fut difficile, c'est le moins qu'on puisse dire. Les lendemains allaient être des jours défis pour la participation et la prise en charge.

L'écriture collective a été entreprise, et avec des animateurs qui ont su écouter, travailler, refuser d'écrire avec leurs groupes si le groupe ne voulait plus. Certains groupes se sont fait une session de formation, d'autres ont refusé les techniques d'écriture ou mieux les ont adoptées ou se les sont appropriées, d'autres ont accepté d'écrire sur les thèmes choisis antérieurement. On me priait comme responsable d'intervenir dans les groupes. Notre équipe d'organisateurs au désespoir m'en voulait de refuser l'intervention. Pour moi, les groupes étaient assez forts avec leurs personnes-ressources et surtout avec des animateurs professionnels, ouverts et réalistes.

La plénière a eu lieu le dernier jour. Colette Humbert a donné sa conférence ainsi que Guy Bédard. Tous deux ont repris à leur compte les expériences pour en faire ressortir les fruits. L'animatrice a été excellente et finalement dix sur quinze ateliers ont fourni des textes, une écriture collective que nous avons publiée en en faisant aussi une analyse. Henri Desroche a gardé le silence, mais a tenu à écrire un texte dans les actes comme feedback. Ce Colloque a contribué à dégager la définition opérationnelle de la recherche-action que nous avons élaborée quelques années plus tard et publiée en 1986. À ce moment, la recherche-action était intégrale ou n'existait pas pour moi. Ce ne fut qu'en 1992 que j'ai accepté de la nommer EXPLICITEMENT intégrale comme le voulait le texte de Desroche. *Des Auteurs et des acteurs* était née une définition réaliste qui s'est avérée utile dans la construction du savoir.

## 4 - De colloque en séminaire et en colloque

J'étais maintenant dans le réseau. C'est ainsi que j'ai communiqué les résultats du CEP à la rencontre d'Ottawa à l'Institut de Développement International de la faculté d'éducation de l'Université d'Ottawa. J'ai vu beaucoup de futurs agents de développement présenter leurs projets et leurs réflexions. J'ai eu la chance de communiquer les leçons du Colloque qui seraient publiées quelques mois plus tard. On était surpris de cette franchise ; on voyait un refus de dogmatisme exprimé bien concrètement et quelques leçons sur la gestion de l'agressivité en respectant les acteurs devenus auteurs. Desroche l'avait vécu ce Colloque et un peu difficilement. Guy Bédard lui avait dit : « c'est ça le Québec ». Il n'avait pas bronché et n'avait rien dit. Quand le livre d'écriture collective a été publié, j'étais dans le bureau de Desroche avec Bédard ; tous deux étaient enthousiastes ; c'était une production de savoir, selon eux. C'est alors que j'ai compris la patience de cet homme, Desroche. Il croyait à l'idée de participation des acteurs et savait en attendre les résultats.

À cette époque, Henri Desroche continuait à approfondir sa démarche de projet d'apprentissage, qui consistait à dégager des lignes directrices à partir des acquis et des trajets antérieurs d'apprentissage formel et informel. Au même moment, notre groupe se nourrissait aussi de la méthodologie des histoires de vie de Gaston Pineau, approche qui n'était pas sans lien avec l'autobiographie raisonnée de Desroche. Gaston, d'ailleurs animateur dans l'équipe de Desroche, a obtenu un poste à l'Université de Tours par la suite dans le Groupe de Georges Lerbet qui avait été à l'origine d'un Collège coopératif intégré à l'institution.

Un autre séminaire en 1985 m'amenait cette fois à La Pocatière pour le lancement d'un Groupe de recherche-action à l'école d'Agronomie. Ce fut une expérience vivante, dynamique, mais aussi qui m'a révélé un côté festif chez Henri Desroche qui aimait que le tout se termine par des agapes et de la musique, un côté humain que je ne lui connaissais pas. C'était l'expression de la joie d'avoir peut-être réussi quelque chose au Québec. Pour moi, les idées d'Henri Desroche étaient bien reçues ; elles n'avaient pas besoin d'être institutionnalisées car les professeurs pouvaient les implanter assez facilement dans leurs collèges ou universités.

Par la suite, grâce à Henri Desroche, j'ai pu visiter à peu de chose près tous les collèges coopératifs en France : Rennes, Bordeaux, Montpellier, Tours, Dijon, Aix, Lyon. Bien différents les uns des autres, ils témoignaient tous du maître du réseau, de sa riche personnalité, de sa connaissance incroyable de l'histoire des religions, du coopératisme, de la recherche-action ou action recherche et de ses utopies.

## 5 - *La production d'une définition ou les productions*

Je voulais partir en année sabbatique au début de 1987 et approfondir les idées de technologie appropriée si près de la recherche-action. Je devais publier les résultats ou un rapport sur la recherche-action. À la fin de 1985, j'entrepris de le faire à l'aide d'une étudiante à la maîtrise, Céline Landry. Un chercheur, Renaud Gagnon[30], avait étudié une recherche-action formation dans le groupe EPEL et avait obtenu son doctorat avec une thèse portant sur ce thème. Un autre, Sélim Kfoury, avait conçu une vidéo sur la sensibilisation sociopolitique auprès des jeunes du secondaire avec ce concept de recherche-action intégrale. Nous avions réfléchi sur le Colloque, nous avions étudié le *Ford Teaching Project* sur l'enseignement des sciences dans la région d'East Anglia et bien d'autres groupes. Il me manquait une analyse en profondeur du processus et des dimensions de la participation. En 1984, Desroche constate mon insatisfaction au niveau théorique, insatisfaction fondée sur la pratique et me conseille de rencontrer Jean Dubost qui avait soutenu son doctorat d'État et avait pratiqué toute sa vie la participation en recherche. C'est ce que je fis. Cet homme charmant me prêta son manuscrit de 1983, me permit de le photocopier et de l'emporter au Canada. Je venais de trouver la pièce manquante à mon casse-tête grâce au réseau d'Henri Desroche. Ainsi, suite à nos recherches, j'ai pu présenter, énoncer et expliquer les cinq dimensions de la recherche-action intégrale ou participative qu'on retrouve dans une publication récente au Brésil en 2004.

La recherche-action était devenue pour moi « *celle qui vise un changement par la transformation réciproque de l'action et du discours, c'est-à-dire d'une action individuelle en une pratique collective efficace et incitatrice et d'un discours spontané en un dialogue éclairé, voire engagé. Elle exige qu'il y ait un contrat ouvert, formel (plutôt non structuré), impliquant une participation coopérative pouvant mener jusqu'à la cogestion* ».

---

30 - Gagnon R., *Les significations du cas d'éducation permanente à l'élémentaire (EPEL) : pédagogie organique et recherche-action*. Tese (Doutorado), Sciences de l'éducation, Université de Montréal, 1984.

J'étais maintenant satisfait. Il ne me restait qu'à appliquer opérationnellement notre définition avec de vrais étudiants. C'est ainsi qu'à l'automne 1987, j'ai donné un premier cours de 180 heures sur la recherche-action intégrale au Brésil, à l'Université de Brasilia, à une bonne trentaine d'étudiants et étudiantes gradués. Toute une expérience qui me confirmait que j'avais avec le GÉSOÉ trouvé une direction réelle et des dimensions grâce à l'intuition de Desroche, à nos expériences et aussi à son réseau : l'intuition pouvait devenir opérationnelle et bien fonctionner. J'ai trouvé au Brésil en Michel Thiollent, grâce à Geraldo Franco, un chercheur sur la même longueur d'onde. J'ai utilisé son manuel comme livre de base dans cet atelier.

D'autres recherches sur la recherche-action intégrale appliquée en éducation ont suivi : D. Côté-Thibault a découvert qu'on devrait inclure davantage la dimension terrain dans nos explications. Au Brésil, Edemilson Neto a appliqué la définition et ses dimensions à la conception, la production et la diffusion de deux émissions de radio éducatives pour la formation de cols bleus de son université. Ce fut une démarche de formation par la recherche-action remarquable pour ses étudiants à la maîtrise. D'autre part, Géraldo Franco[31] a analysé des expériences de recherche participative en employant une autre grille qui cadrait bien dans l'esprit de la recherche-action intégrale, mais qui était plus près des courants sud-américains et anglophones canadiens de la recherche-action participative. En Afrique, Alain Grandbois (1984 et 1989), qui avait contribué à une réflexion sur la recherche-action centrée sur le discours, a appliqué un concept de recherche-action intégrale dans plusieurs groupes d'éducation d'adultes en Guinée. Nous avons aussi appliqué à la réflexion critique en éducation la méthodologie de la recherche-action intégrale (Lévesque J.-A.).

Ainsi, l'histoire de la construction du concept de recherche-action se continuait. Nous avons décidé de nommer définitivement notre démarche recherche-action intégrale en 1992 et avons tenu un premier cours-atelier de formation à l'Université de Montréal, ce qui nous a conduit, en prenant connaissance des différentes problématiques des groupes d'acteurs, à vouloir encore une fois élargir notre concept pour mieux appréhender la réalité dans toute sa complexité. Nous avons donc entrepris avec Pierrette Cardinal, en travaillant sur les écrits du professeur Le Moigne et en discutant avec lui, l'étude de la systémique. Et de fil en aiguille, notre recherche-action intégrale est devenue systémique en 1995. Elle a dès lors inspiré

---

31 - Lobato Franco, Geraldo, *In search of meaning of Participative Action Research (PAR) as an instrument for paradigm shift in Brazilian popular education*. Tese (Doutorado), Sciences de l'éducation, Université de Montréal, 1992.

une recherche doctorale dans la formation des enseignants du secondaire professionnel avec H. Boudreault. Dans une époque où l'interdisciplinarité, voire la transdisciplinarité, est devenue essentielle à la découverte de nouvelles voies dans les tâches sociales ou éducatives toujours plus complexes, il fallait élargir le concept comme Desroche l'aurait fait et comme son gourou, Maurice Blondel le suggérait, il y a plus d'un siècle.

En élargissant le concept, nous avons aussi décidé de l'approfondir. Grâce à Denise Côté-Thibault, nous avons rencontré en 1994 le professeur S. Kemmis en Australie et étudié avec lui les écrits d'Habermas, la réflexion de Wittgenstein et des philosophes français Foucault et Lacan entre autres. Nous avons inclus dans notre démarche un volet phénoménologique grâce aux histoires de vie ou de pratique (M. Dugal et L. Renaud), une forme d'autobiographie raisonnée à la Desroche. Avec I. Rosca, que nous avons dirigé, nous avons compris que le récit de pratique possédait des dimensions systémiques dans la recherche de l'explication en pédagogie. Nous avons enfin publié en 2007 au Brésil avec deux collègues (G. Gadoua et G. Potvin), et ce grâce à M. Thiollent, un document portant sur les assises épistémologiques ou philosophiques du savoir, de la science, de l'expérience et de l'action. Voilà où nous a conduit notre rencontre avec Desroche, ce grand bonhomme que nous saluons avec respect.

# Références bibliographiques

ADJEI-NSIAH S., LEEUWIS C., GILLER K.E. & KUYPER T.W. (2008). Action research on alternative land tenure arrangements in Wenchi, Ghana : learning from ambiguous social dynamics and self-organized institutional innovation. *Agriculture & Human Values*, 25 (3), 389-403.

AGUILERA R.V., FILATOTCHEV I., GOSPEL H. & JACKSON G. (2008). An organizational approach to comparative corporate governance : Costs, contingencies, and complementarities. *Organization Science*. 19 (3), 475-492.

AGUINIS H., PIERCE C.A., BOSCO F.A. & MUSLIN I.S. (2009). First Decade of *Organizational Research Methods*. Trends in Design, Measurement, and Data-Analysis Topics. *Organizational Research Methods*, 12 (1), 69-112.

ALBERT M., LABERGE S., HODGES B.D., REGEHR G. & LINGARD L. (2008). Biomedical scientists' perception of the social sciences in health research. *Social Science & Medicine*, 66, 2520-2531.

AMBASSA MVE J. & MORIN A. (1996). Intégration des réseaux électroniques dans les activités de recherche, *La technologie éducative en réseau. Réseaux technologiques, réseaux humains*. (Dir. L. Sauvé, coll. M.T. Bourbonnais et M. Laurier). Sainte-Foy : Télé-université. 29-41.

ANDERSON A.H., MCEWAN R., BAL J. & CARLETTA J. (2007). Virtual team meetings : An analysis of communication and context. *Computers in Human Behavior*, 23, 2558-2580.

ANNELS M. (2006). Analyst triangulation of qualitative approaches : Hermeneutical phenomenology and grounded theory. *Journal of Advanced Nursing*, 56 (1), 55-61.

ARDOINO J. (1980). *Éducation et relations : introduction à une analyse plurielle des situations éducatives*. Paris : Gauthier-Villars, Unesco.

ARNOLD J.S., FERNANDEZ-GIMENEZ M. & THE TOHONO O'ODHAM CURRICULUM ADVISORY COMMITTEE (2007). Building social capital through participatory research : An analysis of collaboration on Tohono O'odham Tribal Rangelands in Arizona. *Society and Natural Resources*, 20, 481-495.

ARRIOLA-SOCOL M. (1987). Pensée interprétative et démarches d'analyse, dans Van der Maren J.M. (dir.). *L'interprétation des données dans la recherche qualitative*. Université de Montréal : Faculté des sciences de l'éducation, 59-92.

ATAOV A. (2008). Constructing co-generative search processes : Re-thinking urban planning/making urban plans actionable. *European Planning Studies*. 16 (6), 829-851.

ATKINSON P. & DELAMONT S. (2006). Rescuing narrative from qualitative research. *Narrative Inquiry*, 16 (1), 164-172.

AUMONT B. & MESNIER P.-M. (2005). *L'acte d'apprendre*. Collection Recherche-action en pratiques sociales. Paris : L'Harmattan.

AVENIER M.-J. (1992). Recherche-action et épistémologies constructivistes, modélisation systémique et organisations socio-économiques complexes : quelques boucles étranges fécondes. *Revue internationale de systémique, La recherche-action*, 6 (4), 403-420.

AYRES L. (2007a). Qualitative Research Proposals-Part IV : Data Management. *Journal of Wound, Ostomy and Continence Nursing*, 34 (4), 365-367.

AYRES L. (2007b). Qualitative Research Proposals-Part V : Rigour in Data Analysis. *Journal of Wound, Ostomy and Continence Nursing*, 34 (5), 489-491.

BAI Y. (2009). Action research localization in China : three cases. *Educational Action Research*, 17 (1), 143-154.

BAILEY K.D. (2008). Boundary Maintenance in Living Systems Theory and Social Entropy Theory. *Systems Research and Behavioral Science*, 25 (5), 587-597.

BALCAZAR F.E., GARCIA-IRIARTE E. & SUAREZ-BALCAZAR Y. (2009). Participatory Action Research With Colombian Immigrants. *Hispanic Journal of Behavioral Sciences*, 31 (1), 112-127.

BARBIER J.M. & LESNE M. (1977). *L'analyse des besoins en formation*. Champigny-sur-Marne : Robert Jauze.

BARBIER R. (1977). *La recherche-action dans l'institution éducative*. Paris : Gauthier-Villars, Bordas.

BARBIER R. (1996). *La recherche-action*. Paris : Anthropos.

BARROS N.F. DE & NUNES E.D. (2009). Sociology, medicine and the construction of health-related sociology. *Revista de Saúde Pública*, 43 (1), 1-7.

BARTHES R. (1980, 2002). *La chambre claire*. Paris : Seuil.

BASTIDE R. (1971, 1979). *L'anthropologie appliquée*. Paris : PUF. (1979) : *Antropologia Aplicada*. São Paulo : Perspectiva. Trad. Brs.

BATAILLE M. (1983). Méthodologie de la complexité. *Pour*, 90, 32-36.

BAWDEN R., MACKENZIE B. & PACKHAM R. (2007). Moving beyond the Academy : A commentary on extra-mural initiatives in systemic development. *Systems Research and Behavioral Science*, 24, 129-141.

BEHRENS T.R. & FOSTER-FISHMAN P.G. (2007). Developing operating principles for systems change. *American Journal of Community Psychology*, 39, 411-414.

BELL S. (2008). Systemic Approaches to Managing Across the Gap in the Public Sector : Results of an Action Research Programme. *Systems Practice & Action Research*, 21, 227-240.

BERTALANFFY L. VON (1968). *General systems theory. Foundation Development Application*. New York : Braziller.

BERTALANFFY L. VON (1973). *La théorie générale des systèmes*. Paris : Dunod.

BERTALANFFY L. VON (1977). *Teoria Geral dos Sistemas*. Petropolis : Vozes. Trad. Bras.

*Références bibliographiques*

BERTAUX D. (1986). Fonctions diverses des récits de vie dans le processus de recherche, dans Desmarais D. & Grell P. (eds.). *Le récit de vie : théories, méthodes, trajectoires types*. Université de Montréal : Éducation Permanente. Collaboration Éditions Saint-Martin, 21-34.

BHANJEE T., MUGABE M. & MAWONEKE S. (2008). Measuring HIV and AIDS community competence using SAT's competence tool. A case study of AIDS among us in Zimbabwe. *Canadian Journal of Public Health*, 99 (Suppl. 1), S27-S34.

BINDING L.L. & TAPP D.M. (2008). Human understanding in dialogue : Gadamer's recovery of the genuine. *Nursing Philosophy*, 9 (2), 121-130.

BLONDEL M. (1950). *Les écrits de Maurice Blondel. L'ACTION. Essai d'une critique de la vie et d'une science de la pratique*. Paris : PUF, 3$^e$ édition. (Bibliothèque de Philosophie contemporaine, Félix Alcan éd., 1893).

BLUM C. (2009). Development of Clinical Preceptor Model. *Nurse Educator*, 34 (1), 29-33.

BOLLE DE BAL M. (1981). Nouvelles alliances et reliance : deux enjeux stratégiques de la recherche-action. *Revue de l'Institut de Sociologie. À propos de la recherche-action*, (3), 573-587.

BOND L.A. & CARMOLA HAUF A.M. (2007). Community-based collaboration : An overarching best practice in prevention. *The Counseling Psychologist*, 35 (4), 567-575.

BOOTH J., TOLSON D., HOTCHKISS R. & SCHOFIELD I. (2007). Using action research to construct national evidence-based nursing care guidance for gerontological nursing. *Journal of Clinical Nursing*, (16), 945-953.

BOOTH J. (2008). Commentary on Booth J., Tolson D., Hotchkiss R. and Scholield I. (2007). Response. *Journal of Clinical Nursing*, 17 (12), 1673.

BOUCHARD C. & TAYLOR C. (2008). *Fonder l'avenir : le temps de la conciliation* : rapport/Québec : Commission de consultation sur les pratiques d'accommodements reliées aux différences culturelles.

BOUDREAULT H. (2004). Le groupe SU.P.OR, ou l'application d'un modèle systémique et coopératif de formation continue à l'enseignement professionnel, dans Morin A. (dir.). *Questions Vives. Recherche-action, recherche systémique ?* 2 (3), 111-122.

BRAA J., HANSETH O., HEYWOOD A., MOHAMMED W. & SHAW V. (2007). Developing health information systems in developing countries : The flexible standards strategy. *MIS Quarterly*, 31 (2), 381-402.

BRADBURY-JONES C. (2007). Exploring research supervision through Peshkin's I's : the yellow brick road. *Journal of Advanced Nursing*, 60 (92), 200-228.

BRANDÃO C.R. (1985). *Pesquisa participante*. São Paulo : Editora brasilense s.a.

BRANDÃO C.R. (1987). *Repensando a pesquisa participante*. São Paulo : Editora brasilense s.a., 5$^a$ edição.

BRIGGS L.J. (editor) (1977). *Instructional Design. Principles and Applications*. New Jersey. Englewood Cliffs : Educational Technology Publications.

BROFENBRENNER M. (1976). The experimental ecology of education. *Teachers College Record*, 78 (1), 157-204.

BROOKER D.J. & WOOLLEY R.J. (2007). Enriching opportunities for people living with dementia : The development of a blueprint for a sustainable activity-based model. *Aging & Mental Health*, 11 (4), 371-383.

BUCHANAN D.A. & BRYMAN A. (2007). Contextualizing methods choice in organizational research. *Organizational Research Methods*, 10 (3), 483-501.

BUELENS M., LEUVEN V., VAN DE WOESTYNE M., MESTDAGH S. & BOUCKENOOGHE D. (2008). Research Methods in Negotiation : A State-of-the-Art Review. *Group Decision & Negotiation*, 17 (4), 321-345.

CAHILL C. (2007). The Personal is Political : Developing new subjectivities through participatory action research. *Gender, Place and Culture*, 14 (3), 267-292.

CAMPBELL C., NAIR Y. & MAIMANE S. (2007). Building contexts that support effective community responses to HIV/AIDS : A South African case study. *American Journal of Community Psychology*, 39, 347-363.

CAPOBIANCO B.M. (2007). Science teachers' attempts at integrating feminist pedagogy through collaborative action research. *Journal of Research in Science Teaching*, 44 (1), 1-32.

CARDINAL P. (1994). Le processus coopératif, une technologie appropriée de formation. *La technologie éducative à travers le monde*. Sainte-Foy : CIPTE, Télé-université, 43-51.

CARDINAL P. & MORIN A. (1993). La modélisation systémique peut-elle se concilier avec la recherche-action intégrale ? *Éducatechnologiques*, 1 (2), 107-136.

CARDINAL P. & MORIN A. (1994). Une recherche-action intégrale systémique (RAIS). Une des réponses à l'approche systémique. *La technologie éducative à travers le monde*. Sainte-Foy : CIPTE, Télé-université, 179-197.

CARDINAL P. & MORIN A. (2004). La recherche-action intégrale systémique, dans Morin A. (dir.). *Questions Vives. Recherche-action, recherche systémique ?* 2 (3), 27-36.

CARGO M. & MERCER S.L (2008). The Value and Challenges of Participatory Research : Strengthening Its Practice. *Annual Revue of Public Health*, 29, 325-350.

CARR W. (2006). Philosophy, Methodology and Action Research. *Journal of Philosophy of Education*, 40 (4), 421-435.

CARR W. & KEMMIS S. (1986). *Becoming critical, Education, knowledge and action research*. Lewes : Falmer.

CATRINE A., EKMAN I. & EHNFORS M. (2008). Considering patient non-participation in health care. *Health Expectations*. 11 (3), 263-271.

CHECKLAND P. (1981). *Systems thinking : Systems practice*. Chichester : Wiley.

CHIASSON M., GERMONPREZ M. & MATHIASSEN L. (2008). Pluralist action research : a review of the information systems literature. *Information Systems Journal*, 19 (1-2), 31-54.

CHIEN W.T., NORMAN I. & THOMPSON D.R. (2006). Perceived benefits and difficulties experienced in a mutual support group for family cares of people with schizophrenia. *Qualitative Health Research*, 16 (7), 962-981.

CHRISMAN N.J. (2007). Extending cultural competence through systems change : Academic, hospital, and community partnerships. *Journal of Transcultural Nursing*, 18 (1), 68S-76S.

CHRISTEN-GUEISSAZ E. (2008). « Le chemin se fait en marchant ». Postulats et développement de la recherche-action. Dans Christen-Gueissaz E., Corajoud G., Fontaine M. & Racine J.B. (dir.). *Recherche-action. Processus d'apprentissage et d'innovation sociale*. Paris : L'Harmattan, 21-39.

CHRISTIANSEN I. (2008). Reflections on an action research project in teacher education : The Emancipatory Project under scrutiny. *Perspectives in Education*, 26 (2), 17-27.

CLEGG B. & SHAW D. (2008). Using process-oriented holonic (PrOH) modeling to increase understanding of information systems. *Information Systems Journal*, 18 (5), 447-477.

CLEMENSEN J., LARSEN S.B., KYNG M. & KIRKEVOLD M. (2007). Participatory design in health sciences : Using cooperative experimental methods in developing health services and computer technology. *Qualitative Health Research*, 17 (1), 122-130.

CLICHE P. (2003). Réflexion sur les concepts de « PAUVRETÉ » et de « DÉVELOPPEMENT ». *Labour, Capital and Society*, 36 (2), 226-260.

COCHRANE T. (2007). Developing interactive multimedia learning objects using Quick Time. *Computers in Human Behavior*, 23, 2596-2640.

COLEMAN P., VALLACHER R.R., NOWAK A. & BUI-WRZOSINSKA L. (2007). Intractable conflict as an attractor. A dynamical systems approach to conflict escalation and intractability. *American Behavioral Scientist*, 50 (11), 14-54.

COLLINS L.A., SMITH A.J. & HANNON P.D. (2007). Applying a synergistic learning approach in entrepreneurship education. Management Learning, 37 (3), 335-354.

COOK S.C. & FERRIS T.L.J. (2007). Re-evaluating systems engineering as a framework for tackling systems issues. *Systems Research & Behavioral Science*, 24, 169-181.

CÔTÉ-THIBAULT D. (1991). *Un protocole de recherche-action pour le praticien en éducation*. Université de Montréal : Sciences de l'éducation. Thèse de doctorat.

CRESWELL J.W., HANSON W.E., CLARK PLANO V.L. & MORALES A. (2007). Qualitative research designs : selection and implementation. *The Counseling Psychologist*, 35 (2), 236-264.

CROZIER M. & FRIEDBERG E. (1977). *L'acteur et le système*. Paris : Seuil.

DAVIDSON H., EVANS S., GANOTE C., HENRICKSON J., JACOBS-PRIEBE L., PRILLELTENSKY I., JONES D.L. & RIEMER M. (2006). Power and action in critical theory across disciplines : Implications for critical community psychology. *American Journal of Community Psychology*, 38, 35-49.

DAWSON T.L., FISCHER K.W. & STEIN Z. (2006). Reconsidering qualitative and quantitative research approaches : A cognitive developmental perspective. *New Ideas in Psychology*, 24, 229-239.

DELORME R. (1999). De l'emprise à l'en-prise. Agir en situation complexe, dans Groupe de recherche sur l'adaptation, la systémique et la complexité économique (Grasce), (coord.). *Entre systémique et complexité, chemin faisant... Mélanges en hommage à Jean-Louis Le Moigne*. Paris : PUF, 25-46.

DENZIN N.K. & LINCOLN Y.S. (2005). *The Sage Handbook of Qualitative Research*. Thousands Oaks, CA : Sage, 3$^{rd}$ edition.

DESROCHE H. (1982). Les auteurs et les acteurs. La recherche coopérative comme recherche-action. *Archives des sciences sociales de la coopération et du développement*, (59), 34-64.

DESROCHE H. (1984). La méthodologie d'un groupe en vue d'une écriture collective dans Groupes d'éducation populaire en collaboration avec André Morin. *L'écriture collective. Un modèle de recherche-action*. Chicoutimi : Gaëtan Morin éditeur, 44-50.

DESROCHE H. (2006). Pesquisa-ação : dos projetos de autores aos projetos de atores e vice versa, dans Thiollent M. (org. e trad.). *Pesquisa-ação e projeto cooperativo* na perspectiva *de Henri Desroche*. São Carlos : EdUFSCar, 33-68.

DIONNE H. (1998). *Le développement par la recherche-action*. Paris et Montréal : L'Harmatttan. Trad : Thiollent M. (2007). *Pesquisa-ação e desenvolvimento local*. Brasília : Liber Livro Editora.

DJELIC M.L. & QUACK S. (2007). Overcoming path dependency : Path generation in open system. *Theory & Society*, 36, 161-186.

DOWNEY L.H., ANYAEGBUNAM C. & SCUTCHFIELD F.D. (2009). Dialogue to Deliberation : Expanding the Empowerment Education Model. *American Journal of Health Behavior*, 33 (1), 26-36.

DRIEDGER S.M., GALLOIS C., SANDERS C.B., SANTESSO N. & ON BEHALF OF THE EFFECTIVE CONSUMER INVESTIGATOR GROUP (2006). Finding Common Ground in Team-Based Qualitative Research Using the Convergent Interviewing Method. *Qualitative Health Research*, 16 (8), 1145-1157.

DRISKELL D., FOX C. & KUDVA N. (2008). Growing up in the new New York : youth space, citizenship, and community change in a hyperglobal city. *Environment and Planning*, 40, 2831-2844.

DUBÉ L. & ROBEY D. (2008). Surviving the paradoxes of virtual teamwork. *Information Systems Journal*, 19, 3-30.

DUBOST J. (1983). *De la recherche-action à l'analyse sociale*. Nanterre : Université de Paris X. Thèse de doctorat d'État publiée en 1987 sous le titre *Intervention psycho-sociale*. Paris : PUF.

DUGAL M. (1993). *Modèle référentiel d'apprentissage du media d'enseignement à partir de récits de vie*. Université de Montréal : Sciences de l'éducation. Thèse de doctorat.

*Références bibliographiques*

Dugal M. (2004). Solution systémique pour une esthétique d'une pédagogie médiatisante, dans Morin A. (dir.). *Questions vives. Recherche-action, recherche systémique ?* 2 (3), 83-98.

Duit A. & Galaz V. (2008). Governance and complexity – Emerging issues for governance theory. *Governance-An International Journal of Policy & Administration*, 21 (3), 311-335.

Durand D. (1992). *La systémique*. Paris : PUF, Coll. Que sais-je ?, 5ᵉ édition.

Durlak J.A., Taylor R.D., Kawashima K., Pachan M.K., DuPre E.P., Celio C.I., Berger S.R., Dymnicki A.B. & Weissberg R.P. (2007). Effects of positive youth development programs on school, family, and community systems. *American Journal of Community Psychology*, 39, 269-286.

Eisner E. (1977). On the uses of educational connoisseurship and criticism for evaluating classroom life. *Teachers College Record*, 78 (3), 345-358.

El Andaloussi K. (2004). *Pesquisas-Ações. Ciências, Desenvolvimento, Democracia*. São Carlos : EdUFSCar.

Elias M.H. & Margolis H. (2007). Collaborative action-research and the improvement of schools for all children : Reflections on the legacy of Joseph E. Zins. *Journal of Educational and Psychological Consultation*, 17 (2-3), 101-105.

Elliott J. (1988). Developing hypotheses about classrooms from teachers' practical constructs : An account of the work of the Ford Teaching Project, dans Kemmis S. & McTaggart R. (eds.). *The Action Research Reader*. Geelong : Deakin University Press, 195-213.

Engel-Di-Mauro S. (2009). Seeing the local in the global : Political ecologies, world-systems, and the question of scales. *Geoforum*, (40), 116-125.

Espinosa A. & Harnden R. (2007). Team syntegrity and democratic ground decision making : Theory and practice. *Journal of the Operational Research Society*, 58 (8), 1056-1064.

Fals-Borda O. & Rahman M.A. (eds.). (1991). *Action and knowledge. Breaking the monopoly with participatory action-research*. New York : The Apex Press. Aussi en espagnol : Cinep, Carrera 5, N° 33-A-08, Bogota, Colombia ou CEAA : Érez Valenzuela N° 1632, Santiago 22, Chile.

Fals-Borda O. & Brandão C.R. (1987). *Investigación participativa*. Montevideo : Instituto del Hombre.

Farmer D.F., Jackson S.A., Camacho F. & Hall M.A. (2007). Attitudes of African American and Low Socioeconomic Status White Women toward Medical Research. *Journal of Health Care for the Poor and Underserved*, 18, 85-99.

Fine M. (2007). Expanding the Methodological Imagination. *The Counseling Psychologist*, 35 (3), 459-473.

Fingers M. (1981). *La recherche-action*. Genève : Université de Genève.

Fisher A.T., Gridley H., Thomas D.R. & Bishop G. (2008). Community Psychology in Australia and Aotearoa/New Zealand. *Journal of Community Psychology*, 36 (5), 649-660.

FLOOD R.L. (1996). Holism and the Social Action « Problem Solving », *Research Memorandum*, 12. The University of Hull, UK, 39 p.

FONGKAEW W. & SUCHAXAYA P. (2007). Early adolescent peer leader development in HIV prevention using youth-adult partnership with schools approach. *Journal of the Association of Nurses in AIDS Care*, 18 (2), 60-71.

FORD J.K. (2007). Building capability throughout a change effort : Leading the transformation of a police agency to community policing. *American Journal of Community Psychology*, 39, 321-334.

FOREMAN-PECK L. & MURRAY J. (2008). Action Research and Policy. *Journal of Philosophy of Education*, 42 (S1), 145-163.

FORRESTER J. (2008). Participatory Action Research approaches and methods : connecting people, participation and place. *Journal of Environmental Planning and Management*, 51 (6), 876-877.

FOSTER-FISHMAN P.G. & BEHRENS T.R. (2007). Systems change reborn : Rethinking our theories, methods, and efforts in human services reform and community-based change. *American Journal of Community Psychology*, 39, 191-196.

FOSTER-FISHMAN P.G., NOWELL B. & YANG H. (2007). Putting the system back into systems change : A framework for understanding and changing organizational and community systems. *American Journal of Community Psychology*, 39, 197-215.

FOTINAS C. (1976). *L'école ouverte : vers une pédagogie sauvage basée sur la théorie générale des systèmes ouverts*. Université de Montréal : Sciences de l'éducation. Texte miméographié.

FOWLER P.J. & TORO P.A. (2008). The many histories of community psychology : analyses of current trends and future prospects. *Journal of Community Psychology*, 36 (5), 569-571.

FRAENKEL P. (2006). Engaging families as experts. Collaborative family program development. *Family Process*, 45 (2), 237-257.

FREIRE P. (1970). *Pedagogy of the Oppresses*. New York : Herder and Herder.

FREIRE P. (1975). *L'éducation pratique de la liberté*. Paris : Éditions du Cerf, 3e édition.

FREIRE P. (1977). *La pédagogie des opprimés*. Paris : Maspero. (2002). *Pedagogia do oprimido*. São Paulo : Pax e Terra, 32ª edição.

GADAMER H.G. (1975). *Truth and method*. (G. Bardon & J. Cumming, trans.& eds.). New York : Seabury Press.

GADAMER H.G. (1981). *Reason in the Age of Science*. (F.G. Lawrence, trans.). Cambridge, MA : MIT Press.

GADAMER H.G. (1989). (J. Weinsheimer & D.G. Marshall, trans.). *Truth and Method*. New York : Crossroad.

GADOUA G. (2007). A experiência, fonte de conhecimentos reais, validos, fiaveis e certos, dans Morin A., Gadoua G. & Potvin G. *Saber, ciência, ação*. (M. Thiollent trad.), São Paulo : Cortez Editora, 35-56.

*Références bibliographiques*

GAGNON R. (1978). *Étude anthropopédagogique de l'enseignement de la philosophie au CEGEP*. Université de Montréal : Sciences de l'éducation. Mémoire de maîtrise.

GAUTHIER F. & BARIBEAU C. (1984). Traitement de la qualité d'un plan de recherche-action, dans Paquette, C. (dir.) *Des pratiques évaluatives*. Victoriaville : Éditions NHP, 285-322.

GEERTZ C. (1973). Thick Description : Toward an interpretative theory of culture. *The Interpretation of Cultures*. New York : Basic Books Inc., 285-322.

GERMAN L. & STROUD A. (2007). A framework for the integration of diverse learning approaches : Operationalizing agricultural research and development (R&D) linkages in Eastern Africa. *World Development*, 35 (5), 792-814.

GHISI F.A. & MARTINELLI D.P. (2006). Systemic view of interorganisational relationships : An analysis of business networks. *Systemic Practice and Action Research*, 19, 461-473.

GILLIES R.M. & BOYLE M. (2008). Teachers' discourse during cooperative learning and their perceptions of this pedagogical practice. *Teaching and Teacher Education*, 24, 1333-1348.

GIVEN L. (2006). Qualitative research in evidence based practice : A valuable partnership. *Library High Technology*, 24 (3), 376-386.

GLASER B.G. & STRAUSS A.L. (1967). *The discovery of grounded theory : Strategies for qualitative research*. New York : Aldine Publishing Company.

GLASSON J.B., CHANG E.M.L. & BIDEWELL J.W. (2008). The value of participatory action research in clinical nursing practice. *International Journal of Nursing Practice*, 14, 34-39.

GOYETTE G. & LESSARD-HÉBERT M. (1985). *La recherche-action : ses fonctions, ses fondements et son instrumentation*. Gouvernement du Québec : Conseil québécois de la recherche sociale.

GRANDBOIS A. (1984). *La recherche-action axée sur le discours comme moyen d'action communautaire dans le cadre d'une éducation populaire autogestionnaire*. Université de Montréal : Sciences de l'éducation. Mémoire de maîtrise.

GRANDBOIS A. (1989). *Principes d'alphabétisation par la recherche-action. Étude de cas en République de Guinée*. Université de Montréal : Sciences de l'éducation. Thèse de doctorat.

GRANERUD A. & SEVERINSSON E. (2007). Knowledge about social networks and integration : a cooperative research project. *Journal of Advanced Nursing*, 58 (4), 348-357.

GREGORY A.J. (2008). Strategic Development in Higher Education : A Critical Systems Perspective Source. *Systems Research & Behavioral Science*. 25 (551), 605-614.

GRIFFIN C. (2007). Being dead and being there : research interviews, sharing hand cream and the preference for analyzing « naturally occurring data ». *Discourse studies*, 9 (2), 246-269.

GROUPES D'ÉDUCATION POPULAIRE en collaboration avec A. MORIN, (1984). *L'écriture collective : un modèle de recherche-action*. Chicoutimi : Gaëtan Morin éditeur.

GUBA E. (ed.) (1990). *The paradigm dialog*. Newbury Park : Sage Publications.

GURALNICK M.J. (ed.) (2005). *The developmental systems approach to early intervention*. Baltimore : Brookes.

GUZMAN J., YASSI A., BARIL R. & LOISEL P. (2008). Decreasing occupational injury and disability : The convergence of systems theory, knowledge transfer and action research. *Work*, 30 (3), 229-239.

HAALBOOM B.J., ROBINSON K.L., ELLIOTT S.J., CAMERON R. & EYLES J.D. (2006). Research as intervention in heart health promotion. *Canadian Journal of Public Health*, 97 (4), 291-295.

HABERMAS J. (1971). *Knowledge and human interests*. (J. Shapiro, trans.). Boston : Beacon.

HABERMAS J. (1975). *Legitimation Crisis*. (T. McCarthy, trans.). Boston : Beacon.

HABERMAS J. (1987). *Théorie de l'agir communicationnel. Tome 1. Rationalité de l'agir et rationalisation de la société*. Paris : Fayard.

HABERMAS J. (1987). *Théorie de l'agir communicationnel. Tome 2. Pour une critique de la raison fonctionnaliste*. Paris : Fayard.

HABERMAS J. (1999). *Teoria de la acción communicativa*. Madrid : Taurus.

HALCOMB E.J., GHOLIZADEH L., DIGIACOMO M., PHILLIPS J. & DAVIDSON P.M. (2007). Literature review : Considerations in undertaking focus group research with culturally and linguistically diverse groups. *Journal of Clinical Nursing*, 16 (6), 1000-1011.

HALL B. & HOWARD K. (2008). A synergistic approach – Conducting mixed methods research with typological and systemic design considerations. *Journal of Mixed Methods Research*, 2 (3), 248-269.

HAVERKAMP B.E. & YOUNG R.A. (2007). Paradigms, purpose, and the role of the literature : Formulating a rationale for qualitative investigations. *The Counseling Psychologist*, 35 (2), 265-294.

HERRSCHER E.G. (2006). What is the systems approach good for ? *Systemic Practice and Action Research*, 19, 409-413.

HILLS M., MULLETT J. & CARROLL S. (2007). Community-based participatory action research : Transforming multidisciplinary practice in primary health care. *Pan American Journal of Public Health*, 21 (2-3).

HINGLEY-JONES H. & MANDIN P. (2007). Getting to the root of problems : The role of systemic ideas in helping social work students to develop relationship-based practice. *Journal of Social Work Practice*, 21 (2), 177-191.

HIRSCH G.B., LEVINE R. & LIN MILLER R. (2007). Using system dynamics modeling to understand the impact of social change initiatives. *American Journal of Community Psychology*, 39, 239-253.

*Références bibliographiques*

Hitchcock G. & Hughes D. (1989). The context and practice of research. *Research and the Teacher*. London & New York : Routledge, 3-46.

Hochet A.M. & N'gar A. (1995). *Développement rural et méthodes participatives en Afrique*. Paris : L'Harmattan.

Hopkins P. & Pain R. (2007). Geographies of age : thinking relationally. *Area*, 39 (3), 287-294.

Horn S. (2008). The Contemporary Art of Collaboration. *International Journal of Art & Design Education*, 27 (2), 144-157.

Howard-Jones P.A., Winfield M. & Crimmins G. (2008). Co-constructing an understanding of creativity in drama education that draws on neuropsychological concepts. *Educational Research*, 50 (2), 187-201.

Humbert C. (1982). *Conscientisation. Expériences, positions dialectiques et perspectives*. Paris : L'Harmattan, 2$^e$ édition. Documents de travail INODEP/3.

Hupcey J.E. & Miller J. (2006). Community dwelling adults' perception of interpersonal trust vs. trust in health care providers. *Journal of Clinical Nursing*, 15, 1132-1139.

Huston S.A. & Hobson E.H. (2008). Using focus groups to inform pharmacy research, *Research in Social & Administrative Pharmacy*, 4 (3), 186-205.

Jacklin K. & Kinoshameg P. (2008). Developing a participatory aboriginal health research project : « Only if it's going to mean something ». *Journal of Empirical Research on Human Research Ethics*, 3 (2), 53-67.

Janzen R., Nelson G., Hausfather N. & Ochocka J. (2007). Capturing system level activities and impacts of mental health consumer-run organizations. *American Journal of Community Psychology*, 39, 287-299.

Järvinen P. (2007). Action research is similar to design science. *Quality & Quantity*, 41, 37-54.

Jasmin D. (1994). *Le conseil de coopération. Un outil pour l'organisation de la vie de classe et la gestion de conflits*. Montréal : Les Éditions de la Chenelière.

Jewett P. & Goldstein N. (2008). Catching sight of talk : Glimpses into discourse groups. *Teaching and Teacher Education*, 24, 1232-1243.

Jiggins J. & Roling N. (1994, 2004). Systems thinking and participatory research and extension skills : Can these be taught in the classroom ? *Occasional Paper in Rural Extension, N° 10*. Guelph University (Ontario) : Department of Rural Extension Studies.

Jiggins J. & Roling N. (2000). Adaptive management : potential and limitations for ecological governance. *International Journal of Agricultural Resources, Governance and Ecology*, 1 (1), 28-42.

Johansson R. (2007). On case study methodology. *Open House International*, 32 (3) : 48-54.

Johnson B.R., Onwuegbuzie A.J. & Turner L.A. (2007). Toward a Definition of Mixed Methods Research. *Journal of Mixed Methods Research*, 1 (2), 112-133.

JOYCE B. & WEIL M. (1980). Laboratory Training : T-Group Model. *Models of teaching*, Englewood Cliffs, N.J. : Prentice Hall, 277-294.

JOYCE B. & WEIL M. (1992). Classroom meeting model : mental health through group process. *Models of Teaching*. Englewood Cliffs, N.J. : Prentice-Hall, 207-217.

KELLY J.G. (2007). The system concept and systemic change : Implications for community psychology. *American Journal of Community Psychology*, 39, 415-418.

KELLY J.G. & CHANG J. (2008). Pluralistic inquiry for the history of community psychology. *Journal of Community Psychology*, 36 (5), 675-691.

KEMMIS S. (1985). Action Research. *The International Encyclopedia of Education. Research and Studies*. Oxford & Toronto : Pergamon Press, 35-42.

KEMMIS S. (2006). Participatory action research and the public sphere. *Educational Action Research*, 14 (4), 459-476.

KEMMIS S. & BRENNAN KEMMIS R. (2003). *Making and writing the history of the future together : Exploratory action in participatory action research*. Paper presented at Congreso Internacional de Educación, Córdoba, Argentina.

KEMMIS S. & McTAGGART R. (2005). Participatory action research. Communicative action and the public space, dans Denzin N.K. & Lincoln Y.S. *The Sage Handbook of Qualitative Research*. Thousands Oaks, CA : Sage, 3rd edition.

KFOURY S. (1983). *Un procédé de construction d'un modèle d'émission télévisuelle de nature à favoriser la formation socio-politique des adolescents*. Université de Montréal : Sciences de l'éducaiton. Thèse de doctorat.

KINDON S., PAIN R. & KESBY M. (editors) (2007). *Participatory Action Research approaches and methods : connecting people, participation and place*. Routledge : Studies in Human Geography.

KING N., KRUGER N. & PRETORIUS J. (2007). Knowledge management in a multicultural environment : A South African perspective. *ASLIB Proceedings*, 59 (3), 285-299.

KINZIE J., MAGOLDA P., KEZAR A., KUH G., HINKLE S. & WHITT E. (2007). Methodological challenges in multi-investigator multi-institutional research in higher education. *Higher Education*, 54 (3), 469-482.

KIRA M. & EIJNATTEN F.M. VAN (2008). Socially Sustainable Work Organizations : A Chaordic Systems Approach. *Systems Research & Behavioral Science*, 25 (6), 743-756.

KOPAINSKY B. & LUNA-REYES L.F. (2008). Closing the Loop : Promoting Synergies with Other Theory Building Approaches to Improve Systems Dynamics Practice. *Systems Research & Behavioral Science*, 25 (4), 471-486.

KREGER M., BRINDIS C.D., MANUEL D.M. & SASSOUBRE L. (2007). Lessons learned in systems change initiatives : benchmarks and indicators. *American Journal of Community Psychology*, 39, 301-320.

KRISTIANSSON M.J.R. (2008). Strategic reflexive conversation – a new theoretical-practice field within library and information science. *Information Research*, 13 (2), 18.

*Références bibliographiques*

Kuhn T.S. (1970). *The Structure of Scientific Revolutions*. Chicago : University of Chicago Press.

Kulczycki A. & Shewchuk R.M. (2008). Using Internet-based nominal group technique to identify provider strategies for increasing diaphragm use. *Journal of Family Planning & Reproductive Health Care*. 34 (4), 227-231.

Lameyre X. (1993). *L'imagerie mentale*. Paris : PUF, Coll. Que sais-je ?

Lamoureux H., Mayer R. & Panet-Raymond J. (1984). *L'intervention communautaire*. Montréal : Édition Saint-Martin.

Landau D. & Drori I. (2008). Narratives as sensemaking accounts : the case of an R&D laboratory. *Journal of Organizational Change Management*, 21 (6), 701-720.

Laperrière H. (2007). Evaluating in political turmoil : Nursing challenges in prevention programs. *Nursing Inquiry*, 14 (1), 42-50.

Laplume A.O., Sonpar K. & Litz R.A. (2008). Stakeholder Theory : Reviewing in a Theory That Moves Us. *Journal of Management*, 34 (6), 1152-1189.

Lapointe J.J. (1992). *La conduite d'une étude de besoins en éducation et en formation. Une approche systémique*. Sillery : Presses de l'Université du Québec.

Larsen T.J., Niederman F., Limayem M. & Chan J. (2007). The role of modelling in achieving information systems success : UML to the rescue ? *Information Systems Journal*, 19, 83-117.

Leahy J., Marcoux Y., Sauvageau J. & Spain A. (1989). L'élaboration de la méthode de recherche phénoménologique : quiproquos et imbroglio, dans Baribeau C., & Arriola-Socol M. (dir.). *Approches phénoménologiques de la recherche*. ARQ, 2, 27-43.

Leech N.L. & Onwuegbuzie A.J. (2009). A typology of mixed methods research designs. *Quality & Quantity*, 43, 265-275.

Lemay P. (1997). *La recherche-action en éducation. Analyse chronologique et critique des principaux cas de figure dans le monde anglo-saxon*. Université de Montréal : Faculté des Sciences de l'éducation. Thèse de doctorat.

Le Moigne J.L. (1984). *La théorie du système général. Théorie de la modélisation*. Paris : PUF.

Le Moigne J.L. (1990). *La modélisation des systèmes complexes*. Paris : Dunod, Coll. Afcet Systèmes.

Le Moigne J.L. (2007). The Intelligence of Complexity. *Sisifo, Educational Sciences Journal*, 4, 115-127.

Lévesque J. (1999). *Les conditions liées au processus de développement du jugement réflexif. Une anthropopédagogie d'un cours universitaire portant sur les réalités interculturelles*. Université de Montréal : Faculté des sciences de l'éducation. Thèse de doctorat.

Lévesque J. (2004). L'anthropopédagogie : une méthodologie d'un modèle de développement du jugement réflexif dans Morin A. (dir.). *Questions Vives. Recherche-action, recherche systémique ?* 2 (3), 123-132.

Lewin K. (1943). Forces behind food habits and methods of change. *Bulletin of the National Research Council*, 108, 35-65.

Lewis P. & Wilson V. (2008). Commentary on Booth J., Tolson D., Hotchkiss R. & Schofield I. (2007). *Journal of Clinical Nursing*. 16 (12), 1671-1673.

Light G. & Tse S. (2006). How is the collaborative-practice competency operationalized by mental health workers ? *International Journal of Rehabilitation Research*, 29 (3), 271-273.

Liu M. (1992). Vers une épistémologie de la recherche-action. *Revue internationale de systémique*, 6, (4), 435-454.

Liu Y.D. (2009). Implementing and Evaluating Performance Measurement Initiative in Public Leisure Facilities : An Action Research Project. *Systemic Practice and Action Research*, 22, 15-30.

Lugan J.C. (1993). *La systémique sociale*. Paris : PUF, Coll. Que sais-je ?

Luscher L.S., Lewis M. & Ingram A. (2006). The social construction of organizational change paradoxes. *Journal of Organizational Change Management*, 19 (4), 491.

Magos K. (2007). The contribution of action-research to training teachers in intercultural education : A research in the field of Greek minority education. *Teaching and Teacher Education*, 23, 1102-1112.

Majale M. (2008). Employment creation through participatory urban planning and slum upgrading : The case of Kitale, Kenya. *Habitat International*, 32, 270-282.

Mallick J. (2007). Parent drug education : A participatory action research study into effective communication about drugs between parents and unrelated young people. *Drugs : education, prevention, and policy*, 14 (3), 247-260.

Martins N. (2006). Capabilities as causal powers. *Cambridge Journal of Economics*, 30, 671-685.

Maton K., Perkins D.D., Altman D.G., Gutierrez L., Kelly J.G., Rappaport J. & Saegert S. (2006). Community-based interdisciplinary research : Introduction to the special issue. *American Journal of Community Psychology*, 38, 1-7.

Matthews M. (2008). How Can we Create the Conditions for Student's Freedom of Speech within Studies of Art ? *International Journal of Art & Design Education*. 27 (2), 133-143.

Mayo K., Tsey K. & The Empowerment Research Team (McCalmkan J., Whiteside M., Fagan R. & Baird L.) (2009). The research dance : university and community research collaborations at Yarraba, North Queensland, Australia. *Health and Social Care in the Community*, 17 (2), 133-140.

McDuffie K.A. & Scruggs T.E. (2008). The Contributions of Qualitative Research to Discussions of Evidence-Based Practice in Special Education. *Intervention in School & Clinic*, 44 (2), 91-97.

McEvoy P. & Barnes P. (2007). Using the chronic care model to tackle depression among older adults who have long-term physical conditions. *Journal of Psychiatric and Mental Health Nursing*, 14, 233-238.

McIntyre A. (2006). Activist research and student agency in universities and urban communities. *Urban Education*, 41 (6), 628-647.

McMahon F. (1986). *Significations de la culture dans l'école française hors Québec. Le cas de la Citadelle de Cornwall*. Université de Montréal : Sciences de l'éducation. Thèse de doctorat.

Mead G. (2001). *Unlatching the gate : Realizing my scholarship of living inquiry*. University of Bath, UK. Unpublished doctoral dissertation.

Meftou A. (1980). *Éléments pour l'élaboration d'un modèle d'alphabétisation pour l'Algérie*. Université de Montréal : Sciences de l'éducation. Mémoire de maîtrise.

Meftou A. (1984). *Film de fiction et valeur culturelle cognitive : une approche systémique*. Université de Montréal : Sciences de l'éducation. Thèse de doctorat.

Meho L.I. (2006). E-mail interviewing in qualitative research : A methodological discussion. *Journal of the American Society for Information Science and Technology*, 57 (10), 1284-1295.

Mesnier P.M. & Missotte Ph. (dir.) (2003). *La recherche-action. Une autre manière de chercher, se former, transformer*. Paris : L'Harmattan, Collection Recherche-action en pratiques sociales.

Meyrick J. (2006). What is Good Qualitative Research ? A First Step towards a Comprehensive Approach to Judging Rigour/Quality. *Journal of Health Psychology*, 11 (5), 799-808.

Milner P. & Kelly B. (2009). Community participation and inclusion : people with disabilities defining their place. *Disability & Society*, 24 (1), 47-62.

Minary J.P. (2000). Le recours à l'idée de système dans l'intervention auprès d'équipes éducatives, dans Clanet C. (coord.). *Approches systémiques et recherches en sciences de l'éducation. Les dossiers des sciences de l'éducation*. Toulouse : Université de Toulouse-Le Mirail, 3, 73-84.

Mintz L.B., Jackson A.P., Neville H.A., Illfelder J., Winterowd C.L. & Lœwy M. I. (2009). The Need for a Counseling Psychology Model Training Values Statement Addressing Diversity. *The Counseling Psychologist*, 37 (5), 644-675.

Mirza M., Gossett A., Chan N.K.C., Burford L. & Hammel J. (2008). Community reintegration for people with psychiatric disabilities : challenging systemic barriers to service provision and public policy through participatory action research. *Disability & Society*, 23 (4), 323-336.

Mischen P.A. & Sinclair T.A.P. (2009). Making Implementation More Democratic through Action Implementation Research. *Journal of Public Administration Research and Theory*. 19 (1), 145-164.

Modélisation de la complexité (MCX) et Association pour la pensée complexe (APC) (2008). Interlettre Chemin faisant MCX-APC, 41, (février-mars). Site du *Réseau Intelligence de la Complexité* [En ligne] http://www.mcxapc.org

MONIÈRE D. (1977). *Le développement des idéologies au Québec : des origines à nos jours*. Ottawa : Québec-Amérique.

MONTERO I. & LEON O.G. (2007). A guide for naming research studies in Psychology. *International Journal of Clinical and Health Psychology*, 7 (3), 847-862.

MONTERO M. (2009). Community Action and Research as Citizenship Construction. *American Journal of Psychology*, 43, 149-161.

MORIN A. (1979). *Études anthropopédagogiques de systèmes ouverts en éducation*. Université de Montréal : Sciences de l'éducation, Vice-décanat à la recherche. Rapport de recherche, 2 tomes.

MORIN A. (1984). Les modes de communication acteurs-auteurs, dans Groupes d'éducation populaire en collaboration avec André Morin. *L'écriture collective. Un modèle de recherche-action*. Chicoutimi : Gaëtan Morin éditeur, 445-453.

MORIN A. (1984a). L'évaluation anthropopédagogique. Dans C. Paquette (dir.) *Des pratiques évaluatives*. Éditions HHP, Victoriaville, 159-203.

MORIN A. (1984b). Les stratégies originales d'écriture collective, dans Groupes d'éducation populaire en collaboration avec André Morin. *L'écriture collective. Un modèle de recherche-action*. Chicoutimi : Gaëtan Morin, éditeur, 56-68.

MORIN A. (1986). *La recherche-action en éducation : de la pratique à la théorie*. Université de Montréal : Sciences de l'éducation.

MORIN A. (1992). *Recherche-action intégrale et participation coopérative. Volume I. Méthodologie et études de cas. Volume II. Théorie et rédaction du rapport*. Laval : Agence d'Arc.

MORIN A. (1997). La recherche-action intégrale, lieu de modélisation d'approches méthodologiques complémentaires de recherche. *Recherches qualitatives*. ARQ, 16, 41-58.

MORIN A. (2004). *Pesquisa-ação e sistêmica. Uma anthropopedagogia renovada*. (M. Thiollent, trad.). Rio de Janeiro : DP&A.

MORIN A. (2006). Henri Desroche e a construção da pesquisa-ação, dans Thiollent M. (org.). *Pesquisa-ação e projeto cooperativo* na perspectiva *de Henri Desroche*. São Carlos, SP, Brasil : Editora da Universidade Federal de São Carlos.

MORIN A. (2007). Epistemologia e paradigmática de um conceito contemporâneo de ciência para os saberes humanisticos. Pertinência das metodologias, dans Morin A., Gadoua G. & Potvin G. *Saber, Ciência, Ação*. (M. Thiollent, trad.), São Paulo : Cortez Editora, 57-75.

MORIN A. (2008). Tendências da Pesquisa-ação em Debate : conceitos-chave, principios e aplicaçoes da pesquisa-ação integral e sistêmica, dans Arujo Filho T. & Thiollent M. (coord), *Metodologia para Projetos de Extensão : Apresentação e Discussão*. (Congrès, août 2008, UfdSC). Voir publication dans http://www.proex.ufscar.br/sempe/Livro.pdf

*Références bibliographiques*

Morin A. & Cardinal P. (1995). De la microscopie à la macroscopie. Un projet d'intégration de méthodes d'observation dans un monde complexe dans Archambault J., Baribeau C. & Deschamps C. (éds.). *Théories et pratiques de recherche qualitative.* ARQ, (14), 37-49.

Morin A., Gadoua G. & Potvin G. (2007). *Saber, Ciência, Ação.* São Paulo : Cortez Editora.

Morin A. & Renaud L. (2002). La recherche narrative au service de la recherche-action intégrale systémique : un apprentissage adulte réussi. *Récits de formation. Chemins de Formation, au fil du temps,* 4, 113-121.

Morin A. & Vautour C. (1994). L'analyse des données en recherche qualitative, dans Morin A. & Potvin G. (dir.). *Pratique éducative et recherche : voies d'intégration. Repères. Essais en éducation,* 16, 29-71.

Morin E. (1980). *La méthode. Tome 2. La Vie de la Vie.* Paris : Seuil.

Morin E. (1990). *Science avec conscience.* Paris : Fayard, Seuil.

Morin E. (1990a). *Introduction à la pensée complexe.* Paris : ESF éditeur.

Morin E. (1994). *La complexité humaine.* (H. Weinmann, prés.). Paris : Flammarion, Champs/L'Essentiel.

Morin E. (2002). *Ciência com consciência.* Rio de Janeiro : Bertrand Brasil, 6ª edição.

Munro J. & Cook R. (2008). The small enterprise as the authentic learning environment opportunity (SEALEO). *Aslib Proceedings : New Information Perspectives,* 60 (6), 686-700.

Murchland S. & Wake-Dyster W. (2006). Resource allocation for community-based therapy. *Disability & Rehabilitation,* 28 (22), 1425-1432.

Murray M., Greer J., Houston D., McKay S. & Murtagh B. (2009). Bridging Top Down and Bottom Up : Modelling Community Preferences for a Dispersed Rural Settlement Pattern. *European Planning Studies,* 17 (3), 441-462.

Myers J.P. (2008). Democratizing school authority : Brazilian teachers' perceptions of the election of principals. *Teaching and Teacher Education,* 24, 952-966.

Nadeau J.G. (1987).Problématiser pour comprendre et agir, dans Van der Maren J.M. (dir.). *L'interprétation des données dans la recherche qualitative.* Université de Montréal : Faculté des sciences de l'éducation, 99-119.

Nedzela M. (1986). *Introduction à la science de la gestion.* Montréal : Presse de l'Université du Québec, 3ᵉ édition.

Nel L. & Wilkinson A. (2006). Enhancing collaborative learning in a blended learning environment : Applying a process planning model. *Systemic Practice and Action Research,* 19, 553-576.

Neto E.S. (1992). *Une réception organisée anthropopédagique intégrée à la réalisation d'émissions radiophoniques pour adultes socialement défavorisés.* Université de Montréal : Sciences de l'éducation. Thèse de doctorat.

NGUYEN H.T. (2009). An inquiry-based practicum model : What knowledge, practices, and relationships typify empowering teaching and learning experiences for student teachers, cooperating teachers and college supervisors ? *Teaching and Teacher Education*, 25, 655-662.

NIAZ M. (2007). Can findings of qualitative research in education be generalized ? *Quality & Quantity*, 41, 429-445.

NIXON A. & POWER C. (2007). Towards a framework for establishing rigour in a discourse analysis of midwifery professionalisation. *Nursing Inquiry*, 14 (1), 71-79.

NUD'IST dans site de QSR International Pty Ltd.

[En ligne] http://www.qsrinternational.com (consulté le 20 août 2009).

OBERMANN K., JOWETT M.R., TALEON J.D. & MERCADO M.C. (2008). Lessons for healthcare reform from the less developed world : the case of the Phillipines. *European Journal of Health Economics*, 9 (4), 343-349.

O'CONNOR P.A. (2007). Using system differences to orchestrate change : A systems-guides intervention model. *American Journal of Community Psychology*, 39 (3-4) : 393-403.

ONWUEGBUZIE A. & LEECH A. (2007). A call for qualitative power analyses. *Quality & Quantity*, 41, 105-121.

OPEN UNIVERSITY (2000). *T306 managing complexity : a systems approach*. Open University, Milton Keynes, UK.

OTTMANN G., LARAGY C. & DAMONZE G. (2009). Consumer Participation in Designing Community Based Consumer-Directed Disability Care : Lessons from a Participatory Action Research-Inspired Project. *Systemic Practice and Action Research*, 22, 31-44.

OZANNE J.L. & SAATCIOGLU B. (2008) Participatory action research. *Journal of Consumer Research*. 35 (3), 423-439.

PADILLA S., REISINGER J. & SHOAF D. (2008). A Review of : « Action Research Living Theory. By Jack Whitehead and Jean McNiff ». *Religious Education*, 103 (2), 269-272.

PALMADE G. (1977). *Interdisciplinarité et idéologies*. Paris : Éditions Anthropos.

PARSONS B.A. (2007). The state of methods and tools for social systems change. *American Journal of Community Psychology*, 39, 405-409.

PESAMAA O. & HAIR J.F. (2007). More than friendship is required : An empirical test of cooperative firm strategies. *Management Decision*, 45(3), 602-615.

PHILLIPS C., MAIN C., BUCK R., AYLWARD M., WYNNE-JONES G. & FARR A. (2008). Prioritising pain in policy making : The need for a whole systems perspective. *Health Policy*, 88, 166-175.

PINEAU G. (1980). *Vie des histoires de vie*. Université de Montréal : Faculté d'éducation permanente, Bureau de la recherche.

PINEAU G. (1986). Dialectique des histoires de vie, dans Desmarais D. & Grell P. (dir.). *Les récits de vie : théories, méthodes et trajectoires types*. Université

*Références bibliographiques*

de Montréal : Éducation Permanente. Collaboration Éditions Saint-Martin, 131-150.

PINEAU G. (2000). *Temporalités en Formations. Vers de nouveaux horizons synchroniseurs.* Paris : Anthropos éducation.

PIRSON R. (1981). La recherche-action : une méthode de mise à disposition des savoirs. *Revue de l'Institut de Sociologie*, 3, 539-553.

PIRSON-DE CLERQ J. (1981). *La recherche-action dans l'enseignement : relation d'une expérience.* Bruxelles : Service du Premier ministre. Programmation de la politique scientifique.

PONTE P. & RÖNNERMAN K. (2009). Pedagogy as human science, *bildung* and action research : Swedish and Dutch reflections. *Educational Action Research*, 17 (1), 155-167.

PONTEROTTO J.G. & GRIEGER I. (2007). Effectively Communicating Qualitative Research. *The Counseling Psychologist*, 35 (3), 404-430.

POPPER K.R. (1973). *La logique de la découverte scientifique.* Paris : Payot.

POPPER K.R. (2000). *A lógica da pesquisa cientifica.* São Paulo : Cultrix, 6ª edição.

PORTILLO M.C. (2008). Understanding the practical and theoretical development of social rehabilitation through action research. *Journal of Clinical Nursing*, 18, 234-255.

POTVIN G. (2007). A conjugação dos atos dos parceiros de vida e de ação, dans Morin A., Gadoua G. & Potvin G. *Saber, Ciência, Ação.* (M. Thiollent, trad.). São Paulo : Cortez Editora, 77-106.

POULIN K.L. (2007). Teaching Qualitative Research : Lessons from Practice. *The Counseling Psychologist*, 35 (3), 431-458.

POURTOIS J.-P. & DESMET H. (1988). *Épistémologie et instrumentation en sciences humaines.* Liège : Pierre Mardaga, éditeur, 2ᵉ édition.

PRIGOGINE I. & STENGERS I. (1979, 1987). *La nouvelle alliance. Métamorphose de la science.* Paris : Gallimard.

PURI S.K. (2007). Integrating scientific with indigenous knowledge : Constructing knowledge alliances for land management in India. *MIS Quarterly*, 31 (2), 355-379.

RAJARAM S.S. (2007). An action-research project : Community lead poisoning prevention. *Teaching Sociology*, 35, 138-150.

REASON P. (2006). A response to J.A. McKernan. *Journal of Management Inquiry*, 15 (2), 207-208.

REBOUL O. (1980). *Langage et idéologie.* Paris : PUF.

REED J., CHILD S., COOK G., HALL A. & MCCORMACK B. (2007). Integrated Care for Older People : Methodological Issues in Conducting a Systematic Literature Review. *Worldviews on Evidence-Based Nursing*, 4 (2), 78-85.

REESE L.E. & VERA E.M. (2007). Culturally relevant prevention : The scientific and practical considerations of community-based programs. *The Counseling Psychologist*, 35 (6), 763-778.

REICH S.M. & REICH J.A. (2006). Cultural competence in interdisciplinary collaborations : A method for respecting diversity in research partnerships. *American Journal of Community Psychology*, 38, 51-62.

REIS M.J.C.S., SANTO G.M.M.C. & FERREIRA P.J.S.G. (2008). Promoting the educative use of the internet in Portuguese primary schools : a case study. *ASLIB Proceedings*, 60 (2), 111-129.

RENNIE D.L. & FERGUS K.D. (2006). Embodied Categorizing in the Grounded Theory Method. *Theory & Psychology*, 16 (4), 483-503.

RESWEBER J.P. (1995). *La recherche-action*. Paris : PUF, Coll. Que sais-je ?

ROBINSON A., COURTNEY-PRATT H., LEA E., CAMERON-TUCKER H., TURNER P., CUMMINGS E., WOOD-BAKER R. & WALTERS E.H. (2008). Transforming clinical practice amongst community nurses : mentoring for COPD patient self management. *Journal of Nursing and Healthcare of Chronic Illness* in association with *Journal of Clinical Nursing*, 17, 370-379.

ROHLEDER P., SWARTZ L., BOZALEK V., CAROLISSEN R. & LEIBOWITZ B. (2008). Community, self and identity : participatory action research and the creation of a virtual community across two South African universities. *Teaching in Higher Education*, 13 (2), 131-143.

ROSNAY J. DE (1975). *Le macroscope. Vers une vision globale.* Paris : Éditions du Seuil, Points.

RYAN J. & SCOTT A. (2008). Integrating technology into teacher education : How online discussion can be used to develop informed and critical literacy teachers. *Teaching and Teacher Education*, 24, 1635-1644.

SAINT-PIERRE H. (1975). *La participation pour une véritable prise en charge responsable. Approche psycho-sociologique.* Québec : Les Presses de l'Université de Laval.

SALE J.E.M. (2006). The experience of participatory perceptions of oncology employees participating in a workplace study. *Quality & Quantity*, 40, 1037-1053.

SAUVAGEAU J. (1989). Historicité, corporalité et présence du chercheur dans le processus de recherche. Quelques problèmes liés à la pratique de la réduction phénoménologique, dans Baribeau C. & Arriola-Socol M. (dir.). *Approches phénoménologiques de la recherche.* ARQ, (2), 80-105.

SAVIN-BAWDEN M. & WIMPENNY K. (2007). Exploring and implementing participatory action research. *Journal of Geography in Higher Education*, 31 (2), 331-343.

SCHENSUL J., ROBISON J., REYES C., RADDA K., GAZTAMBIDE S. & DISCH W. (2006). Building interdisciplinary/intersectoral research partnerships for community-based mental health research with older minority adults. *American Journal of Community Psychology*, 38 (1-2), 79-93.

Schensul S.L, Nastasi B.K. & Verma R.K. (2006). Community-based research in India : A case example of international and transdisciplinary collaboration. *American Journal of Community Psychology*, 38 (1-2), 95-111.

Schiff B. (2006). The promise and challenge of an innovative narrative psychology. *Narrative Inquiry*, 16 (1), 10-27.

Schön D.A. (1983). *The Reflective Practitioner. How Professionals Think in Action*. New York : Basic Books Inc.

Schön D.A. (1998). *El profesional reflexivo*. Mexico : Paidos.

Schumacher E.F. (1978). *Small is beautiful. Une société à la mesure de l'homme*. (Trad. D. et W. Day et M.C. Florentin). Paris : Seuil, Contretemps.

Séguier M. (1983). *Mobilisation populaire. Éducations mobilisantes*. Document de travail INODEP/7. Paris : L'Harmattan.

Self R., Rigby A., Leggett C. & Paxton R. (2008). Clinical Decision Support Tool : A rational needs-based approach to making clinical decisions. *Journal of Mental Health*. 17 (1), 33-48.

Sheffield J. (2008). Does health care for systemic development ? *Systems Research & Behavioral Science*, 25 (2), 283-290.

Shinn M. (2006). External, not internal challenges to interdisciplinary research. *American Journal of Community Psychology*, 38, 27-29.

Silva L., Goel L. & Mousavidin E. (2008). Exploring the dynamics of blog communities : the case of MetaFilter. *Information Systems Journal*, 19, 55-81.

Singh P. (2008). Reflection-in-and-on-Action in Participatory Action Research : Toward Assessment for Learning. *Systemic Practice and Action Research*, 21, 241-251.

Skordoulis R. & Dawson P. (2007). Reflective decisions : The uses of socratic dialogue in managing organizational change. *Management Decision*, 45 (6), 991-1007.

Smith C.R. (2009). Institutional Determinants of Collaboration : An Empirical Study of County Open-Space. *Journal of Public Administration Research and Theory*, 19 (1), 1-21.

Smith J.L. (2006). At the crossroad : Standing still and moving forward. *American Journal of Community Psychology*, 38, 23-25.

Soler R. (1980). *Étude pédagogique de conscientisation socio-politique selon la méthode de Paulo Freire en milieu immigré haïtien*. Université de Montréal : Sciences de l'éducation. Mémoire de maîtrise.

Someth B. & Zeichner K. (2009). Action research for educational reform : remodeling action research theory and practices in local contexts. *Educational Action Research*, 17 (1), 5-21.

Sørensen E.W. & Haugbøblle L.S. (2008). Using action research process in pharmacy practice research – A cooperative project between university and internship pharmacies. *Research In Social & Administrative Pharmacy*, 4, 384-401.

SQUIRES J.K. (2007). Book Review : The Development Systems Approach to Early Intervention. Michael J. Guralnick. Paul H. Brookes Pub. Co., Baltimore, MD ; London, 2005. *Infant and Child Development*, 16, 326-329.

STACEY R.D. (1996). *Strategic management and organizational dynamics*. London : Pitman Publishing.

STAKE R.E. (2005). Qualitative case studies, dans Denzin N.K. & Lincoln Y.S. (eds.). *The Sage Handbook of Qualitative Research*. Thousand Oaks : Sage Publications, 3$^{rd}$ ed., 443-466.

STAM H.J. (2006). Pythagoreanism, meaning and the appeal of number. *New Ideas in Psychology*, 24 (3), 240-251.

STANDING S., STANDING C. & LIN C. (2008). A framework for managing knowledge in strategic, Alliances in the Biotechnology Sector. *Systems Research and Behavioral Science*, 25 (6), 783-796.

STENHOUSE L. (1975). *An Introduction to Curriculum Research and Development*. London : Heinemann Educational Books.

STENHOUSE L. (ed.) (1980). *Curriculum Research and Development in Action*. London : Heinemann Educational Books.

STILES W.B. (2006). Numbers can be enriching. *New Ideas in Psychology*, 24, 252-262.

STOKOLS D. (2006). Toward a science of transdisciplinary action research. *American Journal of Community Psychology*, 38, 63-77.

SUAREZ-BALCAZAR Y., HELLWIG M., KOUBA J., REDMOND L., MARTINEZ L., BLOCK D., KOHRMAN C. & PETERMAN W. (2006). The making of an interdisciplinary partnership : The case of the Chicago Food System Collaborative. *American Journal of Community Psychology*, 38 (1-2), 113-123.

SUAREZ-BALCAZAR Y., REDMOND L., KOUBA J., HELLWIG M., DAVIS R., MARTINEZ L.I. & JONES L. (2007). Introducing systems change in the schools : the case of school luncheons and vending machines. *American Journal of Community Psychology*, 39 (3-4), 335-345.

SURENDRA N.C. (2008). Using an ethnographic process to conduct requirements analysis for agile systems development. *Information Technology & Management*, 9 (1), 55-69.

SUTTON S.E. & KEMP S.P. (2006). Integrating social science and design inquiry through interdisciplinary design charrettes : An approach to participatory community problem solving. *American Journal of Community Psychology*, 38 (1-2), 125-139.

SUZUKI L.A., AHLUWALIA M.K., ARORA A.K. & MATTIS J.S. (2007). The Pond You Fish In Determines the Fish You Catch : Exploring Strategies for Qualitative Data Collection. *The Counseling Psychologist*, 35 (2), 295-327.

SWANSON G.H. (2008). Living Systems Theory and an Entity-Systems Approach. *Systems Research*, 25, 599-604.

SWINGLEHURST D., RUISSELL J. & GREENHALGH T. (2008). Peer observation of teaching in the online environment : an action research approach. *Journal of Computer Assisted Learning*, 24 (5), 383-393.

TAVEIRA A.D. (2008). Key elements on team achievement : A retrospective analysis. *Applied Ergonomics*, 39, 509-518.

TERRION J.L. & PHILION R. (2008). The electronic journal as reflection-on-action : a qualitative analysis of communication and learning in a peer-mentoring program. *Studies in Higher Education*, 35 (5), 583-597.

THIOLLENT M. (1982). Notas para o debate sobre pesquisa-ação. Documento na III Conferencia Brasileira de Educação, Belo Horizonte, dans Brandão C.R. (org.). (1987). *Repensando a pesquisa-participante*. São Paulo : Editora brasilense, 3ª edição, 82-103.

THIOLLENT M. (1986). *Metodologia da pesquisa-ação*. São Paulo : Cortez Editora, 3ª edição.

THIOLLENT M. (1987). Notas para o debate sobre pesquisa-ação, dans Brandão C.R. *Repensando a pesquisa participante*. São Paulo : Editora brasilense, 3ª edição, 82-103.

THIOLLENT M. (2000). A metodologia participativa e sua aplicação em projetos de extensão universitária, dans Thiollent M., Araújo Filho T. de & Salerno Soares R.L. (org.). *Metodologia e Experiências em projetos de Extensão*. Niterói : EdUFF, 19-28.

THIOLLENT M. (2006). A inserção da pesquisa-ação no contexto da extensão universitária. *Pesquisa-participante*, dans Brandão C.R. & Streck D.R. *Pesquisa participante. O Saber da Partilha*. Aparecida : Idéias & Letras, 151-165.

THIOLLENT M. (org.) (2006). *Pesquisa-ação e Projeto cooperativo na perspectiva de Henri Desroche*, São Carlos : EdUFSCar.

THOMSON A.M., PERRY J.L. & MILLER T.K. (2009). Conceptualizing and Measuring Collaboration. *Journal of Public Administration Research and Theory*, 19, 23-56.

TOLSON D., SCHOFIELD I., BOOTH J., KELLY T.B. & JAMES L. (2006). Constructing a new approach to developing evidence-based practice with nurses and older people. *Worldviews on Evidence-Based Nursing*, 3 (2), 62-72.

TRONDSEN M. & SANDAUNET A.G. (2009). The dual role of the action researcher. *Evaluation & Program Planning*, 32 (1), 13-20.

TROP G.S., BURKE-TROP M.L. & TROP J.L. (1999). Contextualism and dynamic systems in psychoanalysis : Rethinking intersubjectivity theory. *Constructivism in the Human Sciences*, 4 (2), 202-223.

TSENG V. & SEIDMAN E. (2007). A systems framework for understanding social settings. *American Journal of Community Psychology*, 39, 217-228.

TURINA I. (2007). Secularization as a property of action. *Social Compass*, 54 (2), 161-173.

VAN DER MAREN J.M. (1989). Conceptions et pratiques de l'analyse de contenu : le point de vue de l'éducation, dans Painchaud G. & Anadon M. (dir.). *Conceptions et pratiques de l'analyse de contenu.* ARQ, (1), 151-184.

VAN VEEREN J.L. & CARDINAL P. (1994). Les jeux sont faits. Départ d'une spirale de recherche-action dans un système ouvert d'enseignement de la musique au niveau collégial. *La technologie éducative à travers le monde.* Sainte-Foy : CIPTE, Télé-université, 253-263.

VENTURA C.A.A., CAVALCANTI M.F. & FREITAS DE PAULA V.A. (2006). The systems approach to the pluralist theory of international relations : A case study of the European Union. *Systemic Practice and Action Research,* 19, 475-487.

VERA E.M., CALDWELL J., CLARKE M., GONZALES R., MORGAN M. & WEST M. (2007). The choices program : Multisystemic interventions for enhancing the personal and academic effectiveness of urban adolescents of color. *The Counseling Psychologist,* 35 (6), 779-796.

VESPIEREN M.R. (1992). La recherche-action de type stratégique. *Revue internationale de systémique. La recherche-action,* 6 (4), 351-364.

WATERMAN H., MARSHALL M., NOBLE J., DAVIES H., WALSHE K., SHEAFF R. & ELWYN G. (2007). The role of action research in the investigation and diffusion of innovations in health care : The PRIDE project. *Quality Health Research,* 17 (3), 373-381.

WATSON C. (2009). Picturing Validity. Autoethnography and the Representation of Self ? *Qualitative Inquiry,* 15 (3), 526-544.

WEBB T., BURGIN S. & MAHESHWARI B. (2009). Action Research for Sustainable Water Futures in Western Sydney : Reaching Beyond Traditional Stakeholder Engagement to Understand Community Stakeholder Language and its Implications for Action. *Systemic Practice and Action Research,* 22, 1-14.

WERY A. (1981). Recherche-action dans les centres de santé mentale. Notes méthodologiques. *Revue de l'Institut de Sociologie,* 3, 637-644.

WESTERMAN M.A. (2006). Quantitative research as an interpretive enterprise : The mostly acknowledged role of interpretation in research efforts and suggestions for explicitly interpretive quantitative investigations. *New Ideas in Psychology,* 24, 189-211.

WHITEHEAD J. & MCNIFF J. (2006). *Action research living theory.* London : Sage Publications.

WILDEN A. (1983). *Système et structure. Essais sur la communication et l'échange.* Montréal : Boréal Express.

WILLIAMSON K. (2007). Research in Constructivist Framework Using Ethnographic Techniques. *Library & Information Science Research,* 29 (1), 159.

WILSON A. (1977). The use of ethnographic techniques in educational research. *Review of Educational Research,* 47 (10), 245-265.

WINTER R., GERICKE A. & BUCHER T. (2008). Using Teradata University Network (TUN), a Free Internet Resource for Teaching and Learning. *Educational Technology and Society,* 11 (4), 113-127.

*Références bibliographiques*

WITHERINGTON D.C. (2007). The Dynamic Systems Approach as Metatheory for Developmental Psychology. *Human Development*, 50, 127-153.

WITTGENSTEIN L. (1968). *Philosophical investigations*. (G.E.M. Anscomb, trans.). New York : McMillan, 3$^{rd}$ edition.

WOOD J., FLEMING J. & MARKS M. (2008). Building the capacity of police change agents : The nexus policing project. *Policing & Society*, 18 (1), 72-87.

XU Y.Z. (2009). School-based teacher development through a school-university collaborative project : a case study of a recent initiative in China. *Journal of Curriculum Studies*, 41 (1), 49-66.

YANCHAR S.C. (2006a). On the possibility of contextual-quantitative inquiry. *New Ideas in Psychology*, 24, 212-228.

YANCHAR S.C. (2006b). Beyond the qualitative-quantitative divide : How to proceed ? *New Ideas in Psychology*, 24, 275-281.

YANG C.C. (2007). A systems approach to service development in a concurrent engineering environment. *The Service Industries Journal*, 27 (5), 635-652.

YEH C. & INMAN A.G. (2007). Qualitative data analysis and interpretation in counseling psychology : Strategies for best practices. *The Counseling Psychologist*, 35 (3), 369-403.

ZINS J.E. (1996). Introduction to developing peer-mediated support systems for helping professionals : Are we ready to practice what we preach ? *Journal of Educational and Psychological Consultation*, 17 (2-3), 171-173.

ZUBER-SKERRIT O. (2002). A Model for Designing Action Learning and Action Research Program. *The Learning Organization*, 9 (4), 143-149.

# *Index des auteurs cités*

## A

Adjei-Nsiah : 71, 100, 132
Aguilera : 51
Aguinis : 55
Albert : 66
Alderman : 12
Ambassa Mve : 28
Anderson : 179
Annels : 22
Ardoino : 108
Aristote : 13, 108, 184
Arnold : 35, 121
Arriola-Socol : 232
Ataov : 52, 86
Atkinson : 151
Aumont : 142
Avenier : 72, 79, 144
Ayres : 239, 240, 242, 243

## B

Bai : 29
Baily : 90
Balcazar : 34
Barbier J.M. : 191
Barbier R. : 16, 78, 218, 263
Baribeau : 105, 106
Barnes : 42, 84, 121
Barros : 65
Barthes : 152
Bastide : 108, 265
Bataille : 104
Bawden : 11, 12, 13, 50, 253
Bédard : 265, 266, 267, 268
Behrens : 69, 82, 143
Bell : 106, 144
Bertalanffy von : 20, 72, 77, 101, 110
Bertaux : 152
Bhanjee : 44

Binding : 111
Blondel : 13, 14, 101, 108, 114, 115, 180, 185, 253, 271
Blum : 26, 43, 100
Bolle de Bal : 116, 177, 248
Bond : 62, 118, 121, 143
Booth : 45, 46, 91, 116
Bouchard : 157
Boudreault : 132, 271
Boulding : 160
Boyle : 112
Braa : 45
Bradbury-Jones : 153
Briggs : 191
Brooker : 41, 81
Bryman : 55, 81
Buchanan : 55, 81
Buelens : 130

## C

Cahill : 182
Campbell : 39, 135
Capobianco : 23
Cardinal : 16, 20, 79, 245, 270
Cargo : 23
Carmola Hauf : 62, 143
Carr : 11, 12, 13, 14, 15, 16, 28, 56, 64, 253
Catrine : 44
Cavalcanti : 31
Chang : 63
Checkland : 12, 69, 144
Chiasson : 187
Chien : 42, 105
Chrisman : 41, 83
Christiansen : 34
Clegg : 50, 83
Clemensen : 22, 63, 98, 143
Cliche : 36
Cochrane : 28

Coleman : 33, 83
Colin : 265
Collins : 54, 111
Cook : 189
Côté-Thibault : 235, 270, 271
Creswell : 186, 187
Crozier : 103

## D

Davidson : 64, 85, 102, 113
Dawson : 22, 53, 85, 118, 179, 183
Delamont : 151
Delorme : 99
Denzin : 185
Desmet : 232
Desroche : 16, 38, 78, 85, 90, 119, 127, 146, 185, 213, 218, 263, 264, 265, 266, 267, 268, 269, 270, 271
Dewey : 24
Dionne : 86, 189
Djelic : 31, 71
Downey : 46, 47, 110
Driedger : 185
Driskell : 33
Drori : 112
Dubé : 126
Dubost : 16, 78, 99, 100, 102, 103, 104, 105, 116, 117, 125, 130, 218, 248, 269
Dugal : 152, 157, 271
Duit : 54, 70
Durand : 147, 156, 158, 160, 164
Durlak : 22, 106, 124, 251

## E

Eisner : 234
Elias : 24, 118
Elliott : 12, 15, 133, 197
Espinosa : 97, 155, 206, 217

## F

Fals-Borda : 79, 103
Farmer : 210
Fergus : 241, 242

Fernandez-Gimenez : 35, 121
Ferris : 189
Fine : 187
Fingers : 112
Fisher : 65
Flair : 120
Flood : 144
Fongkaew : 39
Ford : 51, 81, 143
Forreman-Peck : 15, 16
Forrester : 62
Foster-Fishman : 69, 70, 80, 82, 84, 95, 143, 193
Fotinas : 16, 77, 231
Foucault : 24, 271
Fowler : 64
Fraenkel : 36, 121
Franco : 270
Freire : 16, 31, 47, 60, 64, 68, 74, 78, 81, 85, 86, 97, 102, 109, 131, 182, 206, 264, 266, 267
Freitas de Paula : 31
Friedberg : 103

## G

Gadamer : 11, 111, 184
Gadoua : 61, 151, 271
Gagnon : 221, 228, 230, 269
Galaz : 54, 70
Gauthier : 105, 106
Geertz : 223
German : 37, 93
Ghisi : 49, 83
Gillies : 112
Given : 183, 193
Glaser : 78, 240
Glasson : 42, 43, 90
Goldstein : 111, 151
Goyette : 108
Grandbois : 112, 221, 228, 230, 232, 233, 270
Granerud : 41

*Index des auteurs cités*

Gregory : 32
Grieger : 249
Griffin : 249
Guba : 22, 178
Guralnick : 40, 95
Guzman : 40

## H

Haalboom : 39
Habermas : 14, 16, 31, 112, 113, 184, 255, 271
Hair : 49
Halcomb : 209
Hall : 187
Hannon : 54
Harnden : 97, 155, 206, 217
Hauf : 118, 121
Haugbølle : 26, 100
Haverkamp : 183, 187, 232, 239
Heidegger : 111
Herrscher : 69, 83, 143
Hills : 40, 81, 83, 109
Hingley-Jones : 33
Hirsch : 73, 80, 89, 121, 143
Hitchcock : 226
Hochet : 189
Hopkins : 33, 117
Horn : 24, 83
Howard-Jones : 25, 187
Hughes : 226
Humbert : 78, 109, 264, 266, 267
Hupcey : 43, 107
Huston : 210

## I

Ingram : 54
Inman : 183, 238, 239

## J

Jacklin : 37
Janzen : 73, 80, 89
Järvinen : 189
Jewett : 111, 151
Jiggins : 36, 80
Johansson : 148, 183
Johnson : 180
Joyce : 142

## K

Kelly : 33, 43, 63
Kemmis : 15, 16, 28, 56, 64, 74, 112, 184, 208, 271
Kemp : 68
Kfoury : 221, 228, 230, 269
Kindon : 62
King : 35, 133
Kinzie : 26, 105
Kira : 50, 72, 81, 83
Knoshameg : 37
Kopainsky : 72
Kreger : 106
Kristiansson : 112
Kuhn : 66
Kulczycki : 191

## L

Lacan : 271
Lameyre : 117
Landau : 112
Landry : 269
Laperrière : 38, 103, 111
Laplume : 120, 130
Lapointe : 191
Larsen : 32
Le Moigne : 20, 57, 69, 72, 79, 85, 88, 89, 94, 110, 128, 142, 147, 153, 156, 160, 164, 177, 186, 248, 270
Leahey : 231
Leech : 180, 184
Lemay : 31
Leon : 187
Lerbet : 268
Lesne : 191
Lessard-Hébert : 108
Lévesque : 35, 270

Lewin : 12, 28, 31, 142, 181
Lewis : 46, 54
Light : 44
Lincoln : 185
Liu : 110, 128
Lobato : 270
Lugan : 160
Luna-Reyes : 72
Luscher : 54, 86

## M

Machado : 65
Magos : 25, 84, 100 121
Majale : 36, 122
Mallick : 39, 117
Mandin : 33
Margolis : 24, 118
Martinelli : 49, 83
Martins : 53, 84
Mathews : 24, 83
Maton : 63
Mayo : 37, 86
McDuffie : 46, 91, 116
McEvoy : 42, 84, 121
McIntyre : 25, 84, 100, 121
McMahon : 230, 240
McNiff : 25
Mead : 192
Meftouh : 220
Meho : 209
Mercer : 23
Merlot : 264
Meyrick : 184, 187
Mesnier : 142, 185, 265
Miller : 43, 107
Milner : 43
Minary : 98
Mintz : 157
Mirza : 42
Mischen : 48
Missotte : 185, 265

Monière : 132
Montero : 187
Morin A. : 13, 14, 15, 16, 19, 20, 28, 72, 78, 79, 97, 101, 103, 107, 109, 125, 133, 150, 163, 180, 185, 208, 210, 220, 221, 228, 229, 230, 233, 235, 236, 245, 249, 263, 265
Morin E. : 70, 72, 84, 92, 96, 97, 98, 178, 254, 255
Moser : 112
Munro : 26, 100
Murchland : 48
Murray : 15, 16, 36, 86
Myers : 53

## N

N'gar : 189
Nadeau : 232
Nedzela : 192
Nel : 27, 28, 93, 158
Neto : 115, 208, 221, 222, 225, 228, 229, 230, 235, 236, 237, 270
Nguyen : 157, 187
Niaz : 184
Nixon : 238
Nowell : 70
Nunes : 65
Nuno Martins : 53

## O

O'Connor : 73, 84, 90, 121, 143
Oberman : 45
Ogbu : 264
Onwuegbuzie : 180, 184
Ottmann : 45, 135
Ozanne : 52

## P

Padilla : 25
Pain : 33, 117
Parsons : 70, 90, 91, 112
Pennie : 113
Pesamaa : 49, 120
Philion : 28, 205

*Index des auteurs cités*

Phillips : 41
Pineau : 179, 184, 268
Pirson : 130, 132
Pirson-De Clercq : 114
Ponte : 73, 81, 143
Ponterotto : 249
Popper : 183
Portillo : 34, 43
Potvin : 120, 271
Poulin : 177, 186, 202
Pourtois : 232
Power : 238
Prigogine : 254
Puri : 35, 121, 133

## Q
Qingpu : 29
Quack : 32, 71

## R
Rahman : 103
Rajaram : 39, 105
Reason : 28, 182, 192
Reboul : 132
Reed : 219
Reese : 35, 85
Reich : 66, 118, 133, 143, 185
Reis : 27
Renaud : 271
Rennie : 241, 242
Resweber : 151
Robey : 126
Robinson : 43, 84
Rohleder : 27, 158
Roling : 36, 80
Rönnerman : 73, 81, 143
Rosca : 271
Rosnay de : 20, 70, 72, 91
Ryan : 126

## S
Saint-Pierre : 122
Sale : 44, 102, 120

Sandaunet : 127, 199
Sartre : 24
Sauvageau : 231
Savin-Bawden : 28, 110
Schensul J. : 67, 103, 125, 143
Schensul S.L. : 67, 103, 143
Schiff : 153
Schön : 14, 65, 101, 130
Schumacher : 45
Scott : 126
Scruggs : 46, 91, 116
Séguier : 78, 218, 264
Seidman : 33, 83
Self : 42
Sen : 53
Severinsson : 41
Shaw : 50, 83
Sheffield : 41
Shewchuk : 191
Shinn : 65, 66, 103, 105, 143
Shulman : 263
Silva : 126
Sinclair : 48
Singh : 25
Skordoulis : 53, 85
Smith : 49, 54, 66, 118, 243, 263, 264
Soler : 109, 221, 228, 264, 266
Someth : 73
Sørensen : 26, 100
Squires : 40
Stafford Beer : 97
Stake : 248
Stam : 180
Standing : 50
Stengers : 254
Stenhouse : 15, 30
Stiles : 180
Stokols : 64, 113, 118
Strauss : 78, 240
Stroud : 37, 94
Suarez-Balcazar : 29, 67, 80, 103

303

Surendra : 189
Sutton : 67, 68
Suzuki : 193
Swanson : 71, 72, 90
Swinglehurst : 28

## T

Tapp : 111
Taveira : 49
Taylor : 157
Terrion : 28, 205
Thelen : 243
Thiollent : 79, 146, 185, 263, 270, 271
Thompson : 123, 124
Tolson : 45, 46, 91, 116
Toro : 64
Trondsen : 127, 199
Trop : 44
Tse : 44
Tseng : 33, 83
Turina : 35, 100, 102

## V

Van der Maren : 226, 232, 233
Van Eijnatten : 50, 72, 81, 83
Vautour : 220, 236
Ventura : 31
Vera : 29, 35, 80, 85, 95
Vespieren : 98
Viau : 122
Villers de : 22

## W

Wake-Dyster : 48
Waterman : 46
Watson : 249
Webb : 133, 143, 197
Weil : 142
Wery : 130
Westerman : 179, 180, 182, 185, 251
Whitehead : 25
Wilkinson : 27, 28, 93, 158
Wilson : 46, 232
Wimpenny : 28, 110
Winters : 48
Witherington : 243, 244
Wittgenstein : 182, 271
Wood : 52
Woolley : 41, 81

## X

Xu : 29, 30, 163

## Y

Yanchar : 179, 180, 181, 185, 251
Yang : 52, 70
Yeh : 183, 238, 239
Young : 183, 187, 232, 239

## Z

Zeber-Skerrit : 27
Zeithmer : 73
Zins : 24

# *Table des matières*

**Avant-propos** .................................................................. 11
*Avoir ou être* ................................................................... 11
*Oui et non* ..................................................................... 13

**Introduction** .................................................................. 15

***Chapitre Premier***
**La recherche-action et l'approche systémique**
**Une recension d'écrits scientifiques** ........................................... 19
*La grille de lecture* ............................................................ 19
*La banque de données et la recension* ............................................ 20
*1.1 - La dichotomie qualitatif-quantitatif* ...................................... 21
*1.2 - Applications dans des disciplines diversifiées* ............................ 23
    1.2.1 - En sciences de l'éducation ............................................ 23
        L'intégration d'innovations pédagogiques ................................. 23
        La formation des maîtres grâce à la recherche-action .................... 25
        La formation pratique dans d'autres disciplines ......................... 26
        La recherche-action et l'informatique
        pour l'apprentissage et la recherche ..................................... 27
        Le changement dans le système
        par la recherche-action et la systémique ................................ 28
    1.2.2 - En sciences sociales et dans les domaines connexes ..................... 31
        Le système générateur de changement et le cadre de référence ............ 31
        La recherche-action comme cadre de référence
        théorique et pratique .................................................... 34
        Les alliances de connaissances liées à la culture
        et la participation coopérative .......................................... 35
        Un concept évolutif du développement participatif ....................... 36
    1.2.3 - En sciences de la santé ............................................... 38
        L'éducation à la prévention des maladies ................................ 38
        Une pratique collaborative dans une perspective systémique .............. 40
        La prise en charge des soins par les patients et leurs familles ......... 42
        Les qualités requises en soins de santé et le travail en équipe ......... 43
        Le développement d'un corpus de connaissances
        pour consultation ........................................................ 45

1.2.4 - En sciences de la gestion .................................................................. 48
    Une recherche-action dans l'élaboration
    d'un modèle de gestion ............................................................................ 48
    La systémique pour comprendre la dynamique des réseaux ............... 49
    Un système ouvert, apprenant et coopératif
    grâce aux acteurs des réseaux ................................................................ 51
    Un système ouvert, garant de l'expression des valeurs
    de liberté et de créativité ........................................................................ 53
    Pour une recherche organisationnelle
    multiparadigmatique et inventive .......................................................... 55
1.2.5 - Une synthèse des applications et des hypothèses exploratoires ....... 56
    La multidisciplinarité ............................................................................... 57
    Le changement ......................................................................................... 58
    La participation ........................................................................................ 59
    La compréhension et l'exploration ........................................................ 59

*1.3 - La recherche communautaire, l'interdisciplinarité,
la systémique et la recherche-action* ............................................................... 62
1.3.1 - L'implication communautaire et la recherche interdisciplinaire ....... 62
    Une participation à tous les niveaux ..................................................... 62
    Un tournant chez les professionnels du communautaire .................... 63
    La théorie critique et le réalisme de l'implication dans l'action ......... 64
    Vers la transdisciplinarité, le pluridisciplinaire
    et le regard culturel ................................................................................. 65
    L'importance des études de cas et les leçons de pratique .................. 66
1.3.2 - La modélisation systémique et la recherche-action participative ..... 68
    À quoi bon la systémique ? .................................................................... 69
    Les structures profondes et apparentes du système ........................... 70
    L'équilibre du système et le changement ............................................. 70
1.3.3 - La recherche-action et la systémique .................................................. 72
    Le rôle de la recherche-action en systémique ...................................... 72
*1.4 - Conclusion générale sur les apports de la recension des écrits* ............... 74

## *Chapitre II*
## Les principes opérationnels intégrateurs de la recherche-action intégrale et systémique (RAIS) ............... 77
*Introduction* ......................................................................................................... 77
*2.1 - Les principes opérationnels intégrateurs* .................................................. 80
2.1.1 - De la finalité de changement réfléchi ................................................. 82
    *1$^{er}$ principe : le changement* ................................................................... 82

## Table des matières

    Le changement comme finalité de la systémique ........................ 82
    La finalité du changement en RAIS se définit
    comme une action délibérée ............................................................ 83
    La finalité du développement à caractère endogène .................... 85
2.1.2 - Du déroulement de la démarche d'action et de réflexion ......... 88
*2ᵉ principe : la modélisation*................................................................... 88
    Le modèle ............................................................................................ 88
    L'équipe ............................................................................................... 90
    Le terrain objet-projet indissociable de son environnement ........ 92
    Le processus en RAIS garant des préceptes de pertinence,
    de globalisme, de téléologie et d'agrégativité ................................ 94
        1ʳᵉ étape : Délimiter les frontières du système ........................ 95
        2ᵉ étape : Identifier les parties fondamentales du système
        aptes au changement .................................................................. 95
        3ᵉ étape : Estimer ou évaluer les interactions dans le système ...... 96
        4ᵉ étape : Encourager le changement systémique .................... 96
    Le déroulement de la démarche dialogique, récursif
    et hologrammatique .......................................................................... 96
*3ᵉ principe : l'action* ................................................................................ 99
    L'action en RAIS est une conduite globale ................................... 100
    L'action inclut nécessairement le « faire » .................................... 101
    L'action est un engagement ............................................................. 102
    L'action questionne le discours de façon heuristique
    dans un système concret .................................................................. 102
    Le processus situe l'action dans un rapport avec le système ...... 103
    C'est pourquoi l'action n'est pas totalement planifiée
    et prédéterminée ............................................................................... 104
    L'action privilégie une coopération plus collective qu'individuelle .. 105
    Vers une évaluation de l'action toujours de plus en plus complexe ... 106
*4ᵉ principe : le discours* ............................................................................ 108
    Le discours en RAIS fait de l'homme et de la femme
    des auteurs de l'histoire propre à transformer le monde ................ 109
    Un discours entre dans la dynamique
    d'un système vivant et ouvert ......................................................... 110
    Le discours devient une conversation réflexive, critique
    et enrichissante ................................................................................. 111
    Le discours n'interrompt pas l'action, mais l'inspire et la réclame ..... 112
    Le discours vise prioritairement l'activation
    du processus de changement ........................................................... 113

| | |
|---|---|
| Le discours nécessite une conception large du concept de science | 115 |
| Le discours enrichit la qualité de l'action et des interactions de changement | 116 |
| Le discours favorise la multidisciplinarité | 117 |

2.1.3 - De la participation et de la négociation
des acteurs/auteurs dans un projet ............................................. 119

*5ᵉ principe : la participation* ............................................................. 119

| | |
|---|---|
| La participation encourage le partenariat | 120 |
| La participation est d'abord un engagement personnel et commande une ouverture à l'activité humaine | 122 |
| La collaboration possède des dimensions propres à enrichir la RAIS | 123 |
| La participation diminue les rapports de dépendance hiérarchique | 125 |
| La participation, soutenue par le dialogue sur les valeurs, est accrue par une technique d'animation ouverte | 125 |
| La participation n'est pas acquise plus facilement dans les équipes réelles que dans les équipes virtuelles | 126 |
| La participation engendre une compréhension des rôles et des relations de coopération ou de collaboration | 127 |
| Une saine participation exige qu'on puisse se donner des contraintes et des limites | 128 |

*6ᵉ principe : le contrat* ...................................................................... 129

| | |
|---|---|
| Un contrat est une entente ouverte | 129 |
| Un contrat voulu et délibéré | 131 |
| Un contrat clair sur les buts et les rôles | 131 |
| Un contrat respectant les valeurs des participants | 132 |
| Un contrat qui définit l'idée de démocratie ou de militance | 132 |
| Un contrat qui se donne un langage commun et enrichit le savoir | 133 |
| Le langage peut engendrer à lui seul une longue recherche | 133 |
| Le langage doit être précis et clair pour tous | 134 |

*2.2 - Conclusion et récapitulation* ..................................................... 135

*Les six principes et les concepts-clefs* ................................................. 136

| | |
|---|---|
| A - De la finalité de changement réfléchi | 136 |
| B - Du déroulement de la démarche d'action et de réflexion | 136 |
| C - De la participation et de la négociation des acteurs/auteurs dans un projet | 137 |

*Table des matières*

**Chapitre III**
**La mise en opération
de la recherche-action intégrale et systémique** .......... 141
*Le modèle opérationnel proposé* .......... 145
*Les modules et le déroulement de la RAIS* .......... 147
*Un pré-module : Atelier préliminaire menant à un vocabulaire commun* ... 149
*Les modules*
   *1er module : la formulation des composantes théorico-pratiques
   en fonction des valeurs des acteurs* .......... 151
      Un briefing sur le but de ce module .......... 151
      Une technique de mise en opération du module .......... 153
         a) L'exploration des temps forts des valeurs exprimées .......... 153
         b) La définition du projet c'est-à-dire sa finalité et ses frontières .. 154
   *2e module : la modélisation des composantes d'une théorie pratique
   ou la construction du modèle ontologique* .......... 156
      Un court briefing .......... 156
      Une technique de mise en opération du module .......... 158
         a) Dans un premier temps : le choix .......... 158
         b) En deuxième lieu : la sélection .......... 159
         c) En troisième lieu : l'agencement .......... 160
   *3e module : la modélisation systémique opérationnelle
   ou fonctionnelle d'un cas de figure* .......... 162
      Briefing sur le module 3 .......... 162
      Un rappel de la démarche de modélisation
      fonctionnelle de la RAIS .......... 163
         a) La figure graphique systémique des composantes du modèle .. 164
         b ) Les contraintes et les invariants .......... 164
      Une technique de modélisation systémique fonctionnelle
      Première figure graphique :
      le modèle des composantes systémiques .......... 165
         a) Préciser les invariants .......... 165
         b) Découvrir les contraintes .......... 165
         c) Établir les frontières .......... 166
      Deuxième figure graphique :
      La modélisation systémique fonctionnelle de la RAIS ..........168
      Briefing et technique .......... 168
   *4e module : l'application du modèle systémique fonctionnel de la RAIS* ... 170
      Un jeu de rôle avec les deux équipes .......... 171
         Suggestions pour décisions (à titre d'exemple) .......... 172

L'application à la problématique de chaque acteur/praticien
devenu auteur/chercheur .................................................................. 174
*Conclusion sur la formation : une autre démarche ou une autre voie* .......... 175

**Chapitre IV**
**La méthodologie, les outils et la collecte des données** ............................... 177
*4.1 - Comment situer la RAIS dans le débat du « qualitatif »*
*versus le « quantitatif » ?* ...................................................................... 178
    4.1.1 - La RAIS et le quantitatif ........................................................ 179
        Une application à la RAIS ...................................................... 181
    4.1.2 - La RAIS et le qualitatif .......................................................... 183
*4.2 - Une démarche méthodologique pour la recherche-action intégrale*
*et systémique (RAIS)* ............................................................................. 187
    4.2.1 - Bien comprendre la finalité de changement visée par le projet ...... 188
    4.2.2 - Saisir clairement les besoins principaux de la problématique ...... 190
    4.2.3 - Construire un plan de recherche dynamique et approprié ........... 192
    4.2.4 - Se donner un langage commun .............................................. 196
    4.2.5 - Conclure une entente ou un contrat ouvert ............................. 197
    4.2.6 - Préciser les rôles des participants et les tâches ....................... 198
    4.2.7 - Déterminer la durée totale du projet
    en fonction des grandes étapes ........................................................ 199
*4.3 - Les différents outils de collecte d'informations* ................................. 202
    4.3.1 - Les qualités et les rôles du chercheur/praticien
    ou de l'auteur/acteur ..................................................................... 202
    4.3.2 - Les outils de collecte des données ........................................ 204
        Le journal de bord ................................................................ 204
            Que mettre dans son journal de bord ? ............................. 204
            Un exemple de journal de bord ......................................... 205
        La rencontre de recherche, le dialogue, le consensus
        et le procès-verbal ................................................................ 206
            Une forme alternative : la réunion virtuelle ....................... 207
            Le procès-verbal : une nécessité ........................................ 208
        Autres techniques auxiliaires ................................................. 209
            L'interview par courriel ..................................................... 209
            Le focus group .................................................................. 209
            La cyclo-écriture ............................................................... 211
*4.4 - En guise de conclusion* ................................................................... 214

*Table des matières*

**Chapitre V**
**Le traitement et l'analyse des données
en recherche-action intégrale et systémique** .................................................. 217
*5.1 - Une recension de littérature intégrée* ............................................................ 218
*5.2 - Le traitement et l'analyse des données en RAIS* .......................................... 220
    5.2.1 - La phase des observations opérationnelles ...................................... 221
        Décrire le modèle sous-jacent qu'il soit pédagogique,
        stratégique ou autre ............................................................................ 223
        Décrire le terrain peut être utile, voire nécessaire ........................... 223
        Observer est primordial ..................................................................... 224
        Reconnaître les étapes d'observation .............................................. 224
        Découvrir les moments précis d'analyse
        ou de traitement de données ............................................................ 226
    5.2.2 - La phase de classification ................................................................. 227
        Classifier selon les principes d'une théorie
        ou les axes d'un modèle s'il en existe un ........................................ 228
        Dégager des leçons en utilisant un langage dynamique ................ 228
        Utiliser plusieurs sources pour l'explication ................................... 229
        Découvrir la façon de traiter les données ou les cas ..................... 230
        Faire participer si possible tous les acteurs à la révision ............... 230
        De la théorie d'exploitation analytique ........................................... 231
        L'apport phénoménologique ? .......................................................... 231
        Une analyse interprétative ? .............................................................. 232
        Une technique spécifique de traitement des données
        en recherche-action intégrale et systémique ? ................................ 233
    5.2.3 - La phase des conclusions ................................................................. 234
        Unir expérience, traitement et théorie
        pour créer un tout .............................................................................. 235
        Recourir à la logique de l'intelligence humaine ............................. 235
*5.3 - La littérature portant sur la codification et l'analyse des données* ........ 238
    5.3.1 - La catégorisation et la codification ................................................. 241
    5.3.2 - Et que dire de la systémique
    dans l'analyse des données ! ............................................................ 243
*5.4 - Une métamodélisation des modèles ontologiques
et l'utilisation d'un logiciel* ................................................................................... 245
*5.5 - L'étude de cas, les sciences cliniques et la RAIS* ........................................ 248
*Conclusion* .............................................................................................................. 251
        A-t-on trouvé une technique propre à l'analyse des données
        en recherche-action intégrale et systémique ? ................................ 251

**Les prémices d'une conclusion** .................................................................. 253
    Des préambules sur un savoir pour continuer le dialogue ...................... 254

**Annexe 1**
**Le cas de Cécile - Une école multi-ethnique** ........................................ 259
    Cécile ne s'y retrouve plus .................................................................. 259
    Cécile entreprend une recherche dans son école .................................. 260

**Postface**
**Henri Desroche et la construction du concept de recherche-action** ...... 263
    1 - Le coup d'envoi, une action concrète ............................................... 263
    2 - La conférence choc sur les auteurs et les acteurs ............................. 265
    3 - Un Colloque d'écriture collective
    avec les Groupes d'éducation populaire ............................................... 266
    4 - De colloque en séminaire et en colloque ......................................... 268
    5 - La production d'une définition ou les productions ........................... 269

**Références bibliographiques** ................................................................ 273

**Index des auteurs cités** ........................................................................ 299

**Liste des figures et du tableau**

Figure 1 - Prototype de la recherche-action intégrale et systémique .......... 89

Figure 2 - L'équipe de la RAIS .................................................................. 92

Tableau 1 - Les concepts-clefs de la RAIS ................................................ 138

Figure 3 - La dynamique d'une recherche-action intégrale et systémique .. 146

Figure 4 - Le modèle ontologique des valeurs pédagogiques de l'équipe E1 .... 160

Figure 5 - Les composantes systémiques du modèle fonctionnel .............. 166

Figure 6 - Le modèle de fonctionnement de la RAIS ................................. 169

Figure 7 - Une méthodologie de recherche-action intégrale et systémique ...... 194

Figure 8 - Une recherche-action intégrale systémique .............................. 195

Figure 9 - Une recherche-action intégrale devenue systémique ................ 196

Figure 10 - La cyclo-écriture .................................................................... 212

Figure 11 - La synthèse du processus d'analyse réductive adopté par E. Neto ... 236

Figure 12 - Le métamodèle du cheminement du praticien chercheur ....... 246

**L'HARMATTAN, ITALIA**
Via Degli Artisti 15 ; 10124 Torino

**L'HARMATTAN HONGRIE**
Könyvesbolt ; Kossuth L. u. 14-16
1053 Budapest

**L'HARMATTAN BURKINA FASO**
Rue 15.167 Route du Pô Patte d'oie
12 BP 226 Ouagadougou 12
(00226) 76 59 79 86

**ESPACE L'HARMATTAN KINSHASA**
Faculté des Sciences Sociales,
Politiques et Administratives
BP243, KIN XI ; Université de Kinshasa

**L'HARMATTAN GUINEE**
Almamya Rue KA 028 en face du restaurant le cèdre
OKB agency BP 3470 Conakry
(00224) 60 20 85 08
harmattanguinee@yahoo.fr

**L'HARMATTAN COTE D'IVOIRE**
M. Etien N'dah Ahmon
Résidence Karl / cité des arts
Abidjan-Cocody 03 BP 1588 Abidjan 03
(00225) 05 77 87 31

**L'HARMATTAN MAURITANIE**
Espace El Kettab du livre francophone
N° 472 avenue Palais des Congrès
BP 316 Nouakchott
(00222) 63 25 980

**L'HARMATTAN CAMEROUN**
Immeuble Olympia face à la Camair
BP 11486 Yaoundé
(00237) 99 76 61 66
harmattancam@yahoo.fr

**L'HARMATTAN SENEGAL**
« Villa Rose », rue de Diourbel X G, Point E
BP 45034 Dakar FANN
(00221) 33 825 98 58 / 77 242 25 08
senharmattan@gmail.com

646908 - Mars 2016
Achevé d'imprimer par